Dietmar Jochum

"Das Politbüro auf der Anklagebank"

D1731371

herausgegeben
von
Klaus Tzschach Presseagentur Berlin (TP)
und
Hanns-Ekkehard Plöger

© by **Magnus Verlag Berlin 1996**
(Bahnhofstr. 49, 12305 Berlin-Lichtenrade)
Scans, Layout, Typografie: Jacek Plewnia, Dietmar Jochum

Fotos: Gerald Wesolowski, TP Berlin; Jörg Stadler, TP Berlin; Sabine Kinkartz; Reuters; ZB/ALTWEIN; dpa-ZB/GRIMM; Burkhard Lange, Neues Deutschland; AP/Jockel Finck; Dietmar Jochum

Gedruckt und gebunden: Druckerei Jacek Plewnia,
Stettin, tel./fax ++ 48(91) 82 45 14

ISBN: 3-9804169-3-3

Inhaltsverzeichnis

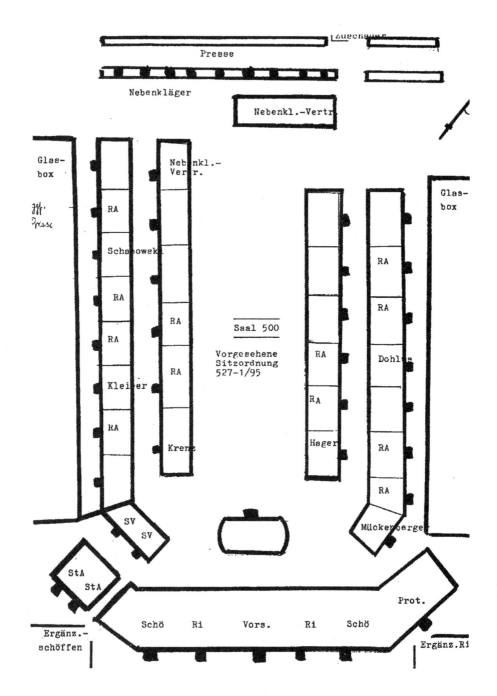

Unveränderte Sitzordnung

Vorbemerkung

Am 15. Januar 1996 begann vor dem Landgericht Berlin erneut derProzeß gegen ehemalige Mitglieder des Politbüros des ZK der SED wegen der Toten und Verletzten an Grenze und Mauer zur Bundesrepublik bzw. Westberlin. Dieser sogenannte Politbüroprozeß war in seinem ersten Anlauf, im November 1995, aufgrund einer Erkrankung des Angeklagten Günther Kleiber nach nur vier Verhandlungstagen geplatzt. Das Ausscheiden des damaligen Vorsitzenden Richters am Landgericht Bräutigam wegen Befangenheit, spielte entgegen der Erwartung vieler Prozeßbeteiligter keine Rolle bei dem abrupten Ende des ersten Prozesses.

Nach wenigen Verhandlungstagen im zweiten Anlauf, stellte sich für mich, nachdem ich bereits die vier Tage im November 1995 dokumentiert hatte, die Frage nach einer zweiten Dokumentation. Sie beantwortete sich von selbst, als sich abzeichnete, daß es diesmal zur Verlesung des Anklagesatzes kommen würde und die Erklärungen der Angeklagten dazu ein rundes Bild von den gegensätzlichen und unversöhnlichen Positionen von Staatsanwaltschaft und politischen Verantwortlichen des ehemaligen Grenzregimes der DDR. geben würden. Diese -ausführlichen und eindringlichen- Positionen einer interessierten Öffentlichkeit vorzulegen, wollte ich mir aus verschiedenen Gründen nicht nehmen lassen. Deshalb ist diese zweite Dokumentation -sogar entgegen meiner ursprünglichen Absicht, sie nicht zu schreiben- umfangreicher als geplant geworden.

Mit der hier vorgelegten Dokumentation, die den Prozeß bis zum Beginn der Beweisaufnahme Ende Februar 1996 beschreibt, soll nicht nur eine Aneinanderreihung der Schriftsätze der Verfahrensbeteiligten erfolgen. In acht Interviews habe ich zusätzlich auch versucht, die Standpunkte von Gegnern und Befürwortern der Prozesse gegen ehemalige DDR-Verantwortliche zu hinterfragen. Die verbindenden Zwischentexte zu den einzelnen Prozeßtagen und den darin gestellten Anträgen beschränken sich auf das nötigste.

Die vorliegende Dokumentation wäre ohne Unterstützung vieler Anwälte, Politiker, Journalisten und Freunde nicht zustande gekommen. Ihnen möchte ich hier danken. Den Verteidigern Dr. Dieter Wissgott, Professor Erich Buchholz, Jürgen Blanke, Dr. Karl Pfannenschwarz und Bernd Kubacki sei vor allem für ihre auch außerhalb der Verhandlung gezeigte Unterstützung gedankt.

Den Journalisten Karl-Heinz Baum (Frankfurter Rundschau), Claus Dümde (Neues Deutschland) Joachim Nawrocki (Die Zeit) und Norbert Robers (FO-

CUS) danke ich für die Nachdruckgenehmigung ihrer Artikel bzw. Interviews. Ebenso Professor Uwe Wesel für die Genehmigung seines Artikels aus der ZEIT.

Ohne die Nachworte von Dr. Wolfgang Ullmann (Mitglied des Europäischen Parlaments, GRÜNEN-Fraktion) und des Bundestagsabgeordneten der SPD Stephan Hilsberg (sein Nachwort wird mit seinem Einverständnis aus der ersten Dokumentation übernommen, weil es dort eine falsche und irreführende Überschrift erhielt) sowie ohne die vielen Interviewpartner, wäre die hier vorliegende Dokumentation in der Tat nur eine Aneinanderreihung von Einstellungs-, Aussetzungs- und Befangenheitsanträgen, Besetzungsrügen sowie Gerichtsbeschlüssen geworden. Insbesondere, daß sich die Verteidiger Bernd Kubacki und Dr. Dieter Wissgott sowie Oberstaatsanwalt Bernhard Jahntz zu Interviews in einem laufenden Verfahren hergegeben haben, finde ich besonders bemerkenswert. Ihnen sei ebenso gedankt wie den Interviewpartnern Dr. Hans Modrow, Friedrich Schorlemmer, dem Generalstaatsanwalt von Braunschweig, Dr. Heinrich Kintzi, dem rechtspolitischen Sprecher der CDU-Fraktion im Berliner Abgeordnetenhaus, Andreas Gram, dem Justizsprecher Berlin, Dr. Rüdiger Reiff sowie Dr. Erardo Cristoforo Rautenberg, Generalstaatsanwalt des Landes Brandenburg, der gleichzeitig diese Dokumentation noch durch sein Einverständnis zum Nachdruck seines Aufsatzes aus der "Neuen Justiz" Nr. 12/95 bereichert hat. Hier gilt mein besonderer Dank auch der Chefredakteurin der "NJ", Rechtsanwältin Adelhaid Brandt, die mir neben ihrer Genehmigung zum Abdruck des Aufsatzes von Dr. Rautenberg durch die Überlassung einer Diskette jede Menge Arbeit erspart hat.

Danken möchte ich auch Wolfgang Meyer aus dem Büro von Dr. Hans Modrow. Er hatte wirklich immer ein offenes Ohr für Fragen aller Art, die, um die Worte Günter Schabowskis zu verwenden, den erloschenen DDR-Staat betrafen.

Unerwähnt lassen möchte ich auch Egon Krenz nicht. Ihm sei gedankt für die Überlassung seiner Erwiderung zur Anklageschrift an Richter Bräutigam sowie für andere Unterlagen, ohne die dieser Dokumentation das "Salz in der Suppe" fehlen würde.

Der Nebenklägervertreter Hanns-Ekkehard Plöger hat diesmal sogar seinen Verlag und finanzielle Mittel bereitgestellt, um diese Dokumentation möglich werden zu lassen. Hierzu erkläre ich, daß Hanns-Ekkehard Plöger in keiner Weise in meine Redaktionsfreiheit eingegriffen hat. Er hat noch nicht einmal vor Drucklegung das Manuskript oder Teile davon zu Gesicht bekommen. Auch keine "Schere im Kopf" hat mich dazu veranlaßt, eventuellen Erwartungen von ihm zu entsprechen. Ihm geht es, das sei hier deutlich gesagt, um eine unverfälschte Beschreibung der Ereignisse inner- und außerhalb des Gerichtssaales. Für seine Haltung gebührt ihm meines Erachtens Hochachtung, zumal er an dieser Dokumentation auch keinen einzigen Pfennig verdient oder verlangt hat.

Den Löwenanteil an der Herausgabe dieser Dokumentation hat aber wie immer ein wahrer Freund, Klaus Tzschach, der nicht nur durch seine finanziellen Mittel zur Herausgabe der von mir verfaßten Dokumentationen beiträgt. Ohne ihn und seine Unterstützung wäre alles nichts.

Berlin, im Mai 1996   Dietmar Jochum

Selbst wenn die Prozesse durch ihre Form scheitern sollten, tragen sie auf jeden Fall zur Erhellung der Dinge bei.

Dr. Rainer Hildebrandt, **Direktor des Hauses (Museum) am Checkpoint Charlie in Berlin**

Man haßt im anderen, was in einem selber sitzt.

Hermann Hesse

Hans Modrow

Wir müssen die Globalität der Zeit begreifen

Interview mit dem letzten SED-Ministerpräsidenten der DDR

TP: Herr Modrow, am 10. November 1995 haben Sie in einem Brief an Bundeskanzler Kohl behauptet, Michail Gorbatschow habe in einem an Sie gerichteten Brief erklärt, bei den Verhandlungen über die deutsche Vereinigung habe zwischen Kohl und ihm -Gorbatschow- Übereinstimmung bestanden, Verantwortungsträger der DDR juristisch nicht zu verfolgen.
Aus dem besagten Brief von Gorbatschow an Sie, den mir Ihr Büro zur Verfügung gestellt hat für die Dokumentation "Der Politbüroprozeß", geht das entgegen Ihrer Behauptung nicht hervor. Dort läßt sich "lediglich" herauslesen, daß von seiten der deutschen Gesprächspartner versichert wurde, es werde keinerlei Diskriminierung der Bevölkerung der Deutschen Demokratischen Republik und ihrer politischen Führung zugelassen werden.
Ist das für Sie eine Gleichsetzung mit nicht juristischer Verfolgung?

Modrow: *Für mich ist dieser Zusammenhang zunächst mit dem Brief, von dem Sie sprechen, hergestellt. Darin wirft Gorbatschow die Frage auf, ob denn die Deutschen tatsächlich schon wieder eine Hexenjagd brauchen. Und er ergänzt: Wem soll eine Kampagne nützen, die, statt die Wunden der Vergangenheit zu heilen, die politischen Differenzen nur verschärfen kann? Seine im Brief dazu geäußerten Auffassungen sind eindeutig, sie lassen keinen Raum für Zweifel.*

Das zweite: Ich war Anfang 1991 in Moskau und habe Gespräche mit Gorbatschows Vizepräsidenten, Herrn Janajew, und dem Vorsitzenden des Auswärtigen Ausschusses des Obersten Sowjets der UdSSR, Herrn Falin, geführt. Das war die Phase, in der es darum ging, den 2+4-Vertrag zu ratifizieren. Wenn in einer Erklärung des Obersten Sowjets zum 2+4-Vertrag die Feststellung enthalten ist, der Oberste Sowjet erwarte, daß gegenüber den Bürgern der DDR die Menschenrechte eingehalten und niemand wegen seiner politischen Motive verfolgt wird, dann gehe ich davon aus, daß das auch ein Kerngedanke der Gespräche war, die Gorbatschow mit Kohl geführt hat. Hier ist an der Eindeutigkeit der Formulierungen eigentlich auch nicht zu zweifeln. Wenn damals der Oberste Sowjet, das höchste staatliche Organ der UdSSR, die ja zu dem Zeitpunkt noch bestand, in seiner Erklärung diese Position vertritt, nehme ich an, daß das schließlich auch die Position des Präsidenten Gorbatschow war.

TP: Sie kennen ja nun die bundesdeutsche Ordnung -wir haben Gewaltenteilung, Sie waren ja selbst im Bundestag-, hätte Kohl, selbst wenn er gewollt hätte, Straffreiheit für ehemalige politische Funktionsträger der ehemaligen DDR versprechen können?

Modrow: *Gewiß konnte Kohl nicht versprechen... Aber er hätte als der Kanzler der Bundesrepublik mit seiner Regierung initiativ werden können. Mußte denn der ganze Vorgang zum Beispiel der Aufklärer des MfS bzw. der - wie man nun sagt- Kundschafter für den Frieden, d.h. derer, die als Bundesbürger für die DDR auf Spionagegebiet tätig waren, erst nach Karlsruhe gehen, um dort eine Entscheidung herbeizuführen? Hätte nicht auch der Bundestag mit einer Initiative der Regierung reagieren können? Der Bundeskanzler geht doch mit vielen Fragen ins Parlament, auch nach irgendwelchen Verhandlungen auf internationaler Ebene.*

Aber entscheidend ist natürlich auch der politische Wille, die jeweilige politische Haltung. Ich habe Herrn Genscher im Auswärtigen Ausschuß auf die Erklärung des Obersten Sowjets aufmerksam gemacht. Er antwortete mir natürlich sofort, daß das für den Obersten Sowjet von Bedeutung sei, für die Bundesregierung sei es rechtlich jedoch nicht relevant. Hätte hier nicht bei entsprechendem politischen Willen die Bundesregierung den Gedanken aus der Erklärung des Obersten Sowjets aufgreifen können?

Für mich gibt es hier aber noch ein weiteres Problem: Ich bin der Auffassung, daß diese Frage in ähnlicher Weise wie die Problematik der Enteignungen in der sowjetischen Besatzungszone in den Jahren 1945 - 1949 durch den 2+4-Vertrag hätte geregelt werden müssen. Aber das ist leider nicht geschehen.

TP: Sie haben sich ja nun in diesem Zusammenhang -aus Sorge um die Zukunft unseres Volkes, wie Sie schreiben- auch an die Präsidenten Frankreichs, Großbritanniens und der USA gewandt. Was haben die Ihnen denn eigentlich geantwortet?

Modrow: *Im Prinzip hat man sich ausgeschwiegen. Lediglich von der amerikanischen Botschaft kam die Mitteilung, daß sie mein Schreiben ihrem Präsidenten übermitteln werden. Wie gesagt, ansonsten keine Reaktion. Und daher mein Problem: Was bei den 2+4-Verhandlungen offengeblieben ist, bleibt nun ohne unmittelbare völkerrechtliche Bedeutung.*

TP: *Sehen Sie hier eine Ignoranz?*

Modrow: *Ja, hier hat sich Politik aus der Verantwortung gestohlen. Auch die drei westlichen Siegermächte stehen in einer Verantwortung, der sie nicht in dem Maße nachkommen, wie es für künftigen Frieden und Ausgleich zwischen den Völkern notwendig wäre.*

TP: *Glauben Sie eigentlich, daß die westdeutsche Justiz befugt ist, Prozesse, wie sie derzeit geführt werden, zu führen?*

Modrow: *Nein, sie ist nicht dazu befugt, denn das verstößt eindeutig gegen das national, d.h. im Grundgesetz, und international, d.h. im Völkerrecht festgeschriebene Rückwirkungsverbot. Die DDR war ein souveräner Staat, genauso souverän wie die Bundesrepublik Deutschland, und sie hatte ihre eigenen Gesetze, wie sie auch die BRD hat. Wer heute DDR-Funktionsträger richten will, weil sie nach Recht und Gesetz der DDR gehandelt haben, verstößt gegen das Grundgesetz und das Völkerrecht. Die DDR war wie die Bundesrepublik ein Mitglied der Völkergemeinschaft. Demzufolge hat die BRD auch kein Recht, nach der Vereinigung der beiden deutschen Staaten in dieser Weise vorzugehen. Daß die Positionen der BRD immer oder fast immer andere waren als die der DDR, ist völkerrechtlich überhaupt nicht relevant.*

TP: *Es wird heute immer wieder angeführt, die DDR war von der UNO anerkannt, es gab den Grundlagenvertrag. Ich konfrontiere Sie mal mit einem Absatz, den Stephan Hilsberg geschrieben hat in einem Nachwort zu dem Politbüroprozeß-Buch. Zitat: Hier kam das Unrecht im Gewande des Rechts daher, was die schlimmste*

Form des Unrechts ist. Eine positivistisch eingestellte Justiz vermag nur Recht zu sprechen im Rahmen bestehender Gesetze. Was aber, wenn, wie im Falle der DDR, die Gesetze selber Unrecht waren, wenn es keine Verfassung gab, die die unveräußerlichen Grundrechte garantierte?

Modrow: *Erstens wende ich mich entschieden gegen Pauschalisierungen.*
D i e Gesetze der DDR waren nicht Unrecht, die DDR war kein Unrechtsstaat. Zweitens: Gewiß wurden individuelle Menschenrechte in der DDR mißachtet, das will ich weder verdrängen noch bagatellisieren. Aber wo gibt es den Staat, in dem keine Menschenrechte verletzt werden? Die Bundesrepublik ist es ganz sicher nicht. Sie ist ein Land, in dem es über sechs Millionen Arbeitslose gibt -zwei Millionen verdeckt, vier Millionen in der Registratur. Das heißt, hier wird in schwerster Art und Weise gegen solche Menschenrechte wie das Recht auf Arbeit und gegen die Verfassung verstoßen. Denn darin wird zugesichert, daß die Würde des Menschen unantastbar ist. Aber wie schwer wird ein Mensch in seiner Würde getroffen, wenn er arbeitslos ist und praktisch als nutzlos für die Gesellschaft beiseite geschoben wird. Und das geschieht in diesem Land Bundesrepublik millionenfach!

TP: *Sie haben auch geschrieben: Prozesse dieser Art spalten unser Volk. Wen meinen Sie damit?*

Modrow: *Ich meine damit, daß wir eine Vereinigung wollten, die dazu führt, daß die Menschen in Ost und West zusammenfinden, sich gegenseitig tolerieren. So habe ich auch die Worte des damaligen Bundespräsidenten, Herrn von Weizäcker aufgenommen, der sich in diesem Sinne mehrmals geäußert hat. Auch Willy Brandt als Alterspräsident des Bundestages meinte wohl dasselbe, als er im Dezember 1990 davon sprach, daß die Betonmauern zwar weg seien, die Mauern in den Köpfen aber noch abgebaut werden müßten. Und wenn wir heute, mehr als fünf Jahre nach der Wiedervereinigung der beiden deutschen Staaten, die Situation betrachten, so kann man zum Beispiel nicht daran vorbei, daß Berlin, was das Denken der Menschen anbelangt, genauso tief gespalten ist wie vor dem 9. November 1989. Das ließe sich allein an den Wahlergebnissen erkennen. Damit ist doch die Entscheidungsfrage klar: Entweder wollen wir politisch dahin* *wirken, daß die Menschen in gegenseitiger Achtung aufeinander zugehen, oder wir wollen weiter Feindbilder schaffen. Dann wird es nach altem Strickmuster weitergehen: Es gab ein gutes Deutschland, und es gab ein böses Deutschland. Aber wenn man im nachhinein aus der Pose des Siegers glaubt, auf diese Weise eine Vereinigung der beiden deutschen Staaten herbeiführen zu können, so glaube ich nicht, daß das funktionieren wird.*

TP: *Glauben Sie nicht, daß die westdeutsche Justiz das Mandat bekommen hat, von der Volkskammer, das "DDR-Unrecht zu verfolgen?*

Modrow: *Die Volkskammer der DDR hat dem Vereinigungsvertrag mehrheitlich zugestimmt. Ich habe damals dagegen gestimmt, weil ich von der Vereinigung der beiden deutschen Staaten -wie ich es mit meiner Initiative vom 1. Februar 1990 deutlich gemacht habe- eine andere Vorstellung hatte. Die Volkskammer der DDR, so wie sie nach dem 18. März agierte, hat sich nicht mehr als wirkliche Vertreterin der Interessen der Bürgerinnen und Bürger der DDR erwiesen. Warum ist es in dieser Volkskammer nicht möglich gewesen, den Verfassungsentwurf, den der Runde Tisch und meine Regierung erarbeitet hatten, noch zu beraten und zu beschließen? Das wäre eine Grundlage für die Vereinigung zweier souveräner Staaten gewesen. Doch davor hat sich diese Volkskammer mehrheitlich gedrückt und damit schon nicht mehr den Interessen der Bürgerinnen und Bürger der DDR entsprochen, von anderen nachfolgenden Schritten dieses Parlaments ganz zu schweigen.*

TP: *Das Parlament ist aber nach demokratischen Spielregeln zustandegekommen und da entscheiden nun halt mal Mehrheiten -wie schwer das auch immer zu begreifen ist.*

Modrow: *Die Frage ist doch wohl, wie demokratisch es ist, wenn der Entwurf einer Verfassung, von allen wichtigen, am Runden Tisch und in meiner Regierung der Nationalen Verantwortung vertretenen politischen Kräften des Landes ausgearbeitet, dann durch eine Mehrheit von drei Parteien einfach vom Tisch gefegt wird. Wenn sie wirklich demokratisch hätten handeln wollen, dann hätten sie den Schritt gehen müssen, der in der damals noch gültigen Verfassung der DDR für solche Fälle vorgesehen war, nämlich dazu eine Volksabstimmung durchzuführen. Das wäre demokratisch* *gewesen. Aber diesen demokratischen Schritt hat man nicht getan.*

TP: *Ich möchte nochmal auf die Prozesse kommen, die derzeit geführt werden gegen Politbüromitglieder, auch vorher gegen Mitglieder des nationalen Verteidgngsrates. Glauben Sie, daß Bürger der ehemaligen DDR diese Prozesse wollen?*

Modrow: *Zunächst würde ich anders anfangen, und zwar mit den Prozessen gegen die Grenzsoldaten. Das politische Spiel beginnt doch damit, daß man sich zunächst die Kleinen vornimmt, um das Argument zu haben: Die Kleinen kann man ja wohl nicht hängen und die Großen laufen lassen. Und anstatt politisch zu entscheiden, überläßt man es der bundesdeutschen Justiz, zu prüfen und zu urteilen. Die Politik will sich in dieser Beziehung ihrer Verantwortung nicht stellen. Dabei hätte es von vornherein im Verlaufe des Vereinigungsprozesses Möglichkeiten gegeben. So weiß man, welche Position Herr Schäuble zum Beispiel zur Hauptabteilung Aufklärung des MfS hatte. Und den Sozialdemokraten ist zu Recht der Vorwurf zu machen, daß man sich damals politisch hätte entscheiden können und heute nicht nach Karlsruhe bräuchte. Selbst auf seiten der CDU gab es Bereitschaft, offensichtlich auch auf Grund der Gespräche mit Gorbatschow, diesen Problemen gegenüber aufgeschlossener zu sein, als es sich dann in den weiteren Debatten zwischen CDU und SPD ergeben hat.*

Ich habe übrigens auch mit Herrn Schäuble solche Fragen erörtert, wobei er versuchte, mir bewußt zu machen: Sie leben in einem Rechtsstaat, und Sie müssen begreifen, wenn die Justiz handelt, kann die Politik nicht eingreifen. Diese Haltung habe ich nicht. Auch im Rechtsstaat gibt es einen Präsidenten, der das Recht hat, Gesetze zu beschließen. Man kann doch heute nicht so tun, als wäre hier das Räderwerk in Gang gesetzt und nicht mehr anzuhalten. So verstehe ich den Rechtstaat wiederum auch nicht. Ausschlaggebend, das will ich noch einmal bekräftigen, bleibt der politische Wille.

TP: *Die Ursprungsfrage war: Glauben Sie, daß die Bürger der ehemaligen DDR diese Prozesse für berechtigt halten, die derzeit gegen ehemalige Mitglieder des Politbüros und des Nationalen Verteidgungsrates und auch, von mir aus, gegen Grenzsoldaten* *geführt werden?*

Modrow: *Ich kann ja diese Frage nur auf der Grundlage von Umfragen beantworten und vielleicht noch aus meiner eigenen Kenntnis heraus. Meine persönliche Haltung dazu habe ich deutlich gemacht. Und wenn man die Umfrageergebnisse -z.B. des "Spiegel"-, zu Rate zieht, so gelangt man zu der Feststellung: Mehrheitlich erscheinen den ehemaligen Bürgerinnen und Bürgern der DDR diese Prozesse nicht mehr als relevant. Von einer knappen Mehrheit wird heute die Meinung vertreten, man möge damit überhaupt aufhören. Und ein beachtlicher Teil sagt, was interessiert es uns, wir haben ganz andere Probleme, unsere Sorgen liegen auf ganz anderen Gebieten.*

TP: *Bärbel Bohley hat in einem Interview mir gegenüber die Auffassung vertreten, daß die westdeutsche Justiz befugt ist, DDR-Unrecht zu verfolgen und Prozesse derart zu führen, wie sie derzeit gegen Mitglieder des Politbüros u.a. geführt werden. Bärbel Bohley ist Bürgerin der ehemaligen DDR gewesen und sie steht mit ihrer Auffassung m.E. nicht alleine.*

Modrow: *Nein, gewiß nicht, denn Bärbel Bohley hat, ich weiß nicht, wieviele Anhänger noch um sich, vielleicht mit dem Neuen Forum noch 500, die zu ihr halten. Alle anderen, selbst aus der Bürgerbewegung, haben heute mit Frau Bohley ihre Probleme, nachdem sie sich mit Herrn Kohl getroffen hat und weitere Begegnungen auf dieser Ebene gestaltet. Und Frau Bohley ist überhaupt auf Grund ihrer Aussagen sehr weit davon entfernt, einen großen Anhang unter den ehemaligen DDR-Bürgerinnen und - Bürgern zu haben. Damals, 1989, ging man in der Bürgerbewegung davon aus, daß die DDR weiter existiert, daß sie sich demokratisch verändern soll. Heute tun sie so, als hätten sie nie in dieser Bewegung solche Positionen bezogen und als hätte das, was jetzt ihre Aussagen sind, immer schon ihr Denken reflektiert. So schizophren, glaube ich, sollte man mit Geschichte, mit Vergangenheit und seinen eigenen Auffassungen nicht umgehen.*

TP: *Sie sind ja der Ansicht, daß die westdeutsche Justiz nicht befugt ist, Prozesse dieser Art zu führen. Können die Mauer- und Grenztoten ignoriert werden?*

Modrow: *Nein, sie können nicht ignoriert werden. Ganz im Gegenteil. Man muß sie in den historischen Zusammenhängen von damals sehen. Die große Tragik war doch, daß wir nach Beendigung des zweiten Weltkrieges in zwei gesellschaftlichen Systemen und zwei gegensätzlichen Militärblöcken gelebt haben. Auf dem Territorium Deutschlands, in der DDR und der Bundesrepublik, waren die stärksten militärischen Kräfte mit Kernwaffen und anderem modernsten Kriegsgerät konzentriert. Wir lebten doch unter Bedingungen, die man heute aus der Geschichte einfach verdrängen will. Jene Toten an der Grenze -und ich beziehe die 25 Grenzsoldaten der DDR hier mit ein- sind Opfer dieser Situation, des besonders in Deutschland tobenden Kalten Krieges geworden, der glücklicherweise nicht zu einem heißen wurde.*

Dieser Kalte Krieg und diese Grenze waren nicht nur eine deutsch-deutsche Angelegenheit. Viele erinnern sich noch daran, wie USA-Präsident Ronald Reagan am Brandenburger Tor in Berlin Michail Gorbatschow aufgefordert hat, das Tor zu öffnen, d.h. die Mauer einzureißen. Das alles waren Fragen von höchstem internationalen Gewicht. Und was erleben wir heute? Es gibt die beiden Militärblöcke nicht mehr. Zu Zehntausenden werden Menschen umgebracht, und niemand stellt die Frage nach den wahren Ursachen, den wirklich Schuldigen. Der Bundeskanzler fliegt nach Moskau, und in Tschetschenien wird geschossen und getötet. Das bewegt alles nicht mehr allzu sehr. Da gibt es in Tschetschenien in 24 Stunden so viele Tote, wie in den ganzen Jahren an der Mauer umgekommen sind. Damit will ich in keiner Weise auch nur im geringsten die Dramatik und Tragik der Geschehnisse an der Grenze zwischen der BRD und der DDR herunterspielen. Aber wir leben in einer Zeit, da wir uns in unserem Denken nicht einengen dürfen. Wir müssen die Globalität dieser Zeit begreifen. Und da möchte ich in aller Offenheit sagen: Daß es nicht zu einem heißen Krieg, einem Krieg mit Atomwaffen gekommen ist, das ist am Ende auch mit dieser Mauer, mit dieser Grenze verbunden.

TP: *Sie wollen die Mauer- und Grenztoten in einem geschichtlichen Zusammenhang sehen. Abrassimow (natürlich war es Falin als Zeuge im Prozeß gegen Markus Wolf!) hat sich mal dahingehend geäußert, daß von seiten der Sowjetführung auf die DDR-Führung der Vorhalt kam, ob das mit den Mauer- und Grenztoten überhaupt*

21

sein müsse. Hierauf habe die DDR-Führung auf ihre innere Souveränität verwiesen.

Modrow: *Jeder von uns, der sich mit dieser Problematik beschäftigt hat, weiß doch, daß diese Grenze zwischen den beiden deutschen Staaten nur so funktioniert hat, weil es auch in der Tschechoslowakei und in Ungarn im Prinzip die gleiche Situation gegeben hat. Warum bekommt denn G. Horn am Reichstag eine Ehrentafel? Doch deshalb, weil er die Grenze zwischen Ungarn und Österreich geöffnet hat. Für Herrn Krenz oder Herrn Schabowski wird am Reichstag keine Ehrentafel dafür angebracht, daß sie am 9. November 1989 die Grenzen geöffnet haben. Sie sitzen auf der Anklagebank. Also auf der einen Seite ist G. Horn der in der BRD hoch anerkannte und geehrte Politiker, und diejenigen, die dann innerhalb der DDR am 9. November politisch agierten, stehen in derselben BRD vor Gericht. Ich glaube nicht, daß der ganze Vorgang politisch und historisch einzuzordnen ist, wie das jetzt durch diese Prozesse geschehen soll.*

TP: *Ich habe heute den Eindruck, die Sowjets sollen zu den Sündenböcken gestempelt werden, sie waren an allem schuld, was in der DDR passiert ist.*

Modrow: *Das ist überhaupt nicht meine Haltung. Natürlich waren die verantwortlichen Militärs der Sowjetunion vor allem in den Führungspositionen des Warschauer Vertrages. Aber die Grenzsicherungsfragen waren Angelegenheit des ganzen Warschauer Vertrages.*
Wir haben mit einem militärischen Gleichgewicht gelebt, mit einem Gleichgewicht des Schreckens. Damit sind die Kernwaffen genauso gemeint wie auch jene Schrecken, die mit der Grenze verbunden waren. Das ist für mich keine Frage von Sündenböcken. Wenn ich diese Frage stellte, dann würde ich auch fragen, wer denn eigentlich in der NATO dafür verantwortlich war, daß es zu derart zugespitzten Situationen gekommen ist. Wer redet denn heute darüber, daß sich alle Jahre unmittelbar an der Grenze zur DDR Militärmanöver der NATO abgespielt haben, aus denen man -wie jeder Militär weiß- leicht zu einem heißen Krieg hätte überwechseln können. Und man kann doch keinen Hehl daraus machen, daß in Strategien der NATO Kernwaffenschläge auf Dresden und andere Städte in der DDR eingeplant waren. Das soll heute alles außen vor bleiben, niemand

von den Anklägern redet in den Prozessen von den strategischen Zusammnenhängen, um die es damals eigentlich ging.

TP: *Herr Modrow, heute wird von den Angeklagten im Politbüroprozeß häufig angeführt, sie hatten die Macht nicht, die Mauer- und Grenztoten zu verhindern. Sie waren zwar nicht in diesem Politbüro, welche Rolle hatte denn Ihrer Meinung nach das SED-Politbüro in der ehemaligen DDR?*

Der Autor Dietmar Jochum beim Interview mit Hans Modrow

Modrow: *Das Politbüro hatte natürlich eine große politische Verantwortung und Macht, solange es nicht um die Beschlüsse des Warschauer Vertrages ging. Es gab -um auf die Rolle des Politbüros kurz einzugehen- viele Entscheidungen dieses Gremiums, mit denen die Regierung dann befaßt wurde und aus denen schließlich Gesetze entstanden. Aber das Politbüro war nicht das gesetzgebende Organ. Wenn ich formal bleibe, denn ich werde heute ununterbrochen nach juristischen Prinzipien, nach Formalien befragt, dann muß ich doch mit aller Eindeutigkeit sagen: Weder das Politbüro noch das Zentralkomitee der SED hat je ein Gesetz in diesem Land in letzter Instanz beschlossen. Daß trotzdem nach*

23

ihrem Willen gehandelt wurde, ergab sich aus der Tatsache, daß immer über 50 Prozent der Abgeordneten der Volkskammer aus der SED waren. Aber -wie gesagt- Gesetze hat formal stets die Volkskammer beschlossen, nie das Politbüro.

Übrigens wird heute kaum gesehen, was alles im Bundeskanzleramt beraten und dann im Bundestag von der Mehrheit beschlossen wird. Das Bundeskanzleramt ist doch heute auch ein Organ, aus dem der größte Teil der Initiativen für Entscheidungen von Regierung und Parlament kommen. Im Bundestag habe ich wohl begriffen, welche Macht im Bundeskanzleramt konzentriert ist.

TP: *Heute geht es wohl mehr um die Frage, daß das Politbüro die Macht hatte, die Mauer zu öffnen, aber nicht die Mauer- und Grenztoten zu verhindern.*

Modrow: *Da würde ich den Ausspruch von Günter Gaus nehmen: Man stelle sich vor, Werner Eberlein, der ja nun wohl auch demnächst vor Gericht soll, kommt aus Magdeburg als 1. Bezirkssekretär der SED in die Politbürositzung und sagt, Erich, ich schlage vor, wir beschließen heute, die Mauer muß weg. Herr Reagan wendet sich an Gorbatschow und fordert: Herr Gorbatschow, die Mauer muß weg! Und die Mauer bleibt.*

Hier bleibt eindeutig nicht die Frage von Sündenböcken. Ein solches Problem ist nur unter Beachtung seiner Entstehungsgeschichte und der jeweiligen internationalen Zusammenhänge sowie der Gemeinsamkeit der Warschauer Vertragsstaaten zu begreifen. Daß man in der DDR eigene Entscheidungen zur Einhaltung der Verpflichtungen im Rahmen des Warschauer Vertrages treffen mußte, gehört zur Logik der Mitgliedschaft in einem solchen militärischen Bündnis.

TP: *Ich kann mich von dem Verdacht der Schuldzuweisung an die Sowjets nicht freimachen, denn schließlich hatten sie die Oberhoheit im Warschauer Pakt.*

Modrow: *Nein, keine Schuldzuweisung an die Sowjets, sondern Hinweis auf die Gemeinsamkeiten. Denn die Entscheidung über das, was 1961 geschehen ist, ist im Politisch Beratenden Ausschuß der Warschauer Vertragsstaaten gefällt worden. Auch nachfolgende Schritte zur Gestaltung des Grenzregimes wurden im Rahmen des*

Warschauer Vertrages festgelegt bzw. abgestimmt.

Die Teilnehmerstaaten des Warschauer Vertrages hätten sich zu der Problematik der grundsätzlichen Änderung des Grenzregimes auch dann treffen müssen. Gelegenheit dazu wäre gewesen, als sich die höchsten Vertreter der Staaten 1989 in Bukarest trafen, wo allerdings Honecker vor einer vielleicht entscheidenden Sitzung in engstem Kreise erkrankte. Dazu hätte man sich auch gemeinsam beraten müssen, nachdem in Ungarn die Grenze geöffnet worden war. Nur über diesen Weg wäre es möglich gewesen, auch ein solches Problem komplex zu klären.

Ich habe nur an einem Treffen des Politisch Beratenden Ausschusses des Warschauer Vertrages teilgenommen, das war die Tagung am 4. Dezember 1989 in Moskau. Dort haben wir uns gemeinsam -Rumänien sah dazu keine Notwendigkeit- bei den Völkern der Tschechoslowakei für die Ereignisse von 1968 entschuldigt. Genauso hätte der Warschauer Vertrag sich zu den Problemen, die mit der Grenze verbunden waren, entscheiden müssen. Er hat, wie gesagt, die Entscheidung über die Grenzsicherung getroffen, und genauso stand er historisch in der Verantwortung, was die Aufhebung dieser Entscheidung anbelangt.

TP: *Nochmal zu dem Politbüroprozeß und seinen Angeklagten. Es wird häufig auch gefordert, die Angeklagten vor einen Internationalen Gerichtshof zu stellen. Wäre das für Sie eine Alternative?*

Modrow: *Das wäre eine Alternative, wenn zugleich auch dieser Internationale Gerichtshof das Verhalten der NATO in der Zeit des Kalten Krieges in der gleichen Gründlichkeit prüfen und behandeln würde wie alle Vorgänge, die mit dem Warschauer Vertrag verbunden sind.*

TP: *Hier geht es ja in erster Linie darum, die Grenz- und Mauertoten aufzuklären. In diesem Zusammenhang würde bestimmt von einem Gericht die Situation, wie sie damals war, berücksichtigt oder möglicherweise aufgeklärt werden.*

Modrow: *Das Internationale Gericht müßte dann auch die Fälle der 25 toten Grenzsoldaten einbeziehen. Das heißt, wenn Sie die*

Frage so stellen, dann steht das Problem in seiner Ganzheit. Aber ich glaube nicht, daß sich ein internationales Gericht finden würde, das über Handlungen der militärischgen Führungen von NATO und Warschauer Vertrag auch nur im entferntesten heute bereit wäre zu befinden.

Interview: Dietmar Jochum /TP Berlin

Vor der Hauptverhandlung

Beschlagnahme der Hager-Memoiren

Pünktlich zum ersten Anlauf des sogenannten Politbüroprozesses, am 13. November 1995, stellte ein Nebenklägervertreter, der Berliner Rechtsanwalt und Notar *Hanns-Ekkehard Plöger*, einen Antrag auf Beschlagnahme des Manuskripts der *Hager*-Memoiren. Er erhoffte sich daraus Aufschlüsse über das Innenleben des Politbüros, dessen Mitglied auch einer der sechs Angeklagten, der sogenannte SED-Chefideologe Professor *Dr. Kurt Hager*, war. Das Gericht beschied diesen Antrag jedoch nicht mehr innerhalb dieses ersten Prozesses, der aufgrund einer unaufschiebbaren Operation des Angeklagten *Günther Kleiber* am 30. November 1995 abrupt endete. *Plöger* glaubte schon, sein Antrag sei nicht ernstgenommen worden, bis ihm Anfang Januar 1996 der folgende Beschluß zuging:

"Sehr geehter Herr Rechtsanwalt!

In der Strafsache gegen Hager u.a.

teile ich vorsorglich mit, daß neben diversen Eingängen nunmehr als weiteres mögliches Beweismittel ein Manuskript des Angeklagten Hager beschlagnahmt worden und als Beistücke E 6 und E 7 zu den Akten gelangt ist.

Hochachtungsvoll
Der Vorsitzende
i.V. Hoch
Richter am Landgericht"

Kurt Hager erhielt auch Besuch von Polizisten, die penibel sein Haus durchsuchten und neben dem Manuskript trotz seines ausdrücklichen Protestes auch Verteidigungsunterlagen mitnahmen. Die erhielt er zwar wieder zurück, doch die Memoiren wanderten erst einmal als die "Beweisstücke E 6 und E 7" in die Strafakten. Ob sie der gewünschten Wahrheitsfindung dienen, wird sich im Laufe der Beweisaufnahme zeigen, sollten sie dort eventuell verlesen werden. Die Dauer der

Verlesung dürfte sich dann über etliche Wochen, wenn nicht gar Monate, hinziehen. Die Lebenserinnerungen des einstigen SED-Chefideologen umfassen immerhin knappe 800 Seiten.

Auf die Beschlagnahme der *Hager*-Memoiren reagierten seine Anwälte mit einem Schriftsatz vom 17. Januar 1996. Des Zusammenhanges wegen wird er schon an dieser Stelle dokumentiert:

"In der Strafsache
./. Herrn Erich Mückenberger u.a.
- 527-1/95 -

hat am 28.12.1995 zum wiederholten Male eine Durchsuchung der Wohnung des Herrn Hager stattgefunden.

Anlaß für diesen erzwungenen Eingriff in die Persönlichkeitsrechte des Angeklagten Hager sowie seiner Ehefrau war ein entsprechender Antrag des Nebenklagevertreters Rechtsanwalt Plöger vom 13.11.1995. Dieses Ansinnen wurde mit der Erwartung begründet, in den Wohnräumen der Eheleute Hager befänden sich möglicherweise private Lebensaufzeichnungen des Herrn Hager, aus denen sich Anhaltspunkte über die Beteiligung des Herrn Hager an der Willensbildung im Politbüro und der Mitwirkung an den dort verfaßten Beschlüssen ergeben würden.

Seitens des Gerichts wurde dieser Antrag unter dem 11.12.1995 zur Stellungnahme an die Staatsanwaltschaft weitergeleitet, die ihrerseits mit Schreiben vom gleichen Tage erklärte, daß sie dem Antrag nicht beitrete, da die bezeichneten Erwartungen wohl unbegründet seien.*

Gleichwohl ordnete das Gericht unter dem 18.12.1995 die Durchsuchung zum Auffinden der Lebenserinnerungen des Herrn Hager an, da sich aus diesen möglicherweise Hinweise auf die Arbeitsweise des Politbüros ergeben könnten.

Auf der Grundlage dieses Beschlusses wurde die Wohnung der Eheleute Hager am 28.12.1995 morgens ab 7.55 Uhr durchsucht, nachdem den Eheleuten freundlicherweise fünf Minuten Zeit gelassen wurde, sich anzukleiden. Im Rahmen der Durchsuchung wurden trotz entsprechenden Widerspruches nicht nur das in dem Beschluß des Landgerichts Berlin vom 08.12.1995 ausschließlich genannte

Manuskript der Lebenserinnerungen beschlagnahmt, sondern auch eine Vielzahl von Computerdisketten und ein weiterer Ordner mit Unterlagen. Diesbezüglich hat Herr Hager ausdrücklich und mehrfach die durchsuchenden Beamten darauf hingewiesen, daß es sich nicht um einen Bestandteil des Manuskripts handele. Gleichwohl wurde auch dieser Ordner beschlagnahmt, allerdings von der Staatsanwaltschaft - zutreffend als Verteidigungsunterlagen erkannt- in den folgenden Tagen wieder an Herrn Hager zurückgegeben.

Das geschilderte Zustandekommen des Durchsuchungsbeschlusses, wie auch die Durchführung der Durchsuchung selbst sind aus hiesiger Sicht mit erheblichen Bedenken behaftet.

Das Gericht ist dem Antrag des Nebenklagevertreters, dessen die Phantasie oftmals sehr beanspruchende inhaltliche Ausgestaltung seiner Anträge aus anderen Verfahren ja schon fast allgemeinkundig ist, gefolgt, obwohl die Staatsanwaltschaft -völlig zu Recht- darauf hingewiesen hat, daß aus ihrer Sicht die Möglichkeit einer Beweiserheblichkeit der zu beschlagnahmenden Unterlagen eher fern liege, es mithin an den gesetzlichen Voraussetzungen für die Beschlagnahme und damit auch die Durchsuchung fehle. Dies ist umso verwunderlicher, da der Beschluß jegliche Auseinandersetzung damit vermissen läßt, daß die Lebenserinnerungen des Herrn Hager bereits im Rahmen der Durchsuchung im März 1992 Gegenstand der Sichtung auf Beweiserheblichkeit waren und als solche als unbeachtlich angesehen wurden. Die fehlende Auseinandersetzung hiermit läßt entweder den Schluß zu, daß die Kammer diese Tatsache schlicht ignoriert oder aber diese Tatsache mangels ausreichendem Aktenstudium nicht bekannt war. Beides ist im Hinblick auf die mit jeder Durchsuchung verbundenen Eingriffe in die Persönlichkeitsrechte jedwedes Angeklagten nicht tragbar.

Erheblichen Bedenken begegnet auch das Vorgehen der mit der Durchsuchung seitens des Gerichtes und der Staatsanwaltschaft beauftragten Polizeibeamten. Diese haben sich über den klaren Wortlaut des Beschlusses des Landgerichts Berlin hinaus eigenmächtig angemaßt, weitere, in dem Beschluß nicht genannte Aufzeichnungen trotz entsprechender Klarstellung und trotz entsprechendem Widerspruches sicherzustellen. Diese Vorgehensweise bietet Anlaß, im Rahmen der Hauptverhandlung auch die sonstige Ermittlungstätigkeit dieser Beamten einer genauesten Prüfung zu unterziehen.

Sollte die Beschlagnahme der Lebenserinnerungen des Herrn Hager durch das Kammergericht bestätigt werden, gehen wir davon aus, daß seitens des Gerichtes ausdrücklich und eindeutig sichergestellt wird, daß über die Beschlagnahme hinaus -etwa durch auszugsweise Veröffentlichungen in der schlägigen Presse- keine weiteren Verletzungen der Persönlichkeits- und Urheberrechte des Herrn Hager erfolgen.

Franke   *Schrage*
Rechtsanwalt   *Rechtsanwalt"*

Kurt Hager (links) mit Egon Krenz (im Hintergrund Prof. Buchholz)

Die Hauptverhandlung

Der 1. Verhandlungstag (15. Januar 1996)

"Attacken gegen die Rechtmäßigkeit des Verfahrens"

Wer am 1. Verhandlungstag Befangenheitsanträge gegen Richter und Schöffen der 27. Schwurgerichtskammer des Berliner Landgerichts erwartete, wartete vergebens. Nachdem im ersten Durchlauf des sogenannten Politbüroprozesses im November 1995 wenigstens der damalige Vorsitzende Richter *Hansgeorg Bräutigam* erfolgreich aufgrund eines von ihm verfaßten Artikels aus dem Jahre 1993, in dem er die DDR mit dem Nationalsozialistischen Staat gleichgesetzt hatte, aufgrund eines Befangenheitsantrages der Schabowski-Verteidigung wegen Besorgnis der Befangenheit das Feld räumen mußte, schienen die Prozeßbeteiligten erst einmal befriedigt. Der Antrag der Krenz-Verteidigung von November 1995, auch die Richterin Meunier-Schwab und den damals noch als Beisitzer und jetzt als Vorsitzender fungierenden Richter Hoch wegen ihrer Mitbeteiligung am Eröffnungsbeschluß der Kammer, der entgegen der Anklageschrift auch bei den Angeklagten Krenz, Schabowski, Kleiber und Dohlus von Totschlag durch aktives Tun -nach wie vor- ausgeht, wegen Besorgnis der Befangenheit ebenfalls aus dem Verfahren zu kippen, wurde trotz der noch fortbestehenden Wirkung dieses Eröffnungsbeschlusses nicht wiederholt. Aufgrund des Abganges von Richter Bräutigam schien, was das Stellen von Befangenheitsanträgen anbelangt, so etwas wie Beruhigung in den Prozeßalltag eingekehrt zu sein.

Auch Günter Kleiber machte trotz seines Status' als Angeklagter einen optimistischen Eindruck, der jedoch wohl eher auf eine erfolgreiche Nierenoperation zurückzuführen war, der er sich einen Monat vorher aufgrund des Verdachtes auf einen Nierentumor, der sich glücklicherweise nicht bestätigte, unterziehen mußte. Wegen dieser Nierenoperation Günter Kleibers war dann auch der erste Durchlauf des Politbüroprozesses im November 1995 nach nur vier Verhandlungstagen geplatzt (Juristendeutsch: ausgesetzt worden). Zur Verlesung der Anklageschrift war es nicht mehr gekommen.

Wer am 1. Verhandlungstag der Neuauflage des Prozesses dann aber endlich die Verlesung der Anklageschrift erhoffte oder wenigstens die Feststellung der Personalien der Angeklagten durch das Gericht, wurde ebenfalls enttäuscht. Die 27. Strafkammer unter Vorsitz von Richter Josef Hoch, neben der beisitzenden Richterin Julia Meunier-Schwab und dem beisitzenden Richter Dr. Carsten Kessel nun auch mit zwei Ergänzungsrichtern (Richterin Ingrid Wagner-Weßel und Richter Hendrik Zwicker) verstärkt (Rechtsanwalt und Nebenklägervertreter Hanns-Ekkehard Plöger: "Die Mafia kann ja schließlich nicht alle auf einmal entführen!"), sah sich zunächst einmal mit Anträgen der Verteidigung konfroniert, die, so der Journalist Bernd Verter in der "Jungen Welt" am 16. Januar 1996, "Attacken gegen die Rechtmäßigkeit des Verfahrens" ritt.

Der junge Potsdamer Anwalt von Egon Krenz, Robert Unger, der sich in der Rolle als Mitverteidiger des ehemaligen Staatsratsvorsitzenden zu gefallen scheint und sich in dieser Rolle zuweilen auch schon mal von seiner ebenso jungen Frau von der Pressebank aus bewundern läßt (ihr Bruder ist Mitarbeiter der Presseagentur AP und hat sie offensichtlich als Mitarbeiterin ausgegeben, damit sie ihrem Mann bei seinen stolzen Auftritten und Verlesen seiner Schriftsätze so nah wie möglich sein kann), läutete die Masse der noch folgenden Einstellungsanträge mit dem Argument ein, daß ein Verstoß gegen das Rückwirkungsverbot nach Artikel 103 Absatz 2 des Grundgesetzes vorliege. Daher sei das Verfahren nach 260 Absatz 3 der Strafprozeßordnung einzustellen.

Verstoß gegen das Rückwirkungsverbot

Ungers Antrag im einzelnen:

In der Strafsache
gegen
Egon Krenz u.a.

- 527-1/95 -

wird beantragt, das Verfahren gegen den Angeklagten Egon Krenz wegen des Verfahrenshindernisses des Verstoßes gegen Artikel 103 II GG gemäß 260 III StPO

einzustellen.

Begründung:

Die Verteidigung verkennt nicht, daß entsprechende Einstellungsanträge bereits in den vorangegangenen Verfahren, die die Geschehnisse an der Mauer zum Gegenstand hatten, gestellt worden sind und diese Anträge sowohl von den erkennenden Gerichten als auch vom Bundesgerichtshof inhaltlich zurückgewiesen worden sind. Da die entsprechenden Urteile der Landgerichte und des BGH, dieser zuletzt mit Urteil vom 20.03.1995 -5 StR 111/94- falsch sind, ist es erforderlich und richtig, diese Anträge auch im vorliegenden Verfahren zu stellen und die unzutreffende Rechtsauffassung der Landgerichte und des BGH zu widerlegen.

Mit der Auffassung, daß sich der BGH auf einem Irrweg befindet und die inzwischen ergangenen Urteile juristisch nicht haltbar sind, steht die Verteidigung nicht alleine da. Der BGH hat selbst in seinem Urteil vom 20.03.1995 darauf verwiesen, daß seine Rechtsauffassung im Schrifttum, d.h. bei Staats- und Strafrechtsprofessoren zu -wie der BGH formuliert- "kritischen Äußerungen" geführt hat. Dies heißt nichts anderes, als daß eine große Zahl angesehener Rechtstheoretiker dem BGH vorwirft, das Recht falsch anzuwenden. Nicht zuletzt sei hier der führende Grundgesetzkommentar von Maunz/Dürig/Herzog genannt, in dem festgestellt wird:

"In der Literatur wird dem gegenüber von beachtlichen Stimmen geltend gemacht Artikel 103 Abs. 2 GG gestatte es nicht, einen zur Tatzeit praktizierten

Rechtfertigungsgrund, wenn dieser übergeordneten Normen widerspreche zum Nachteil eines Angeklagten nicht anzuwenden. Artikel 103 Abs. 2 GG erfüllt seine rechtsstaatliche Gewährleistungsfunktion durch seine strikte Formalisierung." (Schmidt-Aßmann in Maunz/Dürig/Herzog zu Artikel 103 II, Rn. 255)

Es ist also nicht eine amoklaufende und gegenüber den Angeklagten opportunistische Verteidigung, die hier abwegige Rechtsauffassungen vertritt, sondern es sind angesehene und führende Rechtstheoretiker, die hier die gleiche Auffassung wie die Verteidigung vertreten.

Im einzelnen:

Die konkrete Ausgestaltung der Grenzsicherungsanlagen in der ehemaligen DDR verstieß weder gegen innerstaatliches Recht der DDR noch gegen Völkerrecht.

Der BGH hat in seinen Urteilen festgestellt, daß der Einsatz der Schußwaffe an der Grenze grundsätzlich von dem geschriebenen Recht der DDR, jedenfalls spätestens seit Vorliegen des Grenzgesetzes, das 1982 verabschiedet worden war, gedeckt war. Er stellt jedoch fest, daß diese Gesetzeslage, so wie sie sich aus den vorliegenden Vorschriften und der Praxis ergab, gegen übergeordnetes Völkerrecht verstoßen habe, was zwar nicht zu einer Nichtigkeit dieser Vorschriften geführt, aber eine "menschenrechtsfreundliche Auslegung" der Vorschriften erforderlich gemacht habe, die eine gezielte Anwendung der Schußwaffe unter Inkaufnahme der Tötung verboten habe.

Dem BGH ist darin zuzustimmen, daß die Anwendung der Schußwaffe an der Grenze in der konkreten Ausgestaltung im Einklang mit dem Recht der DDR stand. Falsch ist, daß übergordnete völkerrechtliche Normen eine andere Auslegung des DDR-Rechts erzwungen hätte.

Der BGH führt in seinen Urteilen nicht eine einzelne konkrete und nachweisbare Norm des Völkerrechts an, sondern wendet die sogenannte "Radbruch'sche Formel" unter Hinweis auf eine "allen Völkern gemeinsame, auf Wert und Würde des Menschen bezogene Rechtsüberzeugung" an, die er unter anderem hier aus der Allgemeinen Erklärung der Menschenrechte vom 10.12.1948 sowie dem Internationalen Pakt über bürgerliche und politische Rechte vom 19.12.1966 (IPBR) ableitet.

Eine völkerrechtliche Prüfung ergibt folgendes:

34

1.

Die allgemeine Erklärung der Menschenrechte vom 10.12.1948

Unter Völkerrechtlern ist es völlig unumstritten, daß die allgemeine Erklärung der Menschenrechte, die am 10.12.1948 von der Generalversammlung der Vereinten Nationen verkündet worden ist, selbst keinerlei rechtliche Verpflichtungen begründen kann. Dies ergibt sich schon daraus, daß die Menschenrechtserklärung von der Generalversammlung der Vereinten Nationen verabschiedet worden ist. Nach der Charta der Vereinten Nationen hat die Generalversammlung keinerlei Rechtssetzungskompetenz. Eine solche hat allenfalls, und dies auch nur in sehr beschränktem Ausmaß der Sicherheitsrat der Vereinten Nationen. Schon deshalb kann sich aus der Erklärung selbst eine rechtliche Verpflichtung nicht ergeben.

Zudem ergibt sich auch aus dem Wortlaut der Erklärung, daß diese auch von ihren Verfassern nicht als rechtlich verbindlich in irgendeiner Form angesehen wurde. In der Präambel ist formuliert:

"... verkündet die Generalversammlung die vorliegende allgemeine Erklärung der Menschenrechte als das von allen Völkern und Nationen zu erreichende Ideal".

Schon hieraus ergibt sich, daß die Menschenrechtserklärung kein rechtliches Instrument sein sollte, sondern von ihren Verfassern als Programm angesehen wurde.

So ergibt sich z.B. aus Artikel 23 Nr. 1 der Menschenrechtserklärung folgendes Postulat:

"Jeder Mensch hat das Recht auf Arbeit, auf freie Berufswahl, auf angemessene und befriedigende Arbeitsbedingungen sowie auf Schutz gegen Arbeitslosigkeit."

Daß Arbeitslosigkeit noch heute und auch in der Bundesrepublik Deutschland ein weit verbreitetes Phänomen ist, ist nicht zu bestreiten. Das in Artikel 23 Nr. 1 der Menschenrechtserklärung postulierte Recht auf Schutz gegen Arbeitslosigkeit begründet jedoch keine sich hieraus ergebende völkerrechtliche Verpflichtung der Bundesrepublik.

Zudem wird bei der Diskussion der Menschenrechtserklärung völlig außer acht gelassen, daß diese 1948 nur von 48 Staaten verabschiedet worden ist. Ein großer Teil der damaligen Staatenwelt war noch nicht Mitglied der Vereinten Nationen und hat an dieser Deklaration keinen Anteil gehabt. Insbesondere ist jedoch zu beachten, daß acht Staaten, die Mitglieder der Vereinten Nationen waren, der Deklaration nicht zugestimmt, sondern sich bei der Abstimmung enthalten haben. Dies waren die sozialistischen Staaten Bjelorußland, Tschechoslowakei, Polen, Ukraine, die Sowjetunion sowie Jugoslawien. Ferner hatten sich Saudi-Arabien und Südafrika enthalten.

Gerade das Abstimmungsverhalten der sozialistischen Staaten die damals Mitglied der Vereinten Nationen waren, ist hier jedoch von besonderer Bedeutung, da dieses belegt, daß selbst hinsichtlich einer rechtlich unverbindlichen Deklaration der Generalversammlung die sozialistischen Staaten des Ostblocks ihre Zustimmung versagt haben und somit noch nicht einmal festgestellt werden kann, daß es 1948 einen einheitlichen Willen zur Verfolgung der in der Deklaration als "gemeinsame Ideale" verfolgten Ziele bestand.

Heute einen seiner Verfassung und seinem Selbstverständnis nach sozialistischen Staat des früheren Ostblocks an einer völkerrechtlich unverbindlichen Deklaration festzuhalten, an der er selbst nicht beteiligt war und dem gerade von den sozialistischen Staaten die Zustimmung versagt worden ist, ist abwegig.

Bei seinem Hinweis auf die allgemeine Menschenrechtserklärung verkennt der BGH, daß in der Völkerrechtslehre allenfalls diskutiert wird, inwieweit einzelne Postulate der Erklärung, wie z.B. das Verbot der Sklaverei, entsprechendes Völkergewohnheitsrecht wiedergeben. Es ist jedoch völlig eindeutig, daß die Erklärung selbst keinerlei Rechtsverbindlichkeit entfaltet und deshalb als völkerrechtliche Norm nicht herangezogen werden kann. Aufgrund der relativ geringen Zahl von Staaten, die diese Deklaration verabschiedet haben und aufgrund der Tatsache, daß die Staaten des Ostblocks ihre Zustimmung verweigert haben, ist die Menschenrechtserklärung auch nicht geeignet, eine "allen Völkern gemeinsame Rechtsüberzeugung" zu belegen.

2.

Der Internationale Pakt über bürgerliche und politische Rechte

Als weitere Quelle des Völkerrechts bezieht sich der BGH auf den Internationalen Pakt über bürgerliche und politische Rechte vom 19.12.1966 (im folgenden Pakt genannt). Wie wenig auch der Pakt geeignet ist, eine "allen Völkern gemeinsame Rechtsüberzeugung" wiederzugeben, zeigt sich schon daran, daß der im Dezember 1966 unterzeichnete Menschenrechtspakt der Vereinten Nationen erst 19 Jahre nach seiner Unterzeichnung, nämlich nach Hinterlegung der 35. Ratifikationsurkunde am 23.03.1976 in Kraft getreten ist. Zum Stichtag 31.12.1989 hat die Zahl der Vertragsparteien des Paktes mit 87 Mitgliedstaaten noch nicht einmal die Hälfte der gegenwärtig existenten Staaten erreicht. Eine "allen Völkern gemeinsame Rechtsüberzeugung" kann deshalb aus dem Pakt auch nicht ohne weiteres entnommen werden.

Abgesehen von der Tatsache, daß der Pakt von der DDR nie in innerstaatliches Recht umgesetzt worden ist, was auch der BGH einräumt, ist festzustellen, daß die Praxis der DDR an der Mauer nicht im Widerspruch zu dem Pakt stand.

Man kann dies bereits der Tatsache entnehmen, daß die DDR zu keinem Zeitpunkt von der UNO oder ihren Organen bzw. den durch den Pakt geschaffenen Organen (dem Ausschuß für Menschenrechte, Art. 28 des Paktes) für ihr Grenzsicherungssystem verurteilt worden ist.

Eine Überprüfung des Paktes selbst ergibt zudem folgendes:

Artikel 12 I legte fest:

"Jedermann steht es frei, jedes Land einschließlich seines eigenen zu verlassen."

Jedoch bereits im nächsten Absatz wurde dieses Recht mit einem Gesetzesvorbehalt wie folgt versehen:

"Die oben erwähnten Rechte dürfen nur eingeschränkt werden, wenn dies gesetzlich vorgesehen und zum Schutz der nationalen Sicherheit der öffentlichen Ordnung (ordre public), Volksgesundheit, der öffentlichen Sittlichkeit, der Rechte und Freiheiten anderer notwendig ist und die Einschränkungen mit den übrigen in diesem Pakt anerkannten Rechte vereinbar sind."

Schon hieraus ergibt sich, daß das Recht, sein eigenes Land verlassen zu können schon nach den Vorschriften des Paktes selbst gesetzlich einschränkbar war, soweit dies unter bestimmten Voraussetzungen von dem jeweiligen Staat für erforderlich erachtet wurde.

Verstärkt wird diese Feststellung dadurch, daß gemäß Artikel 4 I des Paktes die Vertragsstaaten jederzeit Maßnahmen ergreifen durften, die ihren Verpflichtungen aus diesem Pakt, in dem Umfang, den die Lage unbedingt erforderte, außer Kraft setzten, wenn ein öffentlicher Notstand, der das Leben der Nation bedrohte und der amtlich verkündet war, vorlag. Gemäß Artikel 4 II des Paktes galt diese

Vorschrift nicht für die Artikel 6, 7, 8 (Abs. 1 und 2) 11, 15, 16 und 18. Hieraus ergibt sich, daß auch der Pakt selbst eine Abstufung zwischen den verschiedenen Rechten vornahm. Es gab Rechte, die

1. unter keinen Umständen außer Kraft gesetzt werden durften

2. Rechte, die nicht unter einem Gesetzesvorbehalt standen, jedoch eingeschränkt werden konnten, und

3. Rechte, die einschränkbar waren und zudem unter Gesetzesvorbehalt standen.

Das Recht, jederzeit das eigene Land verlassen zu dürfen, gehörte zur letzten Gruppe und somit zu den Rechten des Paktes, die am wenigsten geschützt und auch nach der Systematik des Paktes am weitesten einschränkbar waren.

An dieser Stelle sei darauf hingewiesen, daß das Rückwirkungsverbot des Artikel 15 des Paktes, wonach niemand wegen einer Handlung oder Unterlassung verurteilt werden darf, die zur Zeit ihrer Begehung nach inländischem oder nach internationalem Recht nicht strafbar war, zur ersten Gruppe der geschützten Rechte gehört, d.h. zu jenen Rechten, die unter keinen Umständen, also auch nicht im Falle eines öffentlichen Notstandes, der das Leben der Nation bedroht, eingeschränkt werden dürfen.

Hieran zeigt sich, wie weitreichend und, sowohl im innerstaatlichen Verfassungsrecht als auch im Völkerrecht fest verankert das Rückwirkungsverbot ist.

Als weitere einschlägige Norm des Paktes kommt hier Artikel 6 Abs. 1 in Betracht, wonach jeder Mensch ein angeborenes Recht auf Leben hat, dieses Recht gesetzlich zu schützen ist und niemand willkürlich seines Lebens beraubt werden darf. Dieses Recht gehört zur ersten Gruppe der geschützten Rechte, d.h. zu jenen, die unter keinem Aspekt eingeschränkt werden können. Entscheidend ist hier, ob das Merkmal der "Willkürlichkeit" in den Vorschriften und der Praxis der ehemaligen DDR an der Grenze im Vergleich zur Praxis anderer Staaten erfüllt ist. Dies ist zu verneinen. Der Schußwaffeneinsatz war gemäß 27 Grenzgesetz so geregelt, daß die Schußwaffe nur als letztes Mittel eingesetzt werden durfte, um eine sogenannte Grenzverletzung zu verhindern. Zu beachten ist hierbei ferner, daß es sich bei der Grenze um ein militärisches Sperrgebiet handelte, das entsprechend im Vorfeld durch Verbotsschilder und Signaleinrichtungen gesichert war.

In diesem Zusammenhang ist daran zu erinnern, daß auch Rechtsordnungen westlicher Demokratien einen potentiell tödlichen Schußwaffengebrauch zur Festnahme von Straftätern für zulässig erachten. So sieht das Gesetz über den unmittelbaren Zwang bei Ausübung öffentlicher Gewalt durch Vollzugsbeamte des Bundes in 10 den Gebrauch der Schußwaffe als zulässig an, um die Festnahme von Personen zu ermöglichen. In 11 ist darüberhinaus eine erleichterte Anwendung des Schußwaffeneinsatzes im Grenzdienst geregelt. Diese Regelung wurde bei Erlaß des Gesetzes im Jahre 1961 unter anderem damit gerechtfertigt, daß die unbefugte gewaltsame Grenzüberschreitung von Personen und die unkontrollierte Flucht ins Ausland verhindert werden müssen (vergl. Polakiewicz in EuGRZ 1992, 177, 184 m. w. N.).

Derselbe BGH, der die Mauerschützenurteile gefällt hat, hatte am 26.10.1988 in einem Urteil zu folgendem Sachverhalt zu befinden: Ein Zollanwärter auf Probe hatte mit einer Maschinenpistole gezielt auf den Sozius eines ca. 100 m entfernten Motorradfahres geschossen, nachdem diese sich entgegen der Aufforderung stehen zu bleiben in Richtung Grenze entfernten. Der Sozius wurde hierbei in den Rücken getroffen. In seinem Urteil stellt der Bundesgerichtshof fest, daß die Abgabe eines gezielten Schusses, der nach den Umständen des Falles mit großer Wahrscheinlichkeit zu lebensgefährlichen Verletzungen führen konnte, gerechtfertigt war, da sich aus dem Verhalten der jungen Männer der Verdacht ergab, daß sie einen besonders schwerwiegenden gesetzeswidrigen Grund zur Flucht hatten (tatsächlich wollten sich die Flüchtenden nur einer erwarteten Alkoholkontrolle entziehen). Der Angeklagte wurde vom BGH freigesprochen (BGHSt 35, 379 ff).

Entscheidend ist an dieser Stelle nicht, daß der Bundesgerichtshof mit zweierlei Maß mißt. Entscheidend ist hier, daß weder nach dem Verständnis des Völkerrechts, noch der Staatenpraxis noch dem zuvor zitierten Urteil des BGH der Einsatz der Schußwaffe mit tödlichem Ausgang im Rahmen der Grenzsicherung den Tatbestand der "Willkürlichkeit" im Sinne des Artikel 6 I des Internationalen Paktes über bürgerliche und politische Rechte erfüllt.

Hiervon sind selbstverständlich nicht die sogenannten "Exzeßtaten" erfaßt. Diese Fälle waren weder nach DDR-Recht noch nach Völkerrecht zulässig oder gerechtfertigt. Diese Fälle entsprachen aber auch nicht der Befehlslage oder der Gesetzeslage, da diese vorsahen, daß die betreffenden Personen nach Möglichkeit festzunehmen waren und die Schußwaffe nur als letztes Mittel eingesetzt werden durfte.

Somit ist festzustellen, daß sich auch aus dem Internationalen Pakt über bürgerliche und politische Rechte keine allgemein verbindliche und allen Rechtsordnungen gemeinsame Norm des Völkerrechts ergibt, wonach die Befehls- und Gesetzeslage der DDR an der Mauer unzulässig oder widerrechtlich gewesen wäre.

3.

Ius Cogens (Allgemeine Regel des Völkerrechts)

Die Konstruktion eines ius cogens ist völkerrechtlich heftig umstritten. Die klassische Völkerrechtslehre kennt ausschließlich Völkergewohnheitsrecht und codifiziertes Völkerrecht als verbindliche Rechtsquellen. Mit Artikel 53 der Wiener Konvention über das Recht der Verträge vom 23.05.1969 hat das ius cogens als weitere Rechtsquelle eine gewisse Anerkennung gefunden. Es wird dort als "zwingende Norm des allgemeinen Völkerrechts" so definiert:

"Im Sinne dieses Übereinkommens ist eine zwingende Norm des allgemeinen Völkerrechts eine Norm, die von der internationalen Staatengemeinschaft in ihrer Gesamtheit angenommen und anerkannt wird als eine Norm, von der nicht abgewichen werden darf und die nur durch eine spätere Norm des allgemeinen Völkerrechts derselben Rechtsnatur geändert werden kann."

Zunächst ist festzustellen, daß nach der sozialistischen Völkerrechtsdoktrin, die hier unter Beachtung des Rückwirkungsverbotes anzuwenden ist, die Existenz eines ius cogens außerhalb des codifizierten Völkerrechts, also des Völkervertragsrechtes verneint wurde. In besonderer Betonung des Souveränitätsgrundsatzes der Völkerrechtssubjekte, d.h. der Staaten, ging die sozialistische Völkerrechtsdoktrin stets davon aus, daß eine vom staatlichen Willen unabhängige Werteordnung als Normenquelle im Völkerrecht nicht bestand (vergl. G. I. Tunkin, Völkerrechtstheorie 1972, S. 157).

Schon insofern führt die Anwendung eines Rechtssatzes, der sich aus dem ius cogens ergeben soll, zu einem Verstoß gegen das Rückwirkungsverbot, da die DDR als sozialistischer Staat gerade diese Völkerrechtsquelle stets abgelehnt hat.

Auch inhaltlich kann eine solche Norm nicht festgestellt werden. Der BGH meint eine Norm des ius cogens mit folgendem Inhalt festgestellt zu haben:

"Die vorsätzliche Tötung unbewaffneter Flüchtlinge ist wegen offensichtlichem, unerträglichen Verstoßes gegen elementare Gebote der Gerechtigkeit und gegen völkerrechtlich geschützte Menschenrechte unwirksam. Der Verstoß wiegt hier so schwer, daß er die allen Völkern gemeinsam, auf Wert und Würde des Menschen bezogenen Rechtsüberzeugungen verletzt..." (Urteil v. 20.03.1995 - 5 StR 111/94-)

Der BGH geht hier zunächst einmal von einem falschen Sachverhalt aus. Gegenstand des Verfahrens ist nicht die vorsätzliche Tötung unbewaffneter Flüchtlinge (die im übrigen gemäß dem vorgenannten Urteil des BGH aus dem Jahre 1988 selbst von diesem sanktioniert worden ist), sondern die Verhinderung einer die Existenz der DDR bedrohenden rechtswidrigen Auswanderung, in letzter Konsequenz auch mit dem Einsatz der Schußwaffe.

An dieser Stelle wird ausdrücklich darauf hingewiesen, daß hier nicht zu diskutieren ist, ob eine solche Politik richtig oder falsch, moralisch vertretbar oder unakzeptabel ist. An dieser Stelle soll auch nicht diskutiert werden, inwieweit der ansonsten souveräne Staat DDR in diesem Bereich nicht souverän war; auch soll hier nicht an die Ereignisse in Ungarn 1956 und der Tschecheslowakei 1968 erinnert werden. Es ist hier einzig und alleine festzustellen, inwieweit das tatsächlich existierende und praktizierte Völkerrecht der Rechtspraxis der DDR entgegenstand.

Der BGH hat in seinem Urteil vom 20.03.1995 im Ansatz zu erkennen gegeben, daß er selbst auch nicht davon ausgeht, daß es hier nur um die vorsätzliche Tötung unbewaffneter Flüchtlinge ging, die lediglich ihr Grundrecht, ihren Staat jederzeit verlassen zu dürfen, in Anspruch nahm, denn der BGH hat auch ausgeführt,

"Der Senat hat nicht übersehen, daß die DDR die Flucht ihrer Bürger unter anderem deswegen unterband, weil sie von einem Anschwellen des Flüchtlingsstromes eine politische und wirtschaftliche Destabilisierung der DDR und ihrer östlichen Nachbarn befürchtete".

Tatsächlich hat der BGH hier aber verkannt, daß nicht eine "politische und wirtschaftliche Destabilisierung" der DDR zu befürchten war, sondern daß ganz konkret die Existenz des souveränen Staates DDR gefährdet war. Dies haben die Ereignisse nach Öffnung der Mauer am 09.11.1989 in aller Deutlichkeit gezeigt.

Der BGH hätte deshalb prüfen müssen, ob es eine Regel des Völkerrechts gibt, wonach in einem Spannungsverhältnis zwischen der Existenz des Staates einerseits und der freien Bewegungsmöglichkeit des Staatsbürgers andererseits das Existenzrecht des Staates in letzter Konsequenz zurückstehen muß. Wäre eine solche völkerrechtliche Prüfung erfolgt, so wäre sehr schnell festgestellt worden, daß schon aufgrund der Struktur des Völkerrechts, das grundsätzlich als Rechtssubjekt nur die Staaten kennt und erst in allerjüngster Zeit den einzelnen Menschen in sehr eingeschränktem Maße mit Rechten und Rechtswegen (z.B. die Individualbeschwerde vor dem Europäischen Menschengerichtshof) ausgestattet hat, stets dem Existenzrecht des Staates der Vorrang eingeräumt werden würde. Es ist die Grundstruktur des Völkerrechts, die Existenz des einzelnen Staates sicherzustellen und ihn mit allen Rechten auszustatten, diese Existenz zu verteidigen. Es zeugt somit von einem besonders großen Unverständnis für das Prinzip des Völkerrechtes, wenn dieses "Recht der Staaten" angewendet wird, um einem Staat entgegenzuhalten, er hätte sich eher seiner Existenz begeben müssen, als ein restriktives Reise- und Auswanderungssystem zu schaffen, das durch entsprechende technische Maßnahmen umgesetzt würde.

Schon deshalb kann ein entsprechender allgemeinverbindlicher völkerrechtlicher Rechtssatz nicht festgestellt werden.

Zudem sei nochmals auf die Formulierung des Artikels 53 der Wiener Vertragsrechtskonvention verwiesen, wonach von einer zwingenden Norm des allgemeinen Völkerrechts nur dann ausgegangen werden kann, wenn diese von der internationalen Staatengemeinschaft in ihrer Gesamtheit angenommen und anerkannt wurde. Dies bedeutet, daß alle wesentlichen Völkerrechtssubjekte (Staaten) und regionalen Staatensysteme in diesem betreffenden Rechtssatz übereinstimmen mußten. Dies war hier offenkundig nicht der Fall, da jedenfalls die sozialistischen Staaten entweder selbst ähnliche Grenzsicherungsanlagen hatten, worauf der BGH mit seiner Feststellung:

"Es mag sein, daß einzelne Mitgliedstaaten des Warschauer Paktsystems ein ähnlich perfekt organisiertes Grenzregime eingerichtet hatten" (Urteil vom 20.03.1995)

zutreffend hinweist, oder jedenfalls dem Grenzsicherungssystem der DDR zugestimmt und dieses durch eigene Maßnahmen (z.B. Rückführung von Flüchtlingen und Zusammenarbeit mit den Grenztruppen der DDR) unterstützten.

In der Völkerrechtslehre ist es völlig unumstritten, daß es sich bei den ehemaligen sozialistischen Staaten um einen ganz wesentlichen Teil der Völkerrechtssubjekte handelte, was angesichts der Machtverhältnisse in Anbetracht des Warschauer Paktes einerseits und der NATO andererseits für jedermann offenkundig war.

Insofern kann hier von einer Norm, die von der internationalen Staatengemeinschaft in ihrer Gesamtheit angenommen worden ist, keinesfalls gesprochen werden. Dies mag auch einer der Gründe dafür sein, daß an den entsprechenden Stellen der BGH solche Feststellungen nur apodiktisch trifft, jedoch weitere Ausführungen, die diese Feststellungen belegen könnten, nicht macht. Erforderlich wäre es gewesen, die völkerrechtliche Praxis tatsächlich im einzelnen zu untersuchen bevor eine solche Feststellung, daß hier alle Völker eine gemeinsame Rechtsüberzeugung hätten, getroffen werden kann. Die Leichtigkeit, mit der der BGH hier allgemein verbindliche völkerrechtliche Normen feststellt, läßt ebenfalls ein grobes Unverständnis für das Völkerrecht erkennen, denn gerade die Feststellung einer "allgemeinen Staatenpraxis" bzw. einer "allgemeinen Rechtsüberzeugung" bereitet im Völkerrecht stets die allergrößten Probleme und macht aufwendige und umfangreiche Untersuchungen unter Einbeziehung aller wesentlichen Völkerrechtssubjekte und Regionen erforderlich. Nur unter diesen strengen Voraussetzungen kann überhaupt ein universelles ius cogens festgestellt werden. Dies ist hier nicht geschehen, die Voraussetzungen liegen, wie zuvor ausgeführt, auch nicht vor.

Tatsächlich gibt es nur sehr wenige Normen, die in der Völkerrechtslehre aufgrund der hohen Hürde des Art. 53 der Vertragsrechtskonvention als universelles ius cogens anerkannt sind (vergl. Verdross/Simma, Universelles Völkerrecht, S. 267). Der vorliegende Sachverhalt gehört nicht dazu. Daß in der westlichen Staatenwelt eine solche gemeinsame Rechtsüberzeugung bestand, kann zur Ausbildung von regionalem ius cogens führen, daß aber bindend dann auch nur in diesem regionalen Bereich wirkt. Solch einem regionalen ius cogens wird in der Völkerrechtslehre eine wesentlich größere Bedeutung zugesprochen als dem universellen ius cogens (Verdross/Simma, a.a.O.). Auch dies hat der BGH verkannt.

Die Erkenntnis der Tatsache, daß das Völkerrecht völlig anders strukturiert ist als innerstaatliches Recht, das von einem zentralen Gesetzgeber erlassen wird und von den Rechtssubjekten zu befolgen ist, mag einer der Gründe dafür gewesen sein, die das Bundesverfassungsreicht veranlaßt haben, zur Vorbereitung der sogenannten Spionageentscheidung - Aktenzeichen 2 BvL 19/ 91 - ein Rechtsgutachten des Max-Planck-Institutes für Ausländisches Öffentliches Recht in Heidelberg zu den völkerrechtlichen Fragen der anstehenden Entscheidung einzuholen. An dieser Stelle sei auch darauf verwiesen, daß der wisenschaftliche Referent am gleichen Institut, Jörg Polakiewicz, in einer umfassenden Untersuchung zu den "verfassungs- und völkerrechtlichen Aspekten der strafrechtlichen Ahndung des Schußwaffeneinsatzes an der innerdeutschen Grenze" (abgedruckt in EuGRZ

1992, S. 177 ff) zu dem Ergenis gekommen ist, daß die Verfolgung des Schußwaffeneinsatzes an der Grenze gegen das Rückwirkungsverbot des Artikels 103 Abs. II GG verstößt. Der BGH hat die Einholung eines entsprechenden Gutachtens offenkundig nicht für erforderlich gehalten und sich damit selbst eine Sachkompetenz angemaßt, die sich noch nicht einmal das Bundesverfassungsgericht zugetraut hat.

Auf einen weiteren Widerspruch in der Argumentation des BGH ist hinzuweisen: wie zuvor zitiert, vertritt der BGH die Auffassung, daß der Schußwaffeneinsatz an der Grenze ein "offensichtlicher" Verstoß gegen elementare Gebote der Gerechtigkeit war und deshalb unter keinem Aspekt gerechtfertigt gewesen sein kann. Im gleichen Urteil zitiert der Senat die hierzu ergangenen zahlreichen Schrifttumshinweise, in denen eine gegenteilige Auffassung vertreten wird. Wenn jedoch die Frage, ob die damalige Gesetzes- und Befehlslage widerrechtlich war oder nicht, auch aus heutiger Sicht derart umstritten ist und von angesehenen Straf- und Staatsrechtslehrern die Auffassung vertreten wird, daß die Bestimmungen der DDR zulässig waren, dann kann der vom BGH konstatierte Verstoß gegen die Menschenrechte nicht so offensichtlich gewesen sein, daß ihn jedermann ohne weiteres erkennen konnte. Die andauernde Diskussion der Rechtstheoretiker belegt, daß ein offensichtlicher Verstoß nicht vorgelegen haben kann.

Nach alledem verstößt das vorliegende Verfahren sowie die bereits ergangenen Verurteilungen gegen das Rückwirkungsverbot des Artikel 103 II GG. Dieser Grundsatz des

"nulla poena sine lege"

ist seinerseits tasächlich und völlig unumstritten ein sowohl verfassungsrechtlich wie auch völkerrechtlich fest verankerter Grundsatz. Es ist ein Rechtssatz, der zu allen Zeiten, in allen Regionen und unter allen Gesellschaftssystemen in allen zivilisierten Sozialisationsformen gegolten hat und gilt. Insbesondere sei hier neben einer Vielzahl anderer völkerrechtlicher Verträge Artikel 7 I der Europäischen Menschenrechtskonvention (EMRK) genannt, dem dann besondere Bedeutung zukommen wird, falls das Bundesverfassungsgericht die Urteile des BGH nicht aufhebt. Nach Artikel 25 EMRK wird jedenfalls die Individualbeschwerde zur Europäischen Kommission für Menschenrechte erhoben werden. In der ständigen Praxis der Kommission ist nicht nur die Analogie zum Nachteil des Angeklagten verboten sondern ganz allgemein die Änderung der Rechtsprechung zum Nachteil des Angeklagten soweit "dadurch eine Handlung, die bislang nicht strafbar war, durch die Gerichte einen strafrechtlichen Charakter erhält, oder die <u>Definition der existierenden Straftaten</u> <u>in einer solchen Weise erweitert wird, daß sie Tatsachen erfaßt, die bislang</u> <u>keine Straftat darstellten.</u>"

Das Rückwirkungsverbot ist in strengster Weise anzuwenden.

Im vorliegenden Fall wird hiergegen sehenden Auges und gegen in großer Zahl vorgebrachter gewichtiger Argumente verstoßen, da die in der DDR bestehende Gesetzes- und Befehlslage weder gegen innerstaatliches Verfassungsrecht noch gegen höherrangiges Völkerrecht verstieß.

Nach alledem ist das Verfahren gemäß 260 Abs. 3 StPO wegen des Vorliegens eines dauernden Verfahrenshindernisses einzustellen.

Hilfsweise wird beantragt,

ein unabhängiges Gutachten zu der Frage, ob die Gesetzes- und Befehlslage der DDR zur Sicherung ihrer Grenze gegen übergeordnete Normen des Völkerrechts verstieß, einzuholen.

Mit der Erstellung des Gutachtens sollten unabhängige Völkerrechtler beauftragt werden. Hierfür wären am geeignetsten ausländische Völkerrechtsexperten, die nicht dem Vorwurf ausgesetzt sind, in der einen oder der anderen Richtung Partei ergreifen zu wollen. Eine Vielzahl internationaler Streitigkeiten wird heutzutage durch Mitglieder internationaler Schiedsgerichtshöfe entschieden, die als ausgewiesene Experten des Völkerrechts gelten. Ggf. könnte auch das zuvor erwähnte Max-Planck-Institut für Ausländisches Öffentliches Recht beauftragt werden, das aber als deutsches Institut stets dem Vorwurf einer nicht völligen Unvoreingenommenheit ausgesetzt wäre.

Unger, Rechtsanwalt

Diesem Antrag Ungers schlossen sich alle Angeklagten sofort an. Rechtsanwalt Ferdinand von Schirach, einer der Verteidiger von Günter Schabowski, tat dies jedoch nur mit der Maßgabe, daß über den Antrag sofort entschieden und er nicht erst vom Gericht gesammelt wird. Oberstaatsanwalt Bernhard Jahntz und die Nebenklägervertreter beantragten Zurückweisung der im Schriftsatz von Unger gestellten

Anträge.

Das Gericht brauchte in einer anschließenden Pause 10 Minuten, um zu folgendem Beschluß zu kommen: Der Antrag von Unger wird zurückgestellt, der Antrag von von Schirach zurückgewiesen. Ebenso erging es dann später Ungers Antrag.

Rechtsanwalt Plöger besteht nach wie vor auf Richter Bräutigam

Einer, der sich immer noch nicht mit dem Verlust von Richter Bräutigam abfinden konnte, war der Nebenklägervertreter, der Berliner Rechtsanwalt und Notar Hanns-Ekkehard Plöger. In den jungen Richtern sah er offenbar keine Gewähr dafür gegeben, daß die Angeklagten einer gerechten Strafe zugeführt werden könnten.
Über seine Verfassungsbeschwerde hinsichtlich des Ausscheidens von Richter Bräutigam war noch nicht entschieden, daher war nach seiner Auffassung das Gericht nicht befugt, hier zu verhandeln, bis das Bundesverfassungsgericht ein Machtwort gesprochen hatte.
Daher stellte er folgenden Antrag:

Nebenklägervertreter Hanns-Ekkehard Plöger

47

In der Strafsache
gegen die Herren Mückenberger u.a.
-527 - 1/95-

stelle ich seitens der Nebenkläger folgende Anträge:

1. die Hauptverhandlung wird gem. 228 I 1 StPO bis zur Entscheidung über den Antrag der Nebenklägerin Irmgard Bittner vom 17.12.1995 auf Erlaß einer einstweiligen Anordnung beim Bundesverfassungsgericht im Hinblick auf den Beschluß des Landgerichts Berlin vom 17.11.1995 ausgesetzt.

Begründung:

Ich habe im Auftrage der Frau Irmgard Bittner unter dem 17.12.1995 den Antrag auf Erlaß einer einstweiligen Anordnung beim Bundesverfassungsgericht gestellt. Ein Aktenzeichen wurde mir noch nicht mitgeteilt. Die Antragsschrift ging beim Bundesverfassungsgericht per Telefax am 17.12.1995 um 18.48 Uhr ein. Der Antrag ist in dem neuen Buch von Dietmar Jochum im Scheunenverlag auf den Seiten 150-155 abgedruckt. Das Bundesverfassungsgericht wurde aufgerufen, nach Maßgabe der Zif. 7 das Landgericht Berlin anzuweisen, die Hauptverhandlung nicht vor der Entscheidung über den Antrag beim Bundesverfassungsgericht und über die gegen den Beschluß des Landgerichts Berlin vom 17.11.1995 eingelegte Beschwerde zu beginnen.

Erwartungsgemäß hat das Kammergericht durch Beschluß vom 20.12.1995 mit Zugang vom 09.01.1996 zum Aktenzeichen 3 AR 17/94-4 Ws 255/95 die Beschwerde als unzulässig verworfen und zugleich ausgeführt, daß für eine verfassungskonforme Auslegung des 28 Abs. 1 StPO kein Anlaß bestehe.

Mit dieser Entscheidung hat die Nebenklägerin den Nachweis erbracht, daß mit der Entscheidung des Landgerichts Berlin vom 17.11.1995 der Rechtsweg erschöpft ist und daß das Kammergericht sich nicht veranlaßt sieht, 28 Abs. 1 StPO wegen möglicher Verletzung von Grundrechten verfassungskonform auszulegen. Damit bleibt das Bundesverfassungsgericht aufgerufen, diese Prüfung vorzunehmen.

Im Hinblick auf 222 b Abs. 1 Satz 1 StPO müßte erneut eine Besetzungsrüge erhoben werden. Sollte diese abgewiesen werden, wäre das Verfahren kurz nach der Wiedereröffnung möglicherweise durch einen Revisionsgrund belastet. Dies gilt es zu verhindern. Die Nebenklage ist daher der Auffassung, daß das Landgericht die Entscheidung des Bundesverfassungsgerichts abzuwarten und das Verfahren bis zur Entscheidung auszusetzen hat.

2.

Sollte die Hauptverhandlung fortgesetzt werden, wird beantragt,

den früheren Gefreiten Stefan Scholz zu hören und zu laden.

Dieser Zeuge wird bekunden, daß die frühere Grundausbildung der Soldaten, die unter anderem auch bei den Grenztruppen eingesetzt worden sind, darauf abgestellt worden ist, daß den jungen Soldaten weitgehend das eigene Denken durch den Drill verloren ging und sie aufgrund ihrer Ausbildung auf nachgebauten Lehrgrenzen bei Auslösen von Alarm durch Grenzverletzer wie automatisiert die Maßnahmen zur Verhinderung der Flucht des Grenzverletzers durchführten.

Ferner dieser Zeuge bekunden, daß den Grenzsoldaten im sogenannten Lagebericht vor der Vergatterung befohlen wurde, die Schußwaffe nicht einzusetzen, wenn an diesem Tage Politprominenz aus dem Westen oder anderen wichtigen Staaten sich auf dem Gebiete der DDR aufhielten. Bei derartigen Fällen wurde dann der Grenzdienst verstärkt. Der Zeuge Stefan Scholz machte keinen Hehl daraus, daß er die Vergatterungen stets so verstanden hat, daß ein Schießbefehl besteht. Der Umkehrschluß ergebe sich auch aus der Tatsache, daß die Grenzsoldaten angewiesen worden sind, von der Schußwaffe nicht Gebrauch zu machen, wenn hoher ausländischer Besuch sich in der DDR aufhielt.

Der Zeuge Stefan Scholz wurde am 09.11.1994 rechtskräftig zu einer Gefängnisstrafe von einem Jahr und 9 Monaten wegen Totschlags verurteilt. Die Vollstreckung der Strafe wurde zur Bewährung ausgesetzt. Der Zeuge Scholz kann sich daher nicht auf 55 StPO berufen. Er hat im vorgenannten Sinne am 12.01.1996 vor dem Landgericht Berlin in der Strafsache gegen die Herren Baumgarten u.a. - 536-2/95 - ausgesagt. Aus dieser Akte ist auch die ladungsfähige Adresse des Zeugen Stefan Scholz zu entnehmen.

3.

Ferner wird im Falle der Fortsetzung der Hauptverhandlung beantragt, Herrn Staatsanwalt Dr. Riedel von der Staatsanwaltschaft II bei dem Landgericht Berlin, Alt-Moabit 100, in 10559 zu vernehmen. Dieser Zeuge führt in dem Strafverfahren gegen die Mauerschützen Hartmut Britzke und Olaf Nelde - 509-

8/92 (2 Js 52/90) - die Nachermittlungen über den Verbleib der Leiche des Herrn Michael Bittner. Bekanntlich erhielt Frau Irmgard Bittner, die Mutter des getöteten Michael Bittner, bis heute keinen Totenschein und sie kennt auch weder das Grab ihres Sohnes noch weiß sie, auf welche Art und Weise der Leichnam ihres Sohnes beseitigt worden ist.

Den Mauerschützen Britzke und Nelde ist dieses nicht anzulasten; vielmehr wurde der Leichnam des Herrn Michael Bittner auf Veranlassung des Herrn Erich Mielke über die Verwaltung 2000 und mit Wissen und Kenntnis der Mitglieder des Politbüros und damit auch der hiesigen Angeklagten beiseite geschafft. Eine solche Maßnahme ist ebenfalls ein eklatanter Verstoß gegen die Einhaltung der durch das Völkerrecht auch von der früheren DDR anerkannten Menschenrechte.

Plöger, Rechtsanwalt

In seiner Stellungnahme beantragte Oberstaatsanwalt Bernhard Jahntz, den Antrag zurückzuweisen; hinsichtlich des darin enthaltenen Beweisantrages verwies er auf die spätere Besweisaufnahme des Verfahrens.

Die Entscheidung über den Antrag wurde vom Gericht zurückgestellt, später dann zurückgewiesen.

Fehlende Unterworfenheit der Angeklagten unter die Jurisdiktion der BRD

Bevor der erste Verhandlungstag -Verhandlungstage im Politbüroverfahren sind aufgrund eingeschränkter Verhandlungsfähigkeit der Angeklagten Erich Mückenberger (85 Jahre alt) und Professor Dr. Kurt Hager (83 Jahre alt) auf zwei Stunden beschränkt- endete, beantragte auch der Mitverteidiger von Erich Mückenberger, Professor Dr. Erich Buchholz, ehemaliger Strafrechtswissenschaftler an der Ostberliner Humboldt-Universität und jetzt Rechtsanwalt, das Verfahren "wegen fehlender Unterworfenheit der Angeklagten unter die Jurisdiktion der Bundesrepublik" einzustellen:

In der Strafsache
./. Erich Mückenberger Mückenberger u.a.

wird beantragt,

das Verfahren wegen des Verfahrenshindernisses fehlender Unterworfenheit unter die Jurisdiktion der Bundesrepublik Deutschland einzustellen.

Nach dem Eröffnungsbeschluß vom 21.8.1995 wird dem Angeklagten -wie auch seinen Mitangeklagten- vorgeworfen,

"als Kandidaten und Mitglieder des mit Führungsanspruch versehenen obersten Machtorgans der DDR die faktische und teilweise rechtlich begründete (Art. 1 Verf./DDR) Herrschaft über das Grenzregime innegehabt zu haben" (S. 3 des Beschlusses).

Sie seien deswegen "verdächtig, in bewußtem und gewolltem Zusammenwirken aktiv am Ausbau und der Aufrechterhaltung der Grenzsperranlagen der DDR mitgewirkt und damit in den jeweils vorgeworfenen Einzelfällen den Tod der Flüchtlinge verursacht oder herbeizuführen versucht zu haben" (ebda).
"Den Angeschuldigten" - heißt es auf S. 4 des Beschlusses weiter- "fiel an der Spitze der Staats- und Parteiorganisation die Willensherrschaft über die namens des Staates geschehenen Tötungshandlungen an der Grenze kraft organisatorischer Herrschaft über den Machtapparat zu."

51

Danach war sich die Schwurgerichtskammer bei der Entscheidung über die Eröffnung des Hauptverfahrens völlig darüber im klaren, daß ein Strafverfahren nicht gegen der eigenen Jurisdiktion unterworfene Individuen wegen von diesen individuell, einzeln oder gemeinschaftlich begangener Verbrechen durchgeführt werden soll, sondern ein Strafverfahren gegen in einer bestimmten Organisationsform des Staatsaufbaus der DDR verantwortlich tätig gewesenen Repräsentanten eines anderen Staates, der durch Beitritt zur Bundesrepublik Deutschland im Wege eines völkerrechtlichen Vertrages freiwillig seine Völkerrechtssubjektivität aufgab.

Demgemäß ist das Verfahren gegen sämtliche noch verfügbare Mitglieder dieses politischen Führungsgremiums der DDR, eben des Politbüros des ZK der SED, ohne daß im einzelnen nach den im Politbüro vertretenen Ressorts differenziert wurde, eingeleitet und eröffnet worden.

Obzwar das Politbüro des ZK der SED kein Verfassungsorgan im Sinne der Verfassung der DDR -wie z.B. der Nationale Verteidigungsrat gem. Art. 73 der Verfassung der DDR- war, wurde es allgemein als politisches Führungszentrum des Staatswesens der DDR anerkannt, dem u.a. die Gesetzesentwürfe vor ihrer Erörterung und Verabschiedung durch das einzige verfassungs- und gesetzgebende Organ in der DDR, die Volkskammer, (siehe Art. 48 der DDR-Verfassung) vorgelegt worden waren.

Es handelte sich somit nicht schlechthin um einen Vorstand einer politischen Partei, vergleichbar den Verhältnissen in der Bundesrepublik Deutschland, sondern um ein wesensmäßig zum sozialistischen Staatswesen der DDR gehöriges zentrales politisches Führungsgremium.

Demgemäß sprach man in der DDR von der "Partei- und Staatsführung".

In dieser Funktion war das Politbüro des ZK der SED, so wie die Politbüros der führenden Parteien in den anderen ehemals sozialistischen Ländern, auch international anerkannt.

Die welthistorischen Verhandlungen zur Entspannung führte der Präsident der USA ausdrücklich mit dem Generalsekretär des ZK der KPdSU, wie hier in Deutschland die Kanzler der Bundesrepublik mit Erich Honecker als Generalsekretär des ZK der SED die maßgeblichen Verhandlungen führten.

(Der Staatsratsvorsitzende hatte demgegenüber nach der Verfassung der DDR wesentlich repräsentative Aufgaben, namentlich auch zur völkerrechtlichen

Vertretung der DDR, so gem. Art. 66 Abs. 2 und 71 Abs. 1 der Verfassung der DDR).

In Helsinki waren es die Generalsekretäre, die ihre jeweiligen ehemals sozialistischen Länder im KSZE-Prozeß vertraten.

In gleicher Weise bemühten sich bundesdeutsche Politiker und Vertreter der Wirtschaft vorrangig um Gespräche mit anderen Mitgliedern des Politbüros des ZK der SED.

Es war somit allgemein bekannt und aktenkundig, daß das Politbüro, das hier und heute durch seine Mitglieder in den Anklagezustand versetzt wurde, das politisch maßgebliche Führungsgremium im Staats- und Gesellschaftaufbau der DDR war, wie es sich auch aus Art. 1 Abs. 1 der Verfassung der DDR ergab - auch wenn ihm Rechtssetzungsbefugnisse fehlten und es vielmehr, wie alle Bürger und Institutionen ebenfalls, der Verfassung und den Gesetzen der DDR unterworfen war.

Die Verfassung der DDR setzte in Bestimmung der konstitutionellen Grundlagen des Staatswesens der DDR das maßgebliche politische Wirken des Politbüros des ZK der SED voraus, wie sich dies sowohl aus Art. 1 Abs. 1 als auch aus Art. 67 Abs. 3 und Art. 79 Abs. 2 der Verfassung der DDR ergibt.

Somit war das Politbüro nach dem verfassungsrechtlich geregelten Staats- und Gesellschaftsaufbau der DDR unbestreitbar und unbestritten das existentielle, politisch maßgebliche Führungsgremium in diesem Staat. Das Politbüro war die conditio sine qua non der sozialistischen DDR, seine unerläßliche politische Voraussetzung und Vorbedingung.

Es unterlag daher zu keiner Zeit und unter keinen Umständen der Jurisdiktion eines anderen Staates, auch nicht der Bundesrepublik.

Staats- und völkerrechtlich hat sich an dieser damaligen tatsächlichen und verfassungsrechtlichen Lage in Bezug auf die Vergangenheit nichts geändert.

Es gibt keine Institution auf dieser Erde, die de jure oder auch nur im Sinne einer völkerrechtlich relevanten Usance daran etwas ändern könnte oder hätte nachträglich etwas ändern können.

Gemäß dem in der UN-Charta festgeschriebenen fundamentalen Grundsatz der Achtung der souveränen Gleichheit und des Nichteinmischungsverbotes -der dann auch im Art. 6 des Grundlagenvertrages vom 21.12.1972 für die Regelung der Beziehungen der beiden deutschen Staaten zueinander bekräftigt wurde- ist kein Staat legitimiert, in die vorstehend knapp skizzierte Regelung des Staats- und Gesellschaftsaufbaus eines anderen Staates einzugreifen, und zwar auch nicht in den der DDR.

Solches ist erst recht, auch nach dem Grundgesetz der Bundesrepublik Deutschland, im nachhinein, rückwirkend verboten.

Mithin ist die Bundesrepublik Deutschland -unbeschadet unterschiedlicher politischer Ansichten- gehalten, die besondere Stellung des Politbüros des ZK der SED im Staats- und Gesellschaftsaufbau des anderen deutschen Staates, der DDR, hinzunehmen.

Prof. Erich Buchholz (im Hintergrund)

Bis 1990 hat die Bundesrepublik Deutschland diese Lage durch ihre verfassungsmäßigen Organe stets auch ausdrücklich und in entsprechenden Verhandlungen und anderen staatsrechtlich bedeutsamen Handlungen stets akzeptiert und dadurch sich selbst an die Anerkennung der vorbezeichneten Rolle und Stellung des Politbüros des ZK der SED gebunden.

Davon heute abzurücken ist rechtlich unzulässig, und zwar nicht nur nach Grundsatz des Verbots des venire contra factum proprium.

Aus dieser allgemein anerkannten Rolle und Stellung eines Politbüros in den ehemals sozialistischen Ländern, so auch das Politbüro des ZK der SED, das in der DDR gewirkt hatte, resultiert auch nach dem aus dem Grundsatz der souveränen Gleichheit der Staaten folgenden völkerrechtlichen Prinzip des par inter pares non habet imperium, daß es den Gerichten der Bundesrepublik Deutschland von Rechts wegen verwehrt ist, über dieses einem anderen Staatswesen zugehörigen politischen Führungsgremium zu Gericht zu sitzen.

Jenseits jeden Zweifels besaßen somit, als die DDR noch bestand, die Bundesrepublik Deutschland und ihre Strafverfolgungsbehörden keine Jurisdiktion über das Politbüro des ZK der SED und seine Mitglieder.

Solches war früher und ist auch bisher niemals behauptet worden.

Auch Anklage und Eröffnungsbeschluß sprechen nicht davon, daß der Bundesrepublik Deutschland früher eine solche Jurisdiktion zugestanden hätte.

Ebenso unstrittig ist, daß der Bundesrepublik Deutschland auch später eine solche Jurisdiktion weder zugeflossen ist, noch durch eine völkerrechtliches Abkommen seitens der DDR übertragen wurde.

Der Einigungsvertrag geht -zu Recht- von dem Grundsatz der früheren Geltungskraft des DDR-Rechts und der auf seiner Grundlage getroffenen Entscheidungen, Maßnahmen und Rechtshandlungen wie auch der Völkerrechtssubjektivität der DDR aus.

Nur ausnahmsweise und nur im Interesse von Betroffenen wurde - entsprechend bereits von der DDR eingeleiteten Schritten- im Einzelfall die Überprüfung von gerichtlichen und Verwaltungsentscheidungen von Behörden der DDR zugelassen, so namentlich auch im Wege der Kassation und Rehabilitierung.

Entsprechend dem Charakter des freiwilligen Beitritts der DDR zur Bundesrepublik Deutschland und somit der freiwilligen Aufgabe der eigenen völkerrechtlichen Rechtsfähigkeit enthält der Einigungsvertrag keine Bestimmung, nach der Verfassungsorgane der DDR oder andere maßgebliche politische Institutionen ob eines Verbrechens angeklagt werden dürften.

Auch wurde nicht vereinbart, daß Amtsträger wegen Ausübung hoheitlicher Funktionen auf der Grundlage und im Rahmen der Gesetze der DDR allein deswegen unter Anklage gestellt werden dürfen.

II.

Im besonderen resultiert die fehlende Jurisdiktion der Bundesrepublik Deutschland bezüglich der angeklagten Handlungen aus folgendem:

Es ist völkerrechtlich absolut unbestreitbar, daß aufgrund der jedem Staat zustehenden Souveränität dieser das Recht besitzt, auf seinem Staatsgebiet nach Maßgabe seiner Interessenlage das Grenzregime zu regeln, darin eingeschlossen, entsprechend den Erfordernissen, Grenzbefestigungen der verschiedenen Art zu errichten und Grenzposten mit Schußwaffen auszustattten.

Es gibt keine völkerrechtliche Regel oder Regelung, die diesbezüglich einen Staat limitiert, ihm Schranken auferlegt, soweit nur die Hoheit und Integrität des Nachbarstaates nicht berührt wird.

Es darf daran erinnert werden, daß diese völkerrechtliche Rechtslage Grund dessen war, daß es beim "Mauerbau" 1961 seitens der Westmächte keinerlei Interventionen gab; denn was an der Staatsgrenze zur Bundesrepublik Deutschland bzw. nach Westberlin seitens der DDR gemacht wurde, vollzog sich auf ihrem Staatsgebiet.

Daß die auf dem Staatsgebiet der DDR errichteten Grenzanlagen und das hier geschaffene Grenzregime an der Staatsgrenze "West" nicht völkerrechtswidrig war, wird auch dadurch bestätigt, daß seit 1961 und auch nach dem Beitritt der beiden deutschen Staaten zur UNO von keiner Seite und in keiner Form deswegen eine Völkerrechtsverletzung durch die DDR angemahnt wurde oder daß gar Sanktionen oder ähnliche Schritte gegen die DDR unternommen wurden.

Im Gegenteil, in Kenntnis des Mauerbaus und des bestehenden, allgemein bekannten Grenzregimes wurde auch die DDR ohne Bedingungen oder Auflagen als UNO-Vollmitglied, mit allen von ihr dort auch wahrgenommenen Rechten, aufgenommen.

Namentlich wurde die Tatsache, daß das Betreten des Grenzgebietes grundsätzlich verboten und auch sonst hinreichend mit Warnschildern versehen war, so daß niemand unversehens in dieses Gebiet gelangte, und daß sich die Minen in einem militärischen Sperrgebiet befanden, unter dem Gesichtspunkt der Sicherheit für die Menschen im Menschenrechtskomitee in Genf beruhigt entgegengenommen.

Auch die BRD hat in Kenntnis dieser Bedingungen nicht nur den Grundlagenvertrag mit der DDR im Jahre 1972 abgeschlossen, sondern zunehmend völkerrechtliche Beziehungen zur DDR entwickelt: Ihre Kanzler haben die DDR offiziell besucht, und Erich Honecker wurde als Generalsekretär wie auch als Staatsoberhaupt im Jahre 1987 in aller Form vom Bundeskanzler empfangen.

Ebenso haben sich andere westliche Staaten durch das Grenzregime an der Staatsgrenze "West" nicht gehindert gesehen, immer intensiver werdende Beziehungen zur DDR zu gestalten.

Mithin haben alle betreffenden Staaten, auch die Bundesrepublik Deutschland, die Gestaltung der Bedingungen an der Staatsgrenze "West" respektiert und bis zum Ende der DDR darin keine Völkerrechtsverletzung gesehen.

III.

Auch unter diesem Aspekt ergibt sich, daß Entscheidungen des Politbüros des ZK der SED, die das nicht völkerrechtswidrige Grenzregime betreffen, eo ipso der Jurisdiktion eines anderen deutschen Staates entzogen sind.

Soweit der Eröffnungsbeschluß im Hinblick hierauf sich auf das Urteil des 5. Senats des BGH vom 3.11.1992 (abgedruckt im 39. Band der Entscheidungssammlungen, S. 1,5 f) stützt, verrät die Schwurgerichtskammer die gleiche, uns inzwischen aus mehreren Strafverfahren bekannt gewordene völkerrechtliche Unkenntnis, die auch der 5. Senat des BGH in einigen Revisionsverfahren offenbart hat.

Zunächst gilt natürlich auch auf dem Kontinent, daß ganz selbstverständlich Hoheitsakte anderer Staaten grundsätzlich respektiert werden -wo käme sonst die internationale Zusammenarbeit der Staaten hin, wenn solche schlankweg negiert würden.

Darüber hinaus kennt natürlich auch die kontinentaleuropäische Rechtspraxis keine Regel oder Usance, nach der ein Staat über verfassungsmäßige oder gleichzustellende Organe anderer Staaten zu Gericht sitzen dürfte.

Vor allem aber irrt die Schwurgerichtskammer, wenn sie meint, daß bei der

Anwendung innerstaatlichen Rechts ausländische Hoheitsrechte der Überprüfung durch die eigenen Gerichte entzogen seien.

Vorliegend kann eine Strafbarkeit der Angeklagten nur nach dem DDR-Recht geprüft werden und nicht auf innerstaatliches bundesdeutsches Recht gestützt werden -oder letztlich doch?

Sollte solches unternommen werden, würden sich Staatsanwaltschaft und Schwurgerichtskammer dem katastrophalen Vorwurf eines direkten und offenen Verstoßes gegen das, auch in den Menschenrechtskonventionen (Art. 7 der EMK mit besonderem Vorbehalt der Bundesregierung in Bezug auf NS-Verbrechen und Art. 15 des IPbürgR) verankerte Rückwirkungsverbot und einer nachträglichen justiziellen Intervention aussetzen.

IV.

Diese Rechtslage, aus der sich die Unzulässigkeit einer Strafverfolgung des Politbüros des ZK der SED ergibt, ist der Staatsanwaltschaft und auch der Schwurgerichtskammer durchaus und vollkommen bewußt.

Deshalb greifen beide zu einem rechtlich absolut unvertretbaren völkerrechtswidrigen "Kunstgriff".

Zum ersten wird das national und international als politisches Führungszentrum der DDR anerkannt gewesene Politbüro des ZK der SED im nachhinein schlichtweg zu einer organisierten Gruppe von Kriminellen gemacht; der Eröffnungsbeschluß rekurriert nicht zufällig auf den 125 StGB (Landfriedensbruch) und auf eine juristische Konstruktion, die zur Bejahung von strafrechtlicher Verantwortlichkeit beim Betrieb wirtschaftlicher Unternehmen entwickelt wurde (es ging in dieser Entscheidung des 2. Senats des BGH -2 StR 549/89- vom 6.7.1990, BGHSt 37, 106 f, um die strafrechtliche Verantwortlichkeit von Geschäftsführern einer GmbH wegen Körperverletzung durch Unterlassen, weil ein gesundheitsschädliches Schuhpflegemittel nicht aus dem Verkehr gezogen wurde) sowie eine Reihe weiterer juristischer Konstruktionen aus dem Bereich gängiger Kapitalverbrechen.

Daß die Schwurgerichtskammer bei dieser Gelegenheit unversehens in die Lage geriet, bundesdeutsche Strafbestimmungen und bundesdeutsche Teilnahme-Dogmatik (ich nenne nur § 25 des bundesdeutschen Strafgesetzbuches und solche dem DDR-Recht fremde Begriffe, wie Willensherrschaft, Täterwillen und Hintermann, und dem DDR-Recht fremde Konstruktionen, wie die mittelbare

Täterschaft bei strafbaren Tatmittler) auf Vorgänge in der DDR anzuwenden, also den nulla poena-Grundsatz und das Rückwirkungsverbot zu verletzen, wird noch in anderem Zusammenhang zu erörtern sein.

Der zweite rechtlich unvertretbare Kunstgriff besteht darin, daß das zum System des DDR-Staats- und Gesellschaftsaufbaus gehörende Gremium des Politbüros des ZK der SED, das als solches, wie auch der Staatsanwaltschaft und dem Gericht bewußt ist, atomisiert wird, um einzelne seiner Mitglieder -sie aus ihrem Wirken in diesem Gremium und in ihrer Einbindung in dieses herauslösend- zu kriminalisieren, als wären sie individuelle Totschläger oder solche, die sich zu diesem Zwecke zu einer kriminellen Bande zusammengeschlossen hätten.

Daß auch dieser zweite Kunstgriff, zumindest auf den Nebeneffekt abzielt, die international als Friedensstaat anerkannt gewesene DDR im nachhinein zu kriminalisieren und (wie es der damalige Justizminister Herr Kinkel auf dem 15. Deutschen Richtertag den bundesdeutschen Richtern auf- oder zumindest antrug) das SED-Regime im nachhinein zu delegitimieren, liegt auf der Hand und muß als gewollte, zumindest in Kauf genommene Wirkung in diesem Antrag nicht vertieft werden.

V.

Da somit festzustellen ist, daß die Bundesrepublik Deutschland weder früher die Jurisdiktion besaß, über das wesensmäßig zum Staatswesen DDR gehörende Politbüro des ZK der SED zu Gericht zu sitzen, noch solche später erwarb, fehlt ihr diese.

Mithin besteht das Verfahrenshindernis fehlender Unterworfenheit unter die Jurisdiktion der Bundesrepublik Deutschland.

Deshalb ist das Verfahren durch Prozeßurteil einzustellen.

Dieser Antrag ist, da er das gesamte Hauptverfahren als solches betrifft, unverzüglich zu bescheiden.

Buchholz, Rechtsanwalt

Dieser Antrag war für Egon Krenz Anlaß genug, zu betonen, daß die DDR keine "Bananenrepublik" war, sondern ihre eigene Rechtsordnung hatte.

Bei Oberstaatsanwalt Bernhard Jahntz wiederum stieß Buchholz' Antrag auf wenig Gegenliebe. Er argumentierte, daß nicht das Strafrecht der Bundesrepublik, sondern das der DDR Grundlage der Anklage ist. Daher sei der Antrag zurückzuweisen.

Auf der anderen Seite war der Antrag Buchholz' jedoch eine Bestätigung für Jahntz insofern gewesen, als der Professor das Politbüro als das politisch maßgebliche Führungsgremium der DDR bezeichnete.

Das wollte der Angeklagte Hager so jedoch nicht akzeptieren. Über seine Anwälte ließ er zwei Tage später verlauten:

In der Strafsache
./. Herrn Erich Mückenberger u.a.
- 527-1/95 -

liegt auch nach Auffassung des Angeklagten Hager das Verfahrenshindernis der fehlenden Unterworfenheit unter die Jurisdiktion der Bundesrepublik Deutschland vor.

Soweit der aus diesem Grunde auf Einstellung gerichtete Antrag des Mitangeklagten Mückenberger vom 15.01.1996 zur Begründung unter anderem auf die in dem Antrag näher dargelegte Position des Politbüros verweist, vermag sich Herr Hager dieser Einschätzung und Begründung nicht anzuschließen. Sie entspricht nicht der von dem Angeklagten Hager erlebten gesellschaftlichen Realität der ehemaligen DDR.

Franke   Schrage
Rechtsanwalt   Rechtsanwalt

Auch der Angeklagte Schabowski wollte nicht damit identifiziert werden, Mitglied in einem Gremium gewesen zu sein, das, wie es Prof. Buchholz -offenbar verteidigungstaktisch- für seinen Mandanten Erich Mückenberger beschrieb, wohl um eine völkerrechtliche Immunität zu begründen, allumfassend und unabhängig die Fäden in einem politischen

Gefüge zu knüpfen in der Lage und dazu hoheitlich berechtigt war. Über seine Anwälte stellte er am zweiten Verhandlungstag seine Sicht der Dinge wie folgt d(kla)r (diese Stellungnahme wird, obwohl erst am 2. Verhandlungstag abgegeben, ebenso wie die am selben Tage abgegebene Erklärung der Hager-Anwälte im direkten Zusammenhang mit dem Buchholz-Antrag dokumentiert, um den Zusammenhang zu wahren):

In der Strafsache gegen
Günter Schabowski u.a.
- 527-1/95 -

wird zu dem Antrag des Verteidigers von Herrn Mückenberger, Herr Rechtsanwalt Prof. Dr. Buchholz, der in der Hauptverhandlung am 15. Januar 1996 gestellt wurde, folgende

Erklärung

abgegeben.

Der Antrag des Verteidigers von Herrn Mückenberger, Herr Rechtsanwalt Prof. Buchholz, gibt die Ideologie und staatlich verordnete Doktrin wieder - die Ausführungen lesen sich wie ein DDR-Lehrbuch für Staatsrecht.

"(Das Politbüro war) das politisch maßgebliche Führungsgremium im Staats- und Gesellschaftsaufbau der DDR, wie es sich auch aus Art. 1 Abs. 1 der Verfassung der DDR ergab (...). Die Verfassung der DDR setzte in Bestimmung der konstitutionellen Grundlagen des Staatswesens der DDR das maßgebliche politische Wirken des Politbüros des ZK der SED voraus, wie sich dies sowohl aus Art. 1 Abs. 1 als auch Art. 67 Abs. 3 und Art. 79 Abs. 2 der Verfassung der DDR ergibt. Somit war das Politbüro nach dem verfassungsrechtlich geregelten Staats- und Gesellschaftsaubau der DDR unbestreitbar und unbestritten das existentielle, politisch maßgebliche Führungsgremium in diesem Staat. Das Politbüro war die conditio sine qua non der sozialistischen DDR, seine unerläßliche politische Voraussetzung und Bedingung."

Hier wurde nur eine der Fragen, die in diesem Verfahren zu klären sind, angesprochen, nämlich, ob diese Beschreibung des Politbüros im Staatsaufbau der DDR zutrifft.

Eine andere -davon zu trennende- Frage ist, ob die von Herrn Prof. Buchholz beschriebene Stellung auch die realen Machtverhältnisse wiedergibt. Mit anderen Worten: hatten alle handelnden Personen die gleiche Machtfülle? Gab es innerhalb des Politbüros kleinere Zirkel der Macht? Waren diese Zirkel der Macht innerhalb des Politbüros angesiedelt oder lag die Macht -zumindest was das Grenzregime anbetrifft- in anderen Institutionen, im Nationalen Verteidigungsrat?

Natürlich kann die Ideologie der DDR hier nicht mehr differenzieren. Sie unterscheidet nicht zwischen "offizieller" Parteiideologie und Staatsverfassung einerseits und Verfassungswirklichkeit andererseits. "Sozialistische Institutionen" sind dort nur als starre Gebilde vorstellbar, die nur den ihnen von der Doktrin zugedachten Handlungsrahmen ausfüllen. Die DDR-sozialistische Auffassung kennt keine anderen Machtverhältnisse, keine unvorhergesehene Machtverteilung, keine kleinen "inoffiziellen" Machtzirkel. Auch wenn die Stellung des Politbüros in dem Antrag hauptsächlich deshalb so dargestellt wird, um die fehlende Jurisdiktion der Bundesrepublik begründen zu können, sind dessen staatsrechtlichen Ausführungen auch für dieses Verfahren sehr interessant, da sie einmal mehr Beschränktheit und Realitätsverlust einer ideologischen Staatstheorie zum Ausdruck bringen. Hier wird ein Lehrbuchbeispiel für die offizielle DDR-Staatsauffassung gegeben, die mit den realen Gegebenheiten in diesem Staat nichts zu tun hatte.

Merkwürdig erscheint aber der Beifall, den die Staatsanwaltschaft diesen Ausführungen zollt. Es mutet ein wenig seltsam an, daß sich die Staatsanwaltschaft nun blanke DDR-Ideologien zu eigen zu machen versucht und sich auf diese Weise zur sozialistischen Dogmatik zu bekennen scheint. Die Anklage bleibt durch eine so ideologisierte Sicht blind für die reale Verantwortungsverteilung.

(Dr. Dirk Lamer)   (Ferdinand von Schirach)
Rechtsanwalt   Rechtsanwalt

Professor Buchholz' Antrag wurde vom Gericht erwartungsgemäß abgelehnt (der Gerichtsbeschluß wird, obwohl später ergangen, hier ebenfalls im Zusammenhang dokumentiert).

Der Beschluß hatte folgenden Wortlaut:

"Der Antrag des Angeklagten Mückenberger vom 15. Januar 1996 (Anlage III zum Prot. vom 15.1.1996) auf Einstellung des Verfahrens wegen "des Verfahrenshindernisses fehlender Unterworfenheit unter die Jurisdiktion der Bundesrepublik Deutschland", dem sich der Angeklagte Dohlus am 18. Januar 1996 angeschlossen hat, wird abgelehnt.

Das erkennende Schwurgericht ist für die Entscheidung über die den Angeklagten mit der zugelassenen Anklage zur Last gelegten Vorwürfe zuständig.
Die den Angeklagten vorgeworfenen Tötungsdelikte wären zur Tatzeit durch Gerichte der ehemaligen DDR zu beurteilen gewesen und unterfallen nach dem Einigungsvertrag nunmehr der bundesdeutschen Gerichtsbarkeit.
Es kann dahinstehen, ob die einzelnen Angeklagten als Mitglieder des Politbüros völkerrechtlich wie Mitglieder einer ausländischen Regierung zu behandeln sind, denn auch als solche könnten sie durch bundesdeutsche Strafgerichte verfolgt werden. Einen Grundsatz, nach welchem ausländische Hoheitsakte der gerichtlichen Nachprüfung bei der Anwendung innerstaatlichen Rechts generell entzogen wären ("act of state doctrin"), kennt das deutsche Recht nicht. Diese aus dem anglo-amerikanischen Rechtskreis stammende Rechtsdoktrin, die im wesentlichen Enteignungsfälle der Beurteilung durch fremde Gerichte entziehen soll, stellt keine allgemeine Regel des Völkerrechts i.S.d. Art. 25 GG dar und bindet die Kammer nicht.
Eine allgemeine Regel des Völkerrechts, wie ein Staat, nachdem ihm ein anderer beigetreten ist, mit Personen zu verfahren hat, die möglicherweise Straftaten zu Gunsten des beigetretenen Staates begangen haben, existiert nicht (vgl. BVerfG vom 15.5.95 - 2 BvL 19/91-, S.57 UA)."

Der 2. Verhandlungstag (18. Janauar 1996)

Nachdem das Gericht den Antrag Plögers vom 1. Verhandlungstag auf Aussetzung des Verfahrens abgelehnt hatte und die Verfahrensbeteiligten ausgiebig noch über den Antrag von Professor Buchholz diskutiert und debattiert hatten, versuchte es Rechtsanwalt Dr. Karl Pfannenschwarz, einer der Verteidiger des Angeklagten Horst Dohlus, das Verfahren zu kippen.

Die Frage, um die es bei diesem Verfahren geht, wer für das Grenzregime und damit für die Toten an Mauer und sonstigen Grenzsperranlagen zur Bundesrepublik Deutschland zuständig bzw. verantwortlich war, wollte der Dohlus-Verteidiger durch einen Militärhistoriker geklärt wissen.

Er stellte folgenden Antrag:

In der Strafsache
./. Erich Mückenberger u.a.
Aktenzeichen: 527-1/95

wird für den Angeklagten Herrn Horst Dohlus

beantragt,

die Hauptverhandlung

a u s z u s e t z e n ,

bis ein vom Gericht bestellter Militärhistoriker ein Gutachten darüber erstattet hat, wer für die Errichtung und Bestandhaltung des Grenzregimes der DDR zur Bundesrepublik Deutschland und Westberlin bestimmend war und ob das Politbüro des Zentralkomitees der SED in der Lage gewesen wäre, die Errichtung dieses Grenzregimes zu verhindern bzw. seinen Bestand abzubauen.

Zur Begründung wird folgendes ausgeführt:

In dem Eröffnungsbeschluß wird festgestellt, daß nach den Ermittlungsergebnissen die Angeschuldigten hinreichend verdächtig seien, in

Dr. Karl Pfannenschwarz (im Hintergrund links)

kollektivem arbeitsteiligen Zusammenwirken als Kandidaten und Mitglieder des mit Führungsanspruch versehenen obersten Machtorgans der DDR die faktische und teilweise rechtlich begründete Herrschaft über das Grenzregime innegehabt hätten. Damit wird den Angeklagten in diesem Verfahren die volle Verantwortung für das Grenzregime der DDR zugeschrieben. Dies steht im Widerspruch zu geschichtlichen Erkenntnissen; denn dieses Grenzregime war, wie Michail Gorbatschow feststellte, nicht nur eine Grenze zwischen zwei UNO-Mitgliedstaaten, sondern auch eine "zwischen zwei feindlichen militärpolitischen Bündnissen" (DER SPIEGEL 45/95).

Die Gestaltung des Grenzregimes war und wurde von allen Anfang an bestimmt durch die Führungsgremien des Warschauer Paktes, insbesondere durch die Sowjetunion. Kennzeichnend dafür war der Befehl des Marschalls der Sowjetunion Iwan Konjew vom 14. September 1961 an den Minister für Nationale Verteidigung der DDR Armeegeneral Heinz Hoffmann, in dem detailliert angeordnet wurde, wie das Grenzregime zu gestalten sei mit Minen usw. Wenn das Politbüro des ZK der SED den Weisungen aus Moskau unterlag und als Befehlsempfänger weder an der Existenz und der Gestaltung des Grenzregimes irgendetwas ändern konnte, dann dürfte dies auch entscheidend für die Frage einer Strafbarkeit sein.

Bei einer komplexen Sachaufklärung im Rahmen der Beweisaufnahme, inwieweit die Angeklagten nur Befehlsempfänger der Moskauer Zentrale des Warschauer Paktes waren bzw. Eigenverantwortlichkeit für das Grenzregime hatten, dürfte ein Gutachten wie beantragt von außerordentlicher Bedeutung sein. Aus diesen Gründen rechtfertigt sich der gestellte Antrag.

Dr. Pfannenschwarz
Rechtsanwalt

Diesen Antrag, den Professor Buchholz sofort unterstützte, beantragte Oberstaatsanwalt Bernhard Jahntz zurückzuweisen. Für ihn war es ein Beweisantrag, und als solcher habe er während der Beweisaufnahme gestellt zu werden.

Der Antrag fiel dann auch -ebenso wie alle anderen- der dem Gericht entsprechenden Rechtsauffassung zum Opfer. Es erging folgender Beschluß:

"Der Antrag des Angeklagten Dohlus auf Aussetzung des Verfahrens, bis ein Militärhistoriker ein Gutachten erstattet hat (Anlage VI zum Protokoll vom 18.1.96), wird zurückgewiesen.

Die nach 228 Abs. 1 StPO in das Ermessen des Grichts gestellte Aussetzung war nach Abwägung der widerstreitenden Interessen abzulehnen. Die Herbeischaffung weiterer Sachverständigengutachten kann auch im Laufe der Hauptverhandlung erfolgen. Der in der Antragsbegründung enthaltenen Beweisanregung mag ggf. in der Beweisaufnahme nachzugehen sein. Unter Beachtung der strafprozessualen Beschleunigungsmaxime ist auch für den Fall der Stattgabe der Verfahrensfortgang geboten.

Das Schwurgericht weist vorsorglich darauf hin, daß es die Begründung des Antrages auf Aussetzung als bloßen Beweisermittlungsantrag, nicht als Beweisantrag ansieht. Die Formulierungen "w e r" (für das Grenzregime bestimmend war), "o b" (das Politbüro zu Verhinderung oder Abbau des Grenzregimes in der Lage gewesen wäre) und "i n w i e w e i t" (die Angeklagten nur Befehlsempfänger des Warschauer Paktes waren) begründen keine bestimmte Tatsachenbehauptung, die Voraussetzung des Beweisantrages ist (vgl. BGHSt 8, 76; Kleinknecht/Meyer-Goßner, 42. Aufl. Rn. 20 a.E. zu 244 StPO)."

Abwarten der Entscheidung
des Bundesverfassungsgerichts

Auch die Anwälte von Günter Schabowski wollten die Forführung des Verfahrens nicht hinnehmen, solange die für das 2. Quartal angekündigte Entscheidung des Bundesverfassungsgerichts nicht ergangen ist, das die Vollstreckung rechtskräftig verhängter Freiheitsstrafen gegen Mitglieder des Nationalen Verteidigungsrates der DDR ausgesetzt hatte wegen der noch nicht eindeutig entschiedenen Rechtsprechung des Bundesverfassunsgerichts bezüglich des Rückwirkungsverbotes und des Völkerrechts.

Die Anwälte stellten folgenden Antrag:

In der Strafsache
./. Günter Schabowski
- 527-1/95 -

beantragen wir,

das Verfahren bis zur Entscheidung des Bundesverfassungsgerichts über die Verfassungsbeschwerden AZ: - 2 BVR 1875/94 - auszusetzen.

Begründung:

In den genannten Verfassungsbeschwerdeverfahren wird sich das Bundesverfassungsgericht mit der Frage auseinandersetzen, ob einer strafrechtlichen Verantwortlichkeit für Todesfälle an der Mauer das Rückwirkungsverbot des Art. 103 Abs. 2 Grundgesetz entgegensteht. Das Bundesverfassungsgericht hat auf Anfrage des Schwurgerichts zwischenzeitlich mitgeteilt, daß mit einer Entscheidung im zweiten Quartal des Jahres 1996 zu rechnen sei. Das Bundesverfassungsgericht hat in mehreren Verfahren über Verfassungsbeschwerden einstweilige Anordnungen mit dem Inhalt erlassen, daß vom Bundesgerichtshof bestätigte Verurteilungen wegen Totschlags bis zur Entscheidung über die Verfassungsbeschwerde nicht vollstreckt werden dürfen.

Das Bundesverfassungsgericht hat damit deutlich zu erkennen gegeben, daß es die entsprechenden Verfassungsbeschwerden nicht für offensichtlich unbegründet hält. Es hat darüber hinaus ausdrücklich darauf hingewiesen, daß die Frage nach der Geltung des Rückwirkungsverbotes in den betroffenen Fällen in der straf- und staatsrechtlichen Literatur umstritten und auch durch die bisherige Rechtsprechung des Bundesverfassungsgerichts nicht geklärt ist. Eine Strafbarkeit könnte aber, wenn überhaupt, nur gegeben sein, wenn ihr keine verfassungsrechtlichen Einwände entgegenstehen.

Bei diesem Sachverhalt ist das Verfahren zwingend auszusetzen. In diesem Zusammenhang sei aber klargestellt, daß das Nichtbestehen eines verfassungsrechtlichen Rückwirkungsverbotes nur notwendige, im Hinblick auf zahlreiche einfachrechtliche Einwände gegen das Bestehen einer strafrechtlichen Verantwortlichkeit der Angeklagten aber keinesfalls hinreichende Strafbarkeitsvoraussetzung ist.

1) Die Aussetzung ist die zwingende Konsequenz daraus, daß das Verfahren bereits nicht gemäß 203 StPO hätte eröffnet werden dürfen.
Voraussetzung für den Eröffnungsbeschluß ist das Vorliegen eines hinreichenden Tatverdachtes. Ob ein solcher vorliegt, ist vom Gericht anhand der Sach- und Rechtslage zu prüfen. Dabei können auch rechtliche Erwägungen Einfluß auf das Vorliegen des hinreichenden Tatverdachtes haben. In dem konkreten Fall führen die einstweiligen Anordnungen des Bundesverfassungsgerichts dazu, daß ein hinreichender Tatverdacht nicht gegeben ist.
Zwar geht das erkennende Gericht offensichtlich nicht von der Überzeugung aus, daß ein Verstoß gegen das Rückwirkungsverbot vorliege, sonst hätte eine Vorlage nach Art. 100 Abs. 1 GG zum Bundesverfassungsgericht erfolgen müssen. Angesichts der in den einstweiligen Anordnungen geäußerten Rechtsansicht des Bundesverfassungsgerichgts mußte die Strafkammer aber zumindest bei der Beurteilung der Frage, ob ein hinreichender Tatverdacht gegeben ist, die verfassungsrechtliche Problematik zur Kenntnis nehmen. Ein hinreichender Tatverdacht ist gegeben, wenn die Wahrscheinlichkeit der Verurteilung in einer Hauptverhandlung besteht (vergl. Pfeiffer/Fischer StPO, 1995, 203 Rd.-Nr. 2 m. N.). Bei diesem Wahrscheinlichkeitsurteil ist zwischen den tatsächlichen Umständen und rechtlichen Fragen zu differenzieren. Die Wahrscheinlichkeitsfrage selbst stellt sich nur in Bezug auf die für die Anwendung des materiellen Strafrechts relevanten tatsächlichen Umstände (vgl. LR-Rieß, 24. Auflage 1984, 203 Rd.-Nr. 10). Das in tatsächlicher Hinsicht wahrscheinliche und wahrscheinlich beweisbare Verhalten muß in rechtlicher Hinsicht zur Überzeugung des Gerichts die Strafbarkeit des Angeschuldigten begründen. Bei der rechtlichen Prüfung muß das Gericht sich bei der Eröffnung sicher sein, Zweifel dürfen nicht anhand eines Wahrscheinlichkeitsurteils bewertet werden (LR-Rieß, aaO., Rd.-Nr. 15). Dies bedeutet, daß das über die Eröffnung

entscheidende Gericht zweifelsfrei von der rechtlichen Bewertung des wahrscheinlichen Sachverhalts überzeugt sein muß. Eine solche zweifelsfreie Überzeugung konnte sich die Strafkammer im Hinblick auf die einstweiligen Anordnungen des Bundesverfassungsgerichts nicht bilden. Der Umstand, daß das Bundesverfassungsgericht die Vollstreckung von Freiheitsstrafen per einstweilige Anordnung aussetzte, ist zumindest geeignet, Zweifel an der Strafbarkeit des voraussichtlich feststellbaren Verhaltens zu begründen im Hinblick auf die Bindung des Richters an die Verfassung muß sie dies sogar.

Das erkennende Gericht hatte ganz offensichtlich auch solche Zweifel. Nur so läßt sich nämlich erklären, daß der damalige Vorsitzende des Schwurgerichts mit Datum vom 30. Juni 1995 bei dem Bundesverfassungsgerichts angefragt hat, wann mit einer Entscheidung über die genannten Verfassungsbeschwerden gerechnet werden könne. Schon aus dieser Anfrage ergibt sich, daß das erkennende Gericht den verfassungsrechtlichen Fragen Bedeutung für das Strafverfahren gegen Herrn Schabowski zumißt. Daraus läßt sich nur ableiten, daß das erkennende Gericht nicht zweifelsfrei von der Strafbarkeit des voraussichtlich feststellbaren Sachverhalts überzeugt war. Demgemäß hätte das Hauptverfahren nicht nach 203 StPO eröffnet werden dürfen.

Das Schwurgericht ist nunmehr aufgefordert, diese rechtlich zwingende Konsequenz in der prozessual zulässigen Form der Aussetzung des Verfahrens zu ziehen.

Entsprechend hat die 17. große Strafkammer des Landgerichts Berlin kürzlich die Entscheidung über die Zulassung einer Anklage gegen Herrn Schabowski wegen des Tatvorwurfs der Wahlfälschung im Hinblick auf die noch ausstehende Entscheidung des Bundesverfassungsgerichts zurückgestellt. Die Strafkammer beabsichtigt auch weiterhin, diese Entscheidung bis zur verfassungsgerichtlichen Klärung der Rückwirkungsproblematik zurückzustellen.

2) Die Aussetzung des Verfahrens ist aber auch aus einem weiteren Grund geboten. Bereits mit Schreiben vom 26.7.1995 hat die Verteidigung von Herrn Schabowski beantragt, die Entscheidung über die Eröffnung des Hauptverfahrens bis nach der Entscheidung des Bundesverfassungsgerichts über die Verfassungsbeschwerden - 2 BVR 1875/94 - zurückzustellen. Dieser Antrag wurde u.a. damit begründet, daß eine Abwägung, wie sie auch dem Erlaß der genannten einstweiligen Anordnung des Bundesverfassungsgerichts zugrundeliegt, zu dem Ergebnis führen muß, daß die mit der Durchführung einer Hauptverhandlung für Herrn Schabowski entstehenden Belastungen und Nachteile schwerer wiegen als die Folgen einer Zurückstellung der Entscheidung über die Eröffnung des

Hauptverfahrens. Die Staatsanwaltschaft trat diesem Antrag mit dem Argument entgegen, daß die behaupteten Belastungen und Nachteile für Herrn Schabowski nicht ersichtlich seien, darüber hinaus eine Zurückstellung der Entscheidung über die Eröffnung des Hauptverfahrens mit dem Anspruch aller Angeklagten, mit ihrer Sache innerhalb angemessener Frist gehört zu werden, unvereinbar ist.

Unabhängig davon, daß das letzte Argument zu der fragwürdigen Konstruktion führt, daß ein Angeschuldigter einen Anspruch auf Eröffnung des Verfahrens hat, damit ihm rechtliches Gehör gewährt werden kann, kommt hierin eine Vorgehensweise zum Ausdruck, die die Notwendigkeit der Prüfung der gesetzlichen Voraussetzungen des Eröffnungsbeschlusses negiert und fernab vom Gesetz davon ausgeht, daß es im "wohlverstandenen" Interesse eines Angeschuldigten sei, wenn eine Anklage möglichst schnell zugelassen wird, um ihm in der Hauptverhandlung die Möglichkeit zu seiner Verteidigung zu geben.

Im Hinblick auf die im zweiten Quartal und damit in Kürze zu erwartende Entscheidung des Bundesverfassungsgerichts würde ein so verstandenes Beschleunigungsgebot ohnehin keine Bedeutung haben können.

Daß die Eröffnung und Terminierung und auch Durchführung einer Hauptverhandlung gegenüber der Zurückstellung dieser Entscheidung erhebliche, z.B. persönliche und berufliche Nachteile und Belastungen für einen Angeklagten mit sich bringt, braucht nicht näher dargetan zu werden, dies liegt auf der Hand.

Dr. Dirk Lammer   Ferdinand von Schirach
Rechtsanwalt   Rechtsanwalt

Auch dieser Antrag wurde abgelehnt (siehe Gerichtsbeschlüsse des Gerichts vom 7. März 1996 im hinteren Teil der Dokumentation).

Der 3. Verhandlungstag (22. Januar 1996)

Der Stein des Anstoßes

Der Stein des Anstoßes am 3. Verhandlungstag war ein Artikel aus der "Welt am Sonntag" vom 21. Januar 1996. In diesem Artikel unter der Überschrift "Scholz: Mauerschüsse nach bundesdeutschem Recht strafbar" wird behauptet, daß "die CDU/CSU erwartet, daß der ... Prozeß gegen den früheren DDR-Staatschef Egon Krenz wegen der Todesschüsse an der innerdeutschen Grenze nicht eingestellt, sondern mit einem rechtskräftigen Urteil abgeschlossen wird".

Diese Behauptung, von der "Welt am Sonntag" weder mit einem etwaigen Beschluß der CDU/CSU oder einem sonstigen nachvollziehbaren Dokument -wo und wann eine solche Erwartung der CDU/CSU ausgesprochen worden sein soll- belegt, veranlaßte dann die Verteidigung von Egon Krenz, in Professor Dr. Rupert Scholz (stellvertretender Fraktionsvorsitzender der CDU/CSU-Fraktion im Deutschen Bundestag und ehemaliger Bundesverteidigungsminister, auch ehemaliger Senator für Justiz und Bundesnagelegenheiten in Berlin) den Übeltäter für diese "politische Einflußnahme auf das Gericht" zu sehen. In der Tat wird Scholz im dem "Welt am Sonntag"-Artikel auch dahigehend zitiert, daß die Anklage "eindeutig der Rechtsprechung des Bundesgerichtshofs" entspreche. Auffassungen, in denen eine bundesdeutsche Zuständigkeit der Justiz gegenüber der Verfolgung früherer DDR-Führungskräfte bestritten wird, habe Scholz nach "Welt am Sonntag" als rechtlich falsch bezeichnet. Zur Begründung hätte er gesagt: "Erstens auf der Grundlage des Einigungsvertrages und zweitens, weil das deutsche Reich auch bei der faktischen Teilung fortbestand."

Was lag da für die Verteidigung Egon Krenz' näher, als Scholz allein die (angebliche) Erwartung der CDU/CSU zuzuschreiben, daß das Politbüroverfahren nicht eingestellt, sondern mit einem (rechtskräftigen) Urteil abgeschlossen wird? Im Zusammenhang mit den zitierten Äußerungen Scholz' könnte man aber auch auf die Idee kommen, daß (von der "Welt am Sonntag") suggeriert worden sollte, daß hier allgemein eine Erwartungshaltung der CDU/CSU -die ohne Quellenangabe auch behauptet oder aufgrund der -wie auch immer zu wertenden- Äußerungen Scholz' einfach hineininterpretiert wurde- besteht. Wie anders ist es auch zu erklären, daß die "Welt am Sonntag" keinen Beleg dafür zitiert, wann und wo eine derartige Erwartungshaltung der CDU/CSU ausgesprochen worden sein soll.

Der Verfasser wollte von Professor Scholz mittels eines Interviews den Sachverhalt aufgeklärt wissen, aber auch andere Fragen zum Politbüroverfahren erörtern. Von einem Fraktionskollegen Scholz' wurde ihm dann auch mitgeteilt, er -Scholz- sei "zu allem bereit", er "bittet jedoch darum, ihm die Fragen vorab schriftlich zuzuleiten". Dies geschah am 18. April 1995 per Fax.

Folgende Fragen wurden ihm übermittelt (zu diesem Zeitpunkt ging der Verfasser noch davon aus, daß die behauptete Erwartungshaltung der CDU/CSU in der "Welt am Sonntag" eine zitierte Äußerung von Scholz war):

1. Herr Prof. Scholz, Sie werden in der "Welt am Sonntag" vom 21. Januar 1996 mit den Worten zitiert, daß die CDU/CSU erwartet, daß der in Berlin geführte Prozeß gegen den früheren DDR-Staatschef Egon Krenz wegen der Todesschüsse an der innerdeutschen Grenze nicht eingestellt, sondern mit einem rechtskräftigen Urteil abgeschlossen wird. Anderntags warfen Ihnen die Verteidiger im Prozeß vor, Sie wollten mit dieser Aussage politische Einflußnahme ausüben. Gingen Sie mit diesem Statement in der "Welt am Sonntag" nicht ein bißchen zu weit? Der Verteidiger von Egon Krenz, Dr. Dieter Wissgott, betrachtet dieses Statement als eine Unverschämtheit.

2. Das Bundesvrerfassungsgericht hat ja die durch den Bundesgerichtshof rechtskräftig bestätigten Freiheitsstrafen gegen frühere Mitglieder des Nationalen Verteidigungsrates (Streletz, Keßler und Albrecht) einstweilen ausgesetzt mit der Begründung, daß durch die bisherige Rechtsprechung des Bundesverfassungsrichts nicht geklärt ist, ob die politische Führung der DDR für Todesfälle an der Grenze strafrechtlich zur Verantwortung gezogen werden kann bzw. dem der Art. 103 Abs. 2 GG entgegensteht. Die Verteidiger haben stets gefordert, das Verfahren gegen Egon Krenz u.a. solange auszusetzen, bis das Bundesverfassungsgericht über die Verfassungsbeschwerden von Keßler, Streletz und Albrecht entschieden hat. Wäre das, auch im Sinne von prozeßökonomischen Aspekten, nicht angebracht gewesen?

3. Die Angeklagten berufen sich darauf, in den Warschauer Pakt eingebunden gewesen zu sein und nicht die Souveränität in

Grenzsicherungsfragen gehabt zu haben, d.h. das Grenzregime zu verhindern oder zu humanisieren.

4. Egon Krenz beruft sich auf Schreiben von Abrassimow, der ihm bestätigt, daß die DDR eben nicht über die Souveränität hinsichtlich Grenzsicherungsfragen verfügte.

5. Professor Uwe Wesel von der Freien Universität Berlin bezeichnet die Anklage als Konstruktion.

6. Die Angeklagten berufen sich darauf, daß die DDR ein anerkannter Staat innerhalb der UNO war und auf den Grundlagenvertrag von 1972. Vor allem führen sie für sich ins Feld, daß ihnen -solange die DDR existierte- nie ein juristischer Vorwurf gemacht wurde. Muß es nicht etwas, wie Egon Krenz sich ausdrückt, wie "Siegerjustiz" aussehen, wenn sich nunmehr die Justiz, nachdem die DDR zusammengebrochen ist, der Todesfälle an der DDR-Grenze zur Bundesrepublik annimmt -für Honecker hatte man sogar ein Straffreiheitsgesetz verabschiedet?

Anstatt mit der Beantwortung der Fragen, reagierte Scholz mit folgendem Schreiben:

"Sehr geehter Herr Jochum,

ich habe inzwischen Ihre Interviewfragen erhalten, die ich allerdings mit einigem Erstaunen gelesen habe. Ich halte diese Fragen für außerordentlich tendenziös und bin deshalb nicht bereit, das Interview zu geben. Lediglich ein Hinweis: Ich habe in dem besagten Interview in der Welt a.S. nicht gesagt, daß die CDU/CSU bestimmte Erwartungen hat, sondern ich habe ausschließlich meine eigene juristische (verfahrensrechtliche) Einschätzung wiedergegeben. Alles das, was die Herrschaften Krenz und Co. daraus gemacht haben -bishin zu Herrn Wesel, wie ich vermute- ist ebenso absurd wie diskussionsunwürdig.

Mit freundlichen Grüßen"

74

Professor Scholz hat insofern recht, als ihm die besagte Äußerung in der "Welt am Sonntag" bei genauerem Lesen nicht zwingend zugeordnet werden darf. Aber was er mit Fragen meint, die "außerordentlich tendenziös" sind bzw. er sie dafür hält, kann der Verfasser nicht nachvollziehen. Gibt es so etwas wie "tendenziöse Fragen"? Selbstverständlich! Aber wo ist ein "tendenziös Befragter" einzuordnen, der darauf nicht mit seinen Argumenten zu reagieren weiß?

Bei der "Welt am Sonntag" in Hamburg bemühte sich der Verfasser um eine Nachdruckgenehmigung des Artikels vom 21. Januar 1996, damit jeder Leser sich selbst ein Bild von seinem Inhalt machen kann. Die Nachdruckgenehmigung wurde von dem dortigen zuständigen Redakteur, einem Herrn Schelling, auf den Rupert Scholz zuvor noch den Verfasser über seinen Fraktionskollegen hinsichtlich der Nachdruckgenehmigung verwiesen hatte, mit der Begründung abgelehnt, daß eine "Freigabe nicht erteilt" werden kann.

Möge nun jeder selbst entscheiden, was davon zu halten ist.

Richter Hoch, mit einer möglichen politischen Einflußnahme auf das Verfahren von der Verteidigung konfrontiert, erklärte jedenfalls, ihm sei die Gewaltenteilung bekannt.

Aussetzungantrag und Besetzungseinwand

Nachdem die Schabowski-Verteidigung eine eindringliche Belehrung für die Schöffen abgegeben hatte, was die zu erwartende Entscheidung des Bundesverfassungsgerichts hinsichtlich des Verfahrens Streletz, Keßler und Albrecht für das hier vorliegende Vrfahren bedeute, beantragte der Mitverteidiger von Horst Dohlus, Rechtsanwalt Michael Rudnicki, die Aussetzung des Verfahrens bis zu der besagten Entscheidung des Bundesverfassungsgerichts. Er stellte folgenden Antrag:

In der Strafsache
./. Horst Dohlus
- 527-1/95 -

wird beantragt,

die Hauptverhandlung bis zu einer Entscheidung über die beim Bundesverfassungsgericht anhängige Verfassungsbeschwerde - 2 BvR 1130/95 - auszusetzen.

Begründung:

Mit der im Antrag bezeichneten Verfassungsbeschwerde wendet sich der Beschwerdeführer, bei dem es sich um ein ehemaliges Mitglied der Grenztruppen der DDR handelt, gegen seine strafgerichtliche Verurteilung wegen Totschlags. Diese erfolgte am 16. November 1993 zu einer Freiheitsstrafe von sechs Jahren durch das Landgericht Berlin. Den Gegenstand der Verurteilung bildete ein Vorfall, der sich am 15. Juni 1965 an der Grenze zwischen Berlin (West) und der DDR zugetragen hat. Auf eine nähere Darstellung des Sachverhaltes kann an dieser Stelle verzichtet werden. Die angeriffene Entscheidung ist gerichtsbekannt.

Nach der gemäß Art. 315 EGStGB i.V.m. 2 Abs. 3 StGB vorzunehmenden

Prüfung wandte das Landgericht die Normen des bundesdeutschen Strafgesetzbuches als das mildere Gesetz an. Es sah die tatbestandliche Handlung des Beschwerdeführers nicht als durch die zum Tatzeitpunkt geltende Weisung DV-30/10 gerechtfertigt an. Unter Anwendung der Radbruch'schen Formel hätte sie nach Auffassung des Landgerichts als geschriebenes Recht überpositivem Recht weichen müssen.

Die dagegen gerichtete Revision verwarf der BGH durch Urteil vom 20. März 1995 mit ähnlichen, wenn nicht gleichen Erwägungen, wie sie in den Entscheidungsgründen des Urteils des Tatgerichtes angestellt werden.

Mit der im Antrag näher bezeichneten Verfassungsbeschwerde wendet sich der Beschwerdeführer gegen die Urteile des Bundesgerichtshofes und des Landgerichts Berlin, indem er rügt, die angeriffenen Entscheidungen verstoßen u.a. gegen das Rückwirkungsverbot.

Des weiteren beantragte der Beschwerdeführer, im Wege der einstweiligen Anordnung die Strafvollstreckung aus dem Urteil des Landgerichts Berlin bis zur Entscheidung über die von ihm erhobene Verfassungsbeschwerde auszusetzen. Im Rahmen des einstweiligen Anordnungsverfahrens hatte sich das Bundesverfassungsgericht u.a. auch mit den Erfolgsaussichten der Verfassungsbeschwerde zu befassen, da die im Anordnungsverfahren vorzunehmende Güterabwägung allenfalls dann unterbleiben könnte, wenn sich die Verfassungsbeschwerde von vornherein als offensichtlich unbegründet erweist. In der Entscheidung des Bundesverfassungsgerichtes vom 21. Juli 1995 heißt es dazu wie folgt:

"Die Verfassungsbeschwerde ist nicht von vornherein unzulässig oder offensichtlich unbegründet. Die Frage, ob der Beschwerdeführer für seine Tat strafrechtlich zur Verantwortung gezogen werden kann oder ob das Rückwirkungsverbot aus Art. 103 Abs. 2 GG entgegensteht, ist in der straf- und staatsrechtlichen Literatur umstritten und auch durch die bisherige Rechtsprechung des Bundesverfassungsgerichtes letztlich nicht geklärt."

Diese Würdigung des Sach- und Streitstandes läßt erkennen, daß aus Sicht des Bundesverfassungsgerichtes beide Entscheidungsoptionen nicht nur denkbar und möglich, sondern auch ebenso wahrscheinlich sind.

Eine Entscheidung des Bundesverfassungsgerichtes, welche eine Anwendung überstaatlichen, überpositiven Rechtes zu Lasten des zum jeweiligen Tatzeitpunkt in der DDR geltenden Rechtes verbieten würde, hätte selbstverständlich auch

Auswirkungen auf das hiesige Verfahren. Die erhobenen Schuldvorwürfe wären nicht aufrechtzuhalten.

Vor diesem Hintergrund stellt die Eröffnung des Hauptverfahrens und die Durchführung der Hauptverhandlung einen nicht hinzunehmenden Eingriff in die Persönlichkeitsrechte meines Mandanten dar.

Es wird außer Frage stehen, daß jedes Strafverfahren und insbesondere die Durchführung einer Hauptverhandlung für den Angeklagten mit Belastungen im grundrechtsrelevanten Bereich verbunden ist. Hassemer trifft in seinem Aufsatz "Informelle Programme im Strafprozeß" (StV 1982, 279) dazu die Feststellung, daß im Strafverfahren die Grundrechte "schlicht prekärer bedroht sind als sonst". Dem stimmt Barton unter Bezugnahme auf Heinicke zu, indem er formuliert: "Es gibt kaum ein Grundrecht eines Beschuldigten, das nicht schon durch die Durchführung des Strafverfahrens in erheblichem Maße tangiert sein könnte." (Barton, Mindeststandards der Strafverteidigung, 1994, Seite 51).

Für die Hauptverhandlung im Strafverfahren muß dies erst recht gelten. Als Ziel des Strafverfahrens, das diese grundrechtsrelevanten Eingriffe gegen den die Unschuldsvermutung in Anspruch nehmenden Adressaten rechtfertigt, definiert Roxin die materiell richtige, justizförmig zustande gekommene und den Rechtsfrieden schaffende Entscheidung über die Strafbarkeit des Beschuldigten (Roxin, Strafverfahrensrecht, 22. Aufl., 1991, 1 B I, II).

Diesem Ziel kann das hiesige Strafverfahren auf dem derzeitigen rechtswissenschaftlichen Erkenntnisstand nicht dienen, wenn gar nicht geklärt ist, welches Recht und in welcher Form Berücksichtigung zu finden hat. Das Bundesverfassungsgericht hat sich dazu in aller Deutlichkeit mit der oben zitierten Äußerung erklärt. Dann alrdings sind die mit der Durchführung der Hauptverhandlung einhergehenden grundrechtsrelevanten Eingriffe durch die Angeklagten nicht hinzunehmen. Eine Hauptverhandlung um der Hauptverhandlung willen steht nicht erst im Widerspruch zu Prinzipien des Strafverfahrensrechts sondern ist mit den grundgesetzlich geschützten Freiheitsrechten unvereinbar.

Daraus kann nur der Schluß gezogen werden, daß die Hauptverhandlung antragsgemäß auszusetzen ist; und zwar völlig unabhängig davon, welche Mußmaßungen über den Zeitpunkt einer Entscheidung des Bundesverfassungsgerichtes zu den hier in Rede stehenden Fragen angestellt werden können.

Darf mit einer zeitnahen Entscheidung im II. Quartal dieses Jahres gerechnet werden, wird kein Grund ersichtlich, weshalb ein schon im Bereich des Ermittlungsverfahrens so zeitaufwändiges Strafverfahren durch die Aussetzung der Hauptverhandlung unangemessen beeinträchtigt werden sollte.

Sollte die für das II. Quartal dieses Jahres angekündigte Beratung des Bundesverfassungsgerichtes tatsächlich nicht zu einer zeitnahen Entscheidung führen, weil etwa -wie von der Staatsanwaltschaft für möglich erachtet- durch das Bundesverfassungsgericht ein völkerrechtliches Gutachten eingeholt werden soll, spräche dies erst recht für eine Aussetzung.

Nach alle dem würde auch die erneute Aussetzung der Hauptverhandlung eine der Sach- und Rechtslage angemessene Entscheidung darstellen.

Rechtsanwalt Rudnicki

Diesem Antrag schloß sich auch der weitere Verteidiger von Horst Dohlus, Dr. Pfannenschwarz, sofort an mit der Ergänzung, beim Bundesverfassungsgericht noch einmal nachzufragen, wann mit der Entscheidung zu rechnen ist.

Diesem Antrag erging es auch wie den anderen zuvor. Ablehnung durch das Gericht.

"Der Antrag des Angeklagten Dohlus, erneut bei dem Bundesverfassungsgericht nachzufragen, wann mit einer Entscheidung über die Verfassungsbeschwerden der Mitglieder des Nationalen Verteidigungsrates Keßler, Streletz und Albrecht zu rechnen ist, wird abgelehnt, da mit neuen Erkenntnissen nicht zu rechnen ist. Der Kammer liegt eine eindeutige Auskunft der Präsidentin des Bundesverfassungsgerichtes vom 9. November 1995 vor, die den Verfahrensbeteiligten am 15. Januar 1996 bekanntgemacht worden ist."

Erneuter Kampf um Bräutigam

Rechtsanwalt Plöger konnte und wollte sich auch am 3. Verhandlungstag noch nicht damit abfinden, daß Richter Bräutigam wegen Befangenheit aus dem Verfahren ausgeschieden war. Er stellte folgenden Antrag:

Sogenanter Krenz-Prozeß
Termin am 22.01.1996

In der Strafsache
gegen die Herren Erich Mückenberger u.a.
- 527-1/95 -

erhebe ich im Auftrage der Nebenkläger Karin Schmidt, Horst Schmidt, Irmgard Bittner und Karin Gueffroy den Besetzungseinwand gemäß 222 b StPO.

Es wird beantragt,

die Hauptverhandlung zu unterbrechen und beim Bundesverfassungs-gericht eine Anfrage über den Verfahrensstand in der einstweiligen Anordnungssache Irmgard Bittner, A.z. 2 BV Q 62/96, einzuholen;

hilfsweise wird beantragt,

das Verfahren auszusetzen.

Begründung:

1. Das Landgericht Berlin hat unter dem 04.01.1996 den Verfahrensbeteiligten die Gerichtsbesetzung der 27. Großen Strafkammer mitgeteilt. Danach amtiert Herr Richter am Landgericht Hoch als Vorsitzender; die Richterin am Landgericht Frau Meunier-Schwab und der Richter am Landgericht Herr Dr. Kessel als

Beisitzende Richter sowie die Richterin am Landgericht Frau Wagner-Weßel und der Richter am Landgericht Herr Zwicker als Ergänzungsrichter. Herr Rolf Bockelmann und Frau Regina Abraham sind die Hauptschöffen und als Ergänzungsschöffen halten sich Frau Angelika Bauer, Frau Dagmar Hoffmann, Herr Lothar Cantow und Frau Dorothea Minuth bereit.

2. Die Nebenklage rügt ausschließlich die vorschriftswidrige Besetzung der erkennenden Berufsrichter. Nach Auffassung der Nebenklage hätte diese Besetzung wie folgt aussehen müssen:

Herr Richter am Landgericht Bräutigam als Vorsitzender,
Herr Richter am Landgericht Hoch sowie Frau Richterin am Landgericht Meunier-Schwab als Beisitzende Richter.

3. Der Besetzungseinwand ist bis zum Beginn der Vernehmung der Angeklagten zulässig. Mit der Vernehmung der Angeklagten wurde noch nicht begonnen.

4. Jeder Angeklagte hat gemäß 16 Satz 2 GVG den Anspruch auf einen gesetzlichen Richter. Bei mehreren Angeklagten bestimmt sich die Zuständigkeit einer Großen Strafkammer nach dem ältesten Angeklagten. Dies ist Herr Mückenberger.

Aber nicht nur die Angeklagten, sondern auch die Staatsanwaltschaft und die Nebenklage sind einwandsberechtigt, die Rüge nach 338 Ziff. 1 StPO zu erheben. Damit steht fest, daß alle Verfahrensbeteiligten die Besetzungsrüge gemäß 222 b StPO erheben können.

Stellt sich in der Revision heraus, daß das Gericht nicht ordnungsgemäß besetzt war und das Landgericht zu Unrecht die Besetzungsrüge zurückgewiesen hatte, würde das spätere Urteil dieses Verfahrens aufgehoben werden und das Verfahren müßte zum dritten Mal neu beginnen, allerdings vor einer anderen Großen Strafkammer des Landgerichts Berlin. Dies soll mit dem Besetzungseinwand und dem Unterbrechungsantrag hilfsweise dem Aussetzungsantrag vermieden werden, weil die Nebenklage auch die Verfahrenskosten im Auge behält.

5. In dem ersten Versuch der Durchführung der Hauptverhandlung in der Strafsache gegen die Herren Mückenberger u.a. wurde nach Auffassung der Nebenklage das Befangenheitsgesuch der Verteidigung Schabowski zu Unrecht am 17.11.1995 für begründet erklärt. Damit schied der Richter am Landgericht Bräutigam aus dem Verfahren aus.

Bei der Mitteilung der Gerichtsbesetzung ging die 27. Große Strafkammer von der Fortwirkung des Beschlusses vom 17.11.1995 aus. Um dem Einwand zu begegnen, die Nebenklage habe nicht den Rechtsweg ausgeschöpft, haben wir gegen den Beschluß des Landgerichts Berlin vom 17.11.1995 entgegen dem klaren Wortlaut des 28 Abs. 1 StPO die sofortige Beschwerde eingelegt mit der Begründung, daß diese Vorschrift verfassungskonform auszulegen sei mit dem Ziele der Beseitigung der Fortwirkung dieses Beschlusses vom 17.11.1995 für künftige Hauptverhandlungen in der Strafsache gegen die Herren Mückenberger u.a.

Das Kammergericht hat durch Beschluß vom 20.12.1995 zum A.z. 3 AR 17/95-4 WS 255/95 die Beschwerde als unzulässig verworfen. Damit war der Weg frei für die Zulässigkeit des Antrages auf Erlaß einer einstweiligen Anordnung vom 17.12.1995 beim Bundesverfassungsgericht. Dieses Verfahren wird unter dem A.z. 2 BV Q 62/96 geführt.

Zielsetzung dieses Antrages ist festzustellen, daß der Beschluß des Landgerichts Berlin vom 17.11.1995 gegen geltendes Verfassungsrecht verstoße und daher aufzuheben ist.

Im Rahmen dieser Prüfung ist auch die Frage mitzuentscheiden, ob 28 Abs. 1 StPO unter allen denkbaren Möglichkeiten ein Beschwerderecht endgültig einschließt. Schließlich ist eine Abwägung zwischen 28 Abs. 1 StPO und 16 Satz 2 GVG vorzunehmen, und zwar auch unter Berücksichtigung des Artikels 20 Abs. 3 GG. Es bedarf keiner Erörterung darüber, daß niemand behaupten wird, daß jeder gesetzliche Richter im Falle der Austauschung der Personen zwingend zu dem gleichen Ergebnis nach einer Hauptverhandlung kommt. Hinzu kommt, daß gerade die Stellung des Vorsitzenden in einem Strafverfahren eine bedeutsame ist, denn er führt nicht nur die Verhandlung, sondern bestimmt im wesentlichen auch die Inhalte der Beweisaufnahme und bereitet so die gemeinsame Entscheidung der erkennenden Richter vor.

Die Besetzungsrüge beschränkt sich auch nicht nur darauf, wer als erkennender Berufsrichter über die Angeklagten zu Gericht sitzt, sondern in welcher Form, ob als Beisitzer oder als Vorsitzender.

Unstreitig ist Herr Richter am Landgericht (hier fehlt die Namensangabe, vermutlich ist Herr Hoch gemeint; Anm. d. Verf.) nicht Vorsitzender der 27.

Großen Strafkammer, sondern er amtiert in diesem Verfahren nur als solcher. Der geschäftsplanmäßige Vorsitzende der 27. Großen Strafkammer ist und bleibt bis zur Änderung des Geschäftsverteilungsplanes der Richter am Landgericht, Herr Bräutigam.

7. Der Mitangeklagte Herr Schabowski hat Herrn Bräutigam in dem sogenannten 4-Tage-Prozeß gegen die Herren Mückenberger u.a. mit Schriftsatz vom 12.11.1995 wegen der Besorgnis der Befangenheit abgelehnt. Der Mitangeklagte Herr Krenz lehnte ebenfalls mit Schreiben vom 12.11.1995 alle erkennenden Berufsrichter wegen der Besorgnis der Befangenheit ab. Die Nebenklage geht davon aus, daß diese Ablehnungsgesuche gleichzeitig beim Gericht eingegangen sind. Zunächst war daher über das Ablehnungsgesuch des Mitangeklagten Herrn Krenz zu entscheiden. Nach Auffassung der Nebenklage hätten die abgelehnten Richter hierüber gemäß 26 a Abs. 1 StPO selbst entscheiden können, weil das Ablehnungsgesuch unzulässig war. Statt dessen haben die abgelehnten Richter das Ablehnungsgesuch den Richtern Ehestädt, Seiffe und Valtu zur Entscheidung vorgelegt. Diese haben dieses Gesuch nicht etwa an die abgelehnten Richter zur eigenen Entscheidung zurückverwiesen, sondern ihre Entscheidungskompetenz angenommen und das Gesuch als unbegründet zurückgewiesen. Nach dieser Entscheidung hätten die vorgenannten Richter über diese Entscheidung den Richtern Bräutigam, Hoch und Meunier-Schwab Mitteilung machen müssen, damit diese Richter Gelegenheit erhielten, über das Ablehnungsgesuch Schabowski zu entscheiden.

Wiederum hätten nach Auffassung der Nebenklage die vorgenannten Richter das Ablehnungsgesuch selber als unzulässig gemäß 26 a StPO zurückweisen können; sie haben es nicht getan. Aber auch die nicht mehr abgelehnten Richter Hoch und Meunier-Schwab wirkten nunmehr an der Entscheidung über das Ablehnungsgesuch des Herrn Schabowski nicht mit, sondern die Richter Ehestädt, Seiffe und Valtu maßten sich eine Entscheidungskompetenz an, die ihnen nicht zustand. In einem einheitlichen Beschluß wurde sowohl das Ablehnungsgesuch des Mitangeklagten Herrn Krenz zurückgewiesen als das Ablehnungsgesuch des Herrn Schabowski, soweit es den Richter Herrn Bräutigam betraf, für begründet erklärt. Diese Entscheidung erfolgte am 17.11.1995.

Es kann keinem ernsthaften Zweifel unterliegen, daß diese Gesamtentscheidung rechtsfehlerhaft war und den Richter, Herrn Bräutigam, zu Unrecht als gesetzlichen Richter der Angeklagten aus dem Verfahren hinauskatapultiert hat. Gerade im Hinblick auf 16 Satz 2 GVG ist auch der Grundsatz der Beachtung des gesetzlichen Richters bei der Entscheidung über Ablehnungsgesuche zu beachten, denn jeder Richter, der nicht der gesetzliche Richter der Mitangeklagten ist, kann durchaus zu einer gegensätzlichen Entscheidung gelangen, als sie der gesetzliche Richter getroffen hätte. Im vorliegenden Falle ist davon auszugehen.

Die Richter Ehestädt, Seiffe und Valtu konnten dem Versuch nicht widerstehen, in die Geschichte einzugehen; vielleicht haben sie auch nur übereilt unter dem öffentlichen Druck des Entscheidungszwanges zu Unrecht ihre Entscheidungskompetenz bei den vorliegenden Befangenheitsanträgen vom 12.11.1995 angenommen, ohne ernsthaft die Frage der Zulässigkeit der Befangenheitsgesuche zu prüfen. Sie haben erkennbar gedanklich die erste Stufe der Prüfung der Zulässigkeit einfach übersprungen und haben geprüft, ob und welche Befangenheitsgesuche begründet oder unbegründet gewesen sind.

Die Nebenklage geht nicht von einer willkürlichen Entscheidung aus, obwohl sie aus der Sicht der unrichtigen Anwendung des Gesetzes willkürlich erscheint.

Der Nebenklage geht es nicht um die Person des Richters Bräutigam, sondern darum, daß ein Gericht in einem bestimmten Verfahren ordnungsgemäß besetzt sein muß. Wer zu Unrecht wegen eines behaupteten Ablehnungsgrundes aus dem Verfahren durch einen richterlichen Beschluß herausgenommen worden ist, der hat auch persönlich einen Anspruch auf die "Rehabilitierung". Die Nichtberücksichtigung des Herrn Bräutigam in dem zweiten Versuch der Durchführung des Strafverfahrens gegen die Herren Mückenberger u.a. stellt nicht nur einen Verstoß gegen den Grundsatz des gesetzlichen Richters dar, sondern perpetuiert auch das Unrecht an diesem Richter durch die Entscheidung vom 17.11.1995 und bietet den Verfahrensbevollmächtigten, wie geschehen, den Besetzungseinwand.

8. Das Bundesverfassungsgericht hat auf den Antrag der Nebenklage vom 17.11.1995 eine Entscheidung zu treffen. Fällt sie im Sinne der Nebenklägerin Frau Irmgard Bittner aus, dann hat sich das Landgericht auf diese Entscheidung einzustellen und muß das Verfahren aussetzen und mit einer ordnungsgemäßen Besetzung das Verfahren neu beginnen.

Der Unterbrechungsantrag dient der Möglichkeit für die Kammer, beim Bundesverfassungsgericht nach dem Sachstand nachzufragen. Es wird von der Nebenklage nicht zuviel verlangt, dieses auch durch das Gericht zu tun. In der Antragsschrift wurde die Verletzung der Artikel 101 Abs. 1 Satz 2, Artikel 20 Abs. 3 in Verbindung mit Artikel 1 Abs. 3 GG gerügt.

Die Nebenklage war der Auffassung, daß bei den Ablehnungsgesuchen der Mitangeklagten Krenz und Schabowski die Voraussetzungen des 26 a Abs. 1

Nr. 1 und Nr. 3 StPO vorlagen. Insbesondere der Vortrag des Richters Bräutigam über die "Glaubwürdigkeitsprobleme der Justiz" war allen Mitangeklagten, insbesondere auch Herrn Schabowski, vor dem 12.11.1995 bekannt.

7 beglaubigte Abschriften anbei.

Plöger, Rechtsanwalt

Plögers Anträge wurden am nächsten Verhandlungstag abgelehnt. Sie werden, um den Zusammenhang zu wahren, hier im Anschluß an seinen Antrag dokumentiert:

"Der Besetzungseinwand der Nebenkläger Bittner, Gueffroy sowie Horst und Karin Schmidt wird zurückgewiesen.
Er ist nicht zulässig erhoben, denn er enthält nicht die genaue Angabe der Tatsachen, aus denen sich die vorschriftswidrige Besetzung ergeben soll, 222 b Abs. 1 Satz 2, 344 Abs. 2 Satz 2, 338 StPO.
Der Besetzungseinwand ist auch nicht begründet.
Das Gericht ist ordnungsgemäß besetzt. Der Vorsitzende Richter am Landgericht Bräutigam ist entsprechend dem Beschluß des Landgerichts Berlin vom 17. November 1995 aus dem Verfahren ausgeschieden und nicht mehr gesetzlicher Richter.
Der Angeklagte Schabowski hat den Vorsitzenden Richter am Landgericht Bräutigam wegen Besorgnis der Befangenheit abgelehnt. Noch bevor über dieses Gesuch entschieden werden konnte, hat der Angeklagte Krenz sämtliche Berufsrichter der Strafkammer wegen der Besorgnis der Befangenheit abgelehnt.
Das Ablehnungsgesuch des Angeklagten Schabowski gründete sich unter anderem auf den von dem Vorsitzenden Richter am Landgericht Bräutigam im Jahre 1993 gehaltenen und später veröffentlichten Vortrag "Glaubwürdigkeitsprobleme der Justiz". Insoweit ist es als begründet erachtet worden.
Eine Entziehung des gesetzlichen Richters ist nicht zu erkennen. Selbst wenn die über die Ablehnungsgesuche befindende Kammer nicht vorschriftsmäßig besetzt war, wird allein durch einen "error in procedere" niemand seinem gesetzlichen Richter entzogen (vgl. BVerfGE 29, 48 ff, std. Rsprr.). Die Grenze zum Verstoß gegen Art. 101 Abs. 1 GG ist erst überschritten, wenn die fehlerhafte Anwendung einfachen Rechts willkürlich ist. Von einer willkürlichen Annahme der Zuständigkeit kann wegen des bestehenden Sachzusammenhanges nicht

die Rede sein. Erst wenn sich gerichtliche Entscheidungen bei Auslegung und Anwendung einer Zuständigkeitsnorm so weit entfernen, daß sie nicht mehr zu rechtfertigen sind, sind sie als willkürlich und damit verfassungswidrig anzusehen (Kissel GVG 1994, 2. Aufl. 16 Rdnr. 32; BGH NJW 1993, 2607 ff).

Unabhängig von diesen Grundsätzen war die über die Ablehnungsgesuche der Angeklagten Krenz und Schabowski beschließende Kammer vorschriftsmäßig besetzt. In jedem Fall war sie befugt, über das zeitlich zuerst eingegangene Gesuch des Angeklagten Schabowski zu entscheiden, den bei nacheinander eingehenden Ablehnungsgesuchen gebietet der Grundsatz des gesetzlichen Richters nach Art. 101 GG eine Entscheidung in der Reihenfolge des zeitlichen Eingangs der Ablehnungsgesuche (vgl. BGH Beschluß vom 9. Oktober 1995 3 StR 324/94).

Die Kammer durfte auch durch einheitlichen Beschluß über beide Ablehnungsgesuche entscheiden, da diese teilweise auf den gleichen Grund gestützt waren. Der Angeklagte Schabowski begründete die Besorgnis der Befangenheit des Vorsitzenden Richters neben dem genannten Vortrag ebenso wie das erfolglos gebliebene Ablehnungsgesuch des Angeklagten Krenz auf den von der Strafkammer am 21. August 1995 erlassenen Eröffnungsbeschluß. Aus Gründen der Prozeßökonomie und der Verfahrensbeschleunigung, der Gefahr widersprechender Entscheidungen über gleichgelagerte Sachverhalte sowie der möglichen Befassung der Richter mit der Entscheidung über einen Befangenheitsgrund, der auch gegen sie vorgebracht war, war eine einheitliche Entscheidung geboten (vgl. OLG Frankfurt StV 1984, 499; LG Münster NStZ 1984, 472, OLG Hamburg MDR 1984, 512; Kleinknecht-Meyer-Goßner StPO 42. Aufl. 27 Rdnr. 4).

Die über das Gesuch des Angeklagten Schabowski entscheidende Kammer war auch nicht deshalb fehlerhaft besetzt, weil der Ablehnungsantrag ohne Ausscheiden des abgelehnten Richters als unzulässig hätte verworfen werden müssen (vgl. BGH StV 1982 339, 340). Die Ablehnung war nicht verspätet im Sinne des 26 a Abs. 1 Nr 1 StPO. Dabei kommt es auf den Zeitpunkt der Kenntnis des Angeklagten Schabowski von dem Vortrag "Glaubwürdigkeitsprobleme der Justiz" nicht an, da bei Anbringung des Gesuches der erste Angeklagte noch nicht zu seinen persönlichen Verhältnissen vernommen worden war, 26 a Abs. 1 Nr. 1 i.V. m. 25 Abs. 1 StPO.

Anhaltspunkte dafür, daß die Ablehnung im Sinne des 26 a Abs. 1 Nr. 3 StPO der Verfahrensverschleppung oder der Verfolgung verfahrensfremder Zwecke diente, sind nicht ersichtlich."

"Der Antrag der Nebenkläger Bittner und Gueffroy sowie Karin und Horst Schmidt auf Unterbrechung der Hauptverhandlung und "Einholung einer Anfrage" beim Bundesverfassungsgericht über den Verfahrensstand in der einstweiligen

Anordnungssache Irmgard Bittner wird abgelehnt, weil in Hinblick auf den Beschluß der Kammer vom 25. Januar 1996 (Anl. IV zum Hauptverhandlungsprotokoll vom 25. Januar 1996) dafür keine Veranlassung besteht. Es ist Sache des Antragstellers, sich bei dem Bundesverfassungsgericht über den Verfahrensstand seines eigenen Antrages zu unterrichten.

Der hilfsweise gestellte Antrag auf Aussetzung des Verfahrens wird abgelehnt. Ein Anlaß für die in Hinblick auf die Beschleunigungsmaxime nur ausnahmsweise zulässige Aussetzung liegt nicht vor. Auf den Beschluß der Kammer vom 18. Januar 1996 (Anlage I zum Hauptverhandlungsprotokoll vom 18. Januar 1996) wird hingewiesen."

Fehlerhafter Eröffnungsbeschluß

Auch Krenz-Verteidiger Dr. Dieter Wissgott wollte am 3. Verhandlungstag unebdingt noch die Einstellung des Verfahrens. In seinem Einstellungsantrag bemängelte er den Eröffnungsbeschluß, der die Anklagevorwürfe hinsichtlich der vier jüngeren Angeklagten (Dohlus, Kleiber, Krenz und Schabwoski) von Totschlag durch Unterlassen auf Totschlag durch aktives Tun verschärfte.

Dr. Wissgott begründete seinen Antrag wie folgt:

In dem Verfahren

gegen Erich Mückenberger u.a.

stellen wir den Antrag

das Verfahren gem. 260 Abs. 3 StPO wegen Vorliegens eines nicht lediglich vorübergehenden Verfahrenshindernisses durch Prozeßurteil einzustellen, weil -jedenfalls in bezug auf den Angeklagten Egon Krenz- der Eröffnungsbeschluß der Schwurgerichtskammer nicht erkennen läßt, welche konkreten Tatsachen die gesetzlichen Merkmale der Teilnahmeform aktiver (sukzessiver) Mittäterschaft erfüllen sollen und es somit unklar bleibt, auf welchen konkreten Sachverhalt sich diese Teilnahmeform bezieht und welchen Umfang die Rechtskraft eines daraufhin ergehenden Urteils haben würde.

Dieser Mangel hat ein solches Gewicht, daß er zur Unwirksamkeit des Eröffnungsbeschlusses führt.

Begründung:

Der vorstehende Antrag wurde der Schwurgerichtskammer bereits am 24.11.1995 per Telefax zur Unterrichtung zugeleitet. Im Hinblick auf die Aussetzung des Verfahrens hat die Verteidigung zunächst keinen Wert auf Entscheidung durch Beschluß gelegt. Diese Entscheidung ist jetzt aber umso mehr geboten, als durch die Neubesetzung der Kammer die Erwartung auf eine kritische

Überprüfung des in anderer Besetzung erlassenen Eröffnungsbeschlusses gerechtfertigt ist.

Der Vorwurf der Anklage geht zweifelsfrei von der ausschließlichen Teilnahmeform des Unterlassens aus (vergl. z.B. Anklage Band 1, S. 11 ff., 13 ff., Band 3, S. 1529, 1535/1536). Ganz im Gegensatz hierzu steht der Eröffnungsbeschluß der Kammer: anstelle des Unterlassens soll **ausschließlich** aktives Tun als Teilnahmeform sämtlicher Angeklagter in Betracht kommen. Das ergibt sich aus folgenden Belegstellen des Beschlusses:

- Seite 3, Abs. 1 des Eröffnungsbeschlusses

Hier wird audrücklich die Betimmung des 207 Abs. 2 Nr. 3 StPO zitiert, die bekanntlich die Abweichung in der rechtlichen Würdigung gegenüber der Anklageschrift zum Gegenstand hat. Hätte die Kammer nur einen rechtlichen Hinweis darauf geben wollen, daß neben der Teilnahmeform des Unterlassens gem. Anklage **zusätzlich** u.U. auch aktives Tun in Betracht kommen könnte, so hätte man einen entsprechenden Hinweisbeschluß auf der Grundlage des 265 StPO erwarten dürfen. Das ist nicht geschehen, vielmehr wird -wie angegeben- ausdrücklich und ausschließlich die Bestimmung des 207 Abs. 2 Nr. 3 StPO zitiert.

- Seite 3, Abs. 2 und 3 des Eröffnungsbeschlusses

Hier wird der Unterschied in der rechtlichen Würdigung der Teilnahmeform gemäß Anklage kurz dargestellt, wonach den Angeklagten Dohlus, Kleiber, Krenz und Schabowski nach Auffassung der Anklagebehörde das **Unterlassen** trotz angeblich bestehender Rechtspflicht zur Abschaffung des sog. Grenzregimes vorgeworfen wird. Der Eröffnungsbeschluß stellt dieser Wertung gegenüber, daß die Ergebnisse des vorbereitenden Verfahrens und die vorgelegten Beweismittel bei vorläufiger Tatbewertung die Wahrscheinlichkeit der Verurteilung auch dieser Angeklagter wegen **aktiven Tuns** als mittelbare Täter (25 Abs. 1, Alt. 2 StGB) begründen. Hierzu wird weiter ausgeführt und durch entsprechende Formulierungen auch sprachlich unterstrichen, daß aktives Tun als die schwerere Schuldform und nicht etwa nur **Unterlassen** in Betracht komme. Hätte die Kammer im Eröffnungsbeschluß zum Ausdruck bringen wollen, daß beide Begehungsformen **nebeneinander** (kumulativ) in Betracht kommen, so hätte sie ein solches Verständnis wegen des Konkretisierungsgebotes des Anklagevorwurfes (vergl. LR-RIESS, 200 StPO, Rn. 17) sicher mit der gebotenen Deutlichkeit zum Ausdruck gebracht.

- Seite 6, Abs. 3 des Eröffnungsbeschlusses

An dieser Stelle führt die Kammer aus, daß es naheliegen solle, aktives Regieren und Herrschen strafrechtlich nicht als bloßes Unterlassen der Opposition zu würdigen. Hieraus ergibt sich ohne weiteres, daß das bloße Unterlassen als Teilnahmeform nach dem Verständnis der Kammer für die zitierten Begriffe des aktiven Regierens und Herrschens ausscheidet.

- Kontext des Beschlusses

Schließlich zeigt auch der Kontext der gesamten Begründung des Eröffnungsbeschlusses, daß die Kammer die rechtliche Wertung des Anklagevorwurfs hinsichtlich der Teilnahmeform (Unterlassen gegenüber aktivem Tun) bei den Angeklagten Dohlus, Kleiber, Krenz und Schabowski nicht teilt. Dieses Gesamtverständnis des Eröffnungsbeschlusses führt ebenfalls zu der Feststellung, daß die Kammer nicht etwa beide Handlungsformen nebeneinander bestehen lassen und prüfen will, sondern das Unterlassen als Teilnahmeform schlechthin ausscheidet.

Damit rückt die Fragestellung in den Mittelpunkt, ob Eröffnungsbeschluß und Anklage noch die **Umgrenzungsfunktion Informationsfunktion** erfüllen, die man aus ihnen ableiten können muß.

Nach herrschender Meinung in Literatur und Rechtsprechung (vergl. KK-TREIER, 3. Aufl. 1993, 200 StPO, Rn. 4; LR-RIESS, 24. Aufl., 200 StPO, Rn. 11 ff.; LR-GOLLWITZER, 24. Aufl. 1992, Art. 6 MRK/Art. 14 IPBPR, Rn. 165/166; BGHSt 5, 227; 10, 139; 23, 304 ff., GA 1973, 111 ff.; GA 1980, 468; NStZ 1984, 133; StV 1985, 252 bis 257 und NStZ 1992, 553) muß die Unterrichtung des Angeklagten und der Verteidigung durch Anklagesatz und Eröffnungsbeschluß so **konkret** sein, daß sie eine taugliche Grundlage für die Vorbereitung der Verteidigung bilden und darüberhinaus den "Streitgegenstand im Strafprozeß" (vergl. PUPPE in NStZ 1982, 230) so **konkret** umgrenzen, daß klargestellt ist, auf welchen konkreten Sachverhalt sich Anklage und Eröffnungsbeschluß beziehen und welchen Umfang die Rechtskraft eines entsprechenden Urteils haben würde. Die Aufgabenstellung dieser zweifachen Funktion verlangt, daß

"sowohl die Tatsachen, auf die sich der Vorwurf gründet, als auch die daraus hergeleitete rechtliche Bewertung mitgeteilt werden, und zwar so konkret, daß sie eine taugliche Grundlage für die Vorbereitung der Verteidigung bildet."

(LR-Gollwitzer, Art. 6 MRK/Art. 14 IPBPR, Rn. 156/166)

Weiter gehört hierzu die

konkrete Angabe der Teilnahmeform (Mittäterschaft, Anstiftung, Beihilfe) und der Erscheinungsform (Versuch und Unternehmen), wobei Merkmale, die den Angeklagten kumulativ zur Last gelegt werden sollen, auch in dieser Form auszuführen sind.

(LR-RIESS, 200 StPO, Rz. 17)

Weiter wird verlangt

"die den Angeklagten zur Last gelegte Tat durch Angabe bestimmter Tatumstände so genau zu kennzeichnen, daß keine Unklarheit darüber möglich ist, welche Handlungen dem Angeklagten zur Last gelegt werden."

(KK-TREIER, 200 StPO, Rn. 4, mit weit. Lit.)

Der Bundesgerichtshof hat sich in den zitierten Entscheidungen Band 5, 227, sowie Band 10, 139 und Band 23, 304 ff. diesem Verständnis von Anklage und Eröffnungsbeschluß und den aus ihnen abgeleiteten Funktionsaufgaben angeschlossen und deutlich gemacht, daß insbesondere

"bei von der Anklage abweichender rechtlicher Würdigung der Eröffnungsbeschluß (in Verbindung mit der Anklageschrift) erkennen lassen muß, welche Tatsachen nach Auffassung des Gerichts die gesetzlichen Merkmale des (neuen) Tatbestandes erfüllen."

(BGHSt Band 23, 304/305)

Dabei hat der Bundesgerichtshof insbesondere solche Mängel von Anklagesatz und Eröffnungsbeschluß als gravierend bezeichnet,

"die unklar lassen, auf welchen konkreten Sachverhalt sich die Anklage bezieht und welchen Umfang die Rechtskraft eines daraufhin ergehenden Urteils haben würde."

(BGH NStZ 1984, 133, sowie NStZ 1992, 553)

Diesen Maßstäben werden die Ausführungen im Eröffnungsbeschluß auch nicht annähernd gerecht. Auf Seite 5 des Eröffnungsbeschlusses werden pauschal und ohne Differenzierung ad personam als mögliche aktive Taten der Tatbeteiligung / Teilnahmeform aufgeführt:

- das Betreiben der Aufrechterhaltung der Grenzsperranlagen;
- die Perfektionierung des Systems der Grenzsicherung;
- bis zum Fall der Mauer die verbale Verteidigung der Notwendigkeit der Sperranlagen;
- schließlich bloßes Zuschauen und Geschehenlassen.

Bei dem Versuch eines **konkreten** Verständnisses dieser als aktive Tathandlungen verstandenen Formulierungen muß sich die Verteidigung ganz allgemein vergegenwärtigen, daß der vom Eröffnungsbeschluß übernommene Zeitraum der Anklage die Jahre von 1962 bis 1989 umfaßt. Die Verteidigung des Angeklagten **Egon Krenz** muß sich insbesondere mit dem Zeitraum von 1983 bis 1989 auseinandersetzen (Fälle 59: Proksch bis 66: Gueffroy und Gaudian, 25.12.1983 bis 05.02.1989, S. 7/13 ff. der Anklage). Weder der Anklagevorwurf noch vor allem der Eröffnungsbeschluß differenziert zwischen zwischen diesen Zeitabschnitten, so daß vollkommen unberücksichtigt bleibt, daß das sog. Grenzregime in dem gesamten Zeitraum von immerhin 27 Jahren unterschiedlichen Tendenzen ausgesetzt war. Schon aus diesem Grunde bedarf die Umstellung des Schuldvorwurfs vom Unterlassen auf **aktives Tun** dringend einer Konkretisierung in persönlicher Hinsicht wegen der unterschiedlichen Zugehörigkeitsdauer der Angeklagten zum Politbüro als auch in sachlicher Hinsicht in Gestalt der Darstellung von Beschlüssen, Billigungen, Befehlslagen, etc.

Die Verteidigung fragt sich, wann, wodurch, auf welche Weise, unter wessen Mitwirkung und mit welchem **konkreten** und **individualisierten** Inhalt die Mitglieder des Politbüros Anordnungen getroffen, Beschlüsse gefaßt, Billigungen erteilt oder Befehlslagen geschaffen haben, die einen Straftatbestand erfüllen sollen, der im Eröffnungsbeschluß -wir wiederholen- umschrieben wird als

- das Betreiben der Aufrechterhaltung der Grenzsperranlagen;
- die Perfektionierung des Systems der Grenzsicherung;
- die verbale Verteidigung der Notwendigkeit der Sperranlagen;
- und schließlich bloßes Zuschauen und Geschehenlassen.

Ein verständiger Betrachter des Eröffnungsbeschlusses sucht vregeblich nach Antworten auf diese Fragen, und zwar sowohl im Kontext des Beschlusses und der Anklage als auch in den Sachakten und hier insbesondere in den Protokollen über die Sitzungen des Politbüros.

Das gilt in besonderer Weise für den Schuldvorwurf (aktives Tun im Sinne des Eröffnungsbeschlusses) gegenüber dem Angeklagten **Egon Krenz**, der, wie gesagt, erst Ende 1983 Mitglied des Politbüros geworden ist, d.h. zu einem Zeitpunkt, als auch nach den Ausführungen der Anklage eine Art Rückbau im Sinne der von der Staatsanwaltschaft umschriebenen "Humanisierung" des Grenzregimes auf den Weg gebracht worden war im Anschluß an das bekannte Treffen zwischen Honecker und Franz-Josef Strauß. Gerade im Hinblick auf den im Jahre 1983 eingeleiteten Rückbau der Grenzsperranlagen und den im gleichen Jahr erst einsetzenden Schuldvorwurf gegenüber dem Angeklagten **Egon Krenz** hätte man erwarten müssen, daß der Eröffnungsbeschluß nach Umstellung des Anklagevorwurfes vom Unterlassen auf aktives Tun konkrete und individualisierte Einzelheiten im Sinne der hier vorgetragenen Rügen jedenfalls so genau darstellt, daß die angeklagten Mitglieder des Politbüros in die Lage versetzt werden, sich gegen einen solchen **konkret** und **individualisiert** umschriebenen Anklagevorwurf zu verteidigen. Selbst der BGH hat im Urteil des 5. Strafsenats vom 26.07.1994 in dem Verfahren gegen Keßler, Streletz und Albrecht im Zusammenhang mit der Erörterung der Rechtsfigur der mittelbaren Täterschaft im Rahmen organisatorischer Machtapparate wie selbstverständlich vorausgesetzt, daß aktives Tun in diesem Bereich konkrete Tathandlungen, wie z.B. Aufrechterhaltung bestimmter Befehlslagen, Fassung und Weiterleitung konkreter Beschlüsse, Entgegennahme von Billigungen, etc., vorliegen müssen. Hierzu wird auf die in der genannten Entscheidung herausgestellten sog. "Jahresbefehle" des Ministers für Nationale Verteidigung der DDR und die hierdurch geschaffene, von den Mitgliedern des NVR zu verantwortende Befehlslage verwiesen (vergl. insbes. UA S. 221/222). Auch in der Literatur wird von den Befürwortern der mittelbaren Täterschaft im Rahmen organisatorischer Machtapparate ohne Ausnahme verlangt, daß der mittelbare Täter konkrete Anweisungen, Anordnungen Befehle etc. erteilt hat (vergl. Roxin, Täterschaft und Tatherrschaft, 6. Aufl. 1994, S. 248; ders. in LK, 11. Aufl. 1993, 25 Rn. 128; ders. in JZ 1995, 49 ff.; HERZBERG, Täterschaft und Teilnahme, 1977, S. 42 ff.; H. SCHUMANN, Strafrechtliches Handlungsrecht pp., Tübingen 1986, S. 75 ff.). Wollte man mit dem Eröffnungsbeschluß auf die Darstellung solcher konkreter Tathandlungen verzichten, würde sich der Schuldvorwurf auf die bloße Mitgliedschaft im Politbüro reduzieren. Eine solche Reduktion des Schuldvorwurfs reicht aber nach dem gegenwärtigen Stand der Strafrechtswissenschaft und der Rechtsprechung auf keinen Fall aus, um den Schuldvorwurf der mittelbaren Täterschaft qua Mitgliedschaft in einem Machtapparat hinreichend zu konkretisieren und zu substantiieren. Er führt nur dazu, daß sich der Vorwurf der Anklage in der Darstellung des

Eröffnungsbeschlusses dem Straftatbestand der Mitgliedschaft in einer kriminellen Vereinigung gem. 129 StGB annähert, womit ausschließlich eine Demütigung der Angeklagten erreicht wird und sonst gar nichts.

Nach allem leidet der Eröffnungsbeschluß an so tiefgreifenden Mängeln, daß er **nicht** als taugliche Grundlage für eine ordnungsgemäße Vorbereitung der Verteidigung angesehen werden kann. Wegen der hier dargestellten Besonderheiten und der Qualität der Mängel ist auch eine Heilung nicht denkbar, weil nicht erkennbar ist, welche **konkreten** Vorgänge betreffend den Angeklagten **Egon Krenz** ab 1983 angesprochen sein sollen, wenn man sich gerade für diesen Zeitraum vergegenwärtigt, daß zeitgleich mit dem Rückbau der Grenzsperranlagen begonnen wurde. Somit liegt ein nicht nur vorübergehendes Verfahrenshindernis vor mit der Folge, daß die Einstellung des Verfahrens, jedenfalls gegen den Angeklagten **Egon Krenz**, zu erfolgen hat.

Die Verteidigung legt Wert darauf, daß über den vorstehenden Antrag sofort entschieden wird, damit sie in die Lage versetzt wird, die Angeklagten sachgerecht zu verteidigen. Solche einem Rechtsstaat immanente qualifizierte Verteidigung ist auf der vom Eröffnungsbeschluß geschaffenen Basis nicht möglich.

Dr. Wissgott, Rechtsanwalt

Auch dieser Antrag wurde, nachdem eine Entscheidung zunächst bis zur Verlesung der Anklageschrift zurückgestellt wurde, am 19. Februar 1996 abgelehnt, wird hier jedoch zur Wahrung des Zusammenhangs auch direkt dokumentiert:

"Der Einstellungantrag des Angeklagten Krenz vom 22. Januar 1996 (Anlage IV zum Protokoll vom 22. Januar 1996), dem sich die Angeklagten Mückenberger, Hager und Dohlus angeschlossen haben, wird abgelehnt.

G r ü n d e :

Der Antrag ist unbegründet.
Die Antragsteller machen geltend, das Verfahren sei gemäß 260 Abs. 3 StPO einzustellen, weil dem Hauptverfahren ein unwirksamer Eröffnungsbeschluß zugrunde liege. Sie meinen, der Eröffnungsbeschluß der Kammer vom 21. Au-

94

gust 1995 lasse nicht erkennen, welche konkreten Tatsachen nach Auffassung des Gerichts eine Bewertung des Handelns der Angeklagten als aktives Tun im Sinne von 25 Abs. 1 Alt. 2 StGB rechtfertigen und sei deshalb unwirksam.

Es kann dahinstehen, ob der Antrag bereits deshalb unzulässig ist, weil der Eröffnungsbeschluß gemäß 210 Abs. 1 StPO der Anfechtung durch den Angeklagten entzogen ist und sich das Vorbringen im wesentlichen in Angriffen gegen den Eröffnungsbeschluß und die Anklage erschöpft. Jedenfalls ist er unbegründet, denn ein Verfahrenshindernis im Sinne von 260 Abs. 3 StPO liegt nicht vor.

Die von Amts wegen gebotene Prüfung der Prozeßvoraussetzungen läßt im Hinblick auf den Eröffnungsbeschluß und die ihm zugrundeliegende Anklage keine Mängel in formeller oder sachlicher Hinsicht erkennen, die so schwer wiegen, daß sie geeignet wären, die Wirksamkeit des Eröffnungsbeschlusses in Frage zu stellen. Verfahrensmängel können nur in "extrem gelagerten Ausnahmefällen" Prozeßhindernisse begründen (vgl. Kleinknecht-Meyer-Goßner, 42. Auflage, Eil. Rdnr. 149). Ein solcher Ausnahmefall liegt offensichtlich nicht vor.

Der Tenor des Eröffnungsbeschlusses erweitert oder verengt den mit der Anklage vom 30. November 1994 umgrenzten Verfahrensgegenstand nicht. Er erschöpft sich in abweichender rechtlicher Bewertung: Anders als die Anklage, die dem aktiven Tun entsprechende unechte Unterlassungsdelikte (13 StGB) für die Angeklagten Dohlus, Kleiber, Krenz und Schabowski annimmt, geht die Eröffnungsentscheidung nach vorläufiger Würdigung auch für diese Angeklagten vom hinreichenden Tatverdacht aktiver Handlungen aus. Verfahrensgegenstand bleibt der Vorwurf, die Angeklagten hätten im fraglichen Tatzeitraum durch die ihnen im konkreten Anklagesatz zur Last gelegten Handlungen gemeinschaftlich mit anderen als mittelbare Täter tateinheitlich Menschen getötet bzw. versucht, dies zu tun. Die Sachverhalte, aus denen sich eine Verantwortlichkeit der Angeklagten wegen aktiven Tuns als mittelbare Täter ergeben sollen, sind im konkreten Anklagesatz ausreichend umschrieben. Eine präjudizierende Wirkung kommt einem Eröffnungsbeschluß im übrigen nicht zu; er umgrenzt lediglich im Zusammenhang mit der Anklageschrift den Gegenstand der gerichtlichen Untersuchung (155, 264 StPO)."

Der dritte Verhandlungstag, in der Sache und teilweise mit persönlichen Seitenschlägen hart geführt, wurde am nächsten Tag im "Neuen Deutschland" folgendermaßen beschrieben:

Wenn die CDU/CSU ein Urteil erwartet

Heftiger Streit zwischen Verteidigern und Oberstaatsanwalt im Politbüro-Prozeß

Von CLAUS DÜMDE

Der Prozeß vor der 27. Großen Strafkammer des Landgerichts Berlin gegen sechs Mitglieder des SED-Politbüros, denen Totschlag und versuchter Totschlag wegen der Opfer des DDR-Grenzregimes vorgeworfen wird, droht zu eskalieren. Am gestrigen dritten Verhandlungstag kam es zu teilweise verbal äußerst heftig geführtem Streit zwischen Verteidigern und Oberstaatsanwalt Jahntz.

Im Kern ging es dabei um dieselbe Frage wie bei früher und gestern erneut gestellten Anträgen, den Prozeß einzustellen oder auszusetzen: Ist es statthaft, ein solches Strafverfahren durchzuführen, solange nicht geklärt ist, ob die Totschlags-Anklage nicht gegen das Rückwirkungsverbot des Artikels 103, Absatz 2 Grundgesetz verstößt? Darüber wird das Bundesverfassungsgericht (BVG) erst im Kontext mit der im 2. Quartal 1996 geplanten Behandlung der Verfassungsbeschwerde eines DDR-Grenzers gegen seine Verurteilung zu sechs Jahren Haft befinden.

Ausgangspunkt der gestrigen Polemik: Krenz-Verteidiger Unger hatte einen Artikel aus der jüngsten "Welt am Sonntag" zitiert, in dem es unter Berufung auf Prof. Dr. Scholz, stellvertretender Vorsitzender und Rechtsexperte der CDU/CSU-Bundestagsfraktion heißt: "Die CDU/CSU erwartet", daß dieser Prozeß "nicht eingestellt, sondern mit einem rechtskräftigen Urteil abgeschlossen wird." Dabei verstieg sich Scholz zu folgender These, die Unger "hanebüchenen Unsinn" nannte: Einwände, daß die bundesdeutsche Justiz gegen DDR-Führungskräfte nicht vorgehen dürfe, seien falsch, "weil das deutsche Reich auch bei der faktischen Teilung fortbestand".

Unger: Offenkundig politisches Verfahren

Unger sah darin einen "massiven Einmischungsversuch" und ein Indiz dafür, daß es sich um ein "offenkundig politisches Verfahren" handelt. Der Vorsitzende Richter Hoch erklärte, es habe seitens Scholz "überhaupt keine Versuche der Einflußnahme gegeben". Aber Oberstaatsanwalt Jahntz gab sich damit nicht zufrieden, wollte Unger schulmeistern: Natürlich habe der Prozeß mit Politik zu tun, weil es darum gehe, "wie sich Politiker durch das Politikmachen strafbar gemacht haben". Deshalb dürfe man das Verfahren angesichts der bereits jetzt eingeschränkten Verhandlungsfähigkeit der Angeklagten Hager und Mükkenberger gerade nicht aussetzen, bis das BVG entschieden habe. Denn im Strafprozeß sei der Angeklagte das "wichtigste Beweismittel".

Franke: Das ist menschenverachtend

Schabowski-Verteidiger von Schirach widersprach entschieden. Eine solche Begründung, die Angeklagten mit einem Strafverfahren zu überziehen, sei "zynisch". Und Hager-Anwalt Franke sagte: "Das ist menschenverachtend."
Kleinlaut mußte sich Jahntz korrigieren: Aussagen der Angeklagten zur Sache seien "wichtigstes Erkenntnismittel". Doch hinsichtlich der Anträge, das Verfahren auszusetzen, blieb er bei rigoroser Ablehnung. Auch aus dieser Hartnäckigkeit, so Krenz-Verteidiger Unger, ergebe sich der politische Charakter des Verfahrens. Die Staatsanwaltschaft wolle offenbar möglichst "viel Material" herbeischaffen, um dem BVG eine unabhängige Entscheidung schwer zu machen. Auf diese Entscheidung könne man aber ja wohl warten, "wenn Sie fünf Jahre brauchen, um diese Anklageschrift zu verfassen..."
Nachdem noch Krenz-Anwalt Dr. Wissgott die Einstellung des Verfahrens durch Urteil beantragt hatte, weil der Eröffnungsbeschluß nicht deutlich mache, was seinem Mandanten konkret vorgeworfen wird, verlor der Oberstaatsanwalt völlig die Fassung. "Wir hatten kein Ministerium zur Verfügung, das für uns ein Drehbuch für diesen Prozeß geschrieben hat", polterte er los. Als Schabowski-Anwalt von Schirach entgegnete, Jahntz gehöre ja zur "Stahlhelm-Fraktion, Verzeihung, zur von Stahl-Fraktion der FDP", eskalierte die Auseinandersetzung. Sie dürfte wohl am Donnerstag weitergehen, zumal das Gericht beschloß, die

Entscheidung über alle Aussetzungsanträge bis nach Verlesung der Anklageschrift zurückzustellen.

Der vierte Verhandlungstag

Am vierten Verhandlungstag versuchte es Rechtsanwalt *Jürgen Blanke*, neben Professor *Buchholz* ebenfalls Verteidiger des Angeklagten *Erich Mückenberger*, das Verfahren zum Kippen zu bringen. In seinem Antrag rügte er die Verletzung des durch die Verfassung garantierten Rückwirkungsverbotes.

Sein Antrag im einzelnen:

*"In der
Strafsache gegen Mückenberger u.a. - hier: Erich Mückenberger
- 527-1/95 -*

stelle ich den Antrag,

das Verfahren gemäß 260 (3) StPO wegen Vorliegens eines nicht lediglich vorübergehenden Verfahrenshindernisses durch Prozeßurteil einzustellen, weil der Eröffnungsbeschluß der Schwurgerichtskammer gegen das in Art. 103 Abs. 2 GG verankerte Rückwirkungsverbot verstößt.

Dieser Umstand hat ein solches Gewicht, daß er zur Unwirksamkeit des Eröffnungsbeschlusses führt.

Begründung:

Die Schwurgerichtsanklage der Staatsanwaltschaft und der diese Anklage in tatsächlicher und im wesentlichen auch in rechtlicher Hinsicht zur gerichtlichen Verhandlung zugelassene Eröffnungsbeschluß des Schwurgerichtes

- erachten den Angeklagten Erich Mückenberger und zugleich auch die anderen Mitangeklagten als verdächtig, "in bewußtem und gewollten Zusammenwirken aktiv am Ausbau und der Aufrechterhaltung der Grenzsperranlagen der DDR mitgewirkt und damit in den jeweils vorgeworfenen Einzelfällen den Tod der

Flüchtlinge verursacht oder herbeizuführen versucht zu haben."

- Sie seien "hinreichend verdächtig, in kollektivem, arbeitsteiligen Zusammenwirken als Kandidaten und Mitglieder des mit Führungsanspruch versehenen obersten Machtorgans der DDR die faktische und teilweise rechtlich begründete (Art. 1 Verf./DDR) Herrschaft über das Grenzregime innegehabt zu haben."

- Den Angeklagten sei "an der Spitze der Staats- und Parteiführung die Willensherrschaft über die namens des Staates geschehenen Tötungshandlungen an der Grenze kraft organisatorischer Herrschaft über den Machtapparat zugefallen."

- Die Angeklagten seien "verdächtig, die Aufrechterhaltung der Grenzsperranlagen betrieben, das System der Grenzsicherung perfektioniert und bis zum Falle der Mauer die Notwendigkeit der Sperranlagen verbal verteidigt und damit auf das Bewußtsein der Mauerschützen und ihrer Vorgesetzten eingewirkt zu haben."

Durch diesen Eröffnungsbeschluß trifft das Gericht eine Vorbewertung im Sinne der Anklage, ohne gründlich geprüft zu haben, ob das dem Angeklagten Herrn Mückenberger und den anderen Mitangeklagten angelastete Handeln im Sinne der Vorschriften des Allgemeinen Teils des StGB/DDR überhaupt eine Straftat darstellt.

Aus der Verfassung und der Staats- und Rechtstheorie in der DDR ist dem Angeklagten Herrn Mückenberger die rechtliche Pflicht als Bürger der DDR erwachsen, alles in seiner Verantwortung und seinen Kräften Stehende zu tun, um die in der Verfassung, in Gesetzen und anderen Rechtsvorschriften aufgeführten staatlichen Ziele, Absichten und Maßnahmen mit durchsetzen zu helfen.

Zu diesen staatlichen Prinzipien gehörte u.a. die in Artikel 7 der Verfassung/ DDR postulierte Gewährleistung der territorialen Integrität der DDR und die Unverletzlichkeit ihrer Staatsgrenzen.-

Es ist international unbestritten und bei Wahrung der gebotenen Sachlichkeit auch unbestreitbar, daß die DDR mit ihrer Sicherheits- und Verteidigungsdoktrin im Bestand der Militärkoalition des Warschauer Vertrages als am weitesten nach Westen vorgelagerter Staat einen maßgeblichen Beitrag dazu geleistet hat, daß das militärstrategische Gleichgewicht im Zentrum Europas mehr als vier Jahrzehnte auf dem jeweils erforderlichen Niveau gehalten und damit die entscheidende Voraussetzung für die Erhaltung des Friedens in dieser Region und für die Verhinderung eines Krieges zwischen den beiden ehemals mächtigsten Militärblöcken der Welt geschaffen wurde.

Diese Feststellung ist historisch belegt; in gleicher Weise kann auch die gesamte Entwicklung von NATO und Warschauer Vertrag sowie die Integration der BRD und der DDR in den jeweiligen Militärblock nur historisch gesehen und verstanden werden, wenn man zu gültigen Feststellungen, Erkenntnissen und Bewertungen kommen will. Nur aus diesen historischen Entwicklungen, Zusammenhängen und Wirkungsmechanismen kann eine objektive und gerechte Gesamt- und Teilbewertung erfolgen, wenn man die Militär- und Sicherheitspolitik der DDR in ihrer Komplexität insgesamt und bezüglich einzelner Teilbereiche beurteilen will. Dabei war die Staatsgrenze der DDR zur BRD und WB stets der politisch sensibelste und militärisch komplizierteste Teilbereich, den es unter allen Umständen und Lagebedingungen zu schützen galt.

*Wer demzufolge nach dem Staats- und Rechtsverständnis der DDR Handlungen vornahm, die sich gegen Anschläge auf den Frieden, auf die staatliche Souveränität und Integrität der DDR sowie gegen ihre Grenzen richteten, der beging gemäß Artikel 1 und 2 des StGB/DDR **keine** Straftat. Vielmehr waren staatliche und gesellschaftliche Organe gemäß Artikel 3 StGB/DDR ausdrücklich und in besonderer Weise zur Unduldsamkeit gegenüber Verletzungen der sozialistischen Gesetzlichkeit verpflichtet. Die Vorbereitung, der Versuch und die Durchführung eines ungenehmigten Grenzübertrittes war aber eine Verletzung der sozialistischen Gesetzlichkeit, war gemäß 1 des StGB/DDR eine Straftat i.S. des 213 StGB/DDR.*

Wenn nach rechtsstaatlichen Grundsätzen auf die in diesem Verfahren zu beurteilenden Handlungen der Angeklagten das zur Zeit der Tatbegehung geltende DDR-Recht anzuwenden ist, betrifft dies aber nicht nur besondere Strafrechtsnormen und ihre Vergleichung mit dem StGB, sondern auch den Allgemeinen Teil des StGB/DDR, wo in den den Straftatbeständen vorangestellten Artikeln Ziele, Aufgaben, Verantwortung und Pflichten für Staatsorgane, Funktionsträger und Bürger durch den Gesetzgeber verbindlich vorgegeben wurden.

Hierbei sind insbesondere die Artikel 1 und 3 StGB/DDR für die Prüfung der Verantwortlichkeit meines Mandanten, Herrn Mückenberger, zu beachten, der dem darin postulierten Schutzbedürfnis und staatlichen Sicherungsinteresse durch seine jahrzehntelange stets zuverlässige Mitarbeit im Politbüro der staatstragenden Partei in der DDR gewissenhaft gedient hat. Dies war für ihn *nicht allein parteiliche, sondern vor allem sich gemäß Artikel 1 und 3 StGB/ DDR ergebende **gesetzliche Verpflichtung** - eben alles zu tun zur Stärkung der DDR, zum Schutz und zur Verteidigung der DDR sowie zur Verhütung von Straftaten.*

Die Bewertung der Frage, ob ein Bürger der DDR auf dem staatlichen Hoheitsgebiet der DDR im Interesse der der sozialistischen Staats- und Gesellschaftsordnung und ihrer Gesetzlichkeit gehandelt hat, kann in diesem Verfahren nicht nach bundesdeutschen Wertvorstellungen erfolgen, sondern nach den Maßgaben und Grundsätzen der Verfassung und Rechtsordnung der DDR.

Der Eröffnungsbeschluß des Schwurgerichts, der den mit der Anklage der Staatsanwaltschaft behaupteten Tötungsvorsatz in 66 Fällen bezüglich des Angeklagten Herrn Mückenberger übernimmt, setzt sich auch nicht mit den die Schuld eines Straftäters nach DDR-Recht regelnden Normen des Allgemeinen Teils des StGB/DDR auseinander und läßt die entsprechende unvoreingenommene Prüfung vermissen.

Die gesetzliche Schulddefinition des 5 (1) StGB/DDR bleibt völlig unbeachtet. Danach handelt schuldhaft i.S. des DDR-Strafrechts, wer "durch verantwortungsloses Handeln den gesetzlichen Tatbestand ... verwirklicht." Verantwortungslosigkeit in diesem Sinne ist die sozial negative Einstellung zu allgemeinen und speziellen Pflichten und zwischenmenschlichen Verhaltensnormen in der Gesellschaft. Diese Verantwortungslosigkeit im Handeln ist schließlich das entscheidende Kriterium nach DDR-Strafrecht dafür, ob Schuld oder Nichtschuld in bezug auf kausale Folgenverursachung vorliegt. Verantwortungslos in diesem Sinne handelte daher, wer als Bürger der DDR entgegen den gesetzlichen Forderungen und Anforderungen handelte, wer also zur Schwächung und Untergrabung der sozialistischen DDR beitrug, wer pflichtwidrig zuließ, daß die sozialistische DDR geschwächt und die Staatsmacht untergraben wurde.

Mit anderen Worten: Wer sich in Übereinstimmung mit der Verfassung der DDR, den Gesetzen und anderen Rechtsvorschriften zu einem bestimmten Verhalten entschieden und sich dadurch gesellschaftsgemäß nach DDR-Doktrin verhalten hat, kann nach DDR-Strafrecht nicht als Straftäter strafrechtlich verantwortlich sein, auch wenn im Ergebnis kausaler Vermittlung nachteilige Folgen, die objektiv den Tatbestand einer besonderen Strafrechtsnorm erfüllen, eingetreten sind.

Gemäß Artikel 315 EGStGB ist auf vor dem Wirksamwerden des Beitritts begangene Taten 2 StGB mit der Maßgabe anzuwenden, daß das Gericht von

Strafe absieht, wenn nach dem zur Zeit der Tat geltenden Recht der DDR eine Strafe nicht verwirkt gewesen wäre.

Eine solche Entscheidung muß zwingend getroffen werden, wenn eine strafrechtliche Schuld nach DDR-Recht ausgeschlossen ist.

Diese Prüfung und Erkenntnis ist im Eröffnungsbeschluß des Schwurgerichts nicht wirksam geworden. Insofern verstößt der Eröffnungsbeschluß gegen Art. 103 (2) GG, wonach eine Tat nur bestraft werden kann, wenn die Strafbarkeit gesetzlich bestimmt war, bevor die Tat begangen wurde.

Wegen Verstoßes gegen das Rückwirkungsverbot und in Übereinstimmung mit dem tragenden Rechtsgrundsatz: nullum crimen/nulla poena - sine lege beantrage ich die **Einstellung** *des Verfahrens.*

Blanke, Rechtsanwalt"

Sein Antrag auf sofortige Entscheidung des Antrages wurde abgelehnt, der Antrag auf Einstellung zurückgestellt, später dann aber auch zurückgewiesen.

Im Anschluß an *Blankes* Antrag bat der Angeklagte Prof. Dr. *Hager* um's Wort. Er erklärte, daß er sich nicht als Angeklagter fühle und auch nicht der Gerichtsbarkeit der Bundesrepublik unterstehe. Das Verfahren bezeichnete er als "willkürlich und Ausdruck von Siegerjustiz" und beantragte die sofortige Einstellung. Von den Anwälten *Krenz'* ließ er sich jedoch dann davon überzeugen, eine ausführlichere Erklärung zu einem späteren Zeitpunkt abzugeben.

Egon Krenz schloß sich dem von *Hager* noch geäußerten Einstellungsantrag sofort an und betonte, sich erst dann zur Person vernehmen zu lassen, bis er seinerseits Gelegenheit zu einer persönlichen Erklärung dazu erhalten habe.

Richter *Hoch* nahm diese Erklärung Krenz' zum Anlaß, auf den 111 des

Ordnungswidrigkeitengesetzes hinzuweisen, der besagt, daß derjenige ordnungswidrig handelt, der gegenüber einer zuständigen Behörde Angaben über seine Person verweigert und in dem Falle mit einer Geldbuße bis zu tausend Mark rechnen kann.

Als *Krenz*-Anwalt *Dr. Wissgott* dann eine weitere Erklärung abgeben wollte, war die Geduld des Vorsitzenden Richters *Hoch*, der bislang einen durchaus freundlichen Umgangston zu den Verfahrensbeteiligten gepflegt hatte und den Anklagevertretern nun endlich Gelegenheit zur Anklageverlesung geben wollte, zu Ende. Er erklärte, daß keine weiteren Anträge und Erklärungen mehr entgegengenommen werden.

Dies war dann für die *Dr. Wissgott* Anlaß genug, einen Gerichtsbeschluß zu verlangen. Nach 10minütiger Beratung wurde dann vom gesamten Gericht die Anordnung des Vorsitzenden bestätigt.

Daraufhin beantragte *Dr. Wissgott* die Unterbrechung für einen unaufschiebbaren Antrag, womit nur ein Befangenheitsantrag gemeint sein konnte.

Am Nachmittag gab *Dr. Wissgott* dem Verfasser dann folgendes Interview in der Berliner Innenstadt:

Ich fühle mich Herrn Krenz persönlich verbunden

Interview mit Krenz-Anwalt Dr. Dieter Wissgott

TP: Herr Dr. Wissgott, Egon Krenz hat sich heute morgen einem Antrag oder einer Erklärung von Prof. Dr. Hager angeschlossen und gleichzeitig gegenüber dem Gericht geäußert, er werde sich seinerseits nicht eher zu seiner Person äußern, bevor er nicht selbst die Möglichkeit zu einer Erklärung bekäme. Das Gericht hat daraufhin auf den 111 des Ordnungswidrigkeitengesetzes hingewiesen, der besagt, daß derjenige ordnungswidsrig handelt, der gegenüber einer zuständigen Behörde Angaben über seine Person verweigert und in dem Falle mit einer Geldbuße bis zu tausend Mark rechnen kann.

Dr. Wissgott: Dieser Hinweis des Gerichts auf die Ordnungswidrigkeit ist zwar sachlich richtig, in der konkreten Prozeßsituation aber verfehlt, weil nichts anderes mit diesem Hinweis ausgeübt werden soll als Druck auf die Angeklagten, die vom Gericht an dieser Stelle gewünschte Erklärung zur Person abzugeben. Im Hintergrund ist das unverkennbare Bemühen des Gerichts, der Staatsanwaltschaft Gelegenheit zur Verlesung der Anklage zu geben und alles, was danach kommt, verwertbar zu machen. Deshalb wird dieser Druck ausgeübt. Und das halte ich für unzulässig.

TP: Wird Herr Krenz ein Bußgeld in Kauf nehmen?

Dr. Wissgott: Ich bin mir nicht sicher, wie wir reagieren werden, weil ich eigentlich noch nicht ganz die Hoffnung aufgegeben habe, daß mit dem Gericht eine Verständigung zu diesem Punkt möglich sein wird; aber kommt es nicht zu einem Konsens, werden wir auch diese Konsequenz in Kauf nehmen.

TP: Das Gericht hat ja heute morgen klar und deutlich gesagt, es werden keine Anträge und Erklärungen mehr entgegennehmen.

Dr. Wissgott: Wir werden diese Entscheidung des Gerichts zum Anlaß nehmen, sehr ernsthaft die Frage zu prüfen, ob ein neuer Befangenheitsantrag vorgelegt werden muß. Das Gericht ist durchaus befugt zu sagen, es nimmt keine Erklärungen entgegen. Es ist aber nicht befugt, in eine solche Entscheidung die Erklärung mit aufzunehmen: Wir nehmen keine Anträge mehr entgegen. Es ist ein elementares Recht der Verteidigung, Anträge zu stellen wann immer sie das für richtig hält und mit welchem Inhalt auch immer. Dafür ist der Antragsteller verantwortlich. Es gibt in einem Rechtsstaat kein Gericht -und darf es nicht geben-, das von sich aus erklärt: Wir nehmen keine Anträge mehr entgegen. Das gibt es nicht, und dagegen wird sich die Verteidigung auch mit Nachdruck verwahren.

TP: Wenn das Gericht jetzt seinem Beschluß folgt, geht es dann ans Eingemachte der Verteidigung?

Dr. Wissgott: Ja, das würde ich sagen. Wir sind von Haus aus nicht daran interessiert, daß die Atmosphäre weiter zerschlagen wird. Ich sagte ja eben schon, meiner Meinung nach müßte es denkbar sein, einen Konsens herbeizuführen, aber scheitert das an dem Widerstand des Gerichts und an der erklärten Absicht, nun mit aller Gewalt eine Erklärung zur Person an dieser Stelle herbeizuführen, dann wird das auf massiven Widerstand der Verteidigung stoßen.

Frage: Egon Krenz hat heute morgen gesagt, er sehe diesen Beschluß des Gerichts, keine Anträge mehr entgegenzunehmen, als eine eklatante Verletzung der Verteidigungsrechte, gleichzeitig aber auch den Einfluß von Rupert Scholz, politisch auf das Verfahren einzuwirken.

Dr. Wissgott: Zu dem ersten Teil der Erklärung kann ich nur sagen, daß er meine volle Billigung findet. Und hier sagte ich ja schon deutlich, daß die Verteidigung das auf gar keinen Fall hinnehmen wird. Inwieweit der unzulässige, und das muß ich auch sagen, unselige Versuch von Rupert Scholz eine Rolle spielt, auf dieses Verfahren Einfluß zu nehmen, vermag ich abschließend nicht zu beurteilen. Es drängt sich natürlich für einen außenstehenden Betrachter auf, eine Parallele zu ziehen; denn dieser Versuch von Rupert Scholz, auf das Verfahren Einfluß zu nehmen in Berlin, ist so eine Unverschämtheit, noch dazu von einem Rechtsberater der Union, daß wir nicht ganz ausschließen können, daß sich das Gericht davon vielleicht doch beeindruckt fühlt und sich danach richtet. Insofern habe ich Verständnis für die Erklärung von Herrn Krenz.

TP: Ist es nicht eher unwahrscheinlich, daß sich das Gericht von einer Äußerung von Rupert Scholz beeinflussen läßt?

Dr. Wissgott: Ich kann darauf nur sagen, daß ich das hoffe, daß sich das Gericht nicht beeindrucken läßt. Herr Hoch hat ja auch erklärt, daß ihm die Gewaltenteilung bekannt sei und daran appelliert, daß wir uns das alle vor Augen halten. Ich habe aber, und deshalb bin ich auch etwas skeptisch in meiner Erklärung, eine deutliche Distanzierung des Gerichts von diesem massiven Einmischungsversuch vermißt. Ich hätte mir auch für die Atmosphäre dieses Verfahrens gewünscht, daß hier eine deutliche Stellungnahme des Gerichts im Sitzungssaal abgegeben worden wäre.

TP: Wieso ist ein Anwalt aus Stadthagen der Verteidiger von Egon Krenz?

Dr. Wissgott: *Ich habe Herrn Krenz auf einer politischen Veranstaltung kennengelernt, die in Stadthagen stattgefunden hat.*

TP: Wie lange ist das her?

Dr. Wissgott: *Das ist jetzt etwa zwei Jahre her; jedenfalls wußte ich zu diesem Zeitpunkt noch nichts von diesem Ermittlungsverfahren, das gegen ihn lief -es war auch damals noch gar keine Anklage erhoben; wir haben dann unsere Adressen ausgetauscht, und es hat sich dann einfach so ergeben, daß wir hier und da, zunächst nur gelegentlich, dann aber regelmäßig Kontakt hatten, und der hat sich dann verdichtet, und so ist das dann auch mit dem Fortschreiten dieses Ermittlungsverfahrens und der Anklageerhebung einfach in den Mittelpunkt gerückt; und so ist das Mandat, wenn ich das mal so sagen darf, organisch gewachsen.*

TP: Politische Freundschaften?

Dr. Wissgott: *Ich will Ihnen mal so antworten: Ich fühle mich Herrn Krenz persönlich verbunden, nicht unbedingt politisch, was mich nicht davon abhalten wird, das Mandat, das mir übertragen wurde, mit Engagement auszuüben.*

TP: Wie es das Gesetz erwartet...

Dr. Wissgott: *Wie es das Gesetz erwartet.*

TP: Und wie es bei "Dahs-Dahs" -Handbuch des Strafverteidigers- postuliert wird.

Dr. Wissgott: *Sehr richtig; ich füge einen bekannten Spruch eines berühmten franzöischen Philosophen hinzu, der die Meinungsfreiheit betrifft. Dieser Begriff ist meiner Meinung nach nie wieder treffender umschrieben worden. Der hat zu seinem König gesagt -dem Sinne nach: Sire, ich bin entsetzt über Ihre Gedanken, aber ich will mich in Stücke reißen lassen, daß sie sie frei äußern dürfen. Ich finde, wir können in der westdeutschen Justiz in diesem Verfahren und anderen Verfahren gegenüber DDR-Repräsentanten viel von dieser*

Erkenntnis lernen.

TP: *Meinen Sie den Philosophen Voltaire?*

DR. Wissgott: *So ist das.*

TP: *Was war das für eine Veranstaltung, bei der Sie Egon Krenz kennengelernt hatten?*

Dr. Wissgott: *Das war eine Veranstaltung aus Anlaß der Wiedervereinigung, zu der in Stadthagen ein interessierter Kreis Jahr für Jahr Repräsentanten aus beiden Teilen Deutschlands zu einem Vortrag einlädt. Herr Krenz war einer derjenigen, die eingeladen worden waren zu dieser Veranstaltung und hat dort auch einen Vortrag gehalten.*

TP: *Und da gab es sozusagen die persönliche Liebe auf den ersten Blick?*

Dr. Wissgott: *Sagen wir mal so, eine persönliche Zuneigung ja,lieben tue ich meine Frau und nicht Herrn Krenz.*

TP: *Und Ihre Kinder*

Dr. Wissgott: *So ist das.*

TP: *Was passiert am nächsten Verhandlungstag, werden Befangenheitsanträge lediglich in Erwägung gezogen oder sind sie schon irgendwo fest beschlossen.*

Dr. Wissgott: *Befangenheitsanträge werden in Erwägung gezogen. Wir werden die Tage zwischen den Terminen jetzt bis zum Montag ausnutzen, um uns darüber schlüssig zu werden. Kommt es zu einem Befangenheitsantrag, dann wird der Montag als Verhandlungstag sehr schnell zu Ende gehen, denn Gegenstand der Befangenheit ist der Beschluß der Schwurgerichtskammer, also sämtlicher Berufs- und Laienrichter, so daß sich der Befangenheitsantrag konsequent auch gegen alle Mitglieder des Gerichts richtet mit der prozessualen Folge, daß sie darüber nicht selbst entschieden können. Sie müssen eine andere Kammer um die Entscheidung nachsuchen, und das wird sicher kaum am Montag* *möglich sein.*

TP: Worauf wird sich der Befangenheitsantrag konkret beziehen - auf den Beschluß, daß das Gericht keine Anträge mehr entgegennehmen will?

Dr. Wissgott: Ja; der Befangenheitsantrag, um es negativ zu formulieren, wird sich nicht darauf stützen, daß das Gericht erklärte, es würde keine Erklärungen mehr entgegennehmen. Das ist nicht zu beanstanden. Zutiefst zu beanstanden, weil ein Einschnitt in elementare Verteidigerrechte, ist die Erklärung des Gerichts, es würde keine Anträge mehr entgegennehmen. Dagegen verwahrt sich die Verteidigung. Hier muß einfach eine klare Entscheidung auf den Tisch; es geht nicht an, gerade in einem solchen Verfahren, daß das Gericht die Verteidigung abkanzelt mit der Erklärung: Wir nehmen keine Anträge mehr entgegen. Das kann sich kein Verteidiger gefallen lassen.

*TP: Bezog sich der Beschluß des Gerichts nicht darauf, **vor Verlesung der Anklage** keine Anträge mehr entgegenzunehmen?*

Dr. Wissgott: Das weiß ich nicht. Wir haben einen Beschluß so zu verstehen, wie er verkündet worden ist. Er ist ohne Einschränkung verkündet worden und gerade das hat auch mich persönlich -ich bin ja derjenige, dessen Intervention beanstandet worden ist vom Gericht- tief betroffen gemacht.

TP: Herr Prof. hat heute morgen gesagt, er möchte eine Erklärung abgeben, hat auch etwas gesagt und erklärt..., dann aber erwähnt, er möchte seinen Antrag begründen. War es nun eine Erklärung oder ein Antrag von Herrn Hager?

Dr. Wissgott: Es war eindeutig ein Antrag, den er vorgetragen hat. Allerdings ist der Charakter des Antrages anschließend durch die Begründung und die Art des Vortrages der Begründung etwas verwässert worden -aber es war ein Antrag. Es ist als Antrag angekündigt worden, es ist als Antrag auch vorgetragen worden. Wir haben uns nur in der anschließenden Pause darauf verständigt, daß Herr Hager den Antrag zurückstellt, nicht zurücknimmt, weil die Verteidigung eine andere zeitliche Reihenfolge der persönlichen Erklärungen verabredet hat.

TP: Aber der Antrag ist nicht vor Verlesung der Anklageschrift außer Gefecht gesetzt worden?

Dr. Wissgott: Auf gar keinen Fall. Er wird aufrechterhalten.

TP: Wissen Sie schon, wer den Befangenheitsantrag am Montag stellen wird -wenn einer erfolgt?

Dr. Wissgott: Die beiden Verteidiger von Egon Krenz.

TP: Also Sie und Herr Unger?

Dr. Wissgott: Ja. Ich werde mich mit meinem Kollegen in Verbindung setzen. Wir haben heute verabredet, daß wir die Tage zwischen den beiden Terminen ausnutzen, um einen gemeinsamen Antrag zu formulieren. Wer ihn dann vorträgt in der Hauptverhandlung, ist eine untergeordnete Frage.

TP: Mit anderen Worten, in den nächsten Tagen, vor dem nächsten Verhandlungstag, kommt viel Arbeit auf Sie zu?

Dr. Wissgott: So ist das.

TP: Werden Sie dafür hier in Berlin bleiben oder wird Herr Unger nach Stadthagen kommen? Oder wird das telefonisch abgehandelt?

Dr. Wissgott: Wahrscheinlich werden wir per Telefon und vor allem per Telefax unsere Entwürfe austauschen und stimmig machen.

TP: Von Prozeßkritikern wird Ihnen (damit meinen sie nicht nur Sie, sondern auch Ihre Kollegen) Prozeßverschleppung mit Ihren jeweiligen Anträgen vorgeworfen. Ist dem so?

Dr. Wissgott: Diesen Vorwurf weise ich mit Nachdruck zurück. Unsere Einstellungs- und Aussetzungsanträge haben eine gemeinsame Wurzel, nämlich, schwere Unterlassungssünden in der Aufklärungsarbeit der Staatsanwaltschaft. Die Staatsanwaltschaft behandelt die Mauer wie ein Bauwerk, das errichtet wurde zur Begehung von Tötungsdelikten. Ich kann auch so formulieren: Die Staatsanwaltschaft hat das politische Gewand,

das die Mauer umgab -es ist ja ein politisches Gewand, die Mauer-
von dem Bauwerk genommen. Ich will damit zum Ausdruck bringen,
daß sich die Staatsanwaltschaft überhaupt keine Mühe gemacht
hat, politische, historische Hintergründe ihres Anklagevorwurfes
aufzuklären. Ich will Ihnen das an einem ganz kleinen Beispiel
deutlich machen: Änderungen des Grenzregimes, sei es die von
der Staatsanwaltschaft so genannte Humanisierung, sei es die
Abschaffung, wie es der Eröffnungsbeschluß will, waren nicht an
die Adresse der DDR zu richten, sondern an die Adresse des
Konsultationsausschusses der Warschauer Vertragsstaaten. Dort
wurde, wie es dieser Vertrag vorsah, von den Vertragsstaaten
beraten, ob und wenn ja, in welcher Form eine Änderung von
Grenzen des Warschauer Vertrages insgesamt -dazu zählte ja auch
die Westgrenze der DDR und die Mauer in Berlin- überhaupt
diskutiert werden konnte und ob solche Maßnahmen, und wenn ja,
wie in Frage kamen. Also wenn man mit westdeutschen Maßstäben,
westlichen Rechtsvorstellungen an die Würdigung der Vorfälle an
der Mauer herangeht, dann muß man sich immer vergegenwärtigen,
daß hier nicht etwa nur die Repräsentanten der DDR und ihr
Verhalten zur Diskussion stehen, sondern immer eine Gruppe von
Repräsentanten der Warschauer Vertragsstaaten. Nichts, aber auch
gar nichts in dieser Richtung ist von der Staatsanwaltschaft ermittelt
worden.

TP: Das Gericht argumentiert ja jetzt ständig mit einem BGH-
Beschluß, wonach Völkerrecht verletzt sei durch das Grenzgesetz
und das Grenzregime. Warum akzeptieren Sie diese Position des
Gerichts nicht? Müsen Ihre Anträge an der Auffassung des Gerichts
nicht zwangsläufig abprallen?

Dr. Wissgott: Sie werden so lange abprallen, bis das
Bundesverfassungsgericht ein Machtwort gesprochen hat. Denn
letztlich entscheidet das Bundesverfassungsgericht oder, wenn Sie
so wollen, in allerletzter Instanz der Europäische Gerichtshof. Ich
wage da noch nicht daran zu denken, aber der Europäische
Gerichtshof entscheidet letztlich darüber, ob alles das, was hier
nach westdeutschem Recht jetzt geschieht, mit dem Anklagevorwurf
in Einklang stehen kann. Ich bin davon überzeugt und sage das
nicht nur, weil ich der Verteidiger bin, daß das Rückwirkungsverbot
unserer Verfassung, ein elementarer Grundsatz, verletzt ist, wenn
wir uns die Verurteilungen, die schon geschehen sind und noch

kommen sollen, vor Augen halten. Ich bin auch darüber hinaus der Meinung, daß das Bundesverfassungsgericht einmal klarstellen muß, daß die DDR frei war in der Entscheidung, ob sie dem Internationalen Pakt über staatsbürgerliche und politische Rechte beitreten will oder nicht; denn nur in diesem Pakt ist die Ausreisefreiheit eines jeden Staatsbürgers garantiert. Wenn ich diese Ausreisefreiheit, das mag politisch zu beanstanden sein, ich bin ja gar kein Freund davon, aber ich stelle das mal als Jurist fest: Wenn ich diese Ausreisefreiheit dem Bürger eines bestimmten Staates nicht zuerkennen will, dann kann ich auch konsequenterweise einen Verstoß gegen dieses Gebot dieses Staates, nämlich den dann ungesetzlichen Grenzübertritt, unter Strafe stellen. Und genauso ist das in der DDR gewesen. Das kann man politisch beanstanden, das tue ich auch, aber als Jurist habe ich das so hinzunehmen und habe solche hoheitlichen Entscheidungen eines souveränen Staates zu akzeptieren. Da fehlt mir nur noch das Machtwort des Bundesverfassungsgerichts.

TP: Ist die Schwurgerichtskammer hier im Politbüroverfahren überhaupt verpflichtet, eine Entscheidung des Bundesverfassungsgerichts abzuwarten? Kann sie nicht erst einmal verhandeln nach ihrer Auffassung oder sagen, was der BGH entschieden hat, ist für uns erst einmal bindend -und dann sehen wir weiter?

Dr. Wissgott: Nein, das Bundesverfassungsgericht wacht darüber, daß alle Instanzgerichte in Deutschland verfassungsgemäß entscheiden. Und wenn das Bundesverfassungsgericht, wie es in dem Vorverfahren gegen Streletz und Keßler per einstweiliger Anordnung, aber immerhin erklärt hat, diese Fragen, die ich hier angesprochen habe, sind verfassungsrechtlich umstritten und nicht ausgestanden, dann kann man schwarz auf weiß nachlesen, wie problematisch das alles ist. Und hier ist, meine ich, ein Instanzgericht, wie hier die Schwurgerichtskammer, gut beraten, wenn sie die Entscheidung des Bundesverfassungsgerichts abwartet.

TP: Führen die Richter der 27. Strafkammer demzufolge offenen Auges einen Prozeß, der später durch eine Entscheidung des Bundesverfassungsgerichts ad absurdum geführt wird.

Dr. Wissgott: Wenn das Bundesverfassungsgericht so entscheidet, wie ich das hoffe, also zum Beispiel auf das Rückwirkungsverbot besteht - ja. Doch ich habe einen Verdacht. Wenn ich mir anschaue, wie dieses Verfahren durchgezogen wird, soll das Bundesverfassungsgericht wohl mit möglichst vielen Urteilen dieser Art konfroniewrt werden. Es soll Karlsruhe schwerfallen, diese Urteile für verfassungswidrig zu erklären und ganzen Schwurgerichtskammern ins Stammbuch zu schreiben, daß sie die Verfassung mißachtet haben.

TP: Im Eröffnungsbeschluß heißt es, daß ein Haftbefehl zur Zeit abgelehnt wird, weil möglicherweise im Hinblick auf den Verfassungsgerichtsbeschluß in Sachen Keßler, Streletz und Albrecht gar nicht mit einem Antritt von Haftstrafen zu rechnen ist im Falle einer Verurteilung.

Dr. Wissgott: Diesen Hinweis im Eröffnungsbeschluß verstehe ich ein wenig anders. Er bezieht sich nämlich auf den Antrag der Staatsanwaltschaft, die Angeklagten in Untersuchungshaft zu nehmen. Dazu hat der Eröffnungsbeschluß erklärt, es bestünde im Augenblick kein Anlaß zu einer solchen Entscheidung, weil eine konkrete Fluchtgefahr nicht besteht, denn es sei offen, wie eine Entscheidung des Bundesverfassungsgerichts eines Tages endgültig ausfällt. Also bräuchten die Angeklagten im Augenblick nicht mit einer längeren Freiheitsstrafe zu rechnen. Und daraus ergäbe sich die Feststellung, daß keine Feststellung vorliegt. Das ist also beschränkt auf diesen Antrag der Staatsanwaltschaft.

TP: Das Gericht hat aber auch erklärt, daß der Antritt von Haftstrafen unwahrscheinlich ist im Hinblick auf die bereits ergangenen Bundsesverfassungsgerichtsentscheidungen. Kann hieraus nicht gefoldert werden, daß das Gericht nicht unbedingt befangen ist, sonst hätte es doch gleich von Anfang an Haftbefehle ausgestellt - bei dem bestehenden Tatvorwurf, Fluchtgefahr zu begründen, dürfte doch keinem Gericht schwerfallen?

Dr. Wissgott: Ich habe auch nicht gesagt, daß sich die Besorgnis der Befangenheit aus diesem Umstand ergibt. Ich habe nur beanstandet, dabei bleibe ich, daß mit aller Energie, im übrigen auch mit erheblichen Kosten, ein Verfahren vorangetrieben wird, von dem man im Augenblick überhaupt nicht weiß, ob es jemals zum Abschluß kommt und ob nicht ein Schuldspruch auf tönernen

Füßen steht, weil er gegen die Verfassung verstößt. Da die Entscheidung des Bundesverfassungsgerichts für die nächsten Monate angekündigt worden ist, vergibt sich die Justiz nichts, wenn sie diese wenigen Monate abwartet. Schließlich hat sich die Staatsanwaltschaft auch fünf Jahre Zeit gelassen mit den Ermittlungen und hat dann Anklage erhoben, ohne die Erkenntnisse -ich habe das vorhin schon gesagt- auf historisch-politischem Gebiete auszuschöpfen. Da kommt es jetzt auf ein paar Monate, die Entscheidung des Bundesverfassungsgerichts abzuwarten, mit Sicherheit nicht mehr an.

TP: Professor Wesel hat sich dahingehend geäußert, daß eine Verurteilung in jedem Falle erfolgen wird -das Gericht hätte den Eröffnungsbeschluß nicht so gefaßt, wie er gefaßt worden ist, wenn es nicht gewillt wäre, hier zu verurteilen. Lohnt es sich überhaupt noch, diese ganze Arbeit mit diesen ganzen Anträgen zu machen, wenn irgendwann doch eine Verurteilung erfolgt, wenngleich Herr Professor Wesel hinzufügte, zumindest eine Verurteilung der vier jüngeren Angeklagten -also auch Ihres Mandanten Egon Krenz- würde einer Überprüfung des Bundesverfassungsgerichtes nicht standhalten?

Dr. Wissgott: Wissen Sie, wenn ich meinen Beruf überwiegend unter dem Gesichtspunkt der Skepsis ausüben würde, ich stimme ja Herrn Wesel durchaus in seiner Beurteilung zu..., aber wenn ich meine Tätigkeit als Verteidiger von Herrn Krenz so verstehen würde, könnte ich nicht die Kraft aufbringen, die erforderlich ist, um sich hier voll und ganz mit diesem Schuldvorwurf auseinanderzusetzen. Ich glaube einfach nicht daran, daß unser Rechtsstaat ein Niveau erreicht hat, von dem man sagen müßte, daß schon im Eröffnungsbeschluß unabwendbar zu erkennen sei, daß hier eine Verurteilung gar nicht mehr zu vermeiden ist. Das glaube ich nicht.

TP: Ich wollte ja eigentlich nur wissen, ob die Anträge, die hier in diesem Verfahren gestellt werden, nicht eine gewisse vergebene Liebesmühe sind, ob man seine Konzentration nicht besser darauf richten sollte, später eine Verfassungsbeschwerde zu begründen, wenn ein nicht auszuschließendes endgültiges -zu Ungunsten Ihres Mandanten gefälltes- Urteil -durch den BGH bestätigt- erfolgt ist, was Herr Professor Wesel ja erwartet?

Dr. Wissgott: Dieser Auffassung kann man sein. Ich bin da anderer Auffassung. Ich sagte schon, daß ich mich in dieser Sache aus Überzeugung engagiere. Der Verteidiger kann nicht immer nur seine Tätigkeit unter dem Gesichtswinkel sehen, was letztlich ein Verfassungsgericht oder gar der Europäische Gerichtshof dazu mal sagen wird. Hier haben wir es mit einer ganz schwerwiegenden Anklage zu tun, und hier setzt Herr Krenz unter anderem in mich sein Vertrauen, daß er in einem rechtsstaatlichen Verfahren verteidigt wird. Das ist meine Aufgabe. Darauf konzentriere ich mich.

TP: Siegerjustiz -wie stehen Sie dazu?

Dr. Wissgott: Zieht man ein Resümee dessen, was ich hier gesagt habe, stellt man insbesondere in den Mittelpunkt die Erkenntnis, daß die Schwurgerichtskammer mit Energie versucht, das Verfahren voranzutreiben trotz aller Bedenken, die man haben muß, dann kann man auf die Idee kommen, hier wird Siegerjustiz praktiziert, zumal sich weder die Anklage noch die Schwurgerichtskammer mit den von mir schon erwähnten politisch-historischen Hintergründen auseinandergesetzt hat und auch das Rückwirkungsverbot der Verfassung mißachtet -nach meiner Überzeugung jedenfalls. Wenn ich alle Bedenken, die man haben müßte, die man von den Richtern erwarten müßte..., wenn die alle über Bord geworfen werden, dann kommt man doch zwangsläufig zu der Erkenntnis, hier will jemand unbedingt ein bestimmtes Ziel, nämlich eine Verurteilung erreichen. Und das ist Siegerjustiz. Es ist traurig, daß man solche Fragen überhaupt diskutieren muß, dazu sollte sich unser Rechtsstaat zu schade sein.

TP: Glauben Sie, daß von irgendeiner Seite auf dieses Gericht, besteht die Möglichkeit, daß hier politischer Einfluß ausgeübt wird - von wo auch immer?

Dr. Wissgott: Ich wäre froh, wenn ich meine Sorge in dieser Richtung begründen könnte. Ich kann sie nicht belegen. Ich habe nur den Eindruck, daß Versuche in dieser Richtung unternommen werden. Neuestes Beispiel ist der schon erwähnte Rupert Scholz. Ich kann überhaupt nicht nachvollziehen, daß ein exzellenter Jurist, der er ja unbestreitbar ist, in so plumber Weise in ein Verfahren eingreifen will, wenn er damit nicht eine bestimmte Zielrichtung verfolgt. Und das wird er sich sicherlich nicht am Nachmittag irgendwo in einer freien halben Stunde haben einfallen lassen, sondern er ist ja ein Mann, der in politisch exponierter Stelle tätig ist. Ich muß einfach unterstellen, daß hier politische Gespräche in der Union vorausgegangen sind. Das ist jedenfalls ein handfestes Indiz, es ist kein Beweis, aber ein handfestes Indiz, daß Einfluß genommen wird. Ob weitere Indizien noch entdeckt werden, weiß ich nicht. Aber ich bin skeptisch.

Interview: Dietmar Jochum, TP Berlin

Dr. Dieter Wissgott (rechts) mit H.-E. Plóger

Am nächsten Tag wurde der Prozeßtag in NEUES DEUTSCHLAND
wie folgt beschrieben:

Hager vor Gericht: Ich bin kein Angeklagter

Streit um Erklärungen im Politbüro-Prozeß

Berlin (ND-Dümde). Der 4. Verhandlungstag im Politbüro-Prozeß
vor dem Berliner Landgericht wurde gestern vom Streit darüber
bestimmt, wann die Angeklagten politische Erklärungen abgeben
können. Kurt Hager wollte dies tun, um seinen Antrag zu begründen,
das Verfahren einzustellen, doch wurde daran vom Vorsitzenden
Richter Josef Hoch gehindert. "Ich bin kein Angeklagter", hatte
Hager zuvor gesagt. Weder unterliege er der BRD-Justiz, noch
habe er sich strafbar gemacht.
Auch der letzte SED-Generalsekretär Egon Krenz bestand darauf,
seine Erklärung vor der Befragung der Angeklagten zur Person
abzugeben, mit der Richter Hoch gestern unbedingt beginnen
wollte. Als dies per Gerichtsbeschluß abgelehnt wurde, verlangten
die Krenz-Verteidiger eine Pause zur Formulierung eines
unaufschiebbaren Antrags, was dann zur Vertagung auf nächsten
Montag führte.
Zuvor hatte Mückenberger-Verteidiger Blanke die Einstellung des
Verfahrens beantragt, weil der Eröffnungsbeschluß der 27. Großen
Strafkammer gegen das Rückwirkungsverbot verstoße. Über diesen
Antrag sofort zu entscheiden lehnte das Gericht ebenso ab wie
einen Antrag von Dohlus, das Verfahren zur Einholung eines
militärhistorischen Gutachtens auszusetzen.

Auch dies stand in NEUES DEUTSCHLAND:

Kein normales Verfahren

Nur durch Vertagung bis kommenden Montag konnte gestern Josef
Hoch, Vorsitzender Richter im Prozeß gegen sechs Mitglieder des
SED-Politbüros vorm Berliner Landgericht, einen Eklat abwenden.

Kurt Hager hatte die Einstellung des Verfahrens beantragt, da er nicht der BRD-Justiz unterliege. Er sei in der DDR nicht strafbar geworden und habe auch seit ihrem "Beitritt" - in Anführungszeichen, sagte er ausdrücklich - zur BRD keine Straftat begangen. "Ich bin kein Angeklagter", sagte er. "Ich halte das ganze Verfahren für willkürlich, für Siegerjustiz."

Mit einer vorbereiteten Erklärung wollte Hager diese Position und seinen Einstellungsantrag begründen. Doch Richter Hoch wollte das nicht zulassen. Bevor sich die Angeklagten mit Erklärungen auch "zur Sache" äußern, müßten deren Personalien und persönliche Lebensverhältnisse festgestellt sowie die Anklage vorgetragen werden. So sei der normale Ablauf in einem Strafprozeß...

"Das ist kein normaler Prozeß", rief da Egon Krenz in den Saal. Öffentlich habe ja sogar Generalstaatsanwalt Schaefgen "in selbstdarstellerischer Weise uns bereits eines Kapitalverbrechens beschuldigt". Deshalb bestehe auch er darauf, zunächst seine Erklärung abzugeben.

Das Gericht lehnt dies kategorisch ab. Ebenso, wie jetzt über all die Anträge der Verteidigung zu entscheiden, das Verfahren einzustellen oder zumindest auszusetzen. Und das, obwohl die dafür vorgebrachten zahlreichen Gründe kaum in Abrede gestellt werden können und schwerwiegend sind: Das Gericht hat weder selbst geprüft, ob die den Angeklagten vorgeworfenen Taten nach DDR- oder Völkerrecht - und nur das ist hier maßgebend - überhaupt strafbar sind, noch ist es bereit, die für die erste Hälfte dieses Jahres zu erwartende Entscheidung des Bundesverfassungsgerichts in Karlsruhe abzuwarten. Bei der Ablehnung der Verteidigeranträge durch das Gericht laufe alles so, wie es Rupert Scholz, Vizechef der CDU/CSU-Bundestagsfraktion, gefordert habe, sagte Krenz gestern gegenüber Journalisten. Dem Staatsanwalt warf er Ignoranz und Zynismus vor. Ein faires Verfahren, das der Wahrheitsfindung dient, sei nicht zu erwarten.

Warum setzen sich Staatsanwälte und Richter solchen Vorwürfen aus? Daß dieses wie all die Strafverfahren gegen DDR-Grenzer und ihre Vorgesetzten auch unter westdeutschen Straf- und Völkerrechtlern rechtlich höchst umstritten sind, ist ja bekannt. Warum wartet man da nicht auf die Entscheidung aus Karlsruhe? Wohl, weil es eben kein normaler Prozeß ist.

CLAUS DÜMDE

Der fünfte Verhandlungstag

Befangenheitsanträge und eine Anregung Plögers, die Angeklagten wegen Ungebührlichkeit in Haft zu nehmen

Am fünften Verhandlungstag ging es um den folgenden Befangenheitsantrag, den Rechtsanwalt Unger aufgrund der Äußerung Richter Hochs, keine Erklärungen und Anträge mehr entgegenzunehmen, noch v o r diesem Verhandlungstag gestellt hatte in der Annahme, daß das Gericht dann erst gar nicht "zur Sache aufrufen" und die Hauptverhandlung solange aussetzen würde, bis von anderen Richtern der Kammer über das Befangenheitsgesuch entschieden worden war:

In der Strafsache
gegen
Egon Krenz u.a.

- 527-1/95 -

lehnt der Angeklagte Egon Krenz die Richter Hoch, Meunier-Schwab und Dr. Kessel sowie die Schöffen Bockelmann und Abraham wegen der Besorgnis der Befangenheit ab.

Begründung:

Am vierten Verhandlungstag, dem 25.01.1996, wollte der Vorsitzende Richter Hoch die Feststellungen zur Person der Angeklagten treffen. Daraufhin bat RA Dr. Wissgott, Mitverteidiger des Angeklagten Egon Krenz, zuvor eine Erklärung zur Feststellung zur Person abgeben zu dürfen. Der Vorsitzende Richter erklärte hierauf, daß er vor der Feststellung zur Person keine Erklärungen oder Anträge mehr entgegennehmen werde. Hierauf beantragte RA Dr. Wissgott einen Gerichtsbeschluß gegen die Anordnung des Vorsitzenden. Die Kammer zog sich zur Beratung zurück. Nach Beratung wurde folgender Beschluß verkündet:

"Die Anordnungen des Vorsitzenden, vor der Feststellung der Personalien der Angeklagten keine weiteren Erklärungen und Anträge entgegenzunehmen sowie die Personalien der Angeklagten nunmehr festzustellen, wird bestätigt, 238 Abs. 2 StPO."

Beweis für alles Vorstehende:

1. Protokoll der Hauptverhandlung vom 25.01.1996
2. Dienstliche Erklärung der abgelehnten Richter

Der dargelegte Sachverhalt begründet die Besorgnis der Befangenheit der abgelehnten Richter. Dies ergibt sich aus folgendem:

Mit dem zuvor zitierten Beschluß hat die Kammer den Angeklagten und ihren Verteidigern das Recht entzogen, in jeder Phase des Verfahrens Erklärungen abzugeben und vor allem Anträge stellen zu können. Dieser weitreichende Eingriff in die prozessualen Rechte der Angeklagten und ihrer Verteidiger war sachlich nicht gerechtfertigt und ist willkürlich erfolgt.

Im Einzelnen:

1.
Herr RA Dr. Wissgott hatte den Vorsitzenden gebeten, ihm Gelegenheit zur Abgabe einer Erklärung zur Feststellung zur Person der Angeklagten zu geben. Diese Erklärung sollte sich auf das Verfahren der Feststellung zur Person beziehen. Dies hatte RA Dr. Wissgott ausdrücklich erklärt.

Ohne daß es hierfür einen sachlichen Anlaß gab, erklärte der Vorsitzende, daß er keine Erklärung zulassen werde. Der Vorsitzende ging jedoch hierüber noch hinaus und erklärte zudem, daß er auch keine Anträge vor der Feststellung zur Person entgegennehmen würde. Für eine solche Maßnahme gab es überhaupt keinen Anlaß. Herr RA Dr. Wissgott hatte keinen Antrag angekündigt, sondern lediglich um die Gelegenheit gebeten, eine Erklärung abgeben zu dürfen.

Beweis:

1. Anwaltliche Versicherung von RA Dr. Wissgott

2.Anwaltliche Versicherung von RA Unger

3. Dienstliche Erklärung der abgelehnten Richter

2.
Gegen die Entscheidung des Vorsitzenden beantragte RA DR. Wissgott einen Gerichtsbeschluß. Mit dem daraufhin ergangenen Gerichtsbeschluß wurde die Anordnung des Vorsitzenden bestätigt und zwar auch insoweit, als das Gericht erklärte, Anträge würden vor Feststellung der persönlichen Verhältnisse des Angeklagten nicht mehr entgegengenommen.

Bis zu dieser Entscheidung der Kammer hatte es weder einen Mißbrauch des Erklärungsrechtes noch einen Mißbrauch des Antragsrechtes durch die Prozeßbeteiligten gegeben. Das Gericht hat auch zu keinem Zeitpunkt die Prozeßbeteiligten auf ein mißbräuchliches Verhalten hingewiesen oder entsprechende Ermahnungen oder Abmahnungen erteilt.

Beweis:

1. Protokoll der Hauptverhandlung

2. Dienstliche Erklärung der abgelehnten Richter

Die Tatsache, daß bis zu dem Zeitpunkt der Verkündung des vorgenannten Beschlusses eine Vielzahl von Erklärungen durch alle Prozeßbeteiligten abgegeben worden sind und eine Reihe von Einstellungs- und Aussetzungsanträgen gestellt worden sind, steht dem nicht entgegen. Solche Erklärungen und Anträge sind bei vergleichbar umfangreichen und schwierigen Hauptverhandlungen durchaus die Regel. Keiner der bisher gestellten Anträge ist bislang als mißbräuchlich zurückgewiesen worden. Auch ist bislang keinem der Angeklagten oder einem seiner Verteidiger das Wort entzogen oder das Erklärungsrecht eingeschränkt oder dies angekündigt worden.

Insofern gab es für die -und sei es auch nur vorübergehende- vollständige Entziehung des Erklärungs- und insbesondere des Antragsrechtes der Prozeßbeteiligten keinen sachlichen Grund.

Diese Maßnahme kann von einem verständigen Angeklagten bei vernünftiger Würdigung der ihm bekannten Umstände nur als willkürlicher Eingriff in seine prozessualen Rechte empfunden werden.

3.

Das Vorhergesagte gilt umso mehr, als mit der Entziehung des Erklärungs- und Antragsrechtes zu diesem Zeitpunkt des Verfahrens auch eine Präklusionswirkung verbunden ist. So ist gem. 25 Abs. 1 die Ablehnung eines erkennenden Richters wegen der Besorgnis der Befangenheit nur bis zum Beginn der Vernehmung des ersten Angeklagten über seine persönlichen Verhältnisse möglich. Entsprechende Ablehnungsanträge, die gegebenenfalls von Prozeßbeteiligten anzubringen gewesen wären, hätten somit aufgrund der Entscheidung der abgelehnten Richter nicht mehr vor der Feststellung der persönlichen Verhältnisse angebracht werden können und wären präkludiert gewesen.

4.

Aus den bisher gestellten Anträgen ergibt sich, daß die Angeklagten bestreiten, für ihre Handlungen als Mitglieder des ehemaligen Büros der DDR der Jurisdiktion des Landgerichts Berlin zu unterstehen. Mit ihrem Beschluß haben die abgelehnten Richter den Angeklagten die Möglichkeit entzogen, sich -zumindest teilweise- durch weitere sachgerechte und StPO-förmige Anträge gegen die Fortsetzung des -aus ihrer Sicht- rechtswidrigen Verfahrens zu wehren. Durch den Beschluß des Landgerichts wurden die Angeklagten -zumindest vorübergehend- im wahrsten Sinne des Wortes "mundtot" gemacht und damit zum Objekt des Strafverfahrens herabgewürdigt.

5.

Die Entziehung des Erklärungs- und Antragsrechtes stellt eine unzulässige Beschränkung der Verteidigung in einem ganz wesentlichen Punkt dar. Wie zuvor ausgeführt, bestand für eine solche nachhaltige Einschränkung der Verteidigungsrechte keinerlei sachlicher Grund.

6.

Mit dem Beschluß der Kammer ist den Angeklagten auch -zumindest vorübergehend- der verfassungsrechtlich geschützte Anspruch auf rechtliches Gehör versagt worden. Wie bereits mehrfach ausgeführt, gab es hierfür keinen sachlichen Grund.

Nach alledem befürchtet der Angeklagte Egon Krenz, daß die abgelehnten Richter ihm gegenüber eine innere Haltung eingenommen haben, die ihre Unparteilichkeit und Unvoreingenommenheit ihm gegenüber störend beeinflussen kann.

Der Ablehnungsantrag ist damit zulässig und auch begründet.

Es wird beantragt, die einzuholenden dienstlichen Erklärungen vor einer Entscheidung über das Ablehnungsgesuch dem Angeklagten und dem Unterzeichner zugänglich zu machen und ausreichend Gelegenheit zu geben, hierauf zu erwidern bevor eine Entscheidung über das Ablehnungsgesuch getroffen wird. Ferner wird beantragt, die zur Entscheidung über das Ablehnungsgesuch berufenen Richter zuvor namentlich mitzuteilen.

Unger, Rechtsanwalt

Ungers Rechnung ging jedoch nicht auf. Unabhängig davon, daß das Befangenheitsgesuch später zurückgewiesen wurde, eröffnete das Gericht den Prozeßtag entgegen seiner und der Erwartung anderer Prozeßbeteiligter, aber auch vieler Pressevertreter.

Der Vorsitzende gab bekannt, daß bis zur Entscheidung über das Befangenheitsgesuch das Verfahren fortgeführt wird, eine Unterbrechung würde eine nicht hinnehmbare Verzögerung für das Verfahren bedeuten.

Rechtsanwalt Dr. Wissgott kündigte daraufhin einen Antrag über die Rechtsfehlerhaftigkeit des Procederes an und verlangte einen Gerichtsbeschluß über die Anordnung des Vorsitzenden, das Verfahren fortzuführen.

Nach 30minütiger Beratung war dann auch die Anordnung des Vorsitzenden amtlich: Die Entscheidung des Vorsitzenden, die Hauptverhandlung fortzusetzen, wird bestätigt.

Nach weiteren Disputen der Verteidigung mit dem Gericht wurde es Rechtsanwalt Plöger dann zu bunt. Er regte an, das Gericht möge einen Hinweis erteilen, daß die Angeklagten auch wegen Ungebührlichkeit in Haft genommen werden können.

Als Schlichter in dieser mehr als verworrenen Prozeßsituation versuchte sich dann einer der Schabowski-Verteidiger, Rechtsanwalt Ferdinand von Schirach. Er gab eine Erklärung ab, die er später mit seinem Kollegen und Mitverteidiger von Schabowski, Dr. Dirk Lammer, schriftlich so formulierte:

"In der Strafsache gegen
Günter Schabowski u.a.
- 527-1/95 -

wird zu dem Ablehnungsantrag des Angeklagten Krenz wie folgt Stellung genommen:

Die Verfahrensbeteiligten haben vor Feststellung der Identität Anträge gestellt und Erklärungen zu den Anträgen abgegeben. Es wurde mit unterschiedlicher Begründung die Aussetzung bzw. Einstellung des Verfahrens beantragt. Einige der Angeklagten wollen nun vor der Vernehmung zu den persönlichen Verhältnissen (243 Abs. 2 S.2 StPO) eigene Erklärungen abgeben bzw. Anträge stellen. Die Strafkammer erklärte, daß vor Feststellung der Personalien keine weiteren Erklärungen und Anträge mehr entgegen genommen werden. Aus dem bisherigen Verlauf des Verfahrens und dem Verhalten des Vorsitzenden kann nur geschlossen werden, daß damit Anträge und Erklärungen zur Sache gemeint sind.

Es kommt aber darauf an, ob hinsichtlich eines Vorsitzenden oder sogar aller Mitglieder einer Strafkammer der Vortrag der Besorgnis der Befangenheit gerechtfertigt ist, wenn erst die Identität des Angeklagten festgestellt werden soll, bevor Erklärungen und Anträge zur Sache entgegengenommen werden. Dies ist nicht der Fall. Das ergibt sich schon aus dem gesetzlich festgeschriebenen Gang der Hauptverhandlung (243 StPO) und der Pflicht des Vorsitzenden, darauf gem. 238 Abs. 1 StPO hinzuwirken (KK-Treier, 238 Rz.2). Herr Schabowski ist nicht der Ansicht, daß ein prozessual zulässiges, gesetzlich sogar vorgeschriebenes Verhalten des Vorsitzenden bzw. des gesamten Spruchkörpers die Besorgnis der Befangenheit begründet. Er schließt sich daher dem Antrag von Herrn Krenz nicht an.

Aber das eigentliche Problem ist ein ganz anderes. Es liegt tiefer. Die Angeklagten sind sicher keine Angeklagten in einem "normalen" Schwurgerichtsprozeß. Sie wollen sich nicht nur gegen die Anklage wehren, sie wollen nicht angeklagt werden. Das ist ein bedeutender Unterschied. Für Juristen, die ständig mit dem Begriff "Angeklagter" umgehen, mag der Begriff nur noch eine bloße strafprozessuale Beschreibung sein. Für diese Angeklagten bedeutet er viel mehr: ihre Ideen wurden durch die Geschichte entwertet, ihr Staat existiert nicht mehr. Sie haben sich nie vorstellen können, sich einmal wegen vielfachen Totschlags gegenüber einem bundesdeutschen Gericht verantworten zu müssen und nun soll ihre Vergangenheit, ihre Schuld oder Unschuld, hier aufgeklärt werden. Natürlich wäre es viel einfacher, im Rahmen der Strafprozeßordnung erst die Personalien festzustellen, die Anklage zu verlesen und dann diese Bedenken entgegenzunehmen. Aber aus der Sicht einiger Angeklagter würde damit der Prozeß beginnen und ihr Anliegen, nämlich nicht Verfahrensbeteiligter in diesem Prozeß zu sein, ließe sich nicht mehr an der "richtigen" Stelle formulieren.

Die Angeklagten können sich nicht dagegen wehren, Angeklagte zu sein. Sie können sich noch nicht einmal gegen die Feststellung ihrer Identität wehren, wollen sie Zwangsmaßnahmen vermeiden. Alles was sie tun können, ist <u>vorher</u> zu protestieren. Nach der Strafprozeßordnung mag der Protest jetzt zeitlich an der falschen Stelle stehen -nach dem Inhalt ihres Protestes ist der Zeitpunkt jedoch richtig gewählt. Dieser Protest ist auch ernst zu nehmen und es wäre nur ein bequemes Zugeständnis an die Regeln des deutschen Strafprozesses, wollte man einfach über die Bedenken der Angeklagten hinweggehen. Das Gericht steht vor einem Dilemma: Einerseits haben einige Angeklagte den zumindest menschlich berechtigten Wunsch zu begründen, daß sie hier nicht angeklagt werden können, daß -in einem tieferen Sinn- nicht ihr ganzes Leben unter Anklage gestellt werden darf, andererseits läßt das strenge Regelwerk der Strafprozeßordnung solche Erklärung zum jetzigen Zeitpunkt nur schwerlich zu. Das Problem läßt sich aber wohl dadurch lösen, daß der Vorsitzende die Angeklagten, die sich bereits jetzt äußern wollen, im Sinne des 243 Abs. 4 S.1 StPO belehrt.

Die Argumentation der Angeklagten ist hier nur scheinbar einfach. In Wirklichkeit ist sie sehr komplex. Die hier an scheinbar unwichtigen Punkten entstehende Konfrontation ist kein Streit um des Streits willen. Dieser Eindruck würde täuschen. Sie ist vielmehr Ausdruck der Mühe, die die Angeklagten hier haben, die Tatsache zu verstehen, daß sie für ihr Leben angeklagt werden. Sie erwarten, daß ihre Richter diese Mühe auch zu verstehen versuchen. Und auch wenn es für einen schnellen Fortgang des Verfahrens unbefriedigend zu sein scheint -die Angeklagten dürfen dies auch erwarten.

(Dr. Dirk Lammer)   (Ferdinand von Schirach)
Rechtsanwalt   Rechtsanwalt

Nachdem der Vorsitzende Richter *Hoch* im anschließenden Wortgerangel dann auch noch Rechtsanwalt *Plöger*, der in dem Bemühen, das ihm zuvor vom Vorsitzenden erteilte Wort zu verteidigen, scheiterte, das Mikrofon abschaltete, war's auch um dessen Geduld geschehen. Er stellte folgendes Ablehnungsgesuch:

"In der Strafsache
gegen die Herren Mückenberger u.a.
- 527-1/95

lehne ich im Auftrage der von mir vertretenen Nebenkläger den amtierenden Vorsitzenden, Herrn Hoch, wegen der Besorgnis der Befangenheit ab.

Begründung:

Der abgelehnte amtierende Vorsitzende ist gegenüber den von mir vertretenen Nebenklägern voreingenommen. Nachdem der Mitangeklagte Krenz einen Antrag zur Form der Fairstellung der Personalien stellen ließ, der vom Vorsitzenden abgelehnt worden war und er darauf einen Gerichtsbeschluß begehrte, wurde dem Verteidiger, von Schirach, das Wort erteilt, der Erklärungen darüber abgab, daß sein Mandant sich bereits durch die Bezeichnung "Angeklagter" beschwert fühle. Weitere Ausführungen folgten u.a., daß sein Mandant sich jetzt vor diesem Gericht verantworten müsse und er wies auf die untergegangene DDR hin und daß sein Mandant erst nach Verlesung der Anklageschrift Erklärungen abgebe. Ich erhielt dann als Nebenklägervertreter das Wort und wurde sogleich ohne Einschreiten durch den Vorsitzenden von RA Schirach gestört. Ich wollte etwas zu den Ausführungen der Verteidiger der Mitangeklagten Krenz und Schabowski aus der Sicht der Angehörigen der Opfer sagen. Mir wurde von dem Vorsitzenden das Wort entzogen und zum zweitenmal der Strom für das Mikro abgestellt. Auf meinen Protest hin, diktierte der Vorsitzende etwas in das Protokoll und er erteilte trotz meines Hinweises, ich wolle einen "unaufschiebbaren" Antrag stellen, Herrn Dr. Wissgott das Wort. Der amtierende Richter hat damit aus der Sicht meiner Nebenkläger diesen das rechtliche Gehör in unzumutbarer Weise verkürzt und mit dem Abschalten des Stromes gegenüber den Opfern und seiner Angehörigen seine Mißachtung zum Ausdruck gebracht. Andererseits ist er gegenüber dem Angeklagten und seinen Verteidigern extrem nachsichtig.

Plöger, Rechtsanwalt"

Eine Entscheidung über den Antrag *Plögers* wurde zunächst

zurückgestellt, mit Beschluß vom 1. Februar 1996 mit folgender Begründung dann zurückgewiesen:

Mit Schriftsatz ihres Nebenklägervertreters RA Plöger lehnen die Antragsteller (gemeint sind die Nebenkläger Irmgard Bittner, Karin Gueffroy sowie Karin und Horst Schmidt, Anm. d. Verf.) den Richter am Landgericht Hoch, der in diesem Verfahren den Vorsitz führt, ab. Sie begründen ihr Gesuch damit, der abgelehnte Richter sei nicht eingeschritten, als der Nebenklägervertreter RA Plöger Ausführungen zu Erklärungen der Verteidiger der Angeklagten Krenz und Schabowski habe machen wollen und dabei von dem Verteidiger des Angeklagten Schabowski gestört worden sei. Dem Nebenklägervertreter sei von dem Vorsitzenden das Wort entzogen und zum zweiten Mal das Mikrofon abgestellt worden. Auf den Hinweis des Nebenklägervertreters, er wolle einen unaufschiebbaren Antrag stelloen, sei dem Verteidiger RA Dr. Wissgott das Wort erteilt worden. Der abgelehnte Richter habe mit diesem Verhalten den Nebenklägern das rechtliche Gehör in unzumutbarer Weise verkürzt und habe seine Mißachtung gegenüber den Opfern und ihren Angehörigen zum Ausdruck gebracht. Er sei andererseits gegenüber den Angeklagten und ihren Verteidigern extrem nachsichtig.

Das Ablehnungsgesuch ist unbegründet, da ein Ablehnungsgrund nicht vorliegt. Gem. 24 Abs. 2 StPO ist ein Ablehnungsantrag begründet, wenn für den antragsberechtigten Verfahrensbeteiligten ein Grund vorliegt, der geeignet ist, Mißtrauen gegen die Unparteilichkeit eines Richters zu rechtfertigen. Dies ist der Fall, wenn der Ablehnende vernünftige Gründe hat, die ihm von seinem Standpunkt aus begründeten Anlaß geben, an der Unvoreingenommenheit und objektiven Einstellung des Richters zu zweifeln. Solche vernünftigen Gründe haben die Antragsteller nicht vorgebracht.

Der abgelehnte Richter hat sich in seiner dienstlichen Äußerung vom 29. Januar 1996 wie folgt geäußert:

'Richtig ist, daß zunächst allen Verfahrensbeteiligten Erklärungen zur Sache während der Vernehmung nach 243 Abs. 2 S. 2 StPO nicht gestattet wurden. Als ich die Annahme einer Erklärung der Verteidigung des Angeklagten Krenz ablehnte und eine Rüge dieser Anordnung nebst Begründung entgegennahm, wurde auch Rechtsanwalt Plöger auf seine Bitte dazu das Wort erteilt. Entgegen dem Vorbringen im Ablehnungsgesuch rügte ich zunächst Unterbrechungen der Ausführungen des Nebenklägervertreters durch Verteidiger und mahnte an, den

Nebenkläger ausreden zu lassen. Als Rechtsanwalt Plöger diese Gelegenheit nutzte, allgemeine Erörterungen aus der Sicht der von ihm vertretenen Nebenkläger anzubringen und Erwägungen zur Inhaftierung der Angeklagten anstellte, rügte ich seine Ausführungen dahingehend, daß zu solchen Fragen derzeit keine Erklärungen abgegeben werden sollen. Während der Begründung meiner Rüge fiel mir Rechtsanwalt Plöger lautstark ins Wort. Ich entzog ihm das Wort. Um mir Gehör zu verschaffen, schaltete ich das Mikrofon auf den Richtertisch um (vergl. BGHR 24 Abs. 2 StPO Vorsitzender 4). Es war das erste Mal in der jetzt laufenden Hauptverhandlung; ich mußte allerdings bereits mehrfach einen sachlichen Tonfall anmahnen. Rechtsanwalt Plöger war weiterhin auch ohne technische Hilfsmittel von allen Beteiligten gut zu verstehen. Sobald Ruhe einkehrte, schaltete ich das Mikrofon wieder zurück und erteilte Rechtsanwalt Plöger erneut das Wort.

Ich fühle mich nicht befangen.'

Die Verhandlungsführung des Vorsitzenden ist nicht zu beanstanden und veranlaßt aus der Sicht eines vernünftigen Verfahrensbeteiligten nicht dazu, die Unvoreingenommenheit bei der Amtsausübung in Zweifel zu ziehen. Der Vorsitzende hat in einer zulässigen und durch die Beschleunigungsmaxime gebotenen, der Aufrechterhaltung eines geordneten Sitzungsablaufes dienenden Weise dafür Sorge getragen, daß entsprechend seiner Anordnung, während der Vernehmung nach 243 Abs. 2 Satz 2 StPO Erklärungen zur Sache nicht zu gestatten, verfahren werden konnte. Entgegen der Darstellung der Antragsteller ist nach der dienstlichen Erklärung des abgelehnten Richters in Übereinstimmung mit dem Protokoll der Hauptverhandlung vom 29. Januar 1996 auch nicht dem Verteidiger RA Dr. Wissgott das Wort erteilt worden, nachdem der Vertreter der Antragsteller einen unaufschiebbaren Antrag gestellt hatte. Im übrigen wäre der Vorsitzende im Rahmen der ihm zugewiesenen Verhandlungsleitung befugt gewesen, die Reihenfolge, in der die Prozeßbeteiligten gehört werden, zu bestimmen, ihnen das Wort zu erteilen und es zu entziehen, wenn sie es mißbrauchen (vergl. Kleinknecht-Meyer-Goßner StPO 42. Aufl. 238 Rdnr. 5). Mit seiner Vorgehensweise hat der Vorsitzende weder gegenüber den Antragstellern "seine Mißachtung zum Ausdruck gebracht" noch ihr rechtliches Gehör "in unzumutbarer Weise verkürzt". Die in dieser Weise vorgenommene Bewertung der Antragsteller entspricht nicht dem objektiven Maßstab, der der Beurteilung zugrunde zu legen ist. Das prozessual zulässige, rechtsfehlerfreie und sachlich gerechtfertigte Verhalten eines Richters kann nicht die Besorgnis der Befangenheit begründen.

Soweit die Antragsteller ihr Ablehnungsgesuch darauf beziehen, der Vorsitzende sei "extrem nachsichtig" gegenüber den Angeklagten und ihren Verteidigern, ist diese pauschale Behauptung nicht geeignet, die Besorgnis der Befangenheit zu begründen. Sollte hier ein selbständiger Ablehnungsgrund gemeint sein, läßt sich angesichts der Allgemeinheit des Vortrages bereits nicht feststellen, ob die Frist des 25 Abs. 2 Satz 1 Nr. 2 StPO eingehalten worden ist.

Die Stellungnahme des Nebenklägervertreters RA Plöger vom 30. Januar 1996 sowie der Staatsanwaltschaft II bei dem Landgericht Berlin lagen bei der Entscheidungsfindung vor.

Diese Entscheidung kann gem. 28 Abs. 2 Satz 2 StPO nur zusammen mit dem Urteil angefochten werden.

Meunier-Schwab   Arnoldi   Dr. Kessel

Nachdem eine Entscheidung über *Plögers* Befangenheitsgesuch erst einmal zurückgestellt wurde, wurde auch eine Entscheidung des Vorsitzenden, vor Feststellung der Personalien der Angeklagten keine Anträge mehr von *Dr. Wissgott* entgegenzunehmen, durch Gerichtsebschluß bestätigt.

Danach konnte Richter *Hoch* dann aus seiner Sicht endlich die Feststellung der Personalien der Angeklagten durchsetzen. Bis auf *Egon Krenz* gaben alle bereitwillig Auskunft über Name, Vorname, Geburtstag und Geburtsort sowie Wohnsitz und Familienstand. *Egon Krenz* betonte lediglich, daß er *"Egon Krenz"* heiße und seine Anwesenheit bereits zu Beginn der Verhandlung festgestellt wurde. Zu weiteren Angaben wäre er nur bereit, wenn er zuvor eine Gelegenheit zu einer persönlichen Erklärung bekäme. Der Vorsitzende Richter ließ es dabei bewenden. Er hatte nun endlich durch die Feststellung der Personalien der Angeklagten "freie Fahrt" dahingehend erreicht, den Anklagevertretern Gelegenheit zur Verlesung der Anklage zu geben.

Der sechste und siebte Verhandlungstag

Die Verlesung des Anklagesatzes

Bevor es zur Verlesung der Anklageschrift kam, die sich über zwei Verhandlungstage hinzog, stellte der Hager-Verteidiger *Olaf D. Franke*, den Antrag, den 2. Absatz der Seite 14 des Anklagesatzes deshalb nicht zu verlesen, weil er eine Beweiswürdigung vorwegnehme. Im übrigen sei die Anklageschrift mit überflüssigen Einzelheiten überfrachtet und könne die Schöffen beeinflussen. Diesem Antrag schlossen sich -das war ein Novum in diesem Prozeß- die übrigen Angeklagten ausnahmslos und uneingeschränkt an.

Das Gericht lehnte den Antrag aber erwartungsgemäß ab. Rechtsanwalt *Unger* kündigte daraufhin an, die Schöffen im Falle der unveränderten Verlesung des Anklagesatzes abzulehnen.

Auf Anordnung des Vorsitzenden wurde dann mit der Verlesung des Anklagesatzes begonnen. Am sechsten Verhandlungstag kam es aufgrund des schlechten Gesundheitszustandes des Angeklagten *Hager* nur zur Verlesung bis auf Seite 13, ausgerechnet bis kurz vor der Stelle, die Rechtsanwalt *Franke* mit seinem Antrag gerügt hatte.

Am nächsten Verhandlungstag gab dann Oberstaatsanwalt *Bernhard Jahntz* bekannt, den 2. Absatz der Seite 14 in geänderter Fassung vorzulesen. Das Gericht ließ diese Änderung zu.

Die Anklageschrift

Anklageschrift (hier Abdruck des Anklagesatzes) der Staatsanwaltschaft II vom 30.11.1994

Staatsanwaltschaft II
bei dem Landgericht Berlin
25/2 Js 20/92

Schwurgerichtsanklage

1. Das frühere Mitglied des Politbüros und früherer Sekretär des Zentralkomitees der SED, Vorsitzender der Zentralen Parteikontrollkommission der SED, Mitglied des Präsidiums der Volkskammer und Vorsitzender der SED-Fraktion in der Volkskammer der ehemaligen DDR

Erich M ü c k e n b e r g e r,

2. das frühere Mitglied des Politbüros und früherer Sekretär des Zentralkomitees der SED, Mitglied des Staatsrates und Mitglied des Nationalen Verteidigungsrates der ehemaligen DDR

Prof. Dr. h.c. Kurt Leonhard H a g e r,

3. das frühere Mitglied des Politbüros des Zentralkomitees der SED, früherer Erster Sekretär der Bezirksleitung Rostock der SED und früheres Mitglied des Staatsrates der ehemaligen DDR

Harry T i s c h,

4. das frühere Mitglied des Politbüros und früherer Sekretär des Zentralkomitees der SED der ehemaligen DDR

Horst D o h l u s,

5. das frühere Mitglied des Politbüros und früherer Sekretär des Zentralkomitees der SED, kurzzeitig Generalsekretär der SED, früheres Mitglied und kurzzeitig Vorsitzender des Staatsrates und des Nationalen Verteidigungsrates der ehemaligen DDR

Egon Rudi Ernst K r e n z ,

6. das frühere Mitglied des Politbüros des Zentralkomitees der SED, Mitglied des Nationalen Verteidigungsrates und früherer Stellvertretender Vorsitzender des Ministerrates der ehemaligen DDR

Günther K l e i b e r,

7. das frühere Mitglied des Politbüros, früherer Sekretär des Zentralkomitees der SED und Erster Sekretär der Bezirksleitung Berlin der SED der ehemaligen DDR

Günter S c h a b o w s k i

werden a n g e k l a g t,

in Berlin, im ehemaligen Grenzgebiet um Brerlin (West) und an der ehemaligen Grenze zur Bundesrepublik Deutschland

1. Der Angeschuldigte Mückenberger

vom 28. April 1962 bis zum 5. Februar 1989 durch 66 unselbständige Teilakte (Fälle 1 - 66),

2. der Angeschuldigte Hager

vom 10. August 1963 bis zum 5. Februar 1989 durch 62 unselbständige Teilakte (Fälle 5 - 66),

3. der Angeschuldigte Tisch

vom 2. August 1976 bis zum 5. Februar 1989 durch 22 unselbständige Teilakte (Fälle 45 - 66)

4. der Angeschuldigte Dohlus

vom 22. November 1980 bis zum 5. Februar 21989 durch 15
unselbständige Teilakte (Fälle 52 - 66),

5. der Angeschuldigte Krenz

vom 25. Dezember 1983 bis zum 5. Februar 1989 durch 8
unselbständige Teilakte (Fälle 59 - 66),

6. der Angeschuldigte Kleiber

vom 26. Juni 1984 bis zum 5. Februar 1989 durch 6 unselbständige
Teilakte (Fälle 61 - 66),

7. der Angeschuldigte Schabowski

vom 26. Juni 1984 bis zum 5. Februar 1989 durch 6 unselbständige
Teilakte (Fälle 61 - 66),

gemeinschaftlich handelnd

Menschen getötet zu haben, ohne Mörder zu sein (Fälle 1 bis 14,
16, 18 bis 22, 24 bis 27, 29 bis 33, 35 bis 36, 39 bis 44, 47, 51 bis
52, 58 bis 60, 63 bis 66)

bzw. eine solche Tat versucht zu haben
(Fälle 15, 17, 23, 28, 34, 37 bis 38, 45 bis 46, 48 bis 50, 53 bis 57,
61 bis 62).

Den Angeschuldigten wird folgendes zur Last gelegt:

In Ausübung ihrer politischen Ämter, insbesondere als Mitglieder
des in Berlin tagenden Politbüros des Zentralkomitees (ZK) der
SED, waren die Angeschuldigten über verschieden lange Zeiträume
entscheidend an der Errichtung bzw. dem nachfolgenden Ausbau
und an der Aufrechterhaltung der Grenzsperranlagen zur
Bundesrepublik Deutschland in ihren damaligen Grenzen und zum
Westteil Berlins ab August 1961 beteiligt.

Hierbei nahmen sie die Tötung und Verletzung Fluchtwilliger durch Schußwaffengebrauch der Grenzposten bzw. Detonationen von Erd- und Splitterminen zumindest billigend in Kauf.

A.

I.

Das Politbüro des ZK der SED bildete das höchste und unkontrollierte Machtorgan in der ehemaligen DDR.

Über eine umfassende Instrumentalisierung des gesamten Staatsapparates steuerte es Aufbau, Struktur, Organisation und personelle Zusammensetzung unter anderem der für Sicherheitsfragen zuständigen staatlichen Organe und bewaffneten Kräfte.
Darüber hinaus besaß es höchste materielle Entscheidungsgewalt in sämtlichen Verteidigungs-, Sicherheits- und Grenzsicherungsfragen.
Maßgeblich für das Grenzregime der DDR in seiner jeweiligen Ausprägung waren stets die Grundentscheidungen durch das Politbüro.
Diese teils selber anordnenden, teils auch die Entscheidungen anderer Gremien stillschweigend oder ausdrücklich billigenden Entscheidungen waren für sämtliche Organe und Gremien nicht nur der Partei, sondern auch des Staates verbindlich und wurden, soweit erforderlich, durch formal vorgeschaltete staatliche Organe übernommen und bestätigt, im übrigen durch Entscheidungen nachgeordneter Organe und Funktionsträger konkretisiert und ergänzt.

Insbesondere waren auch die vom Politbüro 1953 als Hilfsorgan geschaffene Sicherheitskommission sowie der diese Kommission 1960 ablösende, auf Initiative des Politbüros gebildete Nationale Verteidigungsrat (NVR) der DDR dem Politbüro in der Entscheidungskompetenz nachgeordnet und an dessen Vorgaben gebunden. Hieran änderte nichts, daß der NVR als formal selbständiges und oberstes, kollektives Führungsorgan der Landesverteidigung in der Verfassung der DDR verankert und mit weitreichenden Kompetenzen versehen war.

Zu keiner Zeit hatte sich das Politbüro seiner Entscheidungsbefugnis hinsichtlich der Ausgestaltung des Grenzregimes der DDR begeben; es war vielmehr jederzeit in der Lage, Änderungen des Grenzregimes zu beschließen und durchzusetzen.

II.

Während ihrer Mitgliedschaft im Politbüro trugen die Angeschuldigten die Entscheidungen dieses Gremiums aufgrund der dort herrschenden kollektiven Verantwortlichkeit mit. Dabei faßten die Angeschuldigten zum Teil grundlegende Beschlüsse zur Errichtung und zum Ausbau des Grenzregimes, um Fluchten aus der ehemaligen DDR in den Westen zu verhindern.

Soweit die Angeschuldigten nicht selbst an konkreten Beschlüssen zum Grenzregime mitwirkten, machten sie in Kenntnis der Tatsache, daß den Einsatz von Schußwaffen, Minen und Selbstschußanlagen zur Fluchtverhinderung um jeden Preis anordnende Entscheidungen ergangen waren und gemäß den darauf orientierten Vorgaben des Politbüros weiter ergehen würden, sich diese Entscheidungen und Vorgaben zu eigen, nahmen diese sowie die sie konkretisierenden und ergänzenden Entscheidungen insbesondere des Nationalen Verteidigungsrates der DDR zur Grenzsicherung zumindest billigend in Kauf.
Sie unterließen es hierbei im Bewußtsein ihrer tatsächlichen Machtposition entgegen ihrer in der DDR-Verfassung und in internationalem Recht gesetzlich normierten Garantenpflicht für Leben und Freiheit der Bürger der DDR, auf eine ihnen und dem von ihnen getragenen Politbüro vorbehaltene und mögliche Humanisierung des Grenzregimes hinzuwirken.

Über dieses Grenzregime, wie es sich nach der Staatspraxis der DDR darstellte, waren die Angeschuldigten als Mitglieder wie auch bereits als noch nicht stimmberechtigte Kandidaten des Politbüros durch entsprechende Meldungen, Informationen und Berichte zur Lage an der Staatsgrenze und den sich dort ereignenden Vorfällen, insbesondere die Tötung und Verletzung von Flüchtenden, stets genügend informiert.

III.

1.

Unter Mitwissen und teilweiser Mitwirkung des Angeschuldigten Mückenberger als Mitglied des Politbüros und teilweisem Mitwissen des Angeschuldigten Hager als Kandidat des Politbüros betrieb dieses Führungsorgan der SED, teilweise auf sowjetischen Bestimmungen aufbauend und vereinzelt im Zusammenwirken mit der von ihm abhängigen Sicherheitskommission, bereits von 1952 bis Mitte 1961 für sämtliche Organe des DDR-Staates verbindlich die Einführung und den Ausbau eines sogenannten besonderen Regimes an der Demarkationslinie. Hierbei versuchte es, mit immer regideren und die Bevölkerung immer mehr einschränkenden Maßnahmen die Abwanderung aus der DDR aufzuhalten.

2.

Mangels ausreichender Wirksamkeit der bis dahin ergriffenen Maßnahmen traf schließlich das Politbüro des ZK der SED unter Mitwirkung des Angeschuldigten Mückenberger ab 1961 und des Angeschuldigten Hager ab 1963 in der Zeit zwischen August 1961 und Januar 1973, hierbei insbesondere am Anfang und gegen Ende des Zeitraumes, aktiv wichtige Entscheidungen zur Errichtung und zum fortlaufenden Ausbau der Sperranlagen an der Grenze der DDR zur Bundesrepublik Deutschland in ihren damaligen Grenzen und zum Westteil Berlins.
Da nach Schließung der Grenzen 1961 und der anschließenden Festigung des Grenzregimes für das Politbüro zunächst keine Notwendigkeit mehr bestand, sich in der bis dahin praktizierten Weise fortwährend und umfassend Problemen der "Republikflucht" und Grenzsicherung zu widmen, bediente sich das Politbüro zwischen 1962 und 1971 verstärkt des Nationalen Verteidigungsrates, der gemäß den fortwirkenden Vorgaben des Politbüros die Perfektionierung der Grenzsicherung betrieb.

3.

Schließlich unterließ das Politbüro des ZK der SED als das auch beim Grenzregime zu staatlich bindenden Grundsatzentscheidungen berufene und befähigte Organ in

Kenntnis aller Angeschuldigten in den eineinhalb Jahrzehnten zwischen 1973 und 1989 bewußt die Entscheidung eines vollständigen Abbaus der tödlich wirkenden Grenzsperranlagen. Bis 1984 duldete es damit die Tötung und Verletzung von Flüchtenden durch Selbstschußanlagen, bis 1989 deren Tötung durch den Einsatz von Schußwaffen.

Hierzu korrespondierte als Bestandteil des Grenzregimes die auch in der Zeit der Beteiligung der DDR an den Wiener KSZ-Verhandlungen gemäß den Vorgaben des Politbüros weiterhin restriktiv gehandhabte Ausreisepraxis der DDR. Diese führte trotz des Beitritts der DDR zum Internationalen Pakt über bürgerliche und politische Rechte die dort postulierte Freizügigkeit dadurch ad absurdum, daß sie die grundsätzlich für zulässig erklärten Beschränkungen dieser Freizügigkeit zur Regel machte. Dadurch war es für eine Vielzahl ausreisewilliger DDR-Bürger faktisch unmöglich, ihr Recht auf Freizügigkeit anders als durch einen Fluchtversuch durch die Grenzsperranlagen zu verwirklichen.

Für den Angeschuldigten Tisch bestand hierbei ab 1975, für den Angeschuldigten Dohlus ab 1980, für den Angeschuldigten Kleiber ab 1984, für den Angeschuldigten Krenz ab 1983 und für den Angeschuldigten Schabowski ab 1984, für letztere beide auch auf der Grundlage ihrer ab 1976 (Krenz) bzw. ab 1981 (Schabowski) als Kandidaten des Politbüros gewonnenen Erkenntnisse, aufgrund ihrer Zugehörigkeit zu diesem höchsten Partei- und letztlich staatsleitenden Organ die Rechtspflicht und die tatsächliche, jedoch nicht wahrgenommene Möglichkeit, auf eine Humanisierung des Grenzregimes hinzuwirken, um damit die Tötung und Verletzung von Flüchtenden zu verhindern.

IV.

1.

Die in Grenzangelegenheiten bereits vor Beginn der Sperrmaßnahmen des 13. August 1961 bis einschließlich 3. Dezmber 1957 gefaßten Beschlüsse des Politbüros -mit Ausnahme derjenigen vom 20. Mai 1952- ergingen jeweils unter Sitzungsteilnahme des Angeschuldigten Mückenberger als Kandidaten des Politbüros:

(Dieser Absatz -Seite 14, 2. Absatz der Anklageschrift- wurde aufgrund des Protestes der Verteidiger der Angeklagten nachträglich von der Staatsanwaltschaft geändert; Anm. d. Verf.).

- Am 13. Mai 1952 beschloß das Politbüro Maßnahmen zur Errichtung eines *"besonderen Regimes an der Demarkationslinie"* und beauftragte den Ministerpräsidenten, zur Durchführung dieser Maßnahmen eine besondere Regierungskommission zu berufen.

- Am 20. Mai 1952 beschloß das Politbüro die Verstärkung der Bewachung der Demarkationslinie.

- Am 1. Juli 1952 ließ sich das Politbüro über die Durchführung des Beschlusses vom 13. Mai 1952 berichten und rügte bei der Durchführung der Aktion entstandene *"Mängel".*

- Am 29. Juli 1952 beschloß das Politbüro die *"Verlagerung von Betrieben aus der Demarkationslinie".*

- Am 12. August 1952 beschloß das Politbüro seinen *"Arbeitsplan",* der die Machtposition und Entscheidungskompetenz des Politbüros in Grenzsicherungsfragden festschrieb.

- Am 9. September 1952 beschloß das Politbüro Maßnahmen zur Eindämmung der *"Wanderungsbewegung sowohl von Ost nach West wie umgekehrt".*

- Am 6. Januar 1953 erließ das Politbüro weitere Maßnahmen gegen die *"Republikflucht".*

- Am 20. Januar 1953 faßte das Politbüro Beschlüsse zwecks Änderung der bisherigen Regelungen für die Genehmigung von Auslandsreisen.

- Am 9. Juni 1953 traf das Politbüro Regelungen zur *"Rückführung von Republikflüchtigen und zur Änderung des Regimes im Grenzstreifen".*

- Am 15. September 1953 rief das Politbüro im Rahmen einer *"Geschäftsordnung des Zentralkomitees und seines Apparates"* die ihm zugeordnete <u>*"Kommission für Sicherheitsfragen"*</u>

(-Sicherheitskommission-) ins Leben, die sich mit Fragen der "Sicherheit und Verteidigung des Landes" zu befassen hatte.

Seit ihrer Gründung wurden in der Sicherheitskommission, deren Zusammensetzung vom Politbüro festgelegt wurde und die diesem über ihre Tätigkeit Bericht erstattete, zum Teil neben dem Politbüro und über dessen Beschlüsse hinaus, jedoch stets in Übereinstimmung mit der vom Politbüro vorgegebenen Grundlinie, bis 1960 zahlreiche die Sicherheit der DDR betreffende Fragen behandelt, entsprechende Beschlüsse gefaßt und Anordnungen erlassen.

- Am 15. Dezember 1953 ergriff das Politbüro u.a. auf der Grundlage seines Beschlusses vom 6. Januar 1953 weitere Maßnahmen "im Kampf gegen die Republikflucht" einschließlich verbindlicher Vorgaben für die "Organe der Justiz", die Prozesse gegen "Abwerber" zu führen hätten.

- Am 15. Juni 1954 erließ das Politbüro u.a. ein Verbot des Passierens der Demarkationslinie außerhalb der bestehenden Kontrollpassierpunkte.

- Am 11. Januar 1955 erweiterte das Politbüro dieses Verbot u.a. auf das Passieren der "Grenze der DDR sowie der Demarkationslinie und der Sektorengrenzen zwischen der DDR und Groß-Berlin" außerhalb der festgelegten Kontrollstellen und beschloß verbindliche Vorgaben für strafprozessuale Maßnahmen gegen "Bürger der DDR, die republikflüchtig wurden und die durch Organe der Voilkspolizei gestellt werden".

- Am 17. April 1956 beschloß das Politbüro "ökonomische" und "politische Maßnahmen zur Verhinderung der Republikflucht".

- Am 3. Dezember 1957 schuf das Politbüro durch verbindliche Vorgabe an die Volkskammer mit einer Änderung der 8 und 9 des Paßgesetzes erstmals einen selbständigen Straftatbestand der "Republikflucht".

- In ihrer Sitzung am 22. Januar 1959 erließ die Sicherheitskommission des Politbüros "Richtlinien zu den Schußwaffengebrauchs-Vorschriften der bewaffneten Organe der

Deutschen Demokratischen Republik", in denen unter anderem "der Schußwaffengebrauch an den Staatsgrenzen West und Nord (See), am Ring um Berlin und an den Berliner Sektorengrenzen ... außer im Fall der Notwehr bei bewaffneten Angriffen untersagt" wurde.

- Am 24. Februar 1959 bestätigte das Politbüro bei Sitzungsteilnahme des Angeschuldigten Mückenberger als Mitglied des Politbüros ausdrücklich unter anderem den Beschluß der Sicherheitskommission vom 22.1.1959 über den Schußwaffengebrauch.

- Am 8. Dezember 1959 bestätigte das Politbüro den "Entwurf des Gesetzes über die Bildung des Nationalen Verteidigungsrates der DDR" sowie den "Entwurf des Statuts des Nationalen Verteidigungsrates der DDR" und legte fest, daß "die grundsätzlichen Beschlüsse des Nationalen Verteidigungsrates der DDR ... dem Politbüro des Zentralkomitees zur Bestätigung vorzulegen" seien.
Weiter wurde beschlossen, daß die Funktion der Sicherheitskommission des Politbüros nach Bildung des Nationalen Verteidigungsrates auf diesen übergehe.

- Am 6. Juni 1961 bekräftigte das Politbüro bei Sitzungsteilnahme des Angeschuldigten Hager als Kandidat des Politbüros das Erfordernis von Maßnahmen zur "weitergehenden Eindämmung der Grenzgängerbewegung nach Westberlin aus der Hauptstadt der DDR und den Grenzkreisen um Berlin".

- Am 27. Juni 1961 stellte das Politbüro mit dem u.a. vom Angeschuldigten Dohlus erarbeiteten Arbeitsplan des Zentralkomitees der SED für das II. Halbjahr 1961 erneut die Notwendigkeit fest, einen "entscheidenden Kampf gegen die Republikflucht zu führen".

- Am 18. Juli 1961 setzte das Politbüro eine Arbeitsgrupppe ein "mit der Aufgabe, Maßnahmen auszuarbeiten, wie jetzt mit legalen Mitteln der Kampf gegen diese Fluchtwelle geführt wird", wobei die Fluchtwelle aus der DDR gemeint war.

- Noch am 28. Juli 1961 mußte das Politbüro "in den letzten Tagen ... eine verstärkte Republikflucht von Bürgern der Deutschen

Demokratischen Republik" feststellen und veranlaßte weitere Maßnahmen "zur Einschränkung der Republikflucht" und "zur Unterbindung des Menschenhandels".

2.

Der weiteren Errichtung, dem Ausbau und der Aufrechterhaltung des Grenzregimes seit dem 13. August 1961 lagen im einzelnen folgende Entscheidungen des Politbüros und des ihm in der Entscheidungskompetenz nachgeordneten Nationalen Verteidigungsrates zugrunde:

- Am 7. August 1961 beschloß das Politbüro unter Mitwirkung des Angeschuldigten Mückenberger als Mitglied und bei Sitzungsteilnahme des Angeschuldigten Hager als Kandidat des Politbüros
nach der Anfang August stattgefundenen Beratung der Ersten Sekretäre der Zentralkomitees der Kommunistischen und sogenannten Arbeiterparteien der Staaten des Warschauer Vertrages die Durchführung der ab dem 13. August 1961, 00.00 Uhr, beginnenden strengen Grenzsicherungsmaßnahmen.
So ordnete das Politbüro an, für Freitag, den 11. August 1961, die Volkskammer einzuberufen, die ihre Übereinstimmung mit den Beschlüssen der vorgenannten Beratung erklären und des weiteren "einen Beschluß zur Frage des Kampfes gegen den Menschenhandel fassen" sollte, in dem dem Ministerrat alle Vollmachten erteilt würden.
Weiter beschloß das Politbüro, daß "der Beginn der vorgesehenen Maßnahmen zur Kontrolle" in der Nacht vom Sonnabend zum Sonntag aufgrund eines Beschlusses des Ministerrates zu erfolgen habe.

- Am 11. August 1961 bestätigte das Politbüro unter Mitwirkung des Angeschuldigten Mückenberger als Mitglied und bei Sitzungsteilnahme des Angeschuldigten Hager als Kandidat des Politbüros
den "Entwurf eines Beschlusses des Ministerrates aufgrund der Erklärung der Teilnehmer-Staaten des Warschauer Vertrages und des Beschlusses der Volkskammer".
Jener Beschluß des Ministerrates sah vor, "eine solche Kontrolle

an den Grenzen der Deutschen Demokratischen Republik einschließlich der Grenze zu den Westsektoren zu Groß-Berlin einzuführen, wie sie an den Grenzen jedes souveränen Staates üblich" sei. Ausdrücklich wurde gefordert, daß an den "Westberliner Grenzen eine verläßliche Bewachung und eine wirksame Kontrolle zu gewährleisten" sei, wobei diese Grenze "von Bürgern der DDR nur noch mit besonderer Genehmigung passiert werden" dürften.

- Am 14. August 1961 bestätigte das Politbüro unter Mitwirkung des Angeschuldigten Mückenberger als Mitglied und bei Sitzungsteilnahme des Angeschuldigten Hager als Kandidat des Politbüros
einen Tag nach beginn der Errichtung der Sperrmaßnahmen "die Schlußfolgerungen aus der gegenwärtigen Lage und dem Stand der durchgeführten Maßnahmen" und ordnete in diesem Zusammenhang u.a. an, daß der Minister des Innern Maßnahmen festzulegen habe, "daß die provisorisch angelegten Sperren an den gesperrten Übergängen nach Westberlin fest ausgebaut werden". Weiter wurden der Befehl des Ministers des Innern zur Gewährleistung der Sicherheit in der 5-km-Sperrzone sowie der Befehl des Ministers des Innern über die Erhöhung der Sicherheit im Grenzsperrgebiet an der Staatsgrenze West der DDR bestätigt. Letztgenannter Befehl betonte, daß es erforderlich sei, auch im Sperrgebiet an der Staatsgrenze eine straffe Ordnung durchzusetzen.

- Am 15. August 1961 befaßte sich das Politbüro unter Mitwirkung des Angeschuldigten Mückenberger als Mitglied und bei Sitzungsteilnahme des Angeschuldigten Hager als Kandidat des Politbüros
mit einer "Einschätzung der gegenwärtigen Lage in Durchführung der Beschlüsse der Volkskammer und des Ministerrates" und beschloß hierzu, daß, nachdem "die Maßnahmen zur vorläufigen Sicherung der Grenzen nach Westberlin" im wesentlichen durchgeführt seien, es bereits jetzt erforderlich sei, "einen Plan für den weiteren Ausbau der Grenzsicherung in der zweiten Etappe auszuarbeiten". Für die Ausarbeitung wurde u.a. Erich Honecker als verantwortlich bezeichnet.
In diesem Zusammenhang ordnete das Politbüro die "Ausarbeitung eines exakten Planes für den Übergang zu einer regulären Grenzsicherung" bis zum 21. August 1961 sowie "die Ausarbeitung

eines Planes für die reguläre Sicherung der Staatsgrenze West durch die Truppenteile der Grenzpolizei und Truppenteile der Nationalen Volksarmee mit dem System der periodischen Ablösung" bis zum 28. August 1961 an, wobei für die letztere Aufgabe wiederum Erich Honecker und auch der anderweitig Verfolgte Erich Mielke verantwortlich sein sollten.

Mit demselben Beschluß wurde Erich Honecker beauftragt, unter Leitung des damaligen Leiters der Abteilung für Sicherheitsfragen des ZK der SED "eine Gruppe zur laufenden Bearbeitung der Vorkommnisse in der Republik einzusetzen". Schließlich wurde vom Politbüro der Befehl an die Einsatzleitung Berlin bestätigt, "Hindernisse an den bestehenden Übergängen" zu den Westsektoren zu errichten.

Ferner wies das Politbüro den Stab des Ministeriums des Innern an, umgehend Maßnahmen zu treffen, "um den Sicherungskräften an Ort und Stelle durch ausgebildete Spezialkräfte Hilfe und Unterstützung bei der Anlegung der Sperren zu geben" und erklärte, daß es notwendig sei, "an den Ufern zusätzlich Drahtsperren zu errichten".

- Am 22. August 1961 erörterte das Politbüro unter Mitwirkung des Angeschuldigten Mückenberger als Mitglied des Politbüros weitere umfangreiche "Maßnahmen zur Sicherung der Grenzen der DDR".

Hierbei wurden "die vorgeschlagenen Maßnahmen (Übergang von der 1. Etappe zur 2. Etappe) der Grenzsicherung, zur weiteren Festigung der Grenzen der Hauptstadt der DDR und Westberlin" bestätigt.

Unter anderem erteilte das Politbüro Anordnungen zum "Aufbau der neu zu schaffenden Grenzbrigade Berlin" und beauftragte den Stellvertreter des Ministers des Innern für bewaffnete Kräfte, "die erforderlichen Maßnahmen einer regulären Grenzsicherung unmittelbar in Angriff zu nehmen und dieselben bis zum 28.8.1961 im wesentlichen zum Abschluß zu bringen".

"Zur Verstärkung der Grenzsicherung an der Staatsgrenze West und der Einführung eines ordnungsgemäßen Grenzregimes" wurde der Minister des Innern beauftragt, in Zusammenarbeit mit dem Minister für Nationale Verteidigung und dem Minister für Staatssicherheit einen "Beschluß auszuarbeiten, der dem Nationalen Verteidigungsrat am 28.8.1961 zur Bestätigung vorzulegen" sei.

Weiter ordnete das Politbüro an, daß aufgrund von Reden des damaligen Regierenden Bürgermeisters von Berlin Brandt, wonach "die Angehörigen der Nationalen Volksarmee und Volkspolizei bei Provokationen an der Grenze von der Schußwaffe keinen Gebrauch machen" würden, zu veranlassen sei, "daß durch Gruppen, Züge oder Kompanien schriftliche Erklärungen abgegeben werden, die beinhalten, daß sie voll verstanden haben, um was es geht und daß jeder, der die Gesetze" der DDR "verletzt -auch wenn erforderlich- durch Anwendung der Waffe zur Ordnung gerufen" werde. Schließlich bestätigte das Politbüro in seinem Beschluß vom 22. August 1961 eine vom Minister des Innern zu erteilende sogenannte "nochmalige Warnung zum Schutze friedliebender Bürger an den Grenzen zu Westberlin", in der alle Personen nochmals eindringlich darauf hinzuweisen seien, "im Interesse ihrer eigenen Sicherheit an den Grenzen zwischen der Hauptstadt der Deutschen Demokratischen Republik (Demokratisches Berlin) und Westberlin in einem Abstand von beiderseits 100 m fernzubleiben".

- Am 29. August 1961 bestätigte das Politbüro unter Mitwirkung des Angeschuldigten Mückenberger als Mitglied des Politbüros die vom Ministerium des Innern zu treffende Bekanntmachung über die "Ordnung zur Gewährleistung der Sicherheit an der Westgrenze der DDR" und nahm den "Entwurf des Befehls des Ministeriums des Innern zur Gewährleistung der Sicherheit im Sperrgebiet an der Staatsgrenze" der DDR als Grundlage an.
Mit letztgenanntem Befehl wurde der Kommandeur der Deutschen Grenzpolizei angewiesen, zu gewährleisten, "daß der 10-m-Kontrollstreifen ununterbrochen in einem solchen Zustand gehalten wird, daß Spuren auch bei Nacht festgestellt werden können"; weiter wurde mit dem Befehl angeordnet, "Straßen und Wege, die den 10-m-Kontrollstreifen überqueren ... aufzubrechen und durch Pioniersperren unpassierbar zu machen"; "zur Gewährleistung der Sichtmöglichkeit der eingesetzten Grenzposten" wurde festgelegt, "das Gelände unmittelbar längs des 10-m-Kontrollstreifens von Gestrüpp zu säubern" und dichtes Unterholz zu lichten.
Weiterhin nahm das Politbüro den "Bericht des Ministers für Nationale Verteidigung über den Stand der Ausarbeitung eines Planes über die reguläre Sicherung der Staatsgrenze durch Einheiten der Grenzpolizei und der Nationalen Volksarmee" zustimmend zur Kenntnis und ordnete an, daß "alle erforderlichen Maßnahmen ... so zu treffen" seien, "daß bis spätestens 30. No-

vember 1961 die Grenzsicherung an der Staatsgrenze West, entsprechend der Direktive des Politbüros, erfolgt".
Schließlich bestimmte das Politbüro, daß durch den Minister für Nationale Verteidigung, Hoffmann, in Abstimmung mit dem Minister des Innern, Maron, und dem Minister für Staatssicherheit *"Arbeitsgruppen einzusetzen"* seien, *"die an Schwerpunkten der Staatsgrenze West an Ort und Stelle"* festzulegen hätten, *"welche Sicherungsmaßnahmen bis zu einem bestimmten Zeitpunkt an der Staatsgrenze West durchzuführen sind"*. Hoffmann und Maron wurden beauftragt, dem Nationalen Verteidigungsrat *"eine Vorlage über die Gewährleistung der Sicherheit an der Seegrenze der DDR, einschließlich ihrer Hoheitsgewässer, zu unterbreiten"*. Der Minister für Nationale Verteidigung und das Ministerium des Innern wurden angewiesen, *"die Beschaffung der Materialien für die pioniermäßige Sicherung der Staatsgernze West"* zu veranlassen.

- *Am 19. September 1961 beauftragte das Politbüro unter Mitwirkung des Angeschuldigten Mückenberger als Mitglied und bei Sitzungsteilnahme des Angeschuldigten Hager als Kandidat des Politbüros*
anläßlich erfolgter *"Durchbrüche an der Staatsgernze gegenüber Westberlin"* Erich Honecker, *"den Einsatzstab sofort einzuberufen, um zu den Maßnahmen der sorgfältigen Sicherung der Absperrungen und ihrer Kontrolle sofort Stellung zu nehmen"*.

- *Am 20. November 1961 nahm das Politbüro unter Mitwirkung des Angeschuldigten Mückenberger als Mitglied und bei Sitzungsteilnahme des Angeschuldigten Hager als Kandidat des Politbüros*
Informationen von Walter Ulbricht *"über die Durchführung des Beschlusses zu den Befestigungsmaßnahmen an der Staatsgrenze der DDR"* entgegen.
Den Bericht über den Ablauf ließen sich die Politbüromitglieder im Umlauf zur Kenntnis geben.

- *Am 5. Dezember 1961 bestätigte das Politbüro bei Sitzungsteilnahme des Angeschuldigten Hager als Kandidat des Politbüros*
im Rahmen der *"Grundsätze der politischen und militärischen Arbeit der Nationalen Volksarmee im Ausbildungsjahr 1962"*, daß *"die pioniermäßige Sicherung der Staatsgernze West ... entsprechend*

dem Plan durchzuführen" sei.

- Am 16. Januar 1962 stimmte das Politbüro unter Mitwirkung des Angeschuldigten Mückenberger als Mitglied und bei Sitzungsteilnahme des Angeschuldigten Hager als Kandidat des Politbüros den Entwürfen der "Verordnung über weitere Maßnahmen zum Schutze der Grenze zwischen der DDR und Westberlin" sowie zwei weiteren "Grenzordnungen" zu. In letzteren wurde "zur Schaffung einer straffen Ordnung entlang der Grenze" und "zur Unterstützung der Grenzsicherungsmaßnahmen" ein Sperrgebiet, bestehend aus Kontrollstreifen und Sicherheitszone, festgelegt, wobei die Grenzeinheiten bzw. die für den Berliner Bereich zuständige Grenzbrigade (B) sämtliche Zugänge zum Sperrgebiet bzw. zur Sicherheitszone zu sperren bzw. durch Pioniersperren unpassierbar zu machen hatten.

- In der 10. Sitzung des Nationalen Verteidigungsrates am 6. April 1962 wurde in Erfüllung der durch das Politbüro am 14. und 29. August 1961 festgelegten Vorgaben beschlossen, das Grenzsicherungssystem zur Verhinderung von "Grenzdurchbrüchen" weiter zu verbessern.

- In der 11. Sitzung des Nationalen Verteidigungsrates am 30. Mai 1962 wurde entsprechend der Vorgabe durch das Politbüro weiter erörtert, daß zur Verhinderung von "Grenzdurchbrüchen" die Räumung diverser Grundstücke sowie der weitere pioniertechnische Ausbau an der Grenze zu erfolgen hätten.

- Am 17. Juli 1962 befaßte sich das Politbüro unter Mitwirkung des Angeschuldigten Mückenberger als Mitglied des Politbüros mit einem "Schreiben des Genossen Ulbricht an das Präsidium des ZK der KPdSU wegen der Grenzkonflikte an der Staatsgrenze der DDR nach Westberlin" und nahm eine "Information durch den Stellvertreter des Botschafters der UdSSR in der DDR über die zustimmende Stellungnahme des Präsidiums des ZK der KPdSU zur radikalen Sicherung der Staatsgrenze der DDR nach Westberlin" zur Kenntnis.

- Am 3. August 1962 beschloß das Politbüro unter anderem, ausländische Besucher der "Hauptstadt der DDR" systematisch mit

den DDR-Grenzsicherungsmaßnahmen bekannt zu machen und an die Staatsgrenze zu führen. Dabei sei der Ausdruck "Antifaschistischer Schutzwall" zu verwenden. Für Gespräche mit ausländischen Besuchern seien "gute Genossen unter den Grenzsoldaten heranzuziehen".

- Am 14. August 1962 nahm das Politbüro unter Mitwirkung des Angeschuldigten Mückenberger als Mitglied des Politbüros die "Mitteilung des Ministeriums für Staatssicherheit über neue gescheiterte Grenzverletzungsversuche an der Staatsgrenze der DDR zu Westberlin" zur Kenntnis und gab den vorgeschlagenen Maßnahmen ausdrücklich seine Zustimmung.

- Am 28. August 1962 stimmte das Politbüro einer Vorlage des Ministeriums für Auswärtige Angelegenheiten im wesentlichen zu, die eine Auseinandersetzung mit der von der Bundesrepublik geäußerten Kritik an Grenzregime der DDR zum Inhalt hatte und in der zur Begründung ausgeführt wurde, daß "Angriffe gegen das Grenzregime der DDR" sowie "die Versuche der westdeutschen Regierung, die Grenzorgane der DDR durch Strafandrohung von einer ordnungsgemäßen Dienstausübung abzuhalten", offensiv zurückzuweisen seien.

- In der 12. Sitzung des Nationalen Verteidigungsrates am 14. September 1962 wurde ein Bericht zustimmend zur Kenntnis genommen, in dem ausgeführt worden war, daß trotz wesentlicher Verwirklichung von Beschlüssen des Nationalen Verteidigungsrates das Grenzsicherungssystem verbessert werden müsse und daß "Grenzverletzer in jedem Fall als Gegner gestellt, wenn notwendig, vernichtet" werden müßten.

- Am 30. November 1962 beschloß das Politbüro unter Mitwirkung des Angeschuldigten Mückenberger als Mitglied des Politbüros "Grundsätze der politischen und militärischen Arbeit der Nationalen Volksarmee im Ausbildungsjahr 1963", die zugleich als Grundlage für die Ausbildung der "bewaffneten Kräfte im MdI und der Staatssicherheit" dienen sollten und in denen u.a. als Aufgabe der Grenztruppen festgelegt war, daß "jegliche Grenzdurchbrüche verhindert" und daß die Maßnahmen zur "pioniermäßigen Verstärkung der Staatsgernze" planmäßig fortgesetzt würden.

- In der 14. Sitzung des Nationalen Verteidigungsrates am 13. März 1963 wurden Vorschläge für die weitere Durchführung von Pioniermaßnahmen an der "Staatsgrenze West" zustimmend zur Kenntnis genommen.

- In der 15. Sitzung des Nationalen Verteidigungsrates am 13. Juni 1963 wurde unter anderem der Abriß bzw. die Räumung bestimmter Gebäude, die "als Unterschlupf für Grenzverletzer und andere Verbrecher dienen", festgelegt.

- In der 16. Sitzung des Nationalen Verteidigungsrates am 20. September 1963 wurden eine von der Abteilung für Sicherheitsfragen des ZK der SED vorgelegte Information sowie ein Bericht des Ministeriums für Nationale Verteidigung zur Kenntnis genommen. In der Information der Abteilung für Sicherheitsfragen war unter anderem ausgeführt, daß nach wie vor "täglich Grenzdurchbrüche von Personen nach Westdeutschland und Westberlin" gelingen würden, wofür zum einen mangelhafte Schießausbildung, als auch besonders ein wenig ausgeprägtes "Treffen-Wollen" durch Grenztruppenangehörige verantwortlich seien. An Honecker und den anderweitig Verfolgten Mielke wurde der Auftrag erteilt, die Ergebnisse der geführten Aussprache hinsichtlich der Intensivierung der politisch-ideologischen Arbeit und der Schießausbildung sowie des weiteren pioniertechnischen Ausbaus der Grenze in einem Beschluß zusammenzufassen und dem Vorsitzenden des Nationalen Verteidigungsrates zur Bestätigung vorzulegen.

- In der 17. Sitzung des Nationalen Verteidigungsrates am 14. Dezember 1963 wurde eine von dem Minister des Innern und dem Minister für Nationale Verteidigung vorgelegte "Einschätzung" zur Kenntnis genommen und ein Katalog von Grundsätzen für die Durchführung weiterer Maßnahmen zur Erhöhung der Sicherheit an der Grenze zu "Westdeutschland" bestätigt. Die Abteilung für Sicherheitsfragen beim ZK der SED wurde "beauftragt, für die Bezirksleitungen den Hauptinhalt des Beschlusses und der Diskussion zusammenzufassen und dem Ersten Sekretär des Zentralkomitees zur Bestätigung vorzulegen".

- In der 20. Sitzung des Nationalen Verteidigungsrates am 29. Oktober 1964 wurde eine Information der Abteilung für

Sicherheitsfragen des ZK der SED unter anderem über "Grenzdurchbrüche" und Minenfelder zur Kenntnis genommen. In dieser Information wurde festgestellt, daß die geringe Wirksamkeit der Minensperren auch dadurch bewiesen sei, daß seit deren Bestehen (1962) nur 35 "Grenzverletzer" verletzt worden seien. Die Information enthielt Vorschläge hinsichtlich der Errichtung von Minenfeldern.

Weiter wurde in der Information hervorgehoben, daß "die Ursachen der besonderen Vorkommnisse und der teilweise noch ungenügenden Verantwortung von Kommandeuren" in einem vielfach noch ungenügenden Studium der Beschlüsse und Dokumente der Partei begründet lägen, weshalb vorgeschlagen werde, eine Erhöhung der Wirksamkeit in der politisch-ideologischen Arbeit in den Grenztruppen zu gewährleisten.

Den Minister für Nationale Verteidigung sowie den Minister des Innern beauftragte der NVR schließlich, entsprechend der vorangegangenen Aussprache, die sich auch auf die geringe Wirksamkeit von Minensperren bezogen hatte, die erforderlichen Maßnahmen zur Gewährleistung einer festen Ordnung im Grenzgebiet zu veranlassen.

- In der 23. Sitzung des Nationalen Verteidigungsrates am 18. Juni 1965 wurde beschlossen, daß der Minister des Innern und Chef der Deutschen Volkspolizei und der Minister für Nationale Verteidigung Maßnahmen zur Erhöhung der Sicherheit im Grenzgebiet zu veranlassen hätten.

- In der 36. Sitzung des Nationalen Verteidigungsrates am 23. Oktober 1969 wurde dem Vorschlag des Ministers für Nationale Verteidigung, Hoffmann, der unter anderem als Festlegung der Hauptaufgaben der Grenztruppen enthalten hatte, Grenzdurchbrüche nicht zuzulassen und zur Erfüllung der Aufgaben unter anderem den pioniertechnischen Ausbau der Grenze kontinuierlich fortzusetzen, im Prinzip zugestimmt.

- Am 27. April 1971 befaßte sich das Politbüro unter Mitwirkung der Angeschuldigten Mückenberger und Hager als Mitglieder und bei Sitzungsteilnahme des Angeschuldigten Kleiber als Kandidat des Politbüros mit Verhandlungen zwischen Michael Kohl und Egon Bahr am 30. April 1971.

Für das Auftreten der DDR-Delegation gab das Politbüro unter anderem die Anweisung, daß, falls "Bahr, wie angekündigt, irgendwelche Proteste gegen Grenzsicherungsmaßnahmen der DDR" vorbringen würde, "diese als Einmischungen in die inneren Angelegenheiten der DDR und Mißachtung ihrer souveränen Rechte und Sicherheitsinteressen entschieden zurückzuweisen" seien. Weiter sei "Verwahrung dagegen einzulegen, daß sich Organe des Innenministeriums der BRD anmaßen, den Grenzsicherungsorganen der DDR Vorhaltungen wegen der Erfüllung ihrer dienstlichen Obliegenheiten zu machen".

- Am 6. Juli 1971 erörterte das Politbüro unter Mitwirkung der Angeschuldigten Mückenberger und Hager als Mitglieder sowie bei Sitzungsteilnahme der Angeschuldigten Tisch und Kleiber als Kandidaten des Politbüros erneut "Maßnahmen zur Erhöhung der Sicherheit und Ordnung an der Staatsgrenze der DDR zur BRD". Das Politbüro nahm einen ihm hierzu unterbreiteten Bericht zur Kenntnis, in dem unter anderem aufgeführt wurde, daß eine mancherorts festzustellende "Nichtdurchsetzung der bestehenden Ordnung durch die Staatsorgane bzw. das Gestatten von unzulässigen Sonderregelungen seitens der Grenztruppen ... schwerwiegende Vorkommnisse an der Staatsgrenze", wie z.B. den "Grenzdurchbruch einer neunköpfigen Familie" begünstigt hätten. Es wurde festgestellt, daß "die Lage an der Staatsgrenze immer noch durch eine hohe Anzahl der Versuche von Grenzdurchbrüchen charakterisiert" sei. "Um die zuverlässige Erfüllung der Aufgaben in der Grenzsicherung unter diesen Bedingungen zu gewährleisten", bestünde die "Notwendigkeit, die Sicherheit und Ordnung an der Staatsgrenze der DDR zur BRD weiter zu erhöhen, wozu unter anderem der Schutzstreifen und die Sperrzone örtlich neu festzulegen seien.
"Die Geländebedingungen und die Tiefe des Schutzstreifens" müßten "gewährleisten, daß die Handlungsfreiheit der Grenztruppen bei der Erfüllung der Aufgaben in der Grenzsicherung im erforderlichen Umfang garantiert" sei. Der "Schutzstreifen" sei "unter Berücksichtigung der Lage an der Staatsgrenze, der Hauptrichtungen in der Grenzsicherung und der Geländebedingungen pionier- und signaltechnisch ... wirksamer auszubauen. Der pionier- und und signaltechnische Ausbau" sei "stärker darauf zu richten, Angriffe gegen die Staatsgrenze ... zu erschweren. Abschnitte, in denen ... komplizierte Bedingungen für

die Sicherung der Staatsgrenze" bestünden, "seien pionier- und signaltechnisch vorrangig und verstärkt auszubauen. Die Anstrengungen" seien "zielstrebig auf die Entwicklung und Errichtung solcher Sperren und signaltechnischen Anlagen" zu konzentrieren, "die eine hohe Stabilität und Sperrfähigkeit sowie eine geringe Störanfälligkeit besitzen und einen geringen Wartungsaufwand erfordern. Zur wirksamen Unterstützung der Grenzsicherungsmaßnahmen" seien "die Sperranlagen entsprechend den Erfordernissen durch Schützenminen zu verstärken".

Ausdrücklich ordnete das Politbüro unter anderem weiter an, daß durch das Ministerium für Justiz, die Generalstaatsanwaltschaft und das Oberste Gericht der DDR zu sichern sei, "daß die sozialistische Gesetzlichkeit gegenüber Grenzverletzern einheitlich und konsequent" angewandt würde.

Weiter wurden der Minister für Nationale Verteidigung und der Minister des Innern beauftragt, die Grenzordnung zu überarbeiten. Der Minister für Nationale Verteidigung wurde schließlich angewiesen, Festlegungen zu treffen, "um in Abhängigkeit von den Erfordernissen die in diesem Beschluß bestätigten Maßnahmen auch an der Staatsgrenze der Deutschen Demokratischen Republik zu Westberlin und der Seegrenze zu realisieren".

- In der 41. Sitzung des Nationalen Verteidigungsrates am 14. Juli 1972 wurde ein Bericht des Ministers für Nationale Verteidigung zustimmend zur Kenntnis genommen, in dem dieser ausführte, "die Aufgaben in Durchsetzung der Forderungen des Politbüros des ZK der SED und des Nationalen Verteidgungsrates der DDR" unter anderem darin zu sehen, "die vorbereiteten bzw. eingeleiteten Maßnahmen zur effektiven Gestaltung des Systems der Grenzsicherung und des pioniertechnischen Ausbaus der Staatsgrenze der DDR zur BRD konsequent durchzusetzen".

Der Bericht des Ministers sah unter anderem den weiteren pioniertechnischen Ausbau der Grenze durch Errichtung von Streckmetallzäunen zur Anbringung der richtungsgebundenen Splittermine sowie der Schaffung von Sicht- und Schußfeld entlang der Grenzsicherungsanlagen vor. Der Minister für Nationale Verteidigung wurde beauftragt, gemeinsam mit dem Minister für Staatssicherheit und dem Minister des Innern und Chef der Deutschen Volkspolizei die "Sicherheit und Ordnung an der Staatsgrenze der DDR zur BRD und Westberlin entsprechend den *gefaßten Beschlüssen konsequent durchzusetzen".*

- Am 9. Januar 1973 beschloß das Politbüro unter Mitwirkung der Angeschuldigten Mückenberger und Hager als Mitglieder sowie bei Sitzungsteilnahme der Angeschuldigten Tisch und Kleiber als Kandidaten und des Angeschuldigten Dohlus als Gast des Politbüros

im Rahmen von "Maßnahmen an der Staatsgrenze im Zusammenhang mit dem Vertrag über die Grundlagen über die Beziehungen zwischen der DDR und der BRD" ausdrücklich, daß bei allen Maßnahmen, die im Zusammenhang mit dem Verlauf der Staatsgrenze und der Errichtung der Grenzübergangsstellen stünden, als Prinzipien durchzusetzen seien..., "die Unantastbarkeit der Staatsgrenze der DDR ... voll zu gewährleisten" sowie "die Sicherheit und Ordnung im Grenzgebiet ... weiter zu erhöhen".

- Am 23. Januar 1973 nahm das Politbüro unter Mitwirkung der Angeschuldigten Mückenberger und Hager als Mitglieder sowie bei Sitzungsteilnahme der Angeschuldigten Tisch und Kleiber als Kandidaten und des Angeschuldigten Dohlus als Gast des Politbüros

einen Bericht zustimmend zur Kenntnis, in dem u.a. aufgeführt wurde, es werde zielstrebig an der Klärung unter anderem des ideologischen Problems von "Illusionen über unzulässige Erleichterungen und des Abbaus des Grenzregimes in Teilfragen" gearbeitet.
Weiter rügte der Bericht, daß "die Lage an der Staatsgrenze der DDR zur BRD und zu Westberlin nach wie vor durch eine noch immer hohe Anzahl von Versuchen von Grenzdurchbrüchen gekennzeichnet" werde, wobei für das Jahr 1972 von 2.474 Personen die Rede war, von denen 91 % hätten festgenommen werden können.
Das Politbüro bestätigte die in dem Bericht getroffenen Schlußfolgerungen, die u.a. vorsahen, die Aktivitäten konsequent darauf auszurichten, "daß alle Versuche von Grenzverletzungen rechtzeitig erkannt und verhindert werden, ... zur weiteren Erhöhung der Wirksamkeit der Grenzsicherung ... die Methoden und Formen des Einsatzes der Kräfte und Mittel mit dem Ziel zu vervollkommnen, die Sicherheit an der Staatsgrenze der DDR zur BRD und zu Westberlin unter allen Bedingungen der Lage zu gewährleisten" und schließlich, den "pioniertechnische(n) Ausbau der Staatsgrenze

der DDR zur BRD ... planmäßig fortzuführen". Hierzu wurde vom Politbüro angeordnet, daß "zur Sicherung der Schwerpunktrichtungen ... auch künftig Sperren mit richtungsgebundenen Splitterminen zu errichten" seien.
Der Minister für Nationale Verteidigung wurde beauftragt, in Zusammenarbeit mit dem Minister für Staatssicherheit und dem Minister des Innern und Chef der Deutschen Volkspolizei "die im Bericht getroffenen Schlußfolgerungen zu verwirklichen".

- In der 45. Sitzung des Nationalen Verteidigungsrates am 3. Mai 1974 wurde entsprechend den Vorgaben durch das Politbüro sowie zu deren Konkretisierung festgelegt, daß der pioniermäßige Ausbau der Staatsgrenze weiter fortgesetzt werden müsse, daß überall ein einwandfreies Schußfeld zu gewährleisten sei und daß nach wie vor bei Grenzdurchbruchsversuchen von der Schußwaffe rücksichtslos Gebrauch gemacht werden müsse, wobei "die Genossen, die die Schußwaffe erfolgreich angewandt haben, zu belobigen" seien.
Der Minister für Nationale Verteidigung wurde unter anderem beauftragt, die Grenzsicherung durch "die kontinuierliche Fortsetzung des pionier- und signaltechnischen Ausbaus der Staatsgrenze" der DDR zur BRD sowie durch "geeignete bauliche Maßnahmen an der Grenzmauer der DDR zu Westberlin weiter zu stabilisieren.".

- Am 10. August 1976 beschloß das Politbüro unter Mitwirkung des Angeschuldigten Mückenberger als Mitglied des Politbüros, nachdem Erich Honecker über einen Brief des damaligen Bundeskanzlers Helmut Schmidt an ihn berichtet hatte, der einen Grenzzwischenfall vom 24. Juli 1976 ansprach, anläßlich dessen ein Bürger der Bundesrepublik von DDR-Grenzposten gezielt unter Beschuß genommen, verletzt und festgenommen worden war, daß "die Genossen des Ministeriums für Nationale Verteidigung und des Ministeriums für Staatssicherheit .... weiter alle Maßnahmen zum Schutz der Grenze der DDR zu treffen" hätten.

- Am 17. August 1976 wurde das Politbüro
durch Erich Honecker über ein Gespräch zwischen ihm und dem damaligen Leiter der Ständigen Vertretung der Bundesrepublik in der DDR, Günter Gaus, unterrichtet, in dem Erich Honecker auf Anfrage mitgeteilt hatte, "daß seitens der DDR in der letzten Zeit

keinerlei Maßnahmen getroffen wurden, die zu einer Verschärfung der Situation an der Staatsgrenze zwischen der DDR und der BRD führten. Die bestehende Grenzordnung existiere seit Jahren".

- Am 26. Oktober 1976 bestätigte das Politbüro unter Mitwirkung der Angeschuldigten Mückenberger, Hager und Tisch als Mitglieder sowie bei Sitzungsteilnahme der Angeschuldigten Dohlus, Krenz und Kleiber als Kandidaten des Politbüros ein Fernschreiben Honeckers an die 1. Sekretäre der Bezirksleitungen der SED, in dem dieser ausführte, es sei erforderlich, daß die zuständigen Organe der DDR "alle Anträge ablehnen, die unter Berufung auf die Schlußakte von Helsinki oder andere Begründungen den Antrag auf Entlassung aus der Staatsbürgerschaft und Ausreise in die BRD stellen".
"Die staatlichen Organe", so Erich Honecker mit Billigung des Politbüros, "erhielten deshalb die Anweisung, alle diesbezüglichen Anträge abzulehnen, die Bürger auf das Ungesetzliche ihrer Handlungen hinzuweisen".

- In der 50. Sitzung des Nationalen Verteidigungsrates am 18. November 1976 stimmte dieser einem Bericht über die Lage an der Grenze zu, in dem vorgeschlagen wurde, die Effektivität der eingesetzten Kräfte und Mittel der Grenztruppen zu erhöhen und den pioniertechnischen Ausbau der Grenze zielgerichtet fortzuführen.

- In der 52. Sitzung des Nationalen Verteidigungsrates am 30. September 1977 wurde unter Berücksichtigung der in der Sitzung gegebenen Hinweise einem "Bericht der Arbeitsgruppe des Zentralkomitees der SED zur Untersuchung und Einschätzung der Wirksamkeit der Grenzsicherung an der Staatsgrenze zur BRD und Westberlin sowie an der Seegrenze der DDR" zugestimmt und der Minister für Nationale Verteidigung beauftragt, die sich aus dem Bericht ergebenden Maßnahmen zur Erhöhung der Effektivität der Grenzsicherung "im Rahmen der personellen, finanziellen und materiellen Möglichkeiten" zu realisieren, was insbesondere den Ausbau der Minensperren bedeutete.

- Am 18. April 1978 nahm das Politbüro unter Mitwirkung der Angeschuldigten Mückenberger und Hager als Mitglieder sowie bei Sitzungsteilnahme der Angeschuldigten

Krenz und Kleiber als Kandidaten des Politbüros
einen "Bericht über die Entwicklung und Bekämpfung der Kriminalität im Jahre 1977" zur Kenntnis, der u.a. feststellte, daß sich "die Straftaten des ungesetzlichen Grenzübertritts" nicht verringert hätten. Verstärkt seien "Personen als Straftäter in Erscheinung" getreten, "deren Ausreiseanträge abgelehnt worden waren". Zudem "häuften sich Provokationen gegen das Grenzregime der DDR". In den vom Politbüro im wesentlichen bestätigten Schlußfolgerungen wurde ausgeführt, daß sich die im Beschluß des Politbüros vom 24. April 1973 festgelegte "Generallinie der Strafpolitik" bewährt habe und fortzuführen sei. Insbesondere sei die "Strafverfolgung gegenüber jenen Tätern konsequent durchzusetzen, die ... die Staatsautorität demonstrativ mißachten".

- In der 62. Sitzung des Nationalen Verteidigungsrates am 21. November 1980 stimmte dieser unter Mitwirkung des Angeschuldigten Hager dem Entwurf des am 1. Mai 1982 in Kraft getretenen Grenzgesetzes, das eine Regelung über den Schußwaffeneinsatz gegen Flüchtlinge an der Grenze enthielt, zu und beauftragte den Minister für Nationale Verteidigung, das Gesetzgebungsverfahren in Ganz zu setzen.

- Am 3. März 1981 nahm das Politbüro unter Mitwirkung der Angeschuldigten Mückenberger, Tisch und Dohlus als Mitglieder sowie bei Sitzungsteilnahme der Angeschuldigten Krenz und Kleiber als Kandidaten und des Angeschuldigten Schabowski als Gast des Politbüros den vom Nationalen Verteidigungsrat bestätigten Entwurf des Gesetzes über die Staatsgrenze der DDR zustimmend zur Kenntnis und beschloß, diesen der Volkskammer zur Behandlung zuzuleiten.

- In mehreren Sitzungen des Jahres 1983 befaßte sich das Politbüro mit der Frage einer Veränderung der Sperranlagen im Sinne einer Humanisierung, wozu jeweils nach den Gesprächen Erich Honeckers mit dem damaligen bayerischen Ministerpräsidenten Franz-Josef Strauß und einer Information des Politbüros über den Inhalt dieser Gespräche Erörterungen stattfanden.
Mit dem Vorschlag Honeckers, eine Veränderung der Sperranlagen vorzunehmen, wobei als Geste gegenüber Strauß in der "Bayerischen Ecke" angefangen werden sollte, bestand im Politbüro allgemeines Einverständnis.

Erst hierdurch wurde die Voraussetzung dafür geschaffen, den allmählichen Minenabbau an der innerdeutschen Grenze in die Wege zu leiten.

- In der 67. Sitzung des Nationalen Verteidigungsrates am 1. Juli 1983 wurde unter Mitwirkung des Angeschulkdigten Hager dem "Vorschlag zur Erhöhung der Wirksamkeit von Grenzsicherungsanlagen an der Staatsgrenze der DDR zur BRD und zu Berlin (West)" unter Beachtung der während der Sitzung gegebenen Hinweise und unterbreiteten Vorschläge zugestimmt und der Minister für Nationale Verteidigung beauftragt, die erforderlichen Maßmahmen für den weiteren "pionier- und signaltechnischen Ausbau der Staatsgrenze der DDR zur BRD und zu Berlin (West)" festzulegen, wobei "für die Führung und Koordinierung neuer Grenzsicherungsanlagen" bis zum 1.10.1983 eine ständige Arbeitsgrupppe gebildet werden sollte.

Weiter wurde der Vorsitzende des Ministerrates beauftragt, "die Forschung und Entwicklung zur beschleunigten Schaffung von modernen Grenzsicherungsanlagen mit physikalischen Wirkprinzipien ohne Minen ... sowie die Bereitstellung der für die Errichtung von Grenzsicherungsanlagen in der Tiefe des Schutzstreifens erforderlichen land- bzw. forstwirtschaftlichen Flächen durch die dafür zuständigen Organe zu gewährleisten".

Es war beabsichtigt, solche Voraussetzungen zu schaffen, daß die DDR "nach Möglichkeit in der Perspektive" bei der Sicherung der Staatsgrenze "ohne Minensperren auskommen" würde.

- In der 68. Sitzung des Nationalen Verteidigungsrates am 2. Februar 1984 wurden unter Mitwirkung der Angeschuldigten Hager und Krenz Maßnahmen erörtert und beschlossen, "die sich aus den Festlegungen zur Gestaltung der Friedrichstraße und zur beschleunigten Durchführung des Wohnungsbaues in der Hauptstadt der DDR, Berlin, für den Ausbau der Staatsgrenze zu Westberlin ergeben", und zwar auch solche, die sich auf den Bau von Grenzsperren bezogen.

- In der 69. Sitzung des Nationalen Verteidigungsrates am 25. Januar 1985 wurde unter Mitwirkung der Angeschuldigten Hager und Krenz in Fortführung des NVR-Beschlusses vom 1. Juli 1983 und in weiterer Konkretisierung einer vom Politbüro vorgegebenen Zielstellung der Minister für Nationale Verteidigung beauftragt, "die

Forschung und Entwicklung von modernen Grenzsicherungsanlagen mit physikalischen Wirkprinzipien ohne Minen und hoher Sperrwirkung ... zu beschleunigen", wobei Schwerpunkt "auf die Entwicklung mobiler Grenzsicherungsanlagen zu legen" sei, "die überraschend und gedeckt in den Schwerpunkteinrichtungen eingesetzt werden können".
Weiter wurde festgelegt, daß "der am 1. Juli 1983 vom Nationalen Verteidigungsrat der DDR gefaßte Beschluß über die Erhöhung der Wirksamkeit von Grenzsicherungsanlagen an der Staatsgrenze der DDR zur BRD und zu Berlin (West) ... gemäß den Festlegungen dieses Beschlusses zu präzisieren" sei.

Wenn auch mit dem schrittweisen Abbau der Minen das Grenzregime der DDR zum Teil humanisiert wurde, blieb das Schießen auf Flüchtende bis 1989 an der Tagesordnung und wurde vom Politbüro trotz der hierfür vorhandenen Kompetenz keinen Einschränkungen unterzogen, obwohl Fragen des Grenzregimes einschließlich der restriktiven Ausreisepraxis weiterhin auf der Tagesordnung blieben.

- So beschloß das Politbüro am 27. Mai 1986 unter Mitwirkung aller Angeschuldigten als Mitglieder des Politbüros mit Ausnahme des Angeschuldigten Mückenberger
Anordnungen betreffend die Handhabung der Ausweispflicht an den Grenzübergangsstellen nach Berlin (West).

- Am 15. September 1987 nahm das Politbüro
unter Mitwirkung der Angeschuldigten Hager, Tisch, Dohlus, Krenz und Schabowski als Mitglieder des Politbüros
einen Bericht nebst Anlagen über den offiziellen Besuch Erich Honeckers in der Bundesrepublik Deutschland vom 7. bis 11. September 1987 "zustimmend zur Kenntnis" und bekräftigte damit u.a., daß die DDR, die "durch offene Grenzen bekanntlich über viele Jahre geschädigt" worden sei, ihre Grenze so schütze, "wie es der Stand der Beziehungen erfordere"; wenn Schußwaffen eingesetzt würden, dann "nur auf streng gesetzlicher Grundlage", wie es sie entsprechend auch in der Bundesrepublik Deutschland gebe; Grenzen seien militärisches Sperrgebiet, das respektiert werden müsse.

- Am 19. April 1988 nahm das Politbüro
unter Mitwirkung sämtlicher Angeschuldigter als Mitglieder des
Politbüros mit Ausnahme des Angeschuldigten Hager
einen vom Angeschuldigten Krenz zu Ausreisefragen erstatteten
Bericht zustimmend zur Kenntnis, worin im Zusammenhang mit
Übersiedlungsersuchen aus der DDR u.a. davon die Rede war,
daß "demagogisch ... einige individuelle Rechte, wie Freizügigkeit
und Reisefreiheit, als `erstrangige Menschenrechte(n)' deklariert"
würden. Das Politbüro bestätigte die Schlußfolgerung, daß alle
gesellschaftlichen Organisationen ihre "Anstrengungen zur
Vorbeugung bzw. Zurückdrängung von Übersiedlungsersuchen (zu)
erhöhen" hätten.

- Noch am 26. April 1988 ließ sich das Politbüro unter Mitwirkung
der Angeschuldigten Mückenberger, Hager, Tisch, Dohlus, Krenz
und Schabowski als Mitglieder des Politbüros

über das Ausmaß der Bestrebungen in der Bevölkerung, die DDR
zu verlassen, informieren.
Berichtet wurde unter anderem darüber, daß die Zahlen des
"ungesetzlichen Grenzübertritts" seit 1985 sich nahezu verdreifacht
hätten sowie daß "organisierte Verbrechen des Menschenhandels,
die unter Mißbrauch des Transitabkommens oder über die Grenzen
sozialistischer Staaten begangen wurden", festgestellt und
verhindert worden seien, weiter daß "Angriffe gegen die
Staatsgrenze der DDR", die "in Einzelfällen auch mit schwerer
Technik bzw. mittels Kraftfahrzeugen, die besonders präpariert
waren", erfolgt seien, ... "unter Beachtung der Grenzdirektive des
ZK konsequent und differenziert bekämpft" worden seien.
Das Politbüro ordnete ausrücklich an, daß "die sich aus der Infor-
mation ergebenden Schlußfolgerungen für die Schutz- und
Justizorgane auszuwerten" seien, wofür der Generalstaatsanwalt
als Verantwortungsträger bestimmt wurde.

Auch die internationale Vertragspolitik der DDR wurde durch das
Politbüro in Form von Direktiven, so z.B. für die
Verhandlungsdelegation der DDR auf der KSZE-
Nachfolgekonferenz in Wien, insbesondere in drei Sitzungen des
Politbüros im Jahre 1988 gesteuert.

- Am 10. Mai 1988 wurde das Politbüro
unter Mitwirkung der Angeschuldigten Mückenberger, Hager, Tisch,
Krenz und Kleiber als Mitglieder des Politbüros
zunächst darüber informiert, daß "in der Redaktionsarbeit des
Wiener Folgetreffens" außer der DDR ... die anderen sozialistischen
Staaten erklärt (haben), sie werden der Aufnahme rechtlicher
Verfahren bei der Inanspruchnahme von Menschenrechten und
Grundfreiheiten in das Abschlußdokument zustimmen". Begründet
worden sei diese Haltung damit, "daß die sozialistischen Länder,
darunter die DDR, mit dem Beitritt zur 'Internationalen Konvention
über zivile und politische Rechte' vom 16.12.1966 rechtlich
verbindliche Verpflichtungen eingegangen" seien. Die Delegation
der DDR habe bislang solche Formulierungen abgelehnt. Lediglich
um nicht weiter als Außenseiter gebrandmarkt zu werden, beschloß
das Politbüro, eingedenk dessen, daß es in Folge der beabsichtigten
KSZE-Regelungen erforderlich würde, beim Reiseverkehr und bei
Übersiedlungen in entsprechenden Rechtsvorschriften Bürgerrechte
weiter auszugestalten und "bisherige interne Versagungsgründe
aufzunehmen", eine Modifozierung der bisherigen Direktive. Danach
konnte nunmehr die Delegation der DDR u.a. einer Formulierung
für das Abschlußdokument zustimmen, wonach "das Recht,
umgehend über die Ergebnisse eines jeden Einspruchs ...
einschließlich der rechtlichen Gründe ... in schriftlicher Form
informiert zu werden", gewährleistet werde.

- In der Sitzung des Politbüros vom 28. Juni 1988 unter Mitwirkung
sämtlicher Angeschuldigter als Mitgluieder des Politbüros
sah sich dieses u.a. mit Forderungen der "NATO/EG- und neutraler
kapitalistischer Staaten, die den staatlichen und gesellschaftlichen
Interessen der DDR widersprechen", konfrontiert, in das
Abschlußdokument "das Recht der Bürger auf einen Reisepaß
sowie die Abschaffung des Ausreisevisums" aufzunehmen. Im
Hinblick darauf, daß die sowjetische Delegation hatte erkennen
lassen, zu weitergehenden Kompromissen bereit zu sein, beschloß
das Politbüro schließlich eine Modifizierung der erwähnten Direktive
dahin gehend, daß einer Aussage über die "Achtung des Rechts
eines jeden auf Freizügigkeit ... sowie des Rechts eines jeden darauf,
ein Land zu verlassen, einschließlich seines eigenen", durch die
DDR-Delegation zugestimmt werden dürfe. Dies sollte allerdings
"mit dem allgemeinen Verweis auf geltende Völkerrechtsnormen"
und dort enthaltene Möglichkeiten, Einschränkungen anzuwenden,

sowie mit der Maßgabe, daß eine Wiederholung dieser in den Prinzipienteil des Abschlußdokuments aufzunehmenden Verpflichtung im Abschnitt "Zusammenarbeit in humanitärer und anderer Bereichen" abzulehnen sei.

- Nachdem in der Sitzung des Politbüros vom 15. September 1988 sämtliche Angeschuldigten als Mitglieder des Politbüros mit Ausnahme der Angeschuldigten Mückenberger und Krenz hatten zur Kenntnis nehmen müssen, daß die Nennung des vorbezeichneten Rechts auf Freizügigkeit sowohl im Prinzipienteil wie auch im Abschnitt "Zusammenarbeit in humanitären und anderen Bereichen" des Wiener Schlußdokuments Forderung aller Delegationen sein werde, beschlossen sie "für den Fall, daß die DDR-Delegation als einzige Delegation den Konsens blockieren müßte", der DDR-Delegation die entsprechende Zustimmung ebenfalls zu gestatten.

In der Folge bestätigte das Politbüro mehrfach indirekt die vormalige Existenz eines -im Zeitpunkt der Beschlußfassung vorgeblich nicht mehr existierenden- "Schießbefehls".

- So nahm das Politbüro am 7. Februar 1989 unter Mitwirkung sämtlicher Angeschuldigter als Mitglieder des Politbüros mit Ausnahme der Angeschuldigten Hager und Krenz einen Bericht nebst Anlagen über den DDR-Besuch des SPD-Politikers Björn Engholm vom 31. Januar bis 2. Februar 1989 zustimmend zur Kenntnis, ausweislich dessen Erich Honecker anläßlich der Verabschiedung des Leiters der Ständigen Vertretung der Bundesrepublik, Hans-Otto Bräutigam, diesem gesagt hatte, die Bundesregierung habe offensichtlich bemerkt, daß sich "an der Grenze eine Veränderung vollzogen habe; es gebe keinen Schießbefehl".

- Am 30. Mai 1989 nahm das Politbüro unter Mitwirkung sämtlicher Angeschuldigter als Mitglieder des Politbüros einen Bericht nebst Anlagen über den DDR-Besuch des damaligen SPD-Bundesvorsitzenden Hans-Jochen Vogel am 25. Mai 1989 ebenfalls zustimmend zur Kenntnis, wonach Honecker diesem gegenüber darauf hingewiesen hatte, "daß sich das Grenzregime grundlegend verändert habe ... Es gebe die Anweisung, keine

Todesschuß abzugeben."

- Am 11. Juli 1989 schließlich billigte das Politbüro
unter Mitwirkung sämtlicher Angeschuldigter als Mitglieder des
Politbüros mit Ausnahme des Angeschuldigten Schabowski
einen Bericht nebst Anlage über ein Gespräch Honeckers mit dem
damaligen Chef des Bundeskanzleramtes, Rudolfs Seiters, am 4.
Juli 1989 und damit zugleich Honeckers Äußerungen diesem
gegenüber, es könne "auf BRD-Seite nicht unbemerkt geblieben
sein, daß das Grenzregime der DDR geändert wurde und daß es
keinen sog. Schießbefehl mehr gebe. Die DDR habe das
Grenzregime humanisiert..."
In derselben Sitzung nahmen die vorbezeichneten Angeschuldigten
die Ausführungen Erich Honeckers in einer Rede auf der Tagung
des Politisch Beratenden Ausschusses der Teilnehmerstaaten des
Warschauer Vertrages in Bukarest am 7. und 8. Juli 1989
zustimmend zur Kenntnis, der dort u.a. geäußert hatte: "Es gibt
zunehmende Einmischungsversuche, Verleumdungen,
Druckausübung, um in der DDR 'Reformen' im Sinne einer
Systemveränderung in Gang zu bringen. Dazu dient die NATO-
Kampagne gegen die 'Mauer', gegen das Grenzregime der DDR
... Wir ... müssen ... verhindern, daß das Menschenrechts-
Instrumentarium zur Unterminierung des Sozialismus mißbraucht
wird."

Bis zuletzt behielt sich das Politbüro in Sachen Grenzregime und
Grenzsicherung weiterhin die letzte Entscheidungskompetenz vor.

- So beschloß das Politbüro am 12. September 1989 unter
Mitwirkung der Angeschuldigten Hager, Tisch, Dohlus und
Schabowski als Mitglieder des Politbüros
zu "aktuellen außenpolitischen Fragen", daß "gefährdeten Bürgern
der DDR ... nach interner Kontrolle durch die zuständigen Organe
die Ausreise nicht zu genehmigen" sei, wobei sich dies zunächst
auf die Ausreise nach Ungarn bezog, Entsprechendes aber auch
für im Transitverkehr nach Rumänien und Bulgarien Ausreisende
zu gelten hatte.

- Am 4. Oktober 1989 beschloß das Politbüro
unter Mitwirkung sämtlicher Angeschuldigter als Mitglieder des
Politbüros,
daß "die Aktion der Ausreise von ehemaligen Bürgern der DDR

aus Prag" entsprechend der Beratung im Politbüro am 4.10.1989 beginne und ordnete weiter unter Bestimmung des damaligen Verteidigungsministers und anderweitig rechtskräftig Verurteilten Keßler als Verantwortlichen ausdrücklich an, daß "die Grenze gegenüber des CSSR und der VR Polen ... in ihrer Gesamtheit unter Kontrolle zu nehmen" sei.

Am 24. Oktober 1989 stimmte das Politbüro
unter Mitwirkung aller Angeschuldigter als Mitglieder des Politbüros durch Beschluß der Feststellung in einer u.a. vom Angeschuldigten Krenz verfaßten Information über die "Entwicklung und Lage auf den Gebieten des Reiseverkehrs, der ständigen Ausreise und des ungesetzlichen Verlassens der DDR" zu, wonach von den zwischen dem 30. November 1988 erfolgreichen Antragstellern wegen des "von diesem Potential ausgehenden Drucks auf die staatlichen Organe" der Mehrzahl die Genehmigung zur ständigen Ausreise "nicht aufgrund der in der Verordnung festgelegten humanitären Gründe, sondern aus sicherheitspolitischen Erwägungen erteilt" worden sei.

- Noch am 31. Oktober 1989 behielt sich das Politbüro
unter Mitwirkung sämtlicher Angeschuldigter als Mitglieder des Politbüros
anläßlich des Beschlusses des neuen Reisegesetzes die Entscheidung darüber vor, welche Parteibeschlüsse als dem neuen Gesetz entgegenstehend aufgehoben werden müßten.

B.

Durch die von den Angeschuldigten so gewollte Umsetzung der vom Politbüro getroffenen Grundentscheidungen und der die Vorgaben des Politbüros in militärischer und technischer Hinsicht präzisierenden Beschlüsse des Nationalen Verteidigungsrates in konkrete militärische Befehlsketten, die vom Minister für Nationale Verteidigung über die Chefs der Grenztruppen, die Kommandeure der Grenzkommandos Nord, Mitte und Süd und die Kommandeure der einzelenen Grenzregimenter bis zu den konkreten Pioniereinheiten der Grenztruppen und den zu vergatternden Grenzposten und -posten- führern reichten, wurden die Sperranlagen zur Bundesrepublik Deutschland in ihren damaligen

Grenzen und zum Westteil Berlins fortlaufend mit dem Ziel absoluter Unüberwindlichkeit für Fluchtwillige ausgebaut und unterhalten. Dies geschah in einer Art und Weise, daß bis 1983 an großen Teilen der Grenze zur damaligen Bundesrepublik Deutschland Erd- und Splitterminen verlegt bzw. installiert wurden und bis zu ihrem endgültigen Abbau 1985 dies auch blieben, und daß auch über das Jahr 1983 hinaus die an dieser Grenze und an der Grenze um Berlin (West) postierten Grenzsicherungskräfte den Befehl hatten, "Grenzverletzer" ggf. mit der Schußwaffe tödlich zu treffen, nach dem damaligen Sprachgebrauch der DDR, zu "vernichten".

Entsprechend der vorstehend aufgezeigten Veranlassung und Duldung durch die Angeschuldigten wurden deshalb seit 1961 an der Berliner Mauer sowie vereinzelt an der innerdeutschen Grenze bei Fluchtversuchen nach Berlin (West) bzw. in die Bundesrepublik durch Grenzposten u.a. die nachbenannten Personen erschossen, wobei die Schützen beim Waffeneinsatz den Tod der Flüchtlinge als mögliche Folge ihres Handelns zumindest billigend in Kauf genommen hatten, und kam es infolge des von den Angeschuldigten veranlaßten bzw. unterhaltenen pioniertecnischen Ausbaus der Grenzsperranlagen durch Verminung und Installation von Selbstschußanlagen an der innerdeutschen Grenze unter anderem in den nachfolgenden Fällen zur Tötung oder Verletzung von Fluchtwilligen:

1. Am 28. April 1962

wurde der 19jährige Horst Frank kurz nach 20.00 Uhr bei dem Versuch, die Sperrelemente im Grenzgebiet Berlin-Schönholz im Bereich der Kleingartenanlage Schönholz zu überwinden, durch Schüsse der Grenzposten so schwer verletzt (Bauch- bzw. Brusthöhlendurchschuß mit darm- und Lungenverletzung), daß er am früheren Morgen des 29. April 1962 verstarb.

2. Am 17. August 1962

versuchte der 18jährige Peter Fechter, die Berliner Mauer im Bereich der Zimmer-/Charlottenstraße zu überwinden. Dabei wurde er durch Schüsse der Grenzposten tödlich getroffen.

3. Am 4. September 1962

wurde der 40jährige Ernst Mundt durch den Kopfschuß eines Grenzpostens getötet, als er versuchte, die Mauer in Berlin-Mitte vom Gelände des Sophien-Friedhofes aus zu überwinden.

4. Am 15. Januar 1963

wurde der 31jährige Horst Kutscher bei dem Versuch, in Berlin-Altglienicke nördlich der Rudower Straße am Teltow-Kanal im Bereich der Wredebrücke die Grenzsicherungsanlagen nach Berlin (West) zu überwinden, durch einen Schuß des Grenzpostens in den Unterleib tödlich getroffen.

5. Am 10. August 1963

versuchte die hochschwangere 18jährige Frieda Klein, die innerdeutsche Grenze in der Nähe von Walkenried bei Ellrich im Bereich Nordhausen gegen 11.40 Uhr zu überwinden. Sie wurde durch Schüsse der Grenzsoldaten so schwer verletzt, daß sie gegen 13.00 Uhr im Krankenhaus Ilfeld verstarb.

6. Am 3. November 1963

löste der 18jährige Bernd Ickler bei dem Versuch, ca. 100 m südlich der von Pferdsdorf/Kreis Eisenach nach Willershausen/Kreis Eschwege in Hessen führenden Straße die innerdeutsche Grenze zu überwinden, eine Erdmine aus, durch deren Detonation ihm das rechte Bein und der rechte Arm abgerissen wurden. Am nächsten Tag verstarb er im Krankenhaus Eisenach infolge der erlittenen Verletzungen.

7. Am 4. November 1963

gegen 04.00 Uhr versuchte der 23jährige Klaus Schröter, die Spree in Berlin-Mitte im Bereich der Marschallbrücke in Richtung Berlin (West) zu durchschwimmen. Er wurde von Schüssen der Grenzposten am Kopf getroffen, ging deshalb unter und ertrank.

8. Am 24. November 1963

begann der 22jährige Dieter Fürneisen bei Zopten/Kreis Saalfeld in Thüringen die innerdeutsche Grenze zu überwinden. Er lief auf eine Mine, aufgrund deren Detonation ihm ein Bein abgerissen wurde. Sodann geriet er mit dem Kopf bzw. Oberkörper auf eine weitere Erdmine, die ebenfalls detonierte. Dabei wurden ihm ein Teil des Kopfes und eine Hand abgerissen. Er verstarb sofort.

9. Am 25. Dezember 1963

wurde der 18jährige Paul Schutz gegen 17.00 Uhr beim Überwinden der Berliner Mauer im Bereich Bethaniendamm/Melchiorstraße von Grenzposten durch einen ihm von einem Grenzposten beigebrachten Lungendurchschuß so schwer verletzt, daß er noch am selben Tag in Berlin (West) verstarb.

10. Am 27. Februar 1964

versuchte der 25jährige Walter Hayn gegen 22.20 Uhr, im Bereich der Kleingartenanlage "Sorgenfrei" in Berlin-Treptow die Grenzsperranlagen zu überwinden. Er wurde durch Schüsse der Grenzposten tödlich getroffen.

11. Am 14. Juni 1964

löste der 20jährige Peter Müller bei dem Versuch, die innerdeutsche Grenze im Harz zwischen Tanne und Elend nordwestlich des großen Moortalkopfes in Richtung Niedersachsen zu überwinden, eine bzw. zwei Erdminen aus. Durch die Detonation wurde sein Brustkorb aufgerissen; er verstarb unmittelbar darauf am Ereignisort.

12. Am 22. Juni 1964

versuchte der 29jährige Walter Heike gegen 05.40 Uhr, in Berlin-Mitte im Bereich zwischen Invalidenfriedhof und Invalidenstraße die Mauer zum Spandauer Schiffahrtskanal zu überwinden. Dabei wurde er durch Schüsse der Grenzposten tödlich verletzt.

13. Am 18. August 1964

wurde der 18jährige Wernhard Mispelhorn gegen 00.20 Uhr bei dem Versuch, die Grenzsperranlagen zwischen Berlin-Pankow und Berlin-Reinickendorf nahe der Kleingartenanlage Schönholz zu überwinden, durch Schüsse der Grenzposten so schwer verletzt, daß er am 20. August 1964 den Schußverletzungen erlag.

14. Am 18. Augsut 1964

versuchte die 37jährige Hildegard Trabant gegen 18.50 Uhr in Berlin die Grenzanlagen zwischen den Bezirken Prenzlauer Berg und Wedding, im Bereich der stillgelegten S-Bahn-Trasse Schönhauser Allee/Gesundbrunnen, nach Berlin (West) zu überwinden. Sie erlitt durch Schüsse des Grenzpostens einen tödlichen Bauchdurchschuß mit Zertrümmerung des rechten Leberlappens.

15. Am 25. August 1964

überwand der 44jährige Horst Trampler in Begleitung seiner 12 und 13 Jahre alten Kinder Gerd und Hella die Grenzsperranlagen 2,5 km südwestlich Schlegel/Kreis Lobenstein in Richtung Naila in Oberfranken. Hierbei löste er eine Erdmine aus, durch deren Detonation sein linker Unterschenkel abgerissen wurde.

16. Am 5. September 1964

begann der 23jährige Adolf Malear, die Grenzanlagen bei Lehesten/ Hirschberg in Richtung Rudophstein in Franken zu überwinden. Dabei geriet er auf eine Mine, die er auslöste. Bei der Detonation wurde ihm das linke Bein abgerissen. Wenig später erlag er dieser Verletzung.

17. Am 13. November 1964

versuchte der 23jährige Hans-Jürgen Kitzing, die Sperranlagen bei der Ortschaft Harbke in Richtung Helmstedt zu überwinden. Dabei trat er auf eine Erdmine, die er auslöste. Bei der Detonation wurde ihm der linke Fuß derart zerrissen, daß ihm das linke Bein in der Mitte des Unterschenkels amputiert werden mußte.

18. Am 26. November 1964

wurde der 20jährige Hans-Joachim Wolf gegen 18.30 Uhr beim Durchschwimmen des Britzer Zweigkanals in Berlin-Baumschulenweg in Richtung Berlin (West) durch Schüsse der Grenzposten tödlich getroffen.

19. Am 3. Dezember 1964

versuchte der 19jährige Joachim Mehr vom Bahnhof Hohen Neuendorf aus, gegen 02.10 Uhr die Grenzsperranlagen nach Berlin (West) zu überwinden. Dabei erlitt er durch Schüsse der Grenzposten tödliche Verletzungen.

20. Am 4. März 1965

wurde der 21jährige Christian Buttkus gegen 01.30 Uhr bei dem Versuch, im Bereich Kleinmachnow die Sperranlagen nach Berlin (West) zu überwinden, durch Grenzsoldaten erschossen.

21. Am 9. Juni 1965

versuchte der 18jährige Dieter Brandes in Berlin-Mitte im Bereich Nordbahnhof/Gartenstraße gegen 21.00 Uhr die Grenzanlagen zu überwinden. Dabei erlitt er durch Schüsse von Grenzposten schwere Verletzungen, denen er am 11. Januar 1966 erlag.

22. Am 17. August 1965

erlitt der 24jährige Klaus Garten gegen 21.00 Uhr bei dem Versuch, die Grenzsperranlagen nach Berlin (West) vom Grundstück Paul-Gerhardt-Straße 5 in Teltow-Seehof aus zu überwinden, durch Schüsse von Grenzsoldaten schwere Verletzungen, denen er am 18. Augsut 1965 gegen 03.00 Uhr erlag.

23. Am 10. Setember 1965

versuchte der 25jährige Siegfried Bosse die Grenzsperranlagen im Harz zwischen Rothesütte und Hohegeiß in Niedersachsen zu überwinden. Er löste eine Erdmine aus. Durch die Detonation wurden ihm beide Unterschenkel abgerissen.

24. Am 25. November 1965

begann der 47jährige Heinz Sokolowski gegen 05.00 Uhr in Berlin im Bereich zwischen Brandenburger Tor und Clara-Zetkin-Straße, die Grenzanlagen nach Berlin (West) zu überwinden. Beim Übersteigen des Grenzzaunes wurde er durch Schüsse der Grenzposten tödlich getroffen.

25. Am 26. November 1965

versuchte der 62jährige Erich Kühn, in Berlin-Treptow am Bahndamm Kiefholzstraße/Treptower Straße die Grenzsicherungsanlagen in Richtung Berlin (West) zu überwinden. Dabei erlitt er durch Schüsse des Grenzpostens einen Bauchschuß, an dessen Folgen er am 3. Dezember 1965 verstarb.

26. Am 11. März 1966

versuchte der 17jährige Klaus-Gerhard Schaper, die Grenzsperranlagen im Harz, 500 m nördlich der Straße von Tanne nach Braunlage in Niedersachsen, von Ost nach West zu überwinden. Beim Durchqueren des Minengürtels löste er eine Mine aus. Dabei erlitt er so schwere Verletzungen, daß er noch im Minenfeld verstarb.

27. Am 25. April 1966

wurde der 21jährige Michael Kollender gegen 03.45 Uhr bei dem Versuch, durch Flucht von Berlin-Johannisthal nach Berlin (West) zu gelangen, auf dem Kontrollstreifen durch einen Kopfschuß der Grenzposten so schwer verletzt, daß er gegen 06.00 Uhr verstarb.

28. Am 9. September 1966

versuchte der 17jährige Lutz Peter, die Grenzsperranlagen zwischen den Ortschaften Barneberg (ehemals DDR) und Offleben (Kreis Helmstedt) von Ost nach West zu überwinden. Hierbei löste er eine Mine aus, die ihm das linke Bein zerriß und ihm am rechten Bein sowie am rechten Unterarm weitere Verletzungen zufügte.

29. Am 16. Dezember 1966

wurde der 17jährige Karl-Heinz Kube im Süden Berlins im Bereich Kleinmachnow -Hafen Teltow- bei dem Versuch, die Grenzsperranlagen in Richtung Berlin (West) zu überwinden, gegen 21.30 Uhr im Sperrgraben durch Schüsse von Grenzposten tödlich verletzt.

30. Am 9. April 1969

versuchte der 28jährige Johannes Lange, gegen 21.50 Uhr in Berlin im Bereich Adalbertstraße/Leuschnerdamm die Sperranlagen nach Berlin-Kreuzberg zu überwinden. Etwa 5 m vor der Grenzmauer wurde er durch Schüsse der Grenzposten tödlich getroffen.

31. Am 13. September 1969

versuchte der 21jährige Klaus-Jürgen Kluge in Berlin-Prenzlauer Berg im Bereich Helmut-Just-Brücke die Grenzsperranlagen nach Berlin (West) zu überwinden. Beim Überklettern des Grenzzaunes wurde durch den Grenzposten auf ihn geschossen, wodurch er einen tödlichen Brustdurchschuß erlitt.

32. Am 20. September 1969

wurde der 45jährige Leo Lis in Berlin-Mitte im Bereich des Nordbahnhofs beim Überwinden der Grenzsicherungsanlagen durch einen Brustdurchschuß der Grenzposten so schwer verletzt, daß er noch auf dem Transport in das Krankenhaus der Volkspolizei verstarb.

33. Am 25. Dezember 1970

versuchte der 22jährige Christain-Peter Friese, in Berlin-Treptow im Bereich des Bahndamms Köllnische Heide gegen 03.00 Uhr die Grenzsicherungsanlagen zu überwinden. Durch die Schüsse der Grenzposten wurde er so schwer verletzt, daß er kurz darauf am Ort des Geschehens verstarb.

34. Am 13. Februar 1971

versuchten der 34 Jahre alte Gerhard Rettinger und der 30 Jahre alte Siegfried Sach, südlich von Motzlar im Bereich Bad Salzungen die DDR in Richtung Bayern zu verlassen. Nach Übersteigen des ersten Sperrelements der Grenzsicherungsanlagen löste Gerhard Rettinger eine Mine aus. Dabei wurden ihm beide Füße bis zu den Knöcheln abgerissen und die Unterschenkel zertrümmert. Wegen Gasbrandes mußten ihm am 16. Februar 1971 im Haftkrankenhaus der Strafvollzugsanstalt Leipzig beide Oberschenkel amputiert werden. Siegfried Sach, dem die Flucht gelang, erlitt Platzwunden an der Unterlippe sowie am linken Oberlid und den Verlust der unteren Schneidezähne.

35. Am 28. März 1971

flüchtete der 36jährige Karl-Heinz Fischer aus der DDR über die innerdeutsche Grenze nach Bayern, und zwar ca. 1 km südöstlich der Ortschaft Sondheim, Landkreis Mellrichstadt. Dabei löste er eine Mine aus, die ihm den linken Fuß abriß und am rechten Bein zahlreiche Splitterverletzungen zufügte. Es gelang ihm noch, sich auf bundesdeutsches Gebiet zu schleppen, wo er auf einem Acker verblutete.

36. Am 9. April 1971

überwand der 18jährige Klaus Seifert die Sperranlagen 1000 m nordwestlich der Ortschaft Schwickershausen in Richtung Bayern. Hierbei löste er eine Erdmine aus, wodurch ihm der linke Fuß abgerissen wurde. Er wurde ärztlicher Versorgung im Kreiskrankenhaus Mellrichstadt zugeführt, wo ihm das linke Bein, bis etwa 10 cm unterhalb des Kniegelenkes, amputiert werden mußte. Aufgrund einer daraufhin eingetretenen Gasbrandinfektion erlag der Geschädigte dann am 4. Mai 1971 im Luitpold-Krankenhaus in Würzburg seinen Verletzungen.

37. Am 12. April 1971

flüchteten die beiden 19jährigen Bernd Leinemann und Ludger Zornhagen im Bereich Ecklingerode aus der DDR in Richtung Duderstadt in Niedersachsen. Bernd Leinemann trat beim

Überqueren des Minenfeldes auf eine Mine, durch deren Detonation ihm der rechte Fuß abgerissen wurde; zudem erlitt er erhebliche Splitterverletzungen an der linken Hnad sowie Brandverletzungen im Gesicht. Ludger Zornhagen wurde durch Minensplitter am rechten Unterschenkel getroffen und erlitt dadurch eine Platzwunde. Bernd Leinemann mußte später im Krankenhaus der rechte Unterschenkel an der Grenze zwischen dem oberen und mittleren Drittel sowie der kleine Finger der linken Hand amputiert werden.

38. Am 14. Dezember 1971

überwanden der 21jährige Lothar Jahn und dessen Ehefrau, die 20jährige Jutta Jahn, gemeinsam mit ihrer 11 Monate alten Tochter Heike in der Nähe des Ortes Zwinge die innerdeutsche Grenze in Richtung Niedersachsen. Hierbei trat Jutta Jahn auf eine Mine und löste diese dadurch aus. Infolge der Detonation wurde ihr das rechte Bein in Höhe des Oberschenkels vollständig abgerissen. Ihr linkes Bein wurde im Bereich der Wade soweit abgetrennt, daß es nur noch durch Hautfetzen mit dem übrigen Körper verbunden blieb. Lothar Jahn, der das Kind auf dem Arm trug, wurde durch die Druckwelle zu Boden geschleudert. Er erlitt zahlreiche Minensplitterverletzungen, vor allem im Gesichtsbereich und am rechten Oberschenkel. Die Tochter blieb bis auf eine kleine Verletzung an der Ikinken Hand unversehrt.

39. Am 14. Februar 1972

versuchte der 29 Jahre alte Manfred Weylandt in Berlin-Friedrichshagen im Bereich der Schillingbrücke gegen 23.30 Uhr die Grenzspperranlagen, in der Spree schwimmend nach Berlin (West) zu überwinden. Er erlitt durch gezielte Schüsse der Grenzposten einen Kopfdurchschuß, versank im Wasser und ertrank.

40. Am 7. März 1972

wurde der 19jährige Klaus Schulze gegen 21.45 Uhr bei dem Versuch, die Berliner Mauer nördlich der Siedlung Falkenhöh/Große Kuhlake zu überwinden, durch Schüsse der grenzposten tödlich verletzt.

41. Am 16. Januar 1973

überstieg der 26jährige Hans Franck die Grenzsperranlagen südlich von Blütingen im Landkreis Lüchow/Dannenberg von Ost nach West. Beim Übersteigen des Grenzzaunes löste er eine dort installierte Selbstschußanlage "SM-70" aus, durch deren Splitter er schwerste Verletzungen, insbesondere im Bereich der Beine erlitt, denen er am 17. Januar 1973 im Kreiskrankenhaus Dannenberg erlag.

42. Am 15. März 1973

versuchte der 33jährige Horst Einsiedel, in Berlin im Bereich des Friedhofs Pankow gegen 04.45 Ihr die Grenzanlagen durch Flucht nach Berlin (West) zu überwinden. Dabei wurde er durch Schüsse der Grenzposten so schwer verletzt, daß er am selben Morgen im Krankenhaus der Volkspolizei verstarb.

43. Am 27. April 1973

versuchte der 25jährige Wolfgang Vogler die Sperranlagen im Harz, ca. 400 m südlich der Straße Benneckenstein-Hohegeiß in Richtung Niedersachsen zu überwinden. Hierbei löste er zwei Splitterminen "SM-70" der dort installierten Anlage 501 aus. Durch die Detonation der Minen erlitt er schwere Splitterverletzungen, denen er am 15. Juli 1974 erlag.

45. Am 2. August 1976

löste der 17jährige Andreas Nitschke bei dem Versuch, die Sperranlagen 500 m westlich der Ortschaft Oberzella in Richtung Philippsthal in Hessen zu überwinden, eine Splittermine "SM-70" der Anlage 501 aus, wodurch er zahlreiche Splitterverletzungen an der rechten Körperhälfte erlitt.

46. Am 15. September 1976

versuchten der 16jährige Harald Loh und der 15jährige Axel Zander, die Grenzanlagen bei Schlagsdorf im Bereich Thurow Horst in Richtung Ratzeburg in Schleswig-Holstein zu überwinden. Hierbei lösten beide eine Splittermine "SM-70" der dort installierten Anlage

501 aus. Durch die Detonation erlitten sie vor allem an den Beinen erhebliche Verletzungen. Das rechte Bein von Harald Loh mußte in Höhe des Oberschenkels amputiert werden.

47. Am 16. Februar 1977

erlitt der 18jährige Dietmar Schwietzer bei dem Versuch, über die Grenzen im Bereich der Siedlung Schönwalde nach Berlin-Spandau zu gelangen, gegen 07.10 Uhr durch Schüsse der Grenzposten so schwere Verletzungen, daß er diesen auf dem Transport zum Armeelazarett in Drewitz erlag.

48. Am 12. April 1979

versuchte der 26jährige Günter Behr (damals Stöcklein), die Grenzsperranlagen nördlich Berlingerode im Kreis Worbis in Richtung Niedersachsen zu überwinden. Hierbei löste er drei Splitterminen "SM-70" der Anlage 501 aus und erlitt einen Herzbeutel-Steckschuß sowie Splitterverletzungen im Bereich des rechten Unterarms und beide Hände; der Mittelfinger der rechten Hand mußte amputiert werden.

49. Am 22. Februar 1980

begann der 19jährige Holger Weck, die Sperranlagen der Grenze bei Lobenstein im Bereich Gera von Ost nach West zu überwinden. Er löste hierbei sechs Splitterminen "SM-70" der dort installierten Anlage 501 aus. Dabei erlitt er lebensgefährliche Verletzungen im Bereich des Unterleibes sowie an den Armen und Beinen.

50. Am 3. März 1980

versuchte der 26jährige Helmut-Michael Pohl, die Sperranlagen etwa 3,5 km westlich von Creuzburg in Thüringen in Richtung Willershausen in Hessen zu überwinden. Hierbei löste er eine Splittermine "SM-70" der dort installierten Anlage 501 aus. Durch die Detonation der Mine wurde ihm der rechte Unterarm abgerissen.

51. Am 7. April 1980

begann der 28jährige Wolfgang Bothe, die Grenzsperranlagen zwischen den Ortschaften Veltheim (Kreis Halberstadt) und Roklum (Niedersachsen) von Ost nach West zu überwinden. Beim Besteigen des Grenzzaunes löste er eine Splittermine der Anlage 501 aus. Infolge zahlreicher Splitterverletzungen am gesamten Körper verstarb er am 11. Mai 1980.

52. Am 22. November 1980

wurde die 18jährige Marinetta Jirkowsky beim Versuch, die Berliner Mauer im Bereich Hohen Neuendorf zu überklettern, durch Schüsse der Grenzposten im Bauchraum so schwer verletzt, daß sie noch am selben Vormittag im Operationssaal verstarb.

53. Am 1. April 1981

versuchten der 19jährige Peter Dietz und der gleichaltrige Henry Leuschner, die Grenzsperranlagen südöstlich von Posseck/Kreis Oelsnitz im Vogtland zu überwinden. Sie lösten hierbei vier Splitterminen "SM-70" der dort installierten Anlage 501 aus. Peter Dietz wurde durch die detonierenden Splitterminen an beiden Füßen sowie am Unterschenkel verletzt. Henry Leuschner erlitt schwere Kopf-, Brust- und Beinverletzungen.

54. Am 13. Juni 1981

überwand der 18jährige Mario Becker die Grenzsperranlagen im Bereich der Ortschaft Kella in Thüringen in Richtung Grebendorf in Hessen. Beim Übersteigen des abschließenden Grenzzauns löste er sechs Splitterminen "SM-70" der Anlage 501 aus. Ein Splitter traf ihn an der rechten Schläfenseite und trat in die Kopfdecke ein. Weitere Splitter setzten sich im Hals und im Oberschenkel fest.

55. Am 12. Dezember 1981

überwand der 20jährige Heinz Germerodt, die Grenzanlagen zwischen Großburschla im Kreis Eisenach und Weißenborn in Hessen. Beim Überklettern des abschließenden Metallgitterzaunes geriet er an den Alarmdraht der Sperranlage und löste dadurch *insgesamt 5 Splitterminen "SM-70" aus. Er wurde durch mehrere Splitter verletzt.*

56. Am 28. Januar 1982

gegen 01.40 Uhr überwand der 36jährige Hans Brandt die Sperranlagen 1000 m südwestlich der Ortschaft Dechow im Kreis Gadebusch in Richtung Schleswig-Holstein. Hierbei löste er zwei Splitterminen "SM-70" der dort installierten Anlage 501 aus und erlitt insgesamt 14 Ein- bzw. Durchschüsse durch Metallsplitter.

57. Am 7. Februar 1982

versuchte der 34jährige Günter Niedworok, die Grenzanlagen südlich des Ortes Ohrsleben im Kreis Oschersleben in Richtung Jerxheim in Niedersachsen zu überwinden. Hierbei löste er eine Splittermine "SM-70" der Anlage 501 aus, wobei er Splitterverletzungen an beiden Händen sowie am linken Unterarm erlitt; der kleine Finger und der Rigfinger der rechten Hand mußten amputiert werden.

58. Am 29. März 1982

erlitt der 34jährige Heinz-Josef Große bei dem Versuch, gegen 15.05 Uhr südöstlich der Ortschaft Wahlhausen, Kreis Heiligenstadt im Bezirk Erfurt, die Grenzanlagen zu überwinden, durch einen Grenzposten einen tödlichen Bauchdurchschuß.

59. Am 25. Dezember 1983

versuchte der 21jährige Silvio Proksch, in Berlin-Pankow im Bereich Leonhard-Frank-Straße die Mauer zu überwinden. Durch Schüsse des Grenzpostens wurden seine rechte Hüftschlagader und seine rechte Schenkelvene zerrissen. Auf dem erst 30 bis 40 Minuten nach dem Vorfall erfolgten Transport in das Krankenhaus der Volkspolizei erlag er seinen Verletzungen.

60. Am 22. März 1984

begann der 20jährige Frank Mater, die Sperranlagen im Grenzabschnitt Wendehausen im Landkreis Mühlhausen in

Thüringen zu überwinden. Beim Versuch, den Grenzzaun zu übersteigen, löste er eine Mine von Ryp "SM-70" aus. Den dadurch erlittenen schweren Verletzungen erlag er noch am selben Tag.

61. Am 26. Juni 1984

gegen 21.42 Uhr überwand der 29jährige Ralf Albus die Sperranlagen 1800 m nördlich Steimke, Kreis Klötze im Bezirk Magdeburg in Richtung Niedersachsen. Hierbei löste er fünf Splitterminen "SM-70" der dort installierten Anlage 501 aus und erlitt insgesamt 15 Ein- bzw. Durchschüsse von Minensplittern, wobei unter anderem ein Nerv im linken Unterarm durchtrennt wurde.

62. Am 5. September 1984

flüchtete der 26jährige Gisbert Greifzu aus der Gemarkung Stedtlingen im Kreis Meiningen über die Sperranlagen in Richtung Willmars in Bayern. Dabei löste er drei Splitterminen "SM-70" der Anlage 501 aus. Hierdurch erlitt er schwere Splitterverletzungen an der gesamten rechten Körperseite mit Durchtrennung der rechten Oberschenkelmuskulatur und einen Pneumothorax infolge Eindringens zweier Splitter.

63. Am 1. Dezember 1984

gegen 00.30 Uhr erlitt der 20jährige Michael-Horst Schmidt beim Überklettern der Berliner Mauer im Stadtbezirk Pankow im Bereich nordwestlich der Wollankstraße durch Schüsse der Grenzposten eine Lungengewebszerreißung und verblutete.

64. Am 24. November 1986

versuchte der 25jährige Michael Bittner gegen 01.20 Uhr, in Höhe der Nohlstraße in Glienicke/Nordbahn die Grenzsperranlagen zu überwinden. Durch Schüsse von Grenzposten erlitt er eine Herzruptur, an der er um 01.50 Uhr im Regimentsmedizinpunkt in Glienicke verstarb.

65. Am 12. Februar 1987

wurde der 24jährige Lutz Schmidt bei dem Versuch, die Berliner Mauer im Stadtbezirk Treptow im Bereich Rheingoldstraße/Siedlung "Am Rehpfuhl" zu überwinden, von Grenzposten erschossen.

66. Am 5. Februar 1989

versuchten der 20jährige Chris Gueffroy und der gleichaltrige Christian Gaudian die Grenzsperranlagen in Berlin-Treptow im Bereich Britzer Allee/Straße 16 zu überwinden. Als sie das letzte Sperrelement erreicht hatten, wurden sie durch Grenzposten unter Beschuß genommen. Chris Gueffroy erlitt unter anderem einen Brustdurchschuß, dem er kurz darauf erlag. Christian Gaudian wurde durch einen Schuß am rechten Fuß verletzt.

Verbrechen strafbar gemäß: StGB
212, 47, 3, 74 in der bis zum
30. Juni 1968 in der DDR geltenden Fassung

112, 21, 22 Abs. 1, 9, 63 StGB/DDR
i.V. m. 212, 22, 23, 25 Abs. 2,
52, 2, 13 StGB
Art. 315 EGStGB

Befangenheitsantrag gegen Schöffen

Die von der Staatsanwaltschaft vorgenommenen Änderungen im Anklagesatz waren für Rechtsanwalt *Franke* nicht weitreichend genug. Er stellte folgenden Befangenheitsantrag gegen alle Schöffen:

"In der Strafsache
./. Herrn Prof. Dr. Leonhard Hager u.a.
- 527-1/95 -

lehnt Herr Prof. Dr. Hager die Schöffen Rolf Buckelmann, Regine Abraham und die Ergänzungsschöffen Angelika Bauer, Dagmar Hoffmann, Lothar Cantow und Dorothea Minut wegen Besorgnis der Befangenheit ab.

Begründung:

I. Sachverhalt

Die Anklageschrift der Staatsanwaltschaft II bei dem Landgericht Berlin vom 30.11.1994 wirft Herr Prof. Dr. Hager vor, er habe als Mitglied im Politbüro in einer Vielzahl von Fällen den Tod von Menschen an der Mauer verursacht.

Mit Beschluß vom 21.08.1995 ließ das Gericht -bezüglich Prof. Dr. hager in unveränderter Form- die Anklage zur Hauptverhandlung zu.

Am sechsten Verhandlungstag, dem 01.02.1996, erteilte der Vorsitzende des Gerichtes nach der Feststellung der persönlichen Verhältnisse der Angeklagten den Sitzungsvertretern der Anklage das Wort zur Verlesung des Anklagesatzes. Die Verteidigung des Angeklagten Prof. Dr. Hager erhob hiergegen sofort Einwände mit der Begründung, die Verlesung des Anklkagesatzes in der vorliegenden Form sei unzulässig, da diese ab Seite 14, 2. Absatz im wesentlichen Beweiswürdigungen enthalte. Dieser Einwand wurde mit dem Antrag verbunden, die Verlesung der Anklage aus den oben genannten Gründen ab Seite 14, 2. Absatz nicht zuzulassen. Die anderen Angeklagten schlossen sich diesem Antrag an.

Glaubhaftmachung: I. Dienstliche Erklärung
1) des Richters am Handgericht Hoch;
2) der Richterin am Landgericht Meunier-Schwab;
3) des Richters am Landgericht Dr. Kessel.
II. Beiziehung der Akten

Nach Beratung wies das Gericht diesen Antrag mit der Begründung zurück, die Verlesung des Anklagesatzes in der vorliegenden Form sei gemäß 243 Abs. 3 StPO zwingend vorgeschrieben.

Glaubhaftmachung: I. Dienstliche Erklärung:
1) des Richters am Landgericht Hoch;
2) der Richterin am landgericht Meunier-Schwab;
3) des Richters am landgericht Dr. Kessel.
II. Beiziehung der Akten.

Nach einer kurzen Unterbrechung der Hauptverhandlung erhob die Verteidigung des Angeklagten Herrn Krenz gegen diesen Beschluß Gegenvorstellungen mit der Begründung, die in dem Beschluß geäußerte Rechtsauffassung sei fehlerhaft. Sollte der Anklagesatz in der vorliegenden Form verlesen werden, sähe sie sich darüber hinaus aufgrund der in dem Anklagesatz enthaltenen Beweiswürdigungen gezwungen, Befangenheitsanträge gegen die Schöffen und Ergänzungsschöffen zu erheben.

Glaubhaftmachung: I. Dienstliche Erklärung:
1) des Richters am Landgericht Hoch,
2) der Richterin am Landgericht Meunier-Schwab
3) des Richters am Landgericht Dr. Kessel.
II. Beiziehung der Akten

Ohne weitere Beratung erteilte der Vorsitzende daraufhin den Anklagevertretern erneut das Wort zur Verlesung des Anklagesatzes. Diese wurde daraufhin von der Sitzungsvertreterin der Staatsanwaltschaft bis Seite 14, 2. Absatz verlesen.

Daraufhin trat eine Unterbrechung der Hauptverhandlung bis zum nächsten Verhandlungstag, dem 12.02.1996, ein. Nach Aufruf und Feststellung der Anwesenden erteilte der Vorsitzende der Staatsanwaltschaft erneut das Wort zur weiteren Verlesung der Anklage.

Der Sitzungsvertreter der Staatsanwaltschaft teilte daraufhin mit, der Anklagesatz werde nicht in der ursprünglichen, den Verfahrensbeteiligten bekannten Fassung verlesen. Seitens der Staatsanwaltschaft sei auf Seite 14, . Abs. eine "unwesentliche" Veränderung vorgenommen worden. Im folgenden wurde der -verän-

derte- Anklagesatz in Anwesenheit der abgelehnten Schöffen und Ergänzungsschöffen in vollem Umfange verlesen. Die Staatsanwaltschaft gab zudem eine Erklärung gem. 243 Abs. 3 S. 3 StPO dahingehend ab, daß sie - entgegen dem Eröffnungsbeschluß- an ihrer rechtlichen Wertung festhalte, daß die Angeklagten sich -mit Ausnahme der Herren Mückenberger und Hager- wegen Unterlassens strafbar gemacht hätten.

Glaubhaftmachung: I. Dienstliche Erklärung:
*   1) des Richters am landgericht Hoch,*
*   2) der Richterin am landgericht Meunier-Schwab,*
*   3) des Richters am Landgericht Dr. Kessel.*
*   II. Beiziehung der Akten.*

Unmittelbar nach Verlesung des Anklagesatzes bat Rechtsanwalt Franke den Vorsitzenden um die Erteilung des Wortes. Gleichzeitig -die nochmalig geäußerte Bitte um Worterteilung ignorierend- gab der Vorsitzende bekannt, daß die Anklage in veränderter Form durch den Eröffnungsbeschluß der Kammer vom 21.08.1995 zur Hauptverhandlung zugelassen worden sei. Er beendete daraufhin die Sitzung, ohne einem der Verfahrensbeteiligten das Wort zu erteilen.

Glaubhaftmachung: I. Dienstliche Erklärung:
*   1) des Richters am Landgericht Hoch,*
*   2) der Richerin am Landgericht Meunier-Schwab,*
*   3) des Richters am Landgericht Dr. Kessel.*
*   II. Beiziehung der Akten.*

Der in der Hauptverhandlung verlesene Anklagesatz hat im einzelnen folgenden Wortlaut:

siehe ab Seite....

In seiner ursprünglichen Fassung (S. 14, 2. Absatz) lautete der Anklagesatz wie folgt:

"Die Stellung des Politbüros als oberstes und entscheidendes Machtorgan der

ehemaligen DDR auch in Grenzangelegenheiten bereits vor Beginn der Sperrmaßnahmen des 13. August 1961 ergibt- sich aus den nachfolgenden Entscheidungen zur Verhinderung der Abwanderung und Fluchtbewegung der DDR-Bevölkerung. Die bis einschließlich 3. Dezember 1957 gefaßten Beschlüsse des Politbüros -mit Ausnahme desjenigen vom 20. Mai 1952- ergingen hierbei jeweils unter Sitzungsteilnahme des Angeschuldigten Mückenberger als Kandidaten des Politbüros:"

II. Rechtliche Würdigung

Der Antrag von Prof. Dr. Hager, die ernannten Schöffen wegen der Besorgnis der Befangenheit abzulehnen, ist begründet.

Befangenheit ist ein innerer Zustand eines Richters, der seine vollkommen gerechte und freie Einstellung zur Sache, seine Neutralität und Distanz gegenüber den Verfahrensbeteiligten beeinträchtigen kann (BVerfGE 21, 146; BGHSt 1, 34).

Da dieser Zustand nicht bewiesen werden kann, ist eine Ablehnung bereits dann begründet, wenn ein Grund vorliegt, der geeignet ist, Mißtrauen gegen die Unparteilichkeit des Richters zu rechtfertigen (LR-Wendisch, 24 Rdnr. 4 m.w.N.). Es ist also weder erforderlich, daß der Richter tatsächlich befangen ist, noch daß er sich selbst für befangen hält. Es kommt auch nicht darauf an, ob er für Zweifel an seiner Unbefangenheit Verständnis aufbringt (BVerfGE 32, 290).

Die Ablehnung eines Richters wegen der Besorgnis der Befangenheit ist vielmehr dann begründet, wenn der Ablehnende einen vernünftigen Grund zu der Annahme hat, daß der Richter befangen sei (BGHSt 24, 338 m.w.N.). Ausschlaggebend ist dabei, ob die Umstände dem Ablehnenden von seinem Standpunkt aus begründeten Anlaß geben, an der Unparteilichkeit des Richters zu zweifeln (BGHSt 1, 36; BGHSt 23, 285; LR-Wendisch, 24 Rdnr. 5, jeweils m.w.N.). Dabei ist auf einen vernünftig denkenden Menschen in der Rolle und in der konkreten Situation des Angeklagten abzustellen, der alle Umstände einer verständigen Würdigung unterzieht (BVerfGE 20, 14; BGHSt 21, 314).

Vorliegend würde jeder Dritte in der Situation von Herrn Prof. Dr. Hager zu Recht befürchten, die abgelehnten Schöffen und Ergänzungsschöffen stünden ihm nicht mehr unvoreingenommen gegenüber. Denn die Verlesung eines durch überflüssige Einzelheiten überfrachteten und zudem mit Beweiswürdigung durchsetzten Anklagesatzes gefährdet in nicht hinzunehmender und die Besorgnis

181

der Befangenheit begründender Art und Weise die Unvoreingenommenheit der zur Entscheidung berufenen Schöffen und -ggf.- Ergänzungsschöffen.

Allerdings ist der Staatsanwaltschaft für die Fassung des Anklagesatzes ein gewisser Spielraum zuzugestehen. Dieser Spielraum findet jedoch seine Grenzen in der Legaldefinition des 200 Abs. 1 S. 1 StPO.

"Die Anklageschrift hat den Angeschuldigten, die Tat, die ihm zur Last gelegt wird, Zeit und Ort ihrer Begehung, die gesetzlichen Merkmale der Straftat und die anzuwendenden Strafvorschriften zu bezeichnen (Anklagesatz)."

Nur einen dieser Definition entsprechenden Anklagesatz darf die Staatsanwaltschaft gem. 243 Abs. 3 S. 1 StPO verlesen. Alles andere, insbesondere das wesentliche Ergebnis der Ermittlungen, das ggf. auch die Beweiswürdigung aus Sicht der Staatsanwaltschaft enthalten muß, darf nicht verlesen werden. Ein Anklagesatz, der Teile des wesentlichen Ermittlungsergebnisses, insbesondere Beweiswürdigung, enthält, ist unzulässig und darf nicht verlesen werden (BHG, Strafverteidiger 1988, S. 282).

Der Staatsanwaltschaft selbst ist -wohl aufgrund der entsprechenden Beanstandungen durch die Verteidigung- offensichtlich die Erkenntnis zugewachsen, daß die Verlesung des Anklagesatzes in seiner ursprünglichen Fassung (S. 14, 2. Absatz: "ergibt sich") allzu augenscheinlich verdeutlicht, daß beginnend mit dieser Stelle nicht nur Beweiswürdigung vorgenommen, sondern auch der Versuch unternommen wird, die Schöffen durch einer unserer Prozeßordnung fremdes "Anfangsplädoyer" zu beeinflussen und auf die Hauptverhandlung im Sinne der Anklage einzustimmen.

Die oberflächliche Änderung des Wortlautes führt insoweit zu keiner anderen Beurteilung. Im einzelnen gilt folgendes:

Ab der genannten Stelle versucht die Staatsanwaltschaft ihre für den Anklagevorwurf zentrale Behauptung, das Politbüro sei das oberste und entscheidende Machtorgan der ehemaligen DDR auch in Grenzangelegenheiten gewesen, mit einer Vielzahl von Beweismitteln (Beschlüssen des Politbüros/ Nationalen Verteidigungsrates) zu begründen. Hierbei werden auch noch solche Sitzungen des Politbüros und/oder des Nationalen Verteidigungsrates herangezogen, die lange vor dem angeklagten Tatzeitraum und/oder ohne Beteiligung eines der Angeklagten erfolgten.

So beschreibt der Anklagesatz insgesamt 32 Sitzungen des Politbüros, die vor dem frühesten Anklagezeitpunkt (28.04.62, S. 6 der Anklage) stattgefunden haben sollen, davon eine Sitzung (20.05.52, S. 15 der Anklage), an der keiner der Angeklagten teilgenommen hat.

Ferner werden insgesamt 14 Sitzungen des Nationalen Verteidigungsrates beschrieben, an denen ebenfalls keiner der Angeklagten teilgenommen hat.

Der Staatsanwaltschaft ist zuzugestehen, daß die Darstellung des Anklagevorwurfs in tatsächlicher Hinsicht sich nicht so einfach gestalten kann wie etwa bei dem Vorwurf eines Ladendiebstahls. Gleichwohl ist zumindest die Aufnahme der oben genannten Sitzungen des NVR in den Anklagesatz nicht nur überflüssig zur Konkretisiewrung des Anklagevorwqurfs und damit unzulässig im Sinne des 200 StPO. Sie dient erkennbar auch dem erklärten Ziel der Staatsanwaltschaft, der Öffentlichkeit, aber auch den Schöffen, die behauptete Verantwortung der Angeklagten auf Verhandlungen solcher Gremien der ehemaligen DDR zu suggerieren, denen sie entweder gar nicht angehörten oder an deren Sitzungen sie -jedenfalls überwiegend (s. oben)- nicht teilgenommen haben.

Die Bemühungen der Staatsanwaltschaft, die Schöffen bereits durch die Verlesung des Anklagesatzes zumindest emotional zu Lasten der Angeklagten zu beeinflussen, finden ihren besonderen Ausdruck in der drastischen Art der Beschreibung der einzelnen Tatvorwürfe ab Seite 53. Immer wieder werden die erlittenen Verletzungen der Geschädigten in allen Details geschildert. Dies gilt insbesondere bezüglich solcher tödlichen Verletzungen, die durch Minendetonationen verursacht wurden.

Zur Klarstellung: Es soll hier nicht der Versuch unternommen werden, diese Geschehnisse zu verharmlosen. Es kann und muß ggf. Aufgabe der Hauptverhandlung sein, auch diese Einzelheiten des Tatvorwurfs in aller Deutlichkeit aufzuklären. Im konkreten Anklagesatz haben diese Einzelheiten aber nichts zu suchen.

Die oben beschriebene Fassung des Anklagesatzes verstößt aber nicht nur gegen die Legaldefinition des 200 Abs. 1 S. 1 StPO, sondern begründet vorliegend auch die Besorgnis der Befangenheit hinsichtlich der Schöffen und Ergänzungsschöffen.

Denn der Anklagesatz, der in der Hauptverhandlung verlesen wird, soll die Schöffen über den, dem Angeklagten gemachten Tatvorwurf unterrichten. Im

Gegensatz zu allen übrigen Verfahrensbeteiligten kennen die Schöffen zu diesem Zeitpunkt nicht die Verfahrensakten, insbesondere nicht die Beweisführung der Staatsanwaltschaft. Denn die Schöffen sollen ihre Überzeugung über Schuld oder Unschuld der Angeklagten allein aus der Hauptverhandlung gewinnen (KK-Treier, 243 Rdn. 24 m.w.N.). Aus diesem Grunde darf ihnen auch das wesentliche Ergebnis der Ermittlungen weder durch Verlesung mitgeteilt, noch durch Einsicht überlassen werden. Ungesetzlich ist es deshalb auch, Teile des wesentlichen Ergebnisses der Ermittlungen -insbesondere die Beweiswürdigung- über den Anklagesatz in die Hauptverhandlung einzuführen (Danckert, Strafverteidiger 1988, S. 282, 283). Denn andernfalls werden die Schöffen -entgegen dem vom Gesetz gewollten Aufbau der Hauptverhandlung- schon vor der (möglichen) Einlassung des Angeklagten, 244 Abs. 4, 136 Abs. 2 StPO, und vor Beginn der Beweisaufnahme, 244 Abs. 1 StPO, mit der staatsanwaltschaft-lichen Beweiswürdigung konfrontiert.

Die Laienrichter sollen aber nicht durch das staatsanwaltschaftliche Ermittlungsergebnis beeinflußt werden. "Eine Abweichung (von dieser Auffassung) wäre wegen der schädlichen Folgen für die Wahrheitsermittlung nicht zu verantworten" (RGSt 69, 120, 123).
Auch der Bundesgerichtshof hat sich dieser Auffassung angeschlossen (BGHSt 13, 73 ff.).

Herr Prof. Dr. Hager muß befürchten, daß die Schöffen und Ergänzungsschöffen aufgrund der in dem verlesenen Anklagesatz enthaltenen Beweiswürdigung und der beschriebenen, drastischen Darstellung der einzelnen Tatvorwürfe den weiteren Verlauf der Beweisaufnahme zumindest emotional nicht mehr unbefangen verfolgen können und demnach kein aus dem Ergebnis der Hauptverhandlung erwachsenes Urteil fällen können. Dies begründet die Besorgnis der Befangenheit.

Ferner wird beantragt,
1) die dienstlichen Äußerungen der abgelehnten Schöffen und Ergänzungsschöffen vor einer Entscheidung über dieses Ablehnungsgesuch Herrn Prof. Dr. Hager übrer seine Verteidiger zugänglich zu machen.

2) Herrn Prof. Dr. Hager Gelegnheit zu geben, hierzu Stellung zu nehmen.

Olaf D. Franke   Stefan Schrage
Rechtsanwalt   Rechtsanwalt"

Zurückweisung des Ablehnungsgesuchs
Beschluß

gegen

es folgen die Namen und Daten der Angeklagten...

hat die 27. Strafkammer des Landgerichts Berlin -Schwurgericht- am 19. Februar 1996 beschlossen:

Das von dem Angeklagten Prof. Dr. Kurt Leonhard Hager mit Schriftsatz seiner Verteidiger Rechtsanwalt Schrage und Rechtsanwalt Franke vom 13. Februar 1996 angebrachte Ablehnungsgesuch gegen die Schöffen Rolf Bockelmann und Regine Abraham sowie die Ergänzungsschöffen Angelika Bauer, Dagmar Hoffmann, Lothar Cantow und Dorothea Minut, dem sich die Angeklagten Mückenberger, Dohlus, Krenz und Kleiber angeschlossen haben, wird als unbegründet zurückgewiesen.

Gründe:

Die Antragsteller lehnen die Schöffen Rolf Bockelmann und Regine Abraham sowie die Ergänzungsschöffen Angelika Bauer, Dagmar Hoffmann, Lothar Cantow und Dorothea Minut ab und begründen ihr Gesuch mit der Befürchtung, die abgelehnten Schöffen und Ergänzungsschöffen stünden ihnen durch die am 12. Februar 1996 erfolgte Verlesung des "durch überflüssige Einzelheiten überfrachteten" und "mit Beweiswürdigung durchsetzten" Anklagesatzes nicht unvoreingenommen gegenüber. Die Schöffen und Ergänzungsschöffen seien ferner durch "die drastische Darstellung der einzelnen Tatvorwürfe" nicht mehr in der Lage, dem weiteren Verlauf der Beweisaufnahme emotional un unbefangen zu verfolgen und ein aus dem Ergebnis der Hauptverhandlung erwachsenes Urteil zu fällen.

Das Ablehnungsgesuch ist unbegründet, da ein Ablehnungsgrund nicht vorliegt. Gem. 24 Abs. 2, 31 Abs. 1 StPO ist ein Ablehnungsantrag begründet, wenn für den antragsberechtigten Verfahrensbeteiligten ein Grund vorliegt, der geeignet ist, Mißtrauen gegen die Unparteilichkeit eines Richters zu rechtfertigen. Dies ist der Fall, wenn der Ablehnende vernünftige Gründe hat, die ihm von seinem Standpunkt aus begründeten Anlaß geben, an der Unvoreingenommenheit und objektiven Einstellung des Richters zu zweifeln (Kleinknecht/Meyer-Goßner StPO 42. Aufl. zu 24 StPO Rdnr. 8 m.w.N.). Solche vernünftigen Gründe haben die

Antragsteller nicht vorgebracht.

Die abgelehnten Schöffen und Ergänzungsschöffen haben in ihren dienstlichen Äußerungen vom 15. Februar 1996 übereinstimmend erklärt, sie hielten sich nicht für befangen.

Die Verlesung des Anklagesatzes in den Sitzungen vom 1. und 12. Februar 1996 veranlaßt aus der Sicht eines vernünftigen Verfahrensbeteiligten nicht dazu, die Unvoreingenommenheit bei der Amtsausübung der abgelehnten Schöffen und Ergänzungsschöffen in Zweifel zu ziehen. Hierbei kann dahinstehen, ob der Anklagesatz tatsächlich "durch überflüssige Einzelheiten überfrachtet", "mit Beweiswürdigung durchsetzt" und "die Darstellung der einzelnen Tatvorwürfe drastisch" ist. Jedenfalls kann angesichts des umfangreichen, siebzig Seiten umfassenden Anklagesatzes und der voraussichtlich mehrere Monate in Anspruch nehmenden Beweisaufnahme ausgeschlossen werden, daß sich die Laienrichter durch das einmalige Verlesen des Anklagesatzes so stark beeindrucken lassen, daß sie das wirkliche Ergebnis der Hauptverhandlung nicht mehr unbefangen in sich aufnehmen können. (vgl. BGH StV 1988, 282 m.w.N.).

Diese Entscheidung kann gem. 28 Abs. 2 Satz 2 StPO nur zusammen mit dem Urteil angefochten werden.

Hoch   Dr. Kessel   Meunier-Schwab

186

Presseerklärung

Die Schabowski-Verteidiger gaben nach Verlesung folgende Presseerklärung zum Anklagesatz ab:

An die Presse

Politbüroverfahren

Am heutigen Tag wurde die am letzten Verhandlungstag unterbrochene Verlesung der Anklage beendet. Vor Beginn der Verlesung hatten die Verteidiger der Angeklagten gerügt, daß der Anklagesatz unzulässige, wertende Passagen zur Rolle und Bedeutung des Politbüros enthalte und deshalb der Verlesung der Anklage in der ursprünglichen Form widersprochen. Daraufhin verlas die Vertreterin der Staatsanwaltschaft heute eine geänderte Fassung der Anklage, die die in erster Linie von den Verteidigern beanstandete Wendung nicht mehr enthielt. Oberstaatsanwalt Jahntz äußerte in diesem Zusammenhang zwar, daß es sich nur um unwesentliche Änderungen handele, trotzdem war aber offensichtlich auch die Staatsanwaltschaft der Ansicht, daß der Anklagesatz in der ursprünglichen Fassung unzulässige Wertungen beinhaltete und reagierte somit auf die Kritik der Verteidiger.

Die Anklage legt den Angeklagten, die nach dem Jahr 1973 Mitglieder des Politbüros wurden, zur Last, es pflichtwidrig unterlassen zu haben, auf eine Humanisierung des sogenannten Grenzregimes hinzuwirken und damit für den Tod von Flüchtlingen an der innerdeutschen Grenze verantwortlich geworden zu sein. Das Landgericht Berlin ging, damals noch unter Mitwirkung des zwischenzeitlich wegen der Besorgnis der Befangenheit aus dem Verfahren ausgeschiedenen Vorsitzenden Richters am Landgericht Bräutigam, mit dem Eröffnungsbeschluß über diesen Anklagevorwurf noch hinaus, indem es bezüglich aller Angeklagten den hinreichenden Tatverdacht einer Erfolgsverursachung durch aktives Tun bejahte. Die Anklagevertreter erklärten heute im

Zusammenhang mit der Verlesung der Anklage, daß die Staatsanwaltschaft diese rechtliche Bewertung nicht teile, sondern nach wie vor lediglich den Vorwurf der Unterlassung für berechtigt halte.

Eine solche rechtliche Bewertung eines Anklagesachverhaltes durch die Staatsanwaltschaft einerseits und durch ein Gericht andererseits ist grundsätzlich zwar möglich, durch den dargestellten Dissens sieht jedoch die Verteidigung von Herrn Schabowski die Berechtigung ihrer schon früher gegen den Eröffnungsbeschluß des Landgerichts Berlin vorgebrachten Einwände bestätigt.

Dr. Dirk Lammer
Rechtsanwalt

Ferdinand von Schirach
Rechtsanwalt

Erklärungen zu Anklageschrift

Der verstorbene Harry Tisch gab zur Anklage kurz vor seinem Tod folgende Erklärung gegenüber seinem Anwalt *Jürgen Blanke* ab:

Erklärung

Zu der gegen mich auf Grund meiner Zugehörigkeit als Mitglied des Politbüros der SED erhobenen Anklage wegen Totschlags erkläre ich, daß ich mich im Sinne dieser Anklage strafrechtlich nicht verantwortlich fühle und das Landgericht Berlin, wie jedes andere Gericht der Bundesrepublik Deutschland auch, wegen des mir vorgeworfenen Verhaltens als nicht zuständig betrachte.

Um über einen solchen Schuld- und Strafvorwurf rechtlich zu befinden, könnte ich nur ein Gericht als zuständig anerkennen, das durch das werktätige Volk der ehemaligen DDR zur Entscheidung berufen wäre.

Für die 40jährige Politik der DDR fühle ich mich politisch und moralisch mitverantwortlich, aber ich habe niemals dazu beigetragen, daß Menschen verletzt oder gar getötet werden.

Berlin, den 24.05.1995

Harry Tisch

Egon Krenz reagierte nach Erhalt der Anklageschrift mit einem Brief vom 27. Juni 1995 an den damals noch Vorsitzenden der 27. Großen Strafkammer, Richter *Bräutigam.*

*"An die
Landgericht Berlin
Strafkammer 27
- Schwurgericht -
Herrn Vorsitzenden Bräutigam
Turmstr. 91*

10559 Berlin

Ihr Schreiben vom 6.3.1995 -527-1/95

Herr Vorsitzender,

der Aufforderung folgend, schriftlich zu erklären, ob ich "Einwendungen gegen die Eröffnung des Hauptverfahrens" vorbringen will, möchte ich Ihnen meine Grundhaltung zur Unrechtmäßigkeit der An-klage mitteilen:

Ausgangspunkt der Anklage ist die Ausübung meiner politischen Ämter in der DDR. Die Deutsche Demokratische Republik war Mitglied der UNO und ein von der Bundesrepublik Deutschland unabhängiger Staat. Sie gehörte dem Warschauer Vertrag an und war durch einen Freundschafts- und Beistandspakt mit der Sowjetunion verbunden. Über 130 Staaten hatten die DDR völkerrechtlich anerkannt. Im Grundlagenvertrag vom 21. Dezember 1972 waren sich die BRD und die DDR einig, "daß die Hoheitsgewalt jedes der beiden Staaten sich auf sein Staatsgebiet beschränkt." DDR-Staatsratsvorsitzender Hoecker und BRD-Kanzler Kohl hatten am 12. März 1985 in Moskau vereinbart: Die Unverletzlichkeit der Grenzen und die Achtung der territorialen Integrität und der Souveränität aller Staaten in Europa in ihren gegenwärtigen Grenzen sind eine grundlegende Bedingung für den Frieden."

Das war auch meine Überzeugung und damit wichtiges Motiv meiner Amtsführung.

Vereidigt war ich nicht auf das Grundgesetz der BRD, sondern auf die Verfassung der DDR, rechenschaftspflichtig folglich ausschließlich den Staatsbürgern der DDR.

Nach meinem Verständnis ist die nunmehrige Anklage durch BRD-Staatsorgane rechtswidrig. Sie ist allein eine Frage der Politik. Die Bundesregierung, die bis 1989 eng mit der politischen Führung der DDR zusammengearbeitet hat, urteilt jetzt über die DDR, als wäre sie ein Bundesland gewesen. Ideologische Grundlage der Anklage ist zudem das Klischee von der DDR als "zweiter deutscher Diktatur dieses Jahrhunderts". Damit wird die DDR wahrheitswidrig in die Nähe des NS-Staates gerückt. Diese politische Vorverurtei-lung macht nicht nur die Staatsanwaltschaft befangen. Staatsorgane der Bundesrepublik Deutschland haben weder eine rechtliche noch politisch-moralische Legitimation, im nachhinein Hoheitsträger der DDR zu verfolgen. Es wäre daher legitim gewesen, von einem internationalen Gremium unvoreingenommen prüfen zu lassen, ob es rechtens ist, daß ein Staat, die Bundesrepublik, über einen anderen Staat, die DDR, zu Gericht sitzt und viele seiner Bürger kriminalisiert. Angesichts des politischen Charakters des Verfahrens wäre ich gern mein eigener Anwalt gewesen. Die Strafprozeßordnung der Bundesrepublik läßt es nicht zu. Deshalb werden die Herrn Rechtsanwälte Unger und Urbanski meine Interessen vertreten (anstatt Rechtsanwalt Urbanski wird Egon Krenz neben Unger nunmehr von Rechtsanwalt Dr. Wissgott vertreten, Anm. d. Verf.).

Nachdem ich die Anklageschrift gelesen habe, komme ich zu dem Schluß, daß auch im 5. Jahr der deutschen Einheit allein die DDR für die Folgen der Spaltung Deutschlands verantwortlich gemacht wird. Hinter den Rechtskonstruktionen ist der unveränderte Wille der Staatsanwaltschaft erkennbar, "das SED-Regime zu delegitimieren". Die Staatsanwaltschaft folgt damit dem politischen Auftrag der Bundesregierung, den Justizminister Kinkel schon am 23. September 1991 auf dem 15. Deutschen Richtertag formuliert hatte. Auf diese Weise kann den Ostdeutschen permanent suggeriert werden, sie hätten in einem "Unrechtsstaat gelebt und seien einer kriminellen Führung gefolgt. Es entsteht der Eindruck, daß mein Verfahren nicht wegen des DDR-Grenzregimes angestrebt worden ist, sondern in Wirklichkeit dazu dienen soll, der DDR nachträglich per Gerichtsurteil ihre historische Legitimität und juristische Legalität zu nehmen.

Offensichtlich wird von Ihnen ein Richterspruch über die deutsche und europäische Nachkriegsgeschichte zum Nachteil von DDR-Bürgern und zugunsten der alten Bundesrepublik Deutschland erwartet. Unberücksichtigt soll die Tatsache bleiben, daß der Kalte Krieg dem Wesen nach ein Balancieren am Rande einer atomaren Katastrophe war. Er wurde auf deutschem Boden von beiden Seiten gnadenlos gegeneinander geführt. Nach meiner Meinung ist es nicht übertrieben, von einer besonderen Art eines Kalten Bürgerkrieges zu sprechen. Daran haben sich beide deutsche Staaten in Stellvertreterfunktion ihrer jeweiligen Großmächte mitschuldig gemacht. Es ist daher unredlich, allein die DDR zum Sündenbock zu erklären.

Letztlich kommt beiden Staaten das Verdienst zu, einen heißen Krieg nicht ausgelöst zu haben. Auch die deutsche Einheit ist glücklicherweise nicht das Resultat einer militärischen Auseinandersetzung, obwohl die Gefahr des Blutvergießens im Oktober und November 1989 außerordentlich groß war. Aus eigenem Erleben kann ich beurteilen: Am Abend des 9. November 1989 hätte die gesamte Entwicklung eine für unser Volk und die Welt schlimme Wende in Richtung einer neuen Eiszeit nehmen können, die die Vereinigung für lange Zeit unmöglich gemacht hätte. Präsident Gorbatschow, der diese Gefahr sah, hatte am 10. November in einer mündlichen Botschaft an den Bundeskanzler davor gewarnt, daß bei den offenen Grenzen "eine chaotische Situation mit unübersehbaren Folgen entstehen" kann. Herr Kohl sagte mir daraufhin am 11. November 1989 in einem Telefongespräch: "Wir werden uns nicht zu unterhalten brauchen, was für Gefahren das sein können, das kann sich jeder leicht ausrechnen." Daß die deutsche Einheit auf friedliche Art und Weise zustandekommen konnte, hängt auch damit zusammen, daß die politische und militärische Führung der DDR dafür sorgte, daß nicht geschossen wurde.

Vollständig kann die Einheit aber nur gelingen, wenn die Deutschen in Ost und West sie g l e i c h b e r e c h t i g t mitgestalten können.

Die Staatsanwaltschaft legt dem künstliche Hindernisse in den Weg. Sie hat sich zu einem besonderen Akt juristischer Akrobatik entschlossen. Ein "Schießbefehl", der sich vom "Gesetz über den unmittelbaren Zwang bei Ausübung öffentlicher Gewalt durch Vollzugsbeamte des Bundes" vom 2. März 1974 unterscheiden würde, ist nicht nachweisbar. Es gab ihn nicht. Er wird deshalb willkürlich unterstellt. Trotz mehrjähriger Ermittlungen hat die Staatsanwaltschaft wenig Sachkenntnis, ob - und wenn - unter welchen weltpolitischen Konstellationen - es möglich gewesen wäre, das DDR-Grenzregime zu verändern. Mit der UNTERLASSUNGS-Formel werden faktisch auch jene DDR-Bürger mit auf die Anklagebank gesetzt, die hoheitlich tätig waren, sich staatsloyal verhielten und es unterlassen haben, in Opposition zu gehen.

Angesichts der Rechtskonstruktion der Staatsanwaltschaft entsteht die Frage, ob sich nicht auch die führenden westdeutschen Politiker der UNTERLASSUNG schuldig gemacht haben, als sie sich ungeachtet des Grenzregimes mit uns an den Gesprächstisch setzten? War es UNTERLASSUNG, als sie es versäumten, der DDR-Führung zu sagen: ein Staatsbesuch des DDR-Staatsratsvorsitzenden in Bonn würde nur möglich sein, wenn vorher die Grenzsicherungen verändert werden? Was wurde in Bonn unterlassen, als die Bundesrepublik trotz Grenzsicherungsmaßnahmen der DDR sich gemeinsam mit der DDR an den Tisch der Genfer Abrüstungskonferenz und der Winer MBFR Verhandlungen setzte? Schließlich: Warum hat die Bundesregierung mit der DDR trotz Grenzregimes eine Gemeinsame Grenzkommission gebildet? Warum hat sie das DDR-Grenzregime genutzt, als es darum ging, ihre Asylpolitik durchzusetzen? Und: Warum haben beide Regierungen noch 1987 vereinbart, das "Erreichte unter Beachtung des Grundsatzes zu bewahren und auszubauen, daß beide Staaten die Unabhängigkeit und Selbständigkeit jedes der beiden Staaten in seinen inneren und äußeren Angelegenheiten respektieren"?

Die Wahrheit ist doch: Trotz des Grenzregimnes gab es zwischen Politikern der BRD und der DDR eine mit den Jahren immer enger werdende Kollegialität, Verläßlichkeit und zuweilen auch persönliche freundschaftliche Beziehungen. Westdeutsche Regierungs- wie Oppositionspolitiker standen miteinander im Wettbewerb, wer der bessere Partner einer von der DDR vorgeschlagenen "Koalition der

Vernunft" hätte sein können. Es herrschte auch weitgehende Übereinstimmung, daß die steigenden Zahlen im Reise- und Besucherverkehr, die Liberalisierung des Transitverkehrs, die Regelungen im Post- und Telefonverkehr und vieles andere mehr nur durch gemeinsame Anstrengungen der Regierenden in Ost und West möglich wurden. Der Bundesregierung war gut bekannt, daß die Verständigungsbereitschaft der DDR auf das Mißtrauen der Moskauer Führung traf. Besonders in den achtziger Jahren waren beide deutsche Staaten bemüht, ihre Kooperation aus der Konfrontation der Großmächte herauszuhalten, trotz oder gerade wegen des besonderen Grenzregimes. Beiden war bewußt, daß nach dem Willen der Großmächte die Mauer aus Beton und Stacheldraht durch einen atomaren Raketenzaun ergänzt werden sollte. Über ihn hinweg wäre jeder Dialog zwischen den Deutschen unmöglich geworden. Weil sich die DDR dem widersetzte, entstand zwischen ihr und der Sowjetunion 1984 eine tiefe Vertrauenskrise.

Wahr ist auch, daß sich beide deutsche Staaten eingerichtet hatten, mit dem Status quo zu leben, weil es eine andere Perspektive nicht zu geben schien. 1987 sprach der DDR-Staatsratsvorsitzende mit der politischen Elite der Bundesrepublik, mit Wirtschaftsführern und dreimal, insgesamt 12 Stunden, mit dem Bundeskanzler. Im Gemeinsamen Kommunique aber werden Sie kein Wort zum Grenzregime zwischen den beiden Staaten finden. War das alles UNTERLASSUNG? Sicher nicht! Es war vielmehr die realistische Berücksichtigung der Tatsache, daß Grenzfragen letztlich Bündnisfragen waren. Weder Honecker und Kohl als Personen, noch das SED Politbüro als Führungsgremium hatten je die Macht, eigenständig Bündnisangelegenheiten zu entscheiden.

Die Anklageschrift der von der Regierung abhängigen Staatsanwalt-schaft ist über viele Seiten eine Zitatensammlung aus Beschlüssen des SED-Politbüros. Die Dokumentenauszüge wurden aus dem politischen, historischen und sachlichen Zusammenhang gerissen. Sie werden tendenziös und parteiisch interpretiert. Die Anklageschrift verrät eine Menge Unkenntnis der Staatsanwaltschaft über die tatsächlichen Zusammenhänge und geschichtlichen Abläufe, die zum Grenzregime zwischen den beiden mächtigsten Militärblöcken der Welt, der NATO und dem Warschauer Vertragssystem, geführt haben. Generalstaatsanwalt Schaefgen hat zwar erklärt, er übe keine Rache (siehe: Der Spiegel Nr. 52 vom 26.12.1994, S. 30

ff.9), doch gleichzeitig stellte er sich die ideologische Aufgabe, seinen Enkeln einmal sagen zu wollen, er habe sich bemüht, DDR Recht "als kriminelles Unrecht zu deklarieren". Lange bevor Sie, Herr Vorsitzender, mir die Anklageschrift zustellen konnten, stellte er sie bereits in den Medien vor, erklärte mich eines Kapitalverbrechens schuldig und behauptete entgegen der Wahrheit, nur Taten anzuklagen, "die im krassen Widerspruch zum DDR-Recht standen...". Ich wüßte gern, Herr Vorsitzender, ob Sie meinen Standpunkt teilen könnten, daß das Verhalten des Herrn Generalstaatsanwalts grundlegenden Regeln für ein faires Verfahren widerspricht?

Die 1555 Seiten der Anklageschrift dokumentieren, daß die Staatsanwaltschaft DDR-Recht willkürlich auslegt. Sie stellt es so dar, wie es nach Meinung westdeutscher Staatsanwälte hätte sein sollen, aber nie war. Durch die Anklageschrift soll die DDR nachträglich zu einem Nicht-Staat degradiert werden, dessen verfassungsmäßige Ordnung negiert, dessen militärische Bündnisverpflichtungen verharmlost, dessen geschichtliche Entwicklung verfälscht und dessen Rechtsausübung kriminalisiert werden. Darin fügt sich ein, daß das Wesen der Beziehungen zwischen beiden deutschen Staaten entstellt und sowohl die Rolle der Politiker wie auch der Politik der Bundesrepublik gegenüber der DDR geschönt werden.

Sie, Herr Vorsitzender, werden sich erinnern, wie Politik und Medien - und wenn ich nicht irre - auch die Justiz der Bundesrepublik Deutschland die DDR Jahrzehnte als "Sowjetzone", als "verlängerten Arm Moskaus" oder auch als "Geisel des Kreml" abzuqualifizieren suchten. Nun, nach unserer geschichtlichen Niederlage, entdeckt die Staatsanwaltschaft aus durchsichtigen Gründen plötzlich Entgegengesetztes. Sie meint, daß die DDR in ihren Entscheidungen zum Grenzregime völlig freie Hand gehabt habe. Sie "übersieht", daß die DDR wie die BRD gegensätzlichen Bündnissen angehörte. Solange die UdSSR und die DDR strategische Bündnispartner waren -und dies galt noch im Herbst 1989- solange hatte die sowjetische Führung auch vielfache politische, ökonomische, völkerrechtliche, personelle, geheimdienstliche und auch militärische Möglichkeiten, ihre Interessen in der DDR durchzusetzen. US-Präsident Reagan war sich dieser Tatsache bewußt, als er im Juni 1987 vor dem

Brandenburger Tor in Berlin an Gorbatschow und nicht an Honecker appellierte, das Tor zu öffnen und die Mauer einzureißen.

Auf dem Territorium der DDR standen zeitweilig mehr als eine halbe Million Angehörige der Sowjetarmee. Sie waren mit Kernwaffen und hochmoderner Technik ausgerüstet. Ihre Hauptkräfte waren unmittelbar in der Nähe der Staatsgrenze und rund um Berlin stationiert. Schon daraus ergab sich ein Sicherheitsinteresse der Sowjetunion. Sie hat aktiv Einfluß genommen, daß die DDR-Grenze als militärisches Sperrgebiet behandelt und militärisch geschützt wurde. Dies war auch noch nach 1985 der Fall. Wäre es anders gewesen, der Bundeskanzler hätte wahrscheinlich Gorbatschow nicht mit Goebbels verglichen.

Die Staatsanwaltschaft geht von einer "innerdeutschen Grenze" zwischen der DDR und der Bundesrepublik bzw. zu Berlin-West aus. "Innerdeutsche Grenzen" hat es jedoch seit 1949 nicht mehr gegeben. Ohne Respektierung des völkerrechtlichen Charakters der Staatsgrenze auch durch die Bundesrepublik Deutschland wäre es Anfang der siebziger Jahre nicht zum Abschluß der Verträge von Moskau, Warschau, Prag und Berlin und damit auch nicht zur Entspannungspolitik gekommen.

Ich bedauere, daß es an der Trennlinie zweier Weltsysteme Tote und Verletzte gab. Die Staatsanwaltschaft verwechselt jedoch Ursache und Wirkung. Sie zieht nicht in Betracht, wer die eigentlichen Schuldigen an der deutschen Spaltung und damit an der Grenzziehung quer durch Deutschland und Europa sind. Die Geschichte der Spaltung begann nicht erst mit der Gründung beider deutscher Staaten. Die Niederlage des deutschen Faschismus hatte auch zur Folge, daß die Siegermächte Deutschland spalteten, ohne die Deutschen zu fragen. Die DDR wurde erst gegründet, als die Bundesrepublik schon existierte, der Warschauer Vertrag erst geschaffen, nachdem die Bundesrepublik Deutschland der NATO beigetreten war. Ohne diese Entwicklung hätte es das strenge Grenzregime zwischen beiden Blöcken nicht gegeben.

Das DDR-Grenzregime war kein Hinderungsgrund für die gleichzeitige Aufnahme der DDR und der BRD in die UNO. Die Völkergemeinscahft hat die DDR wegen ihres Grenzregimes niemals verurteilt. Auch als der "Vertrag über die Grundlagen der

Beziehungen zwischen der Bundesrepublik Deutschland und der Deutschen Demokratischen Republik" geschlossen wurde, existierte das Grenzregime in der Form, wie es jetzt angeklagt wird.

Ich weiß um den Grundsatz, daß das Gericht die Gesetze kennt, mithin nicht darauf aufmerksam zu machen ist. Für die Staatsanwaltschaft scheint dies nicht zuzutreffen, weshalb sie wohl tunlichst vermeidet, auf den Grundlagenvertrag einzugehen, der es verbieten würde, Anklage für Handlungen zu erheben, die eindeutig zur Souveränität der DDR gehörten. Artikel 6 des Grundlagenvertrages fixierte völkerrechtlich verbindlich, daß die DDR wie die BRD "von dem Grundsatz aus(gehen), daß die Hoheitsgewalt jedes der beiden Staaten sich auf sein Hoheitsgebiet beschränkt. Sie respektieren die Unabhängigkeit und Selbständigkeit jedes der beiden Staaten in seinen inneren und äußeren Angelegenheiten." In Artikel 4 hatten beide Staaten zudem "die Unverletzlichkeit der zwischen ihnen bestehenden Grenze jetzt und in Zukunft" bekräftigt und sich "zur uneingeschränkten Achtung ihrer territorialen Integrität" verpflichtet. Vor dem Einigungsvertrag stand der Grundlagenvertrag. Auch nach Meinung der damaligen Bundesregierung war für die Beziehungen zwischen der BRD und der DDR allein das Grundlagenvertragswerk, nicht aber die Präambel des Grundgesetzes relevant. Was aber sind der Staatsanwaltschaft völkerrechtliche Verträge wert? Oder geht sie doch von dem Prinzip des Brennus aus: "Wehe den Besiegten!"?

Gegen Gesetze der DDR habe ich nicht verstoßen. Und was die Strukturen der politisch-staatlichen Führung der DDR angeht, so kann ich nur konstatieren, daß das eine innere Angelegenheit der DDR war und kein Gegenstand rechtlicher Beurteilung durch eine bundesdeutsche Staatsanwaltschaft sein kann. Im übrigen sei daran erinnert, daß nach diesen Grundsätzen alle Staaten des Warschauer Vertragssystems strukturiert waren. Man kann und muß heute darüber nachdenken, ob es nicht schon im Ansatz verfehlt war, einen Staat nach der Theorie zu leiten: "Keine einzige wichtige politische oder organisatorische Frage wird in unserer Republik von irgendeiner staatlichen Institution ohne Direktiven des ZK unserer Partei entschieden" (W.I. Lenin, Werke, Bd. 31, S. 32). Gegenstand krimineller Be- oder Verurteilung jedenfalls dürfte diese Art von staatlicher Gestaltungsvorstellung nicht sein. Es muß daher die Frage erlaubt sein, wie sich die Staatsanwaltschaft den weiteren

Umgang des einheitlichen Deutschland mit Politikern vorstellt, die zu Zeiten der Existenz der UdSSR dem KPdSU-Politbüro angehörten und den Staat in genau den Strukturen und in der Weise lenkten, die heute bezüglich des SED-Politbüros Anklagegrundlage sind?

Nach den Regeln des Völkerrechts unterlag ich vor dem 3. Oktober 1990 nicht der Gerichtsbarkeit der Bundesrepublik Deutschland. Noch im Juni 1989 wurde ich als Stellvertreter des DDR-Staatsoberhaupts in der Bundesrepublik mit allen staatlichen Ehren empfangen, obwohl die Vorwürfe, die jetzt gegen mich erhoben werden, damals gut bekannt waren. Mit welchem Recht, so darf ich Sie fragen, wird meine Funktion in der DDR jetzt völlig anders bewertet? Der Schutz der Grenzen der DDR war in der DDR wie in anderen Staaten keine strafbare Handlung, sondern Verfassungsauftrag und Bündnisverpflichtung. Er stand als Ausdruck staatlicher Souveränität in Übereinstimmung mit dem Völkerrecht. Aus meiner Sicht ist die Anklageschrift somit verfassungs- und völkerrechtswidrig.

Für die Staatsanwaltschaft macht sie dennoch Sinn. Sie wurde vorbereitet durch die Prozesse gegen Grenzsoldaten, die letztlich dazu dienten, die Stimmung zu erzeugen: "Wieder einmal werden die Kleinen gehängt und die Großen laufen gelassen." Sowenig die Grenzer sich den Anklagen und Verurteilungen entziehen konnten, sowenig werde ich das tun. Mir ist aber unerträglich, daß Angehörige der DDR-Grenztruppen, Richter, Partei- und Staatsfunktionäre durch die bundesdeutsche Justiz rechtswidrig für Entscheidungen und Befehle bestraft werden, die sich direkt aus der Feindschaft der beiden entgegengesetzten Weltsysteme und aus der unterschiedlichen Bündniszugehörigkeit beider deutscher Staaten ergeben.

Wenn die Sonderstaatsanwaltschaft es für angemessen hält, unter den DDR-Bürgern die "Schuldigen" für die deutsche Spaltung zu suchen, hat dies mit geschichtlicher Wahrheit und Gerechtigkeit wenig zu tun. Ob es Anstiftung zur Rechtsbeugung ist, kann ich als Nichtjurist schlecht beurteilen. Beurteilen aber kann ich, daß DDR-Bürger, die auf der Grundlage von DDR-Recht Befehle und Weisungen der Verfassungsorgane ausgeführt haben, sich nicht strafbar gemacht haben.

Was mich betrifft, so habe ich bereits mehrfach erklärt, daß ich als letzter SED-Generalsekretär und DDR-Staatsratsvorsitzender für verfassungskonformes Handeln von DDR-Bürgern einstehe und die uneingeschränkte Verantwortung übernehme.

Manches im größer gewordenen Deutschland erinnert an ein "innerdeutsches Veraillles": Die DDR hat gegenüber der östlichen Besatzungsmacht für ganz Deutschland für den Hitler-Krieg gehaftet und Reparationen geleistet. Ich habe das gegenüber den Völkern der Sowjetunion stets als gerecht sowie als politische und moralische Verpflichtung angesehen. Daß aber nach der Vereinigung die Bundesrepublik Deutschland DDR-Bürger willkürlich für die Folgen des Kalten Krieges in Haftung nimmt, läßt sich durch nichts rechtfertigen. Ich bin überzeugt, daß Sie, Herr Vorsitzender, die Justiz von diesen Vorwürfen freihalten möchten.

Im Sinne der Anklage betrachte ich mich nicht für schuldig.

Mit vorzüglicher Hochachtung

Egon Krenz"

Dieser Brief *Egon Krenz'* wurde in der Beweisaufnahme Mitte März (1996) vom Vorsitzenden Richter *Hoch* verlesen. Die Beweisaufnahme ist zwar nicht mehr Gegenstand dieser Dokumentation, sondern erst des Folgebandes, *Krenz'* dort verlesener Brief sollte aber in einen Zusammenhang mit der Anklageschrift gestellt werden und daher schon hier seine Erwähnung finden. Nachdem Richter *Hoch* ihn verlesen hatte, antwortete *Krenz* am darauffolgenden Verhandlungstag mit folgender Erklärung:

"Herr Vorsitzender,

nachdem Sie in der letzten Sitzung meinen Brief vom 27. Juni 1995 verlesen haben, bin ich Ihnen eine Antwort schuldig, warum ich gegenüber der politischen Sonderstaatsanwaltschaft in meinem

Verfahren die Aussage verweigert habe:

1. Am 28. Mai 1991 lud mich Herr Jahntz zur Zeugenvernehmung im Ermittlungsverfahren gegen Erich Honecker und Unbekannt ein. Er begründete dies u.a. mit meinen Äußerungen in der Sendung "Talk im Turm" am 26. Mai 1991, der er entnommen habe, daß ich "über Erkenntnisse über den Bereich der politischen und militärischen Führung der ehemaligen DDR" verfüge.

Böhme ist eben doch Bildungsfernsehen.

Also ging ich zur Vernehmung. Und was ich bei Herrn Jahntz erfuhr, war auch ein "Bildungserlebnis". Ich lernte, daß Zeugen bestimmte Sachen nicht sagen dürfen. Speziell dann nicht, wenn sie vorgefaßten Meinungen westdeutscher Beamter - oder vielleicht sage ich besser - der ideologisch motivierten Meinung des Herrn Jahntz - nicht entsprechen. Als ich mit dem Verweis auf den "2+4-Vertrag" die politische Verfolgung von DDR-Bürgern in Frage stellte, wurde Herrn Jahntz klar, daß er keinen untertänigen Belastungszeugen vor sich hatte. Sofort diktierte er in sein Vernehmungsprotokoll: "Die Beurteilung der Zulässigkeit einer Strafverfolgung von im weitesten Sinne politisch motivierten Straftaten" stünde mir nicht zu (S.5). Damit wurde mir verweigert, mein weiteres Wissen als Zeitzeuge über die völkerrefchtliche Zulässigkeit von Strafprozessen gegen DDR-Hoheitsträger einzubringen.

2. Dem folgte folgende Belehrung durch Herrn Jahntz:

"Im übrigen ist dem vernehmenden Staatsanwalt aus eigener dienstlicher Tätigkeit bekannt, daß auch die Justiz der DDR keine Anstände hatte, das Verhalten von Politikern und anderen Entscheidungsträgern eines undemokratischen Systems, hier: des Nationalsozialismus strafrechtlich zu würdigen......." (S.5).

Ich empfand dies als Ungeheuerlichkeit!

Die strafrechtliche Verfolgung von Nazi- und Kriegsverbrechen in der BRD mit der Verfolgung von Hoheitsträgern der DDR auf eine Stufe zu stellen, ist nicht nur deshalb nicht möglich, weil die erstere auf dem Bremsschaum der alten Nazijuristen ausglitt und die letztere zum politischen Siegerspektakel aufgeblasen wird. Sie ist vor allem nicht möglich, weil sie bar jeder historischen Vernunft und Verantwortung jene Opfer des Faschismus verhöhnt, die sich aus gutem Grund im Antifaschismus der DDR gut aufgehoben sahen. Diese Gleichsetzung erfüllt nach meiner Meinung den Straftatbestand der Volksverhetzung nach 130 des StGB.

3. Außerdem habe ich bei Herrn Jahntz gelernt, daß Vernehmungen ein geeigneter Ort sein können, bei dem ein Staatsanwalt für seine eigenen Publikationen Werbung machen kann. Zumindest tat das Herr Jahntz, indem er selbst in das Vernehmungsprotokoll aufnehmen

"Ich überreiche in diesem Zusammenhang zur Kenntnisnahme und zum Verbleib ein Exemplar der Broschüre "Der Volksgerichtshof" von Jahntz/Kähne" (S.5)

Damit wurde die von Jahntz/Kähne verfaßte Broschüre zum Bestandteil meiner Zeugenvernehmung. Ich entnahm ihr, daß Herr Jahntz mit Ermittlungen gegen ehemalige Richter und Staatsanwälte des Volksgerichtshofes beauftragt war.

Soweit ich in Erfahrung bringen konnte, war er Sachbearbeiter des 1979 gegen etwa 60 Ankläger sowie haupt- und nebenamtliche Richter des Volksgerichtshofes eingeleiteten Ermittlungsverfahrens, das auf einer Strafanzeige von Robert Kempner beruhte.

Mit e i n e r Ausnahme wurden alle Verfahren gegen die Angehörigen des Volksgerichtshofes, gegen die ab 1979 in der Turmstraße ermittelt wurde, eingestellt. Daran war auch Herr Jahntz beteiligt.

Bekannt ist auch, daß zu den Juristen, gegen die in der Turmstraße unter Mitwirkung von Herrn Jahntz das Verfahren eingestellt wurde, Gerhard Lenhardt und sein Kollege Edmund Stark gehörten.

Stark hatte das Todesurteil gegen Robert Havemann und seine Gefährten beantragt.

Er war nach 1945 am Landgericht Ravensburg tätig. Bis zur Pensionierung (1974) amtierte er dort als Landgerichtsdirektor. Von 1975 bis 1980 war er in dieser Stadt Vorsitzender des

Prüfungsausschusses für Wehrdienstverweigerer.

Ich weiß gar nicht, ob die deutsche und internationale Öffentlichkeit schon wahrgenommen hat, daß sich ein Mann, der keine rechtskräftige Verurteilung von Nazijuristen zustande brachte, und trotz erdrückenden Beweismaterials an der Einstellung von Verfahren gegen zahlreiche Ankläger sowie haupt- und nebenamtliche Richter des Volksgerichtshofes beteiligt war, sich nunmehr als Sonderstaatsanwalt u.a. den Opfern des Volksgerichtshofes zugewendet hat.

Jetzt an Antifaschisten nachzuholen, was er sich bei den Naziverbrechern nicht getraut hatte oder vielleicht auch nicht trauen durfte, delegitimiert den Herrn Staatsanwalt, die Anklage gegen mich zu vertreten.

4. Laut Vernehmungsprotokoll einmal zur Lektüre empfohlen, habe ich die Broschüre aufmerksam gelesen. Herr Jahntz erweist sich bereits vor 1990 als ein Mann, der es mit der Wahrheit über die DDR nicht so genau nimmt. So behauptet er auf den Seiten 14 und 15, der Generalstaatsanwalt der DDR habe am 15. Januar 1965 einem entsprechenden Ersuchen des vormaligen Leiters der Zentralen Stelle in Ludwigsburg Erwin Schüle nicht entsprochen, womit "ein nicht unerheblicher Hinderungsgrund für die Aufklärung der Tätigkeit des Volksgerichtshofes" angedauert habe.

Günther Wieland, international anerkannter Jurist und Publizist, stellte dazu schon 1989 -also zwei Jahre bevor Herr Jahntz mir sein Werk schenkte- richtig:

"Nicht die BRD hatte um die Auswertung gebeten, sondern der Generalstaatsanwalt der DDR Dr. Josef Streit bot diese am 22. Dezember 1964 dem Justizminister Ewald Bucher an. Während der diplomatischen Blockade der DDR hielt es der Bonner Minister nicht für angezeigt, die DDR-Offerte auch nur zu beantworten. Vielmehr schickte er den Leiter der Ludwigsburger Zentralen Stelle vor. Daß er damit dem Generalstaatsanwalt der DDR, der langjährig in Konzentrationslagern inhaftiert gewesen war, einen ehemaligen SA-Mann und NSDAP-Angehörigen als Gesprächspartner anbot, zeugte gewiß weder von Feingefühl noch von der Absicht, ein gedeihliches Miteinander bei der Aufklärung von Nazi-Verbrechen

zu fördern. ...... Gleichwohl hat die DDR die Ludwigsburger Anfrage beantwortet und die Bildung einer gemeinsamen Kommission zur Auswertung der vorhandenen Beweise angeregt.

Ebenso fehlt bei Jahntz/Kähne der Hinweis, daß wohl alle bis dahin in der BRD gegen Juristen des Volksgerichtshofes eingeleiteten Ermittlungsverfahren auf unaufgefordert übergebenen DDR-Beweisen beruhten.

Unerwähnt lassen die Genannten auch, daß DDR-Staatsanwälte im März 1965 Originalakten des Volksgerichtshofes -darunter die des Verfahrens gegen den ungarischen Benediktinerpaters Josef Pontiller- dem Chefankläger beim Oberlandgericht in Koblenz ins Haus trugen.

Blieb das unerwähnt, weil der Staatsanwalt Gerhard Lenhardt, der Pontillers Tod verlangt hatte, als Rechtsanwalt im Rheinland agierte?

Oder lag es daran, daß jener Staatsanwalt Walter Roemer, der die Hinrichtung des Paters Pontiller wie die der Widerstandsgruppe Weiße Rose Alexander Schmorell und Prof. Kurt Huber leitete, damals als Ministerialdirektor im Bundesjustizministerium einer der ranghöchsten Justizbeamten der BRD war?

Wie man es auch dreht und wendet, eines steht eindeutig fest:" Die DDR hat Ermittlungen gegen Verantwortliche der nationalsozialistischen Justizverbrechen stets gefördert..."
(Günther Wieland, Das war der Volksgerichtshof. Ermittlungen, Fakten, Dokumente.)

Wer so großzügig wie Herr Jahntz mit der Wahrheit umgeht, weckt wenig Vertrauen, bei der objektiven Beurteilung der DDR-Vergangenheit sorgsamer zu sein.
Im Gegenteil: Die Vorwürfe der Staatsanwaltschaft gegen mich sind die liniare Fortsetzung alter ideologischer Vorurteile.

5. Als mich Herr Jahntz am 14. Juni 1991 vernahm, war ich gerade 6 1/2 Monate Bundesbürger und mit der Strafprozeßordnung des neuen Staates noch nicht vertraut. Sonst hätte ich schon damals bemerkt, daß Herr Jahntz seiner juristischen Pflicht nicht nachkam, mich als Zeuge ordnungsgemäß zu belehren. Wie Sie, Herr

Vorsitzender, Seite 3 des Vernehmungsprotokolls entnehmen können, sah der Herr Staatsanwalt "zunächst keinen Anlaß, für eine Belehrung gem. 55 StPO..." Er erwähnte den lediglich, ohne ihn mir inhaltlich zu erläutern und mir die für mich wichtigsten Konsequenzen zu erklären. Erst auf Seite 9, nachdem fast die Hälfte der Vernehmung vorbei war, kam er auf 55 der StPO zurück und verwies lediglich darauf, daß er mir den Text bereits bekannt gegeben habe, was aber nur dem Sinne nach, nicht dem exakten Text nach und dessen Erläuterung stimmte.

Herr Jahntz ist in einem Maße befangen, das ihn zum Hindernis für ein faires Verfahren gemacht hat. Ich kann nur mit Platon sagen: "Der höchste Grad von Ungerechtigkeit ist geheuchelte Gerechtigkeit".

Der 8. Verhandlungstag

Innerhalb der nächsten vier Verhandlungstage (der 10. Verhandlungstag fiel wegen Erkrankung des Angeklagten *Mückenberger* aus) kam es dann zu ausführlichen persönlichen Erklärungen der Angeklagten.

Erklärung des Angeklagten *Erich Mückenberger* vor der 27. großen Strafkammer des Landgericht Berlin

Herr Vorsitzender, werte Damen und Herren!

Die 1555 Seiten umfassende Anklageschrift und den nachträglich erhaltenen Beschluß vom 22.8.1995, der in meinen Augen eine weitere Verschärfung der Anklage ist, habe ich als 85-jähriger mit großer psychischer und physischer Anstrengung gelesen.

Die darin enthaltene Beschuldigung weise ich mit aller Entschiedenheit zurück.

Anklage und Eröffnungsbeschluß stellen die geschichtlichen Tatsachen auf den Kopf.

Als wir aktiven Antifaschisten, die den Hitlerterror und den Massenmord der Nazis überlebt hatten, durch die Alliierten von diesem verbrecherischen System befreit worden waren, schlossen wir uns zusammen, um gemeinsam ein neues Deutschland aufzubauen.

Aus der Erfahrung gemeinsam erlittener Verfolgung und gemeinsam erduldeten Leids -denn die Nazis hatten zwischen Kommunisten und Sozialdemokraten keinen Unterschied gemacht- schlossen wir Sozialdemokraten uns freiwillig mit den kommunistischen Genossen zusammen: Einigkeit macht stark!

Wir wollten ein neues, ein friedliebendes und demokratisches einheitliches Deutschland aufbauen, in dem der Hitlerfaschismus und der deutsche Militarismus, der nicht nur dem deutschen Volk, sondern vielen Völkern schwerstes Leid zugefügt hatte, mit Stumpf und Stil ausgerottet sein sollten.

Nicht wir haben Deutschland gespalten, sondern die westlichen Alliierten und Adenauer, der offen erklärte: "Lieber das halbe Deutschland gang als das ganze Deutschland halb!"

Demgegenüber hatten wir damals in der Volkskongreßbewegung "Für die Einheit Deutschlands und gerechten Frieden mit Deutschland" geworben und mit Otto Grotewohl gerufen "Deutsche an einen Tisch!"

Als die Bundesrepublik im Jahre 1949 unter Ausschluß der sowjetisch besetzten Besatzungszone geründet wurde, blieb uns im Osten Deutschlands nicht anderes übrig, als einen eigenen Staat, die Deutsche Demokratische Republik, zu errichten.

Nicht genug damit: Adenauer forcierte den Beitritt Westdeutschlands zur NATO. Vor dem Bundestag hatte er deutlich ausgesprochen, was heute in Vergessenheit geraten ist, warum er diesen Beitritt betrieben hatte:

Mit Hilfe der NATO wollte er die Spaltung Deutschlands beseitigen! Er setzte also auf die militärische Karte, auf Waffengewalt.

Damit war aus dem schon zuvor ausgebrochenen "Kalten Krieg" auf deutschem Boden ein Bruderkrieg vorbereitet geworden.

Der Regierende Bürgermeister von Westberlin, Herr Ernst Reuter, bezeichnete Berlin als die billigste Atombombe!

Jeder der beiden Supermächte benutzte nun "ihren" deutschen Teilstaat als Vorposten und Aufmarschgebiet für einen drohenden dritten, möglicherweise sogar atomaren Weltkrieg.
Beide deutsche Staaten wurden zu Objekten der Politik der beiden Großmächte.

In dieser militärischen Konfrontation wurde die DDR in den Warschauer Pakt eingebunden.

Für uns in der DDR war damit, jedenfalls auf militärischem Gebiet, die Kommandozentrale in Moskau.

Das galt auch und insbesondere für die Sicherung der Staatsgrenze "West", die weder eine Demarkationslinie, noch eine innerdeutsche oder innerstädtische Grenze war, sondern eine Staatsgrenze zwischen den beiden deutschen Staaten. Sie war durch die vom Westen betriebene Spaltung enstanden und zugleich die Frontlinie zwischen den beiden stärksten Militärblöcken der Nachkriegszeit, die neuralgischste Grenze, die es auf der Welt gab. Westberlin wurde zum westlichen "Brückenkopf".

Moskau ging davon aus, daß die Truppen der DDR, auch die Grenztruppen, nicht nur die DDR zu verteidigen hatten, sondern alle Staaten des Warschauer Paktes.

Diese Grenze war, wie jede Grenze, nach beiden Seiten zu schützen.

Denn bewaffnete Angriffe auf Grenzsoldaten mit Todesfolge erfolgten nicht nur vom Westen her, sondern auch aus dem Innern des Landes.

Alles, was die Grenzsicherung betraf, war von Moskau vorgegeben worden.
Die DDR und ihre politische Führung hatte dabei kaum Spielraum.

Das war allgemein bekannt.

Deshalb hatte auch der Präsident der USA, Reagan, in seiner Rede vor dem Brandenburger Tor seine Forderung, die Grenze zu öffnen, zu recht nicht an Erich Honecker gerichtet -denn der hatte darauf keinen Einfluß-, sondern an Gorbatschow, der an eben diesem Brandenburger Tor durch seine Eintragung ins Ehrenbuch den DDR-Grenzsoldaten seine Anerkennung gezollt hatte.

Als ich 1950 zum Kandidaten des PB des ZK der SED gewählt wurde, waren auf Veranlassung Moskaus Maßnahmen zur Grenzsicherung bereits getroffen. Der weitere Ausbau der Grenzsicherungsanlagen, darunter vor allem der Mauerbau 1961, erfolgte ebenfalls auf Veranlassung des Oberkommandos des Warschauer Paktes. Dazu gehörten auch Minen, wie es Marschall Konjew am 14. September 1961 angeordnet hatte.

Auf eine Abschaffung des Grenzregimes hinzuwirken, hatte ich keine

Möglichkeit. Mehr noch: Als Bürger der DDR und als Mitglied der SED und als Abgeordneter der Volkskammer war ich auch der Verfassung und den Gesetzen der DDR unterworfen und durch die Verfassung und die Gesetze der DDR verpflichtet, alles zum Schutze der DDR zu tun, ihre innere und äußere Sicherheit zu wahren.

Mir waren und sind die Toten und Verletzten an der Staatsgrenze West niemals gleichgültig, und zwar sowohl die getöteten und verletzten Grenzsoldaten, um die ihre Mütter, Frauen, Väter und Kinder immer noch trauern, wie auch diejenigen, die trotz deutlicher Warnungen bei ihrem selbstmörderischen Versuch, die strak gesicherte Grenze zu durchbrechen, ums Leben kamen oder verletzt wurden.

Aber nicht ich, nicht wir, die Mitglieder des PB des ZK der SED, haben sie getötet oder verletzt.

Sie waren Opfer des Kalten Krieges, der politischen und militärischen Konfrontation der beiden Militärblöcke und der in diese eingebundenen beiden deutschen Staaten.

Für diese Opfer tragen maßgebliche Verantwortung diejenigen, die Deutschland gespalten, die Westdeutschland in die NATO gebracht haben, die die eigenständige Staatsbürgerschaft der Bürger der DDR nicht anerkannt, die die Existenz der DDR, die von über 130 Staaten der Welt anerkannt und in der UNO als Vollmitglied geachtet war, nicht wahrhaben wollten.

Statt Fluchtwillige vor den großen Gefahren eines Grenzdurchbruchs zu warnen und statt, normale Beziehungen zur DDR zu entwickeln, die Staatsbürgerschaft der DDR anzuerkennen, damit ein normaler Grenzverkehr zwischen den beiden deutschen Staaten entstehen kann, wie wir ihn zu unseren Nachbarn im Osten und Süden hatten, wurde die Westgrenze der DDR als innerdeutsche Grenze verharmlost, wurde zur Verletzung der Grenzen der DDR aufgerufen oder durch Vermittlung von Fluchtmöglichkeiten zu riskanten Grenzdurchbrüchen Beihilfe geleistet.

Die Toten und Verletzten an der Mauer kommen also auf das Konto derer, die Konfrontation statt Entspannung wollten, die den Kalten

Krieg schürten.

Indem dieser Prozeß die geschichtlichen Tatsachen auf den Kopf stellt und mit dem alten Vokabular den Kalten Krieg fortsetzen will, zeigt sich, daß es kein normales Strafverfahren ist, daß gegen uns ein politischer Prozeß geführt wird, der uns, der historischen Wahrheit zuwider, zu kriminellen Totschlägern machen will.

Herr Vorsitzender!

Im übrigen mache ich von meinem Recht Gebrauch, nicht zur Sache auszusagen.

Seiner Erklärung fügte Erich Mückenberger seinen Lebenslauf an:

Herr Vorsitzender, werte Damen und Herren!

Ich gestatte mir, zu meinem Lebenslauf einiges zu sagen. Sicher haben Sie Verständnis dafür, daß ich mir in Anbetracht meines Alters dazu Notizen gemacht habe.

Ich erlebte ab meinem vierten Lebensjahr bis fast zu meinem neunten alle Leiden und Schrecken, die der 1. Weltkrieg hervorrief.

Mein Vater war 4 Jahre Frontsoldat. Die Darlegungen darüber, als gestandener Sozialdemokrat, haben diese bei mir noch vertieft.

Vater erklärte mir auch, warum es von nun an keine Kriege mehr geben könne nach diesem schrecklichen Völkermord. Er glaubte daran, daß in Deutschland nunmehr Vernunft und Demokratie regieren owürden, auch daran, wie es damals hieß: "Der Sozialismus marschiert!"

Aber ich erlebte, wie Vater 1920 erneut zum Gewehr griff, um die Weimarer Republik und ihre Verfassung gegen die Kapp-Putschisten zu verteidigen. Er beteiligte sich auch am Generalstreik.

Ich erinnere mich auch an das Erschrecken der Sozialdemokraten

in unserer Umgebung, als 1923 die Reichswehr in Sachsen und Thüringen die gewählten Landesregierungen von Sozialdemokraten und Kommunisten auflöste.
Solche und andere Ereignisse, wie Inflation, die damit verbundenen sozialen Auseinandersetzungen, prägten mein Denken, meine politische Einstellung bereits in Kindheitsjahren.

Das führte dazu, daß ich mich mit Beginn meiner Lehre im sozialdemokratischen Jugendverband, der SAJ, sowie der Gewerkschaft organisierte, 1925 der Jugendabteilung des Reichsbanners Schwarz-Rot-Gold beitrat, schließlich 1927 Mitglied der Sozialdemokratischen Partei Deutschlands wurde. Das wurde ich, um beizutragen, die Weimarer Republik, ihre Verfassung zu schützen gegen die radikalen Kräfte von rechts. Ja, ich wollte mithelfen, den Weg freizumachen, um die großen sozialen Probleme friedlich Schritt für Schritt zu lösen.

Als Mitglied der SPD entschied ich mich für den Sozialismus. Das hieß für mich Frieden, Demokratie, Völkerfreundschaft, soziale Sicherheit.

Besonders in der Zeit der großen Arbeitslosigkeit Ende der 20er Jahre wurde es immer deutlicher, daß die vielfältigen Strömungen, die Zerrissenheit der Arbeiterbewegung, sich hemmend auswirkten im Kampf um die Lösung der sozialen und politischen Fragen.

Immer offener diskutierte man das und stellte auch mir diese Fragen als Jugendfunktionär. Man spürte das fehlende Miteinander. Vor allem auch gegenüber der ständig wachsenden Aggressivität der Nazis, ihrer SA und SS gegenüber den Aktivisten der Arbeiterbewegung und ihrer Funktionäre. Als Ergebnis dieser Diskussionen wuchs das Miteinander, das gegenseitige Verständnis und die Hilfe.

Was heute als Zwangsvereinigung dargestellt wird, war für nicht wenige von uns, besonders schon ab 1933, notwenige Realität, um zu überleben. In den Januartagen 1933 erlebte ich mit die beginnende Jagd, die wachsende Anzahl der Verhaftungen, die Prügel- und Folterszenen in SA-Kellern und SS-Quartieren usw. Dabei machte man keinen Unterschied zwischen Sozialdemokraten, Kommunisten, Gewerkschaftlern und Arbeitersportlern.

Solidarität und Information wurden auch für mich immer entscheidender bei der illegalen Tätigkeit -bis zum Jahre 1945, ob im Arbeitslager, im KZ Sachsenburg, im Strafbataillon, im Lazarett oder englischer Kriegsgefangenschaft.

1935 wurde ich in Chemnitz verhaftet. In der Verfügung zu meiner Verhaftung hieß es: "...da er hinreichend verdächtig ist, sich illegal für die SPD hochverräterisch betätigt zu haben, und wie die Sozialdemokratische Partei sich mit der gewaltsamen Beseitigung der nationalsozialistischen Staatsführung befassen sollte."

Angeklagt wurde ich beim Sondergericht Freiberg. Bereits in dieser Zeit lernte ich die Bedeutung politischer Prozesse kennen.

Überführt wurde ich in das Schutzhaftlager Sachsenburg. Es war aber bereits ab August 1934 durch die Übernahme von der SS ein Konzentrationslager.

Hier erlebte ich Sadismus mit seinen täglichen Quälereien. Nur Dank der Hilfe und Solidarität von Mithäftlingen und Genossen überlebte ich.

Zum Prozeßbeginn aus dem KZ entlassen, der jedoch kurzfristig verschoben wurde -was noch zweimal geschah-, stellte man mich in Chemnitz unter Polizeiaufsicht.
Aus dem Lebenslauf, der vorliegt, ist zu ersehen, trotz Wehrunwürdigkeit wurde ich 1942 in ein Strafbataillon eingezogen. Nach wenigen Tagen ging es an die Ostfront. Hier lernte ich kennen, was später als "Politik der verbrannten Erde" bezeichnet wurde. 1943 war meine erste Verwundung -hinzu kam das Wolynische Fieber- ich kam ins Lazarett Knurow.
Am 1. Januar 1945 wurde ich zum zweiten Mal in Allenstein bei einer sogenannten Frontbegradigung schwer verwundet, kam in ein Lazarett nach Celle. Hier geriet ich im April 1945 in englische Kriegsgefangenschaft.
Im Spätherbst 1945, nach Entlassung aus dem Lazarett und englischer Kriegsgefangenschaft, kehrte ich nach Chemnitz zurück.

Beim Unterbezirksvorstand der Sozialdemokratischen Partei Chemnitz wurde ich wieder legales Mitglied, man wählte mich unmittelbar zu einem der Sekretäre des Unterbezirkes, unterrichtete mich über die anstehenden Aufgaben sowie über die wachsenden Bestrebungen in der Partei zur Schaffung der Einheit der Arbeiterbewegung, was ich aktiv unterstützte.

Erschüttert war ich darüber, daß Chemnitz zu 80 % zerstört war. Mir war klar, der Neuaufbau dieser Stadt und was alles dazu gehört, benötigt jede Hand, alle Friedens-, alle demokratischen, alle antifaschistischen Kräfte, einschließlich der Parteien sowie der Parteilosen. Es galt, nicht nur die materiellen Trümmer, sondern gleichzeitig die geistigen und die vorhandene Lethargie zu beseitigen, die Frage zu beantworten: "Was soll, was wird nun aus uns Deutschen?" Diese verlangte kategorisch, das Leben wieder in Gang zu setzen!

Täglich kamen neue Transporte mit Umsiedlern, was wiederum neue Probleme aufwarf. Es galt, Klarheit darüber zu schaffen, was wir beräumen, was wir neu gestalten, das soll dem gesamten Volk, dem Frieden, der Völkerfreundschaft und dem sozialen Fortschritt dienen.
Der Antifaschismus wurde damals zum Bindeglied, vielfach gestützt auf den persönlichen Erfahrungen der Nazizeit und dem 2. Weltkrieg. Er brauchte nicht verordnet zu werden.

Ich erinnere mich, daß ich in den vielfachen täglichen Gesprächen immer und immer wieder hörte: Was wir mit großen Mühen aus Schutt und Asche aufbauen, darf niemals wieder durch Neofaschismus, durch Kriegstreiber, Kriegsgewinnler oder gar Welteroberer zerstört werden.

In der 1946 zeitweilig festgelegten paritätischen Wahlbesetzung von leitenden Funktionen der Partei bis hin zur Kreisebene sah ich ernsthafte Bestrebungen für die gegenseitige Respektierung und die Herausbildung gemeinsamer Verantwortung. In dieser Periode wurde ich zum 1. Kreissekretär, wenig später Landessekretär - mit mir andere ehemalige SPD-Mitglieder - gewählt.

Aus diesen konkreten Erlebnissen und aus historischer Sicht habe ich in meinem langen politischen Leben immer gehandelt, habe ich Anteil an den Ergebnissen an positiven und negativen Geschehnissen in dieser Zeit, war mir meiner Verantwortung stets bewußt.

Dieses Prinzip wiederspiegelte sich auch in Ausübung gesellschaftlicher wie staatlicher Funktionen auf der Grundlage der Verfassung und der Gesetze der DDR. Besonders bei diesen Tätigkeiten entwickelten sich vielfältige Kontakte zu führenden politischen Persönlichkeiten der verschiedensten Länder der Erde.

Erich Mückenberger

Erklärung des Angeklagten Prof. Dr. *Hager* vor der 27. Großen Strafkammer des Landgerichts Berlin

Hohes Gericht,
meine Damen und Herren,

Wie Sie sich erinnern werden, habe ich am 4. Verhandlungstag beantragt, dieses Verfahren einzustellen. Ich erklärte, daß ich kein Angeklagter bin, da ich mich weder in der Deutschen Demokratischen Republik noch in der Bundesrepublik Deutschland strafbar gemacht habe. Folglich unterliege ich nicht Ihrer Gerichtsbarkeit. Diesen Antrag wollte ich ausführlich begründen. Der Gerichtsvorsitzende hat jedoch die Abgabe dieser Erklärung nicht zugelassen. Dies war, wie ich meine, rechtswidrig.

Nun wird vor diesem Gericht gegen mich und weitere Mitglieder des Politbüros des ZK der SED Anklage wegen Totschlags erhoben.

Wir hätten aktiv am Ausbau und an der Aufrechterhaltung der Grenzsperranlagen der DDR mitgewirkt und den Tod von Flüchtlingen verursacht. Mit wird der Tod von 62 Grenzverletzern angelastet.

Ich weise diese ungeheuerliche Anklage mit Empörung zurück. Sie ist eine willkürliche Konstruktion, die weder durch das Völkerrecht, noch durch das Recht der DDR oder das der Bundesrepublik begründet werden kann. Ihr Ziel ist es mich und die anderen Angeklagten zu kriminalisieren und politisch zu diffamieren. Sie beruht auf Ermittlungen und einer Anklageschrift, die zahlreiche Unterlassungen, Fehlurteile und Geschichtsfälschungen aufweist. Es ist auch nicht auszuschließen, daß bei ihrer Abfassung die Rücksicht auf Emotionen und Erwartungen von bestimmten Politikern und einem Teil der Öffentlichkeit eine Rolle spielte. Ich sehe mich genötigt -gemäß Grundgesetz der BRD, Artikel 1- auch im Interesse meiner Familie und vieler Freunde, Antifaschisten im In- und Ausland, meine Ehre und Würde zu verteidigen.

Bis zum 2. Oktober 1990 war ich Bürger der Deutschen Demokratischen Republik. Als Mitglied des Politbüros und Sekretär des ZK der SED, Abgeordneter der Volkskammer und Vorsitzender des Ausschusses für Volksbildung, als Mitglied des Staatsrats und des Nationalen Verteidigungsrats habe ich mich für ihr Gedeihen eingesetzt. Ich war mitverantwortlich für innen- und außenpolitische Entscheidungen von 1963 bis Ende 1989. Zu dieser Verantwortung stehe ich. Ich handelte stets gemäß dem Eid auf die Verfassung der DDR, den ich vor der Volkskammer ablegte und gemäß dem Gelöbnis vor dem Nationalen Verteidigungsrat, jederzeit der DDR treu zu dienen.

In all diesen Jahren war ich nie angeklagt, wurde ich nie beschuldigt, eine strafbare Handlung begangen zu haben.

Seit dem 3. Oktober 1990 bin ich nun Bürger der Bundesrepublik Deutschland. Für mich begann das Leben in diesem Staat damit, daß mir 1992 die Entschädigungsrente als Opfer des Faschismus aberkannt wurde. Ich bin stolz darauf, daß ich von 1933 bis 1945 am aktiven Widerstand gegen das verbrecherische Hitlerregime, das den deutschen Namen schändete, teilnehmen konnte. Für mich war dieser Widerstand eine moralische Pflicht. Antifaschismus ist kein leeres Wort. Es verlangt Abwehr aller Angriffe auf Demokratie und Recht, Unduldsamkeit gegenüber Rassenhaß und Hetze gegen andere Völker. Er steht für Frieden und Völkerverständigung. Meine aktive Teilnahme am Widerstand führte u.a. dazu, daß mich die Gestapo im Auftrag des Oberreichsanwalts beim Volksgerichtshof des Hitlerregimes seit Februar 1936 bis kurz vor Kriegsende per Haftbefehl und Steckbrief verfolgte.

Dies wird in dem der Anklageschrift zu diesem Prozeß beigegebenen Lebenslauf ebenso verschwiegen wie meine Teilnahme an der Verteidigung der spanischen Republik von 1937 bis 1939 gegen die Franco-Faschisten als Direktor der Auslandssendungen des Madrider Rundfunks. Statt dessen wird mein antifaschistischer Kampf als "Durchführung des sogenannten antifaschistischen Widerstands" diffamiert. Dieses unverschämte "sogenannt" verrät viel über die Gesinnung des oder der Verfasser dieses Abschnitts der Anklageschrift.

Als Begründung für die Aberkennung der Rente dienten meine politischen und staatlichen Funktionen in der DDR, ich sehe darin jedoch nicht nur eine bewußte Diskriminierung der DDR, sondern des antifaschistischen Widerstands durch Behörden dieses Staates.

Die nächste Erfahrung in meiner neuen Staatsbürgerschaft begann ebenfalls 1992 mit der Einleitung eines Ermittlungsverfahrens durch das Amtsgericht Tiergarten wegen Totschlags. Dies war mit einer Hausdurchsuchung verbunden. Periodisch folgten Pressemeldungen, die mich und andere Mitglieder des Politbüros der SED des Totschlags beschuldigten. Den Gipfel der Vorverurteilung erreichte diese Kampagne mit dem Interview, das Generalstaatsanwalt Schaefgen der Zeitschrift "Der Spiegel" Nr.52, 1994 gab. Er stellte zu den Ermittlungen gegen ehemalige Mitglieder des Politbüros fest:"..., für uns haben sich die Funktionäre eines Kapitalverbrechens schuldig gemacht. Wir sind verpflichtet sie anzuklagen". Damit niemand sich Illusionen hingibt erklärt Schaefgen weiter: "Einen Schlußstrich dürfen wir nicht ziehen. Wir müssen auch das Fußvolk zur Verantwortung ziehen, ohne das ein Unrechtsregime nicht funktionieren kann." Die Verfolgung von Bürgern der DDR soll also noch lange weitergehen - wohl über das Jahr 2000 hinaus.

Dies ist die Ausgangslage in diesem Prozeß. Er steht in einer Reihe mit den Prozessen gegen Honecker, Streletz, Albrecht, Mielke, Schalck-Golodkowski, Wolf, gegen Soldaten, Offiziere und Generale der Grenztruppen, gegen Generale der Nationalen Volksarmee, Mitarbeiter des Ministeriums für Staatssicherheit, Richter, Staatsanwälte und andere, die sich für die Deutsche Demokratische Republik, für Sozialismus und Frieden einsetzten. Ich fühle mich mit ihnen solidarisch verbunden.

II

Wir sollen Kapitalverbrecher sein, aktive Täter, die Totschlag begingen. Woher hat die Staatsanwaltschaft das Mandat für diese Anklage? Wer gibt ihr das Recht zur Bewertung der Hoheitsakte der DDR, eines anderen Staates mit einer Geselschaftsordnung, die derjenigen der Bundesrepublik diametral entgegengesetzt war?

216

Woher das Mandat für die Anklage gegen Hoheitsträger dieses Staates?

Die Deutsche Demokratische Republik war ein souveräner Staat. Sie existierte länger als die Weimarer Republik und das Hitlerregime zusammengenommen, nimmt man die Jahre der Besatzung hinzu fast so lang wie das Kaiserreich. Zu keiner Zeit war die DDR ein Bestandteil der Bundesrepublik Deutschland. Sie gehörte nie zum Geltungsbereich des Grundgesetzes der BRD. Sie hatte ihr eigenes Territorium, ihre eigene Bevölkerung und ihre Staatsgewalt, war also ein Staat im Sinne des Völkerrechts.

Als souveräner Staat und Völkerrechtssubjekt wurde die DDR 1973 vollberechtigtes Mitglied der UNO. Die Bundesrepublik hatte seit diesem Zeitpunkt den gleichen Status als Mitglied der UNO und nicht irgendwelche Sonderrechte.

Ich frage: Wann hat die UNO ihrem Mitglied Bundesrepublik Deutschland den Auftrag erteilt, das gleichberechtigte ordentliche Mitglied Deutsche Demokratische Republik und dessen Hoheitsträger zu verfolgen? Offenkundig wurde nie ein derartiger Auftrag erteilt. Er würde dem Völkerrecht widersprochen haben.

Vielleicht hat die Staatsanwaltschaft einen Auftrag des Internationalen Gerichtshofs oder einer anderen Institution der Völkergemeinschaft die DDR wegen ihres Grenzregimes zu verfolgen? Offenkundig gibt es keinen derartigen Auftrag.

Kann sich die Staatsanwaltschaft auf philosophische oder auf moralische Prinzipien berufen, als Verteidiger des Guten gegen das Böse, dessen Verkörperung die DDR, die SED, das Politbüro sein sollen? Nach dem bewußten Verzicht der bundesdeutschen Justiz auf die Abrechnung mit der Nazivergangenheit und nach ihrer eifrigen Verfolgung der Gegner der Remilitarisierung im Kalten Krieg darf man mit Fug und Recht daran zweifeln, daß sie sich auf moralische Werte berufen kann. Zudem ist es an der Zeit, die offizielle Heuchelei und Arroganz aufzugeben, die der Bundesrepublik den Stempel des Guten und der DDR den Stempel des Bösen, eines "Unrechtsstaates" aufdrücken möchte.

So bleibt letzten Endes nur das "Recht", das sich der Sieger über den Besiegten nimmt. Von dieser Position hat die 3. Kammer des 2. Senats des Bundesverfassungsgerichts am 21. Februar 1992 willkürlich entschieden, daß die Verfolgung führender Repräsentanten der DDR weder gegen spezifisches Verfassungsrecht noch gegen allgemeine Regeln des Völkerrechts verstoße. Den Unterzeichnern des Einigungsvertrages war ebenfalls bewußt, daß man das außergewöhnliche Verfahren der Aburteilung von Hoheitsträgern eines anderen Staates irgendwie justiziabel machen muß. So sorgten sie dafür, daß Artikel 315 des Einführungsgesetzes zum Strafgesetzbuch neu formuliert wurde. Danach kann Unrecht, das in der DDR geschehen ist und nicht geahndet wurde, von den Gerichten des vereinigten Deutschland nach dem Recht der DDR verfolgt werden.

Es ist sicher nicht abwegig, wenn ich frage: Wer bestimmt was Unrecht war, das nicht geahndet wurde? Wer ist sechs Jahre nach der Unterzeichnung des Einigungsvertrages berufen, Bürger der DDR vor Gericht zu bringen wegen angeblicher Vergehen, die in der DDR zu keiner Anklage führten? Wer kann garantieren, daß nicht einfach Rache geübt wird, weil es die DDR gab? Der Willkür sind doch keine Grenzen gesetzt. Davon zeugt auch diese Anklage. Ich soll für meine Gesinnung und für Handlungen bestraft werden, die in der DDR nicht strafbar waren, sondern mit deren Verfassung und Recht im Einklang standen.

Ob Sie es wahrhaben wollen oder nicht: In diesem, wie in den anderen Prozessen gegen ehemalige Bürger der DDR, ob Grenzsoldaten oder Mitglieder des Politbüros, ist eindeutig die Rache der Sieger am Werk. Gab es doch auf deutschem Boden 40 Jahre lang eine sozialistische Alternative zur kapitalistischen Bundesrepublik. Obwohl die DDR nicht über den Reichtum der Bundesrepublik verfügte und mit vielerlei Problemen zu kämpfen hatte -wir trugen z.B. die ganze Last der Reparationen an die Sowjetunion und an Polen-, war ihr Einfluß als "Dritter Tarifpartner" in der Bundesrepublik zu spüren: Weil sie soziale Sicherheit kannte, Vollbeschäftigung statt Arbeitslosigkeit, ein fortschrittliches Bildungswesen, eine gesicherte berufliche Perspektive für die Jugend und die Frauen, eine konsequente Friedenspolitik und anderes mehr. Hätte es diesen Einfluß nicht gegeben, warum dann seit sechs Jahren die krampfhaften Bemühungen offizieller Stellen wie ihrer dienstfertigen Helfer, jede Erinnerung an die sozialistische

DDR auszulöschen?

In dem erwähnten Interview mit der Zeitschrift "Der Spiegel" erklärte Generalstaatsanwalt Schaefgen: "Wir ermitteln gegen Leute, die gegen Gesetze der DDR verstoßen haben. Diesen Auftrag haben wir aus dem Einigungsvertrag und nicht mehr". Haben wir es hier mit einem Täuschungsmanöver zu tun? Wo sind die Gesetze gegen die ich verstoßen habe? Ich und die anderen Beschuldigten werden angeklagt, im Politbüro gemeinschaftlich handelnd für die Aufrechterhaltung der Grenzanlagen eingetreten zu sein. Dies wird durch die Anklage rückwirkend zum Verbrechen erklärt. Wo ist das Gesetz der DDR, auf das sich die Anklage stützt?

Aber wir haben gegen kein Gesetz der DDR verstoßen. Die Anklage müßte nachweisen, daß es in der DDR Gesetze gab, die das Eintreten für Ordnung und Sicherheit an der Grenze, für den Ausbau und die Aufrechterhaltung der Grenzanlagen unter Strafe stellten. Sie müßte nachweisen, daß die Mitgliedschaft im Politbüro oder im Nationalen Verteidigungsrat, die gemäß der Verfassung und der geltenden Rechtsordnung der DDR tätig waren, eine strafbare Handlung war. Solche Gesetze gab es nicht.

Kurz: Der Generalstaatsanwalt behauptet, er ermittle gegen Leute, die Gesetze der DDR verletzt haben. Er kann nicht beweisen, daß ich gegen Gesetze der DDR verstoßen habe. Also werden nachträgliche Handlungen, die in der DDR nicht strafbar waren, einfach als strafbar erklärt. Dies hat natürlich mit Recht nicht das Geringste zu tun. Es wird aufschlußreich sein zu verfolgen, wie die Anklage den Verstoß gegen Artikel 103 des Grundgesetzes der Bundesrepublik rechtfertigen wird, der bestimmt: "Eine Tat kann nur bestraft werden, wenn die Strafbarkeit gesetzlich bestimmt war, bevor die Tat begangen wurde"? Wie will die Anklage ihren Verstoß gegen die Konvention zum Schutz der Menschenrechte von 1952, Artikel 7 begründen, der bestimmt: "Niemand kann wegen einer Handlung oder Unterlassung verurteilt werden, die zur Zeit ihrer Begehung nach inländischem oder internationalem Recht nicht strafbar war"?

Die Anklage behauptet, dies sei kein politischer Prozeß, sondern ein Strafprozeß. Daran ist nur richtig, daß das Strafrecht zu politischer Verfolgung mißbraucht wird. Daß es sich um einen Prozeß handelt, bei dem meine politische Überzeugung als Kommunist und meine politischen Aktivitäten als Mitglied des Politbüros, des Staatsrats, des Nationalen Verteidigungsrats und als Abgeordneter der Volkskammer bestraft werden sollen, ergibt sich aus der Anklageschrift, die die Ausübung unserer politischen Ämter, "insbesondere als Mitglieder des in Berlin tagenden Politbüros des Zentralkomitees der SED", für Ordnung und Sicherheit an der Grenze zur Bundesrepublik und zu Westberlin - also eine politische Handlung- als strafbar erklärt. Der politische Charakter dieses Prozesses wird auch dadurch unterstrichen, daß er den Forderungen maßgebender Politiker der Bundesrepublik entspricht. So hat der damalige Bundesjustizminister Klaus Kinkel bereits 1991 auf dem Deutschen Richtertag die Erwartung ausgesprochen, es müsse gelingen "das SED-Regime zu delegitimieren". Auch Bundeskanzler Kohl hat gefordert, die Schuldigen am Mauerbau müßten bestraft werden, wobei er sich offensichtlich nicht darüber im klaren ist, daß er dann alle Akteure des Kalten Krieges in Ost und West, einschließlich sich selbst und andere Politiker der Bundesrepublik auf die Anklagebank bringen müßte.

IV

Die Anklage gegen mich und die Mitangeklagten lautet auf Totschlag. Nach 113 des Strafgesetzbuches der DDR wird Totschlag als "vorsätzliche Tötung eines Menschen" definiert. Im Beschluß der 27. Strafkammer wird behauptet, ich hätte "im Bewußtsein der tödlichen Konsequenz mit Täterwillen" gehandelt. Dies hieße also: Ich hätte einem Beschluß zugestimmt der das Betreten des Grenzgebiets untersagt, damit sich einige nicht daran halten, in das Gebiet eindringen und erschossen werden? Kann man wirklich eine derartige "Logik" vertreten? Für meinen Täterwillen kann die Anklage nicht den geringsten Beweis vorlegen. Wenn ich des Totschlags schuldig sein soll, müßte ich in jedem Fall diesen Totschlag an einer bestimmten Person selbst ausgeführt oder durch einen anderen veranlaßt haben. Der Staatsanwalt kann keinen einzigen Beweis dafür vorlegen, daß ich den Tod eines anderen Menschen gewollt und geplant habe oder einen Mörder mit der Ausführung beauftragt habe. Es gehört schon eine wirre Phantasie zu der Annahme, ich oder das gesamte Politbüro hätten den Tod von Grenzverletzern gewollt.

Wenn 1982 die einstimmige Verabschiedung des Grenzgesetzes der DDR durch die Volkskammer -also auch mit den Stimmen der CDU, LDPD, DBD, NDPD und der anderen Fraktionen- mit seinen Bestimmungen für den Schußwaffengebrauch als Ausdruck eines Täterwillens angesehen werden sollte, so müßten auch alle Politiker der Bundesrepublik, die den entsprechenden Bestimmungen für den Grenzschutz oder die Polizei ihre Zustimmung gaben, als Täter unter Anklage gestellt werden. Denn auch in der Bundesrepublik hat es z.B. im Zeitraum von 1971 bis 1989 Todesfälle durch Waffengebrauch des Grenzschutzes, Zolldienstes und der Polizei gegeben. Es ist längst nachgewiesen, daß es in der DDR zu keinem Zeitpunkt einen Schießbefehl gegeben hat. Die Bestimmungen über den Schußwaffengebrauch an den Grenzen der DDR unterschieden sich nicht von den entsprechenden Regelungen beim Bundesgrenzschutz oder in Polizeigesetzen der BRD. Dies läßt sich leicht nachprüfen. Das von der Volkskammer der DDR 1982 beschlossene Grenzgesetz erlaubte den Schußwaffengebrauch. Es ist tragisch, daß es an der Grenze der DDR zur Bundesrepublik und Westberlin im Lauf der Jahre immer wieder zu Todesfällen kam. Viele, meist junge DDR Bürger, die ihren Staat illegal verlassen wollten, sind bei diesem Versuch zu Tode gekommen. Das ist zutiefst bedauerlich und eine besonders tragische Seite in der Nachkriegsgeschichte. Die Nachrichten über Zwischenfälle an der Grenze habe ich stets mit Bedauern und Besorgnis zur Kenntnis genommen. Denn hier ging es um Menschenleben und um das Ansehen der DDR, meines Staates, in der Welt.

Wenn ich den Angehörigen der Toten mein tiefes Bedauern und meine Anteilnahme ausspreche, weil ich natürlich, daß dies ihr Leid nicht mindern kann. Der Verlust von Menschenleben kann durch nichts wieder gut gemacht werden.

Dabei denke ich auch an den Tod von Grenzsoldaten der DDR, deren Mörder -bis auf einen- bisher nicht angeklagt sind. Auch in der Anklageschrift wird keine Auskunft erteilt, warum sie nicht vor ein bundesdeutsches Gericht kommen.

Eine objektive Betrachtung der Ereignisse erfordert, festzustellen, daß das Betreten der Grenzsicherungsanlagen, die militärisches Sperrgebiet waren, verboten war. Dieses Sperrgebiet wurde durch Warntafeln kenntlich gemacht. Jeder begab sich in Gefahr, der die Warnung mißachtete. Dies ist im übrigen nicht nur in der DDR so gewesen. (Hier erklärt Hager ein Foto von Warntafeln in der Bundesrepublik, Anm. d. Verf.)

Durch historische Umstände, die weder ich noch der Herr Staatsanwalt oder eine andere hier anwesende Person verhindern konnten, ist durch Deutschland, ja durch Europa, als Ergebnis des von Hitlerdeutschland entfesselten zweiten Weltkriegs, der von den früheren Alliierten in Jalta und Potsdam gefaßten Beschlüsse und des von ihnen nach 1945 herbeigeführten Kalten Kriegs eine Grenze entstanden, die zu einer Trennlinie zwischen zwei entgegengesetzten Gesellschaftssystemen -Imperialismus und Sozialismus- zwischen zwei Militärbündnissen -NATO und Warschauer Pakt- und zwischen der Bundesrepublik und der DDR wurde. An dieser Grenze kam es immer wieder zu Zwischenfällen, zu Toten und Verletzten.

Dafür das Politbüro der SED oder den Nationalen Verteidigungsrat der DDR verantwortlich zu machen, ist absurd. Dennoch verfolgt die Anklage gerade diese Absicht. Sie möchte, daß allein die Hoheitsträger der DDR für den Kalten Krieg und seine grausamen Auswüchse büßen sollen. Dabei bleibt die Verantwortung aller anderen Handelnden in Ost und West einschließlich derer in der Bundesrepublik und Westberlin "außen vor". An die Stelle der objektiven Geschichtsbetrachtung tritt purer Subjektivismus. Die historischen und politischen Umstände, die zur Entstehung dieser Grenze geführt haben, die Bedingungen, die ihre Aufrechterhaltung bis 1990 erforderlich machten, sollen, wenn es nach der Anklage geht, gar nicht oder nur am Rande beachtet werden. Zumindest findet sich in der Anklageschrift kein Wort. Doch so kann auch eine Staatsanwaltschaft nicht mit der Geschichte umgehen.

V

Die Anklage geht offensichtlich von falschen Prämissen aus:

a) daß das politische System der Bundesrepublik das einzig rechtmäßige System ist. Sie verharrt auf dem

Alleinvertretungsanspruch für alle Deutschen, der schon von der Adenauerregierung erhoben wurde. Diese These wurde nie völkerrechtlich anerkannt und ist im übrigen ohne jeden Wert. Durch den Grundlagenvertrag mit der DDR (1972) hat die Bundesrepublik diesen Anspruch selbst aufgegeben.

b) daß die DDR nicht legitim gewesen sei und daher nicht befugt ihren Bestand mit den Mitteln zu sichern, die sie an der Grenze anwandte. Die Anklage kann sich auf keine rechtliche Bestimmung stützen, wenn sie die Staatlichkeit der DDR im nachhinein verneint. Die BRD würde sich damit die Blöße geben den Einigungsvertrag 1990 mit sich selbst abgeschlossen zu haben.

Ich kann hier nicht auf alle Entstellungen des politischen Systems der DDR eingehen, die in der Anklageschrift enthalten sind. Sie ergeben sich wahrscheinlich nicht zuletzt daraus, daß die Verfasser Bürger der Bundesrepublik sind, für die die DDR eine fremde Welt ist.

Die Anklage behauptet, daß die staatlichen Organe nur formal tätig waren, weil die SED (genauer: das Politbüro) über eine umfassende Steuerung des gesamten Staatsapparates verfügte. Den staatlichen Organen soll jegliche Selbständigkeit abgesprochen werden. Im Grunde genommen soll der Staat DDR nicht existiert haben, alle Macht habe in den Händen des Politbüros gelegen.

Die Staatsanwaltschaft hätte sich leicht über das politische System der DDR informieren können. Sie hätte die Tätigkeit der Volkskammer und ihrer Ausschüsse, die Aktivitäten des Staatsrates und des Ministerrates kennenlernen und feststellen können, daß es sich nicht um Luftgebilde handelte. Doch sie hat es sich zum Ziel gesetzt, einen Popanz aufzubauen, gegen den ihre Anklage gerichtet werden kann, das Politbüro.

Nach der Verfassung der DDR, die von der Mehrheit der Bevölkerung in einem Volksentscheid angenommen wurde, war die SED die führende staatstragende Partei. Ihre politische Linie, d.h. Strategie wurde nicht vom Politbüro, sondern vom Parteitag festgelegt, vor allem in dem Programm der Partei von 1963 und im Parteiprogramm von 1976. Auf den Parteitagen wurde das Zentralkomitee gewählt, das wiederum die Mitglieder und

Kandidaten des Politbüros wählte. Das Politbüro war dem Zentralkomitee rechenschaftspflichtig. Jede Tagung des Zentralkomitees -zumindest seit meiner Mitgliedschaft 1963- begann mit dem Bericht des Politbüros über die seit der letzten Tagung des ZK durchgeführte Politik und die neuen Aufgaben. Ich war selbst mehrere Male Berichterstatter. Der Bericht wurde diskutiert und am Schluß der Tagung des ZK durch Beschluß bestätigt.

Das Politbüro der SED war also keine Geheimgesellschaft. Es war auch kein gesetzgebendes Organ. Es ersetzte weder die Volkskammer, noch den Staatsrat und den Ministerrat als staatsleitende Organe.

In allen Staaten, nicht zuletzt auch in der Bundesrepublik ist es üblich, daß die politischen Parteien, Gewerkschaften, Verbände usw. zu vorgesehenen Gesetzen und wichtigen Entscheidungen Stellung nehmen. Warum also sollte das Politbüro nicht ebenso verfahren? Warum sollten seine Stellungnahmen strafbar sein? Als Organ der staatstragenden Partei hatte das Politbüro das Recht und die Pflicht, sich mit den innerparteilichen wie den innen- und außenpolitischen Problemen zu befassen. Dabei handelte das Politbüro stets im Rahmen der Verfassung der DDR.

Der Nationale Verteidigungsrat war kein Anhängsel des Politbüros, sondern ein staatliches Organ. Sein Vorsitzender wurde von der Volkskammer gewählt. Seine Mitglieder wurden vom Vorsitzenden berufen und vereidigt.Er unterstand nicht dem Politbüro, sondern war der Volkskammer und dem Staatsrat rechenschaftspflichtig. Das Politbüro bestimmte nicht die Tagesordnung des Verteidigungsrates und erhielt keine Berichte über seine Beratungen. Nur über besonders wichtige Ereignisse, wie die NATO-Manöver oder die Verhandlungen der KSZE legte der Rat dem Politbüro seine Erkenntnisse vor. Dies gilt auch für die Beschlüsse zu Personalfragen.

Wie jeder andere souveräne, völkerrechtlich anerkannte Staat hatte die DDR das Recht, über das Regime an ihrer Staatsgrenze zu bestimmen. Sie konnte darüber entscheiden, wer unter welchen Bedingungen ein- und ausreisen darf. Sie konnte die Grenze gegen unbefugtes Überschreiten absichern. In dieser Hinsicht hatte sie nicht mehr und nicht weniger Rechte als jeder andere Staat. Die

Gesetze und Verordnungen zur Ordnung und Sicherheit an der Grenze wurden von der Volkskammer, als dem höchsten Organ der Republik bzw. dem Ministerrat beschlossen und erlassen. Die Bürger der DDR -also auch ich- waren verpflichtet, die Gesetze (z.B. das Grenzgesetz, das das illegale Betreten des Grenzgebiets verbot) zu achten und vor Mißbrauch zu bewahren.

In bezug auf das Grenzregime galten -und gelten in allen zivilisierten Staaten- zwei Regeln:

1. Überall in der Welt ist es üblich, daß das Verlassen eines Landes an den Grenzkontrollpunkten erfolgt unter Vorlage der Reisepapiere und nach Kontrolle des mitgeführten Gepäcks durch die Zollorgane.

2. Das Überschreiten der Grenze außerhalb der Grenzkontrollpunkte ist nicht gestattet. Es ist strafbar und nach Möglichkeit zu verhindern.

Auch die Bundesrepublik gestattet es nicht, daß die Grenze an jeder beliebigen Stelle überschritten wird. Wie könnte man sonst eine Erklärung dafür finden, daß an der deutsch-polnischen Grenze Tausende Asylbewerber, die illegal die Grenze überschritten, vom Grenzschutz abgefangen und zurückgeschickt werden? Vor kurzem hat Bundesinnenminister Kanther bekanntgegeben, daß 1993 mehr als 54000 Ausländer an dem Versuch der illegalen Einwanderung gehindert wurden; 1994 waren es rund 31000. Der Bundesgrenzschutz setzt besonders an der Grenze mit Polen starke Kräfte ein, die mit Nachsichtgeräten ausgerüstet, Versuche von Grenzverletzern, durch die Oder schwimmend deutsches Territorium zu erreichen, vereiteln.

Ist es nicht verwunderlich und ein eklatanter Widerspruch, daß an den Grenzen der Bundesrepublik umfangreiche Maßnahmen ergriffen werden, um ein illegales Überschreiten der Grenze zu verhindern, während sich die Staatsanwaltschaft in ihrer Anklage gegen mich und die anderen Mitglieder des Politbüros bemüht, die Verletzung der Grenze der DDR mit der Bundesrepublik als einen normalen Vorgang zu rechtfertigen und die Grenzverletzer in Schutz zu nehmen?

Wir werden angeklagt, weil das Politbüro Beschlüsse gefaßt hat, "um Fluchten aus der ehemaligen DDR in den Westen zu verhindern". Hätte es denn Beschlüsse fassen sollen, die das illegale Verlassen der DDR erlaubten? Ich habe meine Garantenpflicht für Leib und Leben der Bürger auch darin gesehen, sie vor der Gefahr zu warnen, die ihnen drohen würde, wenn sie das Verbot, das Grenzsperrgebiet zu betreten, mißachten würden. Dieser Sorgfaltspflicht dienten die Beschlüsse und Verordnungen zur Ordnung und Sicherheit an der Grenze. Unsere Beschlüsse und Verordnungen das Grenzregime betreffend, sind eindeutig darauf gerichtet, Bürger von unüberlegten Handlungen, von dem Betreten des militärischen Sperrgebiets abzuhalten. Hieraus macht die Staatsanwaltschaft eine Straftat, was mich an ihrem Rechtsverständnis zweifeln läßt.

Wie das Grenzregime gestaltet wurde, hing stets von der konkreten historischen Situation, von den inneren und äußeren Bedingungen ab. Wenn das Grenzregime, wie das in der Anklageschrift geschieht, "an sich" und "für sich" betrachtet wird, ohne jede Berücksichtigung der äußeren Einwirkungen und Abhängigkeiten, ohne Beachtung von Ort und Zeit, statisch, ohne Kenntnisnahme von Veränderungen und Entwicklungen, ist das Besondere dieser Grenze überhaupt nicht zu verstehen. Solche Bedingungen sind: die geltenden völkerrechtlichen Verträge, einschließlich dem Grundlagenvertrag zwischen DDR und BRD von 1972, die Sicherheitsinteressen der Sowjetunion und des Warschauer Pakts, die der DDR feindliche Politik der führenden Kreise der Bundesrepublik, die Auswirkungen der offenen Grenze zu Westberlin von 1949 bis 1961 usf. Die Anklage unterläßt es, auf diese Bedingungen einzugehen, was meines Erachtens einer Geschichtsfälschung gleichkommt.

Entschieden zurückweisen muß man die in der Anklageschrift mehrfach angewandte Bezeichnung der Grenze zwischen DDR und BRD als "innerdeutsche" Grenze. Bei dieser Grenze handelte es sich nicht um die Abgrenzung zwischen zwei Bundesländern, sondern um die Grenze zwischen zwei souveränen Staaten, um eine Staatsgrenze mit völkerrechtlichem Charakter. Daß es sich um eine völkerrechtlich anerkannte Grenze handelte, wurde auch durch die Existenz und jahrelange Tätigkeit der Grenzkommission beider Staaten bestätigt.

Die Grenze zwischen DDR und Bundesrepublik war keine gewöhnliche Grenze. Sie war vor allem eine militärische Grenze,

die von regulären militärischen Einheiten -den Grenztruppen-
bewacht und kontrolliert wurde.

Das Grenzregime wurde festgelegt, als es die DDR noch gar nicht
gab. Bis 1949 wurde die Grenzkontrolle hauptsächlich durch
sowjetische Organe, unterstützt von deutscher Hilfspolizei,
vorgenommen. In dieser Zeit wurden bereits Festlegungen über
den Schußwaffengebrauch getroffen. Aus der Demarkationslinie
wurde durch die seperate Währungsreform der Westmächte 1948
eine Währungs- und Zollgrenze, 1949 die Staatsgrenze zwischen
beiden deutschen Staaten. Unter sowjetischem Einfluß wurde
jedoch die Bezeichnung Demarkationslinie bis 1955 beibehalten.

Die Änderung des Grenzregimes erfolgte 1952 auf Weisung Stalins
und in Übereinstimmung mit der Regierung der DDR. Auf dem
Höhepunkt des Kalten Krieges -seit 1950 tobte in Korea ein heißer
Krieg- forderte Stalin im April 1952 bei einer Beratung in Moskau
mit Wilhelm Pieck, Otto Grotewohl und Walter Ulbricht den Aufbau
bewaffneter Kräfte voranzutreiben und die bisher im großen und
ganzen noch durchlässige Grenze zwischen der DDR und der
Bundesrepublik abzuriegeln. Dies hing mit der Ablehnung der
"Stalinnote" durch die Westmächte und die Adenauerregierung
zusammen. In dieser mehrfach unterbreiteten Note schlug die
Sowjetunion einen Friedensvertrag mit einem neutralen Deutschland
vor, um die Remilitarisierung Westdeutschlands zu verhindern. Als
sich zeigte, daß die Westorientierung der Bundesrepublik und die
Remilitarisierung nicht zu verhindern waren, wurde der Beschluß
gefaßt, die Sicherung der Westgrenze zu verstärken.

An der Grenze zur BRD wurde das sowjetische
Grenzsicherungssystem als Schutz gegen Provokationen und
Angriffe aus dem Westen eingeführt. Es sah eine in die Tiefe
gestaffelte Grenzsicherung vor (5 km tiefe Sperrzone, 500 m
Schutzstreifen, 10 m breiter gepflügter Kontrollstreifen). Im Prinzip
blieb dieses System in der DDR wie in anderen sozialistischen
Staaten bis 1990 bestehen. Das Grenzregime mit der in die Tiefe
gestaffelten Struktur ist also nicht von der SED und ihrem Politbüro
erfunden worden.

Mit dem Beitritt der Bundesrepublik zur NATO wurde 1955 die
Gründung des Warschauer Pakts unausweichlich. Damit wurde die

Grenze zwischen der DDR und der BRD eine Grenze zwischen zwei hochgerüsteten feindlichen Machtblöcken und militärisches Sperrgebiet. An dieser Grenze standen sich mächtige Armeen gegenüber, die mit modernsten Waffen ausgerüstet waren, darunter atomare Waffen. Aus dieser Konzentration und Konfrontation ergab sich die Notwendigkeit ständiger Verteidigungsbereitschaft. Die DDR war auf militärischem Gebiet Teilnehmerstaat des Warschauer Pakts und an dessen Beschlüsse gebunden. Sie war in dieser Hinsicht nur begrenzt souverän.

Das Grenzregime konnte ohne Billigung des Oberkommandos des Warschauer Pakts nicht geändert werden. Die DDR mußte ihre Bündnisverpflichtungen erfüllen wie die Bundesrepublik ihre Verpflichtungen in der NATO.

Ich frage: Warum verschweigt die Anklage, daß es sich um eine militärische Grenze handelte? Warum verschweigt sie, daß die Grenze militärisches Sperrgebiet war? Will sie nicht wahrhaben, daß Ordnung und Sicherheit an dieser Grenze dem Frieden in Europa dienten? Schweigt sie sich aus über den militärischen Charakter der Grenze, weil sie sonst eingestehen müßte, daß ihre Behauptung, wir (das Politbüro) hätten jederzeit die Möglichkeit gehabt, das Regime an der Grenze zu ändern, nicht stichhaltig ist? Nach ihren Bündnisverpflichtungen durfte die DDR grundsätzlich das Grenzregime nicht im Alleingang ändern und war dazu bis 1989 auch faktisch nicht in der Lage.

Die DDR war immer, in jeder Phase ihrer Existenz von der Sowjetunion abhängig: Sie war auf zweifache Weise gebunden. Erstens durch den Freundschaftsvertrag von 1975, der die Verpflichtung zum Schutz und zur Verteidigung der Errungenschaften des Sozialismus, der Sicherheit und Unabhängigkeit beider Länder enthielt. Zum anderen hatte die DDR die Rechte und Verantwortlichkeiten der Sowjetunion aus dem Vier-Mächte-Abkommen zu achten, die die Sowjetunion auch im bilateralen Verhältnis zur DDR nie abgegeben hatte. Sie wurden erst durch den 2-plus-4-Vertrag beendet.

VI

Die Anklage schweigt sich nicht nur über den militärischen Charakter der Grenze aus, sie läßt auch die offene Grenze zwischen Ostberlin und den Westsektoren von 1949 bis 1961 völlig außer acht. Sie geht darüber hinweg, daß die DDR 12 Jahre lang durch Währungsmanipulationen, Ausnutzung ihrer billigen Preise für Grundnahrungsmittel, Tarife und Mieten, durch hunderttausend Grenzgänger, von der Abwerbung von Fachkräften und Akademikern ganz zu schweigen, schwer geschädigt wurde. Die Schadenssumme wird auf annähernd 120 Mrd. Mark geschätzt. Das Ausbluten der DDR war schließlich so schwerwiegend, daß die Existenz der DDR gefährdet war. Da die DDR Teilnehmerstaat des Militärblocks der sozialistischen Staaten war, wurden dadurch unmittelbar die Sicherheitsinteressen der Sowjetunion und des Warschauer Pakts berührt.

Ende der 50er Jahre drängte Chrustschow darauf, daß die Lage in und um Berlin bereinigt werden muß. Nachdem er sich mit Präsident Kennedy verständigt hatte, daß der status quo in Europa erhalten wird und die Rechte der Westmächte in Berlin gewahrt bleiben, faßte der Politisch Beratende Ausschuß der Teilnehmerstaaten des Warschauer Pakts vom 3. - 5. August 1961, dem die führenden Persönlichkeiten dieser Staaten angehörten, den Beschluß, im Interesse der sozialistischen Länder die Grenze zwischen der DDR und den Westsektoren Berlins zu sichern. Die Regierungen dieser Staaten wandten sich am 12. August an die Volkskammer und die Regierung der DDR mit der Aufforderung, an der Grenze zu Westberlin eine solche Ordnung einzuführen, durch die den Machenschaften gegen die Länder des sozialistischen Lagers zuverlässig der Weg verlegt und rings um das ganze Gebiet Westberlins eine verläßliche Bewachung und eine wirksame Kontrolle gewährleistet wird. Hieraus ergibt sich einwandfrei, daß die Sicherung der Grenze zu Westberlin am 13. August 1961 auf Beschluß der Teilnehmerstaaten des Warschauer Pakts, zu denen die DDR gehörte, erfolgte. Es war ein notwendiger Schritt, um das Ausbluten der DDR zu verhindern und zugleich eine Maßnahme, um die Sicherheitsinteressen des Warschauer Pakts zu wahren. "Der Spiegel" (52,1993) zitiert den amerikanischen Senator Fulbright, Vorsitzender des außenpolitischen Ausschusses des Kongresses der USA, der am 30. Juli 1961 im Fernsehen sagte: "Die Wahrheit *ist doch, und davon gehe ich aus, daß die Russen sowieso jederzeit die Grenze abriegeln können. Ich meine, wir geben da nicht allzuviel auf, denn wenn sie die Grenze abriegeln wollen, könnten sie das schon nächste Woche machen - und sogar ohne vertragsbrüchig zu werden. Ich verstehe nicht, weshalb die Ostdeutschen ihre Grenze nicht schon längst zugemacht haben, denn ich glaube, sie haben jedes Recht dazu".* Auf Grund einer Forderung des Oberkommandierenden der Vereinigten Streitkräfte des Warschauer Pakts, Marschall Konjew, wurden ab Oktober 1961 Minensperren errichtet. Dies galt auch für die Staatsgrenze Ungarns mit Österreich und der CSSR zur Bundesrepublik. Die Minenfelder waren durch Warntafeln gekennzeichnet. Bis 1989 waren die Vertreter der Sowjetarmee daran interessiert, diese Sperren zu erhalten.*

Ich frage: Weshalb schweigt sich die Anklage über den Mißbrauch der offenen Grenze in Berlin von 1949 bis 1961 und seine Folgen für die DDR aus? Auch diese Unterlassung kommt einer Geschichtsfälschung gleich.

In der Geschichte der DDR ist kein Tag vergangen ohne äußere, feindselige Einwirkungen, vor allem durch die Medien der Bundesrepublik. Nicht wenige Politiker und Journalisten, Mitarbeiter von Geheimdiensten und "sozialistische" Kritiker haben von der Bundesrepublik aus daran gearbeitet, die DDR zu destabilisieren.

Für die DDR war die Errichtung der Mauer eine schwerwiegende politische und moralische Belastung. Die Lösung wäre ein Reisegesetz gewesen, das die individuellen Interessen berücksichtigte. Die Voraussetzung für ein solches Gesetz war die Anerkennung der Staatsbürgerschaft der DDR durch die Bundesrepublik sowie die Möglichkeit der Regierung der DDR, die Reisenden mit entsprechenden Zahlungsmitteln auszustatten. Da beides nicht realisiert werden konnte, blieb das Grenzproblem bis zum 9. November 1989 ungelöst.

Die Bedingungen, die 1961 zur Grenzsicherung führten, änderten sich kaum, da die Politik der Bundesregierung gegenüber der DDR auch nach dem Abschluß des Grundlagenvertrages (1972) letztlich auf die Beseitigung der DDR gerichtet war.

Die DDR hatte zu ihren östlichen Nachbarn gutnachbarliche Beziehungen. Zur Bundesrepublik waren die Beziehungen, trotz unserer Bemühungen und jenen einsichtiger westdeutscher Politiker, niemals normal. Von der Politik Adenauers bis in die 70er Jahre wurde von den politischen Parteien der BRD (mit Ausnahme der DKP) die DDR als Nicht-Staat behandelt. Durch die Hallsteindoktrin wurde auch international der Versuch unternommen, die DDR zu isolieren und ihr ökonomischen und politischen Schaden zuzufügen. Die Bundesregierungen haben es unterlassen, auf eine Normalisierung der Beziehungen zur DDR hinzuwirken. Sie ließen zu, daß Wissenschaftler, Ärzte, Lehrer und andere Bürger der DDR planmäßig für den Westen abgeworben wurden und daß Fluchthelfer organisierten Menschenhandel betrieben. Jede gelungene Verletzung der Staatsgrenze, besonders aber der Tod eines Grenzverletzers wurde von den westdeutschen Medien gegen die DDR ausgeschlachtet. Diese große Aufmerksamkeit für Bürger, welche die DDR auf gesetzwidrige Weise verließen, hat sicher auch manche veranlaßt, den gefährlichen Weg der Grenzverletzung zu wagen.

Die Verletzung der DDR-Grenze war an der Tagesordnung. So erinnerte die Frankfurter Allgemeine Zeitung am 31.3.1995 an spektakuläre Aktionen im Herbst 1961, wie in Berlin-Treptow Grenzsicherungsanlagen zerstört und Personen durch einen Tunnel nach Westberlin "geschleust" wurden. Dabei wurden von den Fluchthelfern Waffen mitgeführt. Die Zeitung berichtet, daß das Bundesamt für Verfassungsschutz von den Aktionen teilweise Kenntnis hatte.

Die Anklage behauptet, das Politbüro habe es unterlassen, auf eine mögliche Humanisierung des Grenzregimes hinzuwirken. Was sie unter "Humanisierung" versteht, wird nicht dargelegt. Sollte sie damit eine Regime meinen, das jedermann jederzeit ohne Risiko das Überschreiten der Grenze außerhalb der Grenzkontrollpunkte ermöglicht hätte, so müßte sie sich selbst eingestehen, daß dies undenkbar war.

Sollte sie an die Wiederherstellung der offenen Grenze, wie sie von 1949 bis 1961 in Berlin bestand, denken, müßte sie zugeben, daß die DDR nach den schlechten Erfahrungen, die sie mit dieser offenen Grenze gemacht hatte, diese Lösung nur um den Preis der

Selbstaufgabe hätte akzeptieren können.

Humanisierung konnte -wie ich meine- nur heißen, daß die Bundesregierung sich an den Grundlagenvertrag hielt und die Staatsbürgerschaft der DDR anerkannte. Dies hätte sicher zum Abbau der Spannungen an der Grenze geführt.

Am 25. März 1982 nahmen die 500 Abgeordneten der Volkskammer einstimmig das "Gesetz über die Staatsgrenze der DDR" an, dem zahlreiche Verordnungen und Gesetze vorausgegangen waren. Alle waren durch Veröffentlichung im Gesetzblatt der Öffentlichkeit zugänglich. Die Anklageschrift nimmt keinen Bezug auf diese Abstimmung. Das Grenzgesetz ist nicht rechtswidrig, wie vom 5. Strafsenat des Bundesgerichtshofes behauptet wird. Es ist mit Artikel 12, Absatz 1 des Internationalen Paktes über bürgerliche und politische Rechte in Einklang. Nach der Annahme des Grenzgesetzes begann von 1983 bis 1985 der Abbau der Minen und weiterer Mittel.

In zahlreichen Begegnungen der Repräsentanten der DDR und der BRD herrschte Übereinstimmung über die Unantastbarkeit der Grenze und die Achtung der territorialen Integrität und Souveränität aller Staaten in Europa, also auch der DDR. Das Grenzregime wurde nicht in Frage gestellt, auch nicht bei dem Staatsbesuch Erich Honeckers in der BRD 1987. Im Kommunique über diesen Besuch ist kein Wort der Verurteilung des Grenzregimes enthalten.

Der Schlüssel zur Lösung des Grenzproblems lag gewiß nicht in den Händen des Politbüros. Letztlich konnte nur eine Verständigung zwischen den USA und der UdSSR, der NATO und dem Warschauer Pakt eine Änderung herbeiführen. Als US-Präsident Reagan seine Rede am Brandenburger Tor hielt, rief er: "Öffnen Sie das Tor, Herr Gorbatschow". Er rief nicht: "Öffnen Sie das Tor, Herr Honecker". Er ließ keinen Zweifel daran, daß diese Grenze eine internationale Grenze war.

VII

Schließlich ist festzustellen, daß die Anklage das Rückwirkungsverbot mißachtet. Dieses schließt es aus, daß die Strafbarkeit für Taten festgelegt wird, die in der DDR begangen

Schließlich ist festzustellen, daß die Anklage das Rückwirkungsverbot mißachtet. Dieses schließt es aus, daß die Strafbarkeit für Taten festgelegt wird, die in der DDR begangen wurden und dort nicht strafbar waren. Dazu Gottfried Mahrenholz, Ex-Verfassungsrichter, im "Spiegel"-Interview (Spiegel 50,1994): "Spiegel": Gibt es bei der Beurteilung des DDR-Unrechts Fälle, in denen das Rückwirkungsverbot durchbrochen werden muß? Mahrenholz: Weder durchbrochen noch uminterpretiert. Der Rechtsstaat steht und fällt mit der peniblen Einhaltung dieser formellen Regel. Sie gehört zu den großen Errungenschaften der Französischen Revolution und sie ist ausgebaut worden. Nach den Erfahrungen, die wir seitdem mit Unrechtsstaaten machen mußten, haben wir allen Anlaß, das Rechtsstaatsprinzip bis in die letzte Nuance ernst zu nehmen.

Ich habe meine Zweifel. Denn die Absicht, die mit diesem Prozeß verfolgt wird, ist klar: Das Strafrecht wird bemüht um mich und die anderen Angeklagten zu kriminalisieren. Herr Schaefgen will seine Kapitalverbrecher haben. Es soll "bewiesen" werden, daß an der Spitze der Sozialistischen Einheitspartei Deutschlands und der Deutschen Demokratischen Republik Kriminelle standen, die die DDR zum "Unrechtsstaat" machten.

Die herrschenden konservativen Kreise der Bundesrepublik entschieden sich 1990 als Sieger aufzutreten und die DDR wie ein erobertes Land zu behandeln. Sie entschieden so, weil der zweite deutsche Staat sich vierzig Jahre lang ihrer Herrschaft entzog, weil er die Kühnheit besaß, die antifaschistisch-demokratische Umwälzung der ersten Nachkriegsjahre fortzusetzen und den Aufbau einer sozialistischen Gesellschaftsordnung als Ziel zu nehmen. Seit sechs Jahren wird deshalb an der totalen Demontage der DDR gearbeitet. Das von den Werktätigen der DDR in harter Arbeit geschaffene Volkseigentum wurde privatisiert. Massenarbeitslosigkeit trat an die Stelle von Vollbeschäftigung und sozialer Sicherheit. Viele tausende Bürger der ehemaligen DDR werden wegen ihrer sozialistischen Überzeugung und ihrer Verbundenheit mit dem Staat ausgegrenzt, "abgewickelt", durch die Ausdehnung des Strafrechts auf das Rentenrecht bestraft.

Dieses Vorgehen wird mit einer eigenartigen Logik begründet: Da in der Bundesrepublik nach 1945 versäumt worden sei, mit der Nazivergangenheit abzurechnen, müsse heute die Abrechnung mit der DDR umso gründlicher erfolgen. Dabei wird verschwiegen, daß die Abrechnung mit der Nazivergangenheit gar nicht gewollt war, sondern bewußt unterblieb. Wurde doch 1951 durch das "Gesetz zur Regelung der Rechtsverhältnisse, der unter Artikel 131 fallenden Personen" die Wiedereingliederung der Nazirichter, Diplomaten und der Vertreter anderer Bereiche des bundesrepublikanischen Staates vollzogen. Dies betraf über 100 000 Personen und führte dazu, daß etwa 70 % der Richter ehemalige Nazirichter waren. Kein einziger Richter des sogenannten Volksgerichtshofes wurde bestraft.

Dies ist ein weiteres Zeichen für die ungebrochene Kontinuität der westdeutschen Geschichte.

Bei der Abrechnung mit der DDR und ihren Hoheitsträgern, mit Kommunisten und Antifaschisten soll es jedoch keine Zurückhaltung geben. Das wird wohl auch dieser Prozeß deutlich machen.

Ich fasse zusammen: Ich weise die Anklage entschieden zurück:

-weil sie das Völkerrecht verletzt, das gebietet, die Souveränität der DDR zu achten,

-weil sie den Grundlagenvertrag von 1972 zwischen der DDR und der Bundesrepublik, der völkerrechtliche BEdeutung hat, mißachtet,

-weil sie Ausdruck der Siegerjustiz ist und auf willkürlichen Deutungen des politischen Systems der DDR basiert,

-weil sie das Rückwirkungsverbot und weitere Gebote des Rechts außer Kraft setzt.

Ich bin kein Täter und kein Verbrecher. Für mich waren die Gesetze der DDR -entsprechend meinem Eid auf die Verfassung- bindend. Dies gilt auch für die Gesetze, die das Grenzregime bestimmten. Sie waren für die Ordnung und Sicherheit an der Grenze, nicht zuletzt für die Sicherung des Friedens erforderlich. Ich habe mich voll für die DDR eingesetzt, denn sie war auf dem richtigen Weg, indem sie aus zwei Weltkriegen und der Schande des Hitlerreichs die Lehren zog und bestrebt war, ein neues Kapitel der deutschen Geschichte zu eröffnen, das von den Werktätigen geschrieben wird.

Warum dies mißlang, kann hier nicht erörtert werden.

Eine Anklage, die das, was ihr zu nutzen scheint, vorbringt und gleichzeitig wichtige Tatsachen verschweigt, ist eine Farce. Sie wird nicht imstande sein meine Ehre und meine Würde anzutasten. Ich bin kein Angeklagter. Es bleibt bei dem, was ich am 4. Verhandlungstag sagte: "Ich beantrage die sofortige Einstellung dieses rechtswidrigen Verfahrens".

Kurt Hager

Der 9. Verhandlungstag

Persönliche Erklärung des Angeklagten Horst Dohlus

Hohes Gericht, meine Damen und Herren,

ich möchte zum Ausdruck bringen, daß dieses strafrechtliche Verfahren, in dem wir heute vor Gericht stehen, ein politischer Prozeß ist. Er widerspricht dem Völkerrecht und ist rechtsstaatswidrig, wie das schon öfter hier zum Ausdruck gebracht wurde.

Es wird der Versuch unternommen, die ehemaligen Mitglieder des Politbüros des Zentralkomitees der SED zu kriminalisieren und damit die DDR als einen Unrechtsstaat zu diskreditieren.

Die Geschichte wird zeigen, daß eine derartige Vergangenheitsbewältigung zum Scheitern verurteilt ist, wie sie hier betrieben wird.

Die Grenze zur Bundesrepublik war nicht nur die Grenze zwischen zwei Militätstaaten der UNO. Sie war gleichzeitig die Grenze zwischen den militärischen Blöcken der NATO und des Warschauer Paktes. Deshalb ist es unreal, ständig von einer innerdeutschen Grenze zu sprechen, die es nicht gab.

Auf dem Höhepunkt des kalten Krieges waren zu beiden Seiten dieser Grenze Militärpotentiale in Bereitschaft, die ausgereicht hätten, ganz Europa in Schutt und Asche zu legen.

Die Art und Weise der Sicherung dieser Grenze zur Bundesrepublik Deutschland entsprach grundsätzlich den Beschlüssen des Warschauer Paktes.

Ich erinnere nochmals an das Dokument von Marschall Konjew vom 14. September 1961 an den Minister für Nationale Verteidigung der DDR, Armeegeneral Heinz Hoffmann, über das künftige Grenzregime. Ohne die Zustimmung der Sowjetunion und der Warschauer Vertragsstaaten hätte das Politbüro keine selbständigen Veränderungen an dem Grenzregime vornehmen können.

Das waren die Tatsachen, von denen man ausgehen muß.

Außerdem hatte ich keine Kenntnis von Beschlüssen zur Technisierung des Grenzregimes, die 20 Jahre vor meiner Wahl in das Politbüro gefaßt worden sind.

Ich möchte deshalb auch auf das Entschiedenste den Verdacht zurückweisen, daß ich mit meiner Wahl in das Politbüro des Zentralkomitees im Bewußtsein der tödlichen Konsequenz aktiv mit Täterwissen gehandelt zu haben.

Das ist eine grobe Unterstellung, die unbeweisbar ist. Nie haben mich solche Gedanken bewegt. Ich kann mich nicht daran erinnern, je eine Tat oder Handlung begangen zu haben, die mit den Todesfällen an der Staatsgrenze zur DDR im Zusammenhang stehen.

Meine politische Tätigkeit als Mitglied des Politbüros war stets darauf gerichtet, auf der Grundlage der Verfassung der DDR -eines anerkannten souveränen Staates- entsprechend den Beschlüssen der SED und des Staates der DDR und seinen Gesetzen zu wirken und die mir gestellten Aufgaben im Interesse unserer Bevölkerung zu erfüllen.

Niemand hat das Mandat und Recht, ehemalige Bürger der DDR zu verfolgen, weil sie entsprechend der Verfassung der DDR ihrem Staat treu gedient haben.

Mein Standpunkt zur Sicherung der ehemaligen Staatsgrenze der DDR zur Bundesrepublik war stets der, daß jeder Staat das REcht hat, an seiner Grenze die Ordnung festzulegen, die seinen Sicherheitsinteressen und denen seiner Bündnispartner entspricht.

Deshalb war das Grenzregime der DDR kein Unrecht, sondern eine notwendige Maßnahme gegen den kalten Krieg an der Grenze zweier Machtblöcke. Es diente dem sicheren Schutz der DDR sowohl gegenüber den Provokationen aus dem Westen als auch der Sicherung des Schutzes seiner Bürger.

Ich bedauere zutiefst, daß es an dieser Grenze und an den Sicherungsmaßnahmen zu tragischen Todesfällen gekommen ist.

Horst Dohlus

Gleichzeitig muß aber festgestellt werden, daß jeder, der diese Grenze ob in Richtung Westen oder umgekehrt zu verletzen beabsichtigte, sich selbst in höchste Gefahr begab. Diese Grenze war militärisches Sperrgebiet. Diese Situation bestand nicht nur an der Westgrenze der DDR, sondern an den Westgrenzen aller Staaten des Warschauer Paktes.

Wäre die Westgrenze der DDR nicht entsprechend gesichert worden, hätte dies jederzeit zu groß angelegten bewaffneten Provokationen führen können mit der Gefahr des Ausbruchs des 3. Weltkrieges.

Dies sollte man sich immer vor Augen halten, wenn man von den tragischen Todesfällen an der Grenze heute spricht.

Ich stehe heute rückblickend voll zu meiner politischen Tätigkeit im Politbüro des Zentralkomitees der SED, weil diese Tätigkeit darauf gerichtet war, entsprechend den Beschlüssen der SED und des Staates der DDR zu wirken und die gestellten Aufgaben zum Wohle unserer Bevölkerung zu erfüllen.

Diese Tätigkeit hatte ihre Basis in der Verfassung der DDR, eines souveränen Staates, der weltweit anerkannt war. Deshalb fühle ich mich der Anklage gegenüber nicht schuldig.

Ich möchte zur Sache und meiner Person weiter keine Aussagen machen.

Dennoch machte Dohlus noch einige Angaben zu seiner Person:

L e b e n s l a u f

Ich möchte einige Angaben zur Person machen:

Als Mitglied der Kommunistischen Partei Deutschlands waren meine Eltern aktive Kämpfer gegen Faschismus und Krieg. Mein Vater war anerkannt als Opfer des Faschismus. Er wurde von den Faschisten verfolgt; ständige Hausdurchsuchungen, Schutzhaft und 11 Monate Zuchthaus in Bautzen zeugten von seinem aktiven Kampf als Antifaschist.

All das in dieser Zeit habe ich als Kind und Jugendlicher miterlebt und prägte meinen späteren Lebensweg und die Bereitschaft, alles zu tun für ein besseres Leben in einer sozialistischen Gesellschaft.

Ich besuchte 8 Jahre die Volksschule und erlernte 1939 das Friseurhandwerk. 1942 kam ich zum Arbeitsdienst und wurde Ende des Jahres zur faschistischen Wehrmacht eingezogen. Im März 1945 geriet ich in Frankreich in amerikanische Kriegsgefangenschaft, aus der ich nach einem Jahr entlassen wurde.

Während dieser Zeit festigte sich bei mir die Überzeugung und Erkenntnis, alles zu tun, damit der Frieden ständig gesichert und gefestigt wird.

Mit dem Eintritt in die Kommunistische Partei Deutschlands 1946 begann meine aktive politische Tätigkeit, die sich in der SED fortsetzte mit der Übernahme von verschiedenen Leitungsfunktionen.

1946 wurde ich zum Erzbergbau bei der Sowjetisch Deutschen Aktiengesellschaft Wismut verpflichtet und arbeitete bis 1949 als Bergarbeiter untertage und als Transportarbeiter. Die Arbeit im Uranbergbau war hart und entscheidend für die Sicherung des Friedens.

Ich übte dann verschiedene hauptamtliche Parteifunktionen im Schacht und Objekt aus sowie die des 1. und 2. Sekretärs der SED Gebietsleitung Wismut.

In dieser Zeit habe ich mit sowjetischen Kommunisten und Bergbauspezialisten zusammengearbeitet und die Freundschaft mit den sowjetischen Menschen achten und schätzen gelernt.

Nach einem Jahr Studium an der Parteihochschule der KPdSU wurde ich 1955 als Parteiorganisator des ZK der SED beim Aufbau *des Kohle- und Energiekombinates Schwarze Pumpe eingesetzt.*

Der Aufbau des Kombinates war ein wichtiger Schwerpunkt zur Sicherung der Energieversorgung und des sozialistischen Aufbaus in der DDR. In dieser Tätigkeit habe ich viele Erfahrungen in der Arbeit mit den Menschen und der Parteiarbeit gesammelt.

1958 war ich zweiter Sekretär der SED Bezirksleitung Cottbus und wurde 1960 im ZK der SED als Leiter der Abteilung Parteiorgane eingesetzt. Diese Funktion bekleidete ich bis 1986.

Dem ZK der SED gehörte ich seit 1950 als Kandidat und 1963 als Mitglied an. Ich war Mitglied der Volkskammer von 1950 bis 1954 und von 1971 bis 1989.

1971 wurde ich Mitglied des Sekretariats und 1973 als Sekretär des ZK gewählt. Auf dem 9. Parteitag der SED 1976 erfolgte die Wahl zum Kandidat und im Mai 1980 zum Mitglied des Politbüros. Mit der Wahl in diese Funktionen war ich nach wie vor dem Politbüro gegenüber für die Anleitung und Arbeit der Abteilung Parteiorgane und somit für die politisch-organisatorische Arbeit der Partei verantwortlich.

Ich wurde im Februar 1990 aus der SED ausgeschlossen und bin zur Zeit Rentner.

Ich bin seit 1950 verheiratet, 2 Kinder, 1 Sohn im Alter von 43 und eine Tochter im Alter von 36 Jahren.

Persönliche Erklärung des Angeklagten Egon Krenz

Herr Vorsitzender, meine Damen und Herren,

Staatsanwaltschaft und Gericht verhalten sich in diesem Verfahren genau so, wie es der Vize-Vorsitzende der CDU/CSU-Fraktion des Bundestages Scholz, in aller Öffentlichkeit gefordert hat: Die DDR wird behandelt, als wäre sie bis 1990 ein Protektorat der BRD gewesen. [1]

Das ist nun wahrlich Siegerpolitik. Und die Justiz macht sich zum Handlanger dieser Politik.

Der Kalte Krieg ist beendet. Aber die Feindbilder existieren fort, auch in diesem Gerichtssaal.

Sie, Herr Jahntz, und Ihre Kollegen, haben sich sechs Jahre an einer Anklage versucht, die nicht einmal meinen in Lexika nachzulesenden Lebenslauf richtig wiedergibt. Von ihrer Unfähigkeit, die Zusammenhänge der Nachkriegsgeschichte zu erfassen, ganz zu schweigen. Oder ist es mehr der politische Druck auf die Staatsanwaltschaft, absichtlich Fakten und Zusammenhänge ignorieren und fälschen zu müssen, damit die DDR um jeden Preis als politisches Ungeheuer gebrandmarkt werden kann?

Herr Vorsitzender, ich werde mich bemühen, zu zeigen, wie bis 1989 die Politik zwischen beiden deutschen Staaten funktionierte. Dazu werde ich auch beantragen, das Zeugnis hoher bundesdeutscher Politiker und Regierungsmitglieder einzuholen.

Ich weiß, daß mir das vor diesem Gericht nicht viel nützen wird. Unsere Verurteilung steht fest. Sie wollen verurteilen, Sie müssen verurteilen und Sie werden verurteilen.

Ich rede hier nicht, um mich vor einer Justiz zu rechtfertigen, die nicht legitimiert ist, mich für meine politische Tätigkeit in der DDR vor Gericht zu stellen. Ich spreche, weil ich viele Menschen in Deutschland kenne -in Ost und West- die genauere Auskunft über die DDR haben möchten. Sie begnügen sich nicht mit der billigen Entstellung der DDR-Wirklichkeit durch eine unsachkundige Anklagevertretung.

Am 5. März 1946 -ich war damals 8 Jahre alt- sagte Churchill: "Ein eiserner Vorhang ist quer durch den Kontinent heruntergegangen". [2]

Er meinte damit zweifellos die Grenze zwischen dem sowjetischen und dem Einflußbereich der Westalliierten in Europa. Fast auf den Tag genau, Jahre später, macht mich eine deutsche **Sonder***staatsanwaltschaft, deren Vertreter wahrscheinlich aus dem Westen kommen und für die die DDR bis 1990 ein fernes und fremdes Land war, für Tote an der europäischen Grenze zwischen der NATO und dem Warschauer Vertrag verantwortlich. Es wird so getan, als habe es nie einen Interessenkonflikt zwischen den USA und der UdSSR gegeben. Es wird der Eindruck vermittelt, die alte Bundesrepublik sei das Symbol der Friedfertigkeit, die DDR der Störenfried an der Trennlinie zwischen zwei sozialen Weltsystemen gewesen. Es wird suggeriert, westlich von der Elbe und Werra regierten die Friedensstifter, östlich davon die Totschläger. Ob sich das Gericht subjektiv für befangen hält oder nicht, objektiv stehen wir durch die feindselige Vergangenheit beider deutscher Staaten in einer wechselseitigen, in einer fundamentalen Befangenheit.*

Angesichts dieser Ausgangslage sitzen sich vor diesem Gericht einstige Vertreter zweier feindlicher Welten gegenüber, zweier gegensätzlicher Rechtsordnungen, zweier Weltsichten. Hier ist nicht darüber zu richten, ob der Sozialismus gut oder schlecht war. Mit der verlogenen Anklage wurde nicht nur das Staats- und Gesellschaftsmodell der DDR, sondern faktisch auch das der Sowjetunion und der weiteren Staaten des Warschauer Vertrages auf die Anklagebank eines deutschen Gerichts gebracht. Eine typische deutsche Anmaßung, für andere Völker mitzuentscheiden und dazu noch das in der BRD herrschende Staatsverständnis zum allein Gültigen zu erklären.

Es wird nach meiner Überzeugung keine wirkliche deutsche Einheit geben, solange die Geschichte der östlichen Teilnation als Irrweg vom Pfad der wahren Tugenden denunziert wird.

Sie, Herr Hoch, und ihre Kollegen sind jung. Das ist eine große

Egon Krenz

Chance, den ganzen Ballast des Kalten Krieges von sich zu werfen. Unter Deutschlands Spitzenpolitikern gibt es derzeit keinen mit der Weitsicht eines Nelson Mandela, eines Sam Nujoma, eines Yasser Arafat oder des wegen seiner Versöhnungspolitik ermordeten israelischen Ministerpräsidenten Rabin. Setzen Sie ein juristisches Signal der Versöhnung der Deutschen! Beteiligen Sie sich nicht an völkerrechtswidrigen Aktivitäten wie diesem Prozeß. Setzen Sie ihm ein Ende. Dies wäre ein Schritt in Richtung innerer deutscher Einheit.

Bevor ich mich zur Rechts- und Geschichtsklitterung der Anklage äußere, möchte ich ein Wort an die Hinterbliebenen richten. Mir ist bewußt: Worte können die seelische Qual der Angehörigen nicht lindern. Auch aufrichtiges Bedauern kann die erlittenen Verluste nicht wieder gut machen. An die Toten und Verletzten denke ich mit dem bitteren Gefühl eines Mannes, der weiß, daß die Macht der DDR allein nicht ausreichte, Blutvergießen an der wohl heißesten Grenze des Kalten Krieges vollständig zu verhindern. Jeder Tote hat mich immer betroffen gemacht, hat mich zum Nachdenken veranlaßt, wie Zwischenfälle an der Grenze verhindert werden können.

Der Anklage entnehme ich, daß mir von westdeutschen Staatsanwälten die Ausübung politischer Ämter in der DDR zur Last gelegt wird.[3] Ich bekenne mich zu meiner Verantwortung in einem souveränen Staat, der von 136 Ländern der Welt, einschließlich der Bundesrepublik Deutschland, völkerrechtlich anerkannt war.

Welche Anklagekultur herrscht in einem Lande, in dem aktive Kämpfer gegen Hitler wie Kurt Hager und Erich Mückenberger zu gemeinen Totschlägern gestempelt werden sollen, zugleich aber Nazis wichtige Ämter, hohe Renten und satte Pensionen erhielten und, so sie noch leben, weiter erhalten.

Mir scheint, daß sich die Ankläger eitel einen Nürnberger Prozeß verschaffen wollen. Der Sondergeneralstaatsanwalt sieht Parallelen der strafrechtlichen Situation von "1945" und "jetzt"[4]. Er meint, daß die "bisherige Verfolgung... befriedigender als nach 1945"[5] ist.

Der 5. Strafsenat des BGH stützt sich denn ja auch in seinen Urteilen gegen DDR-Bürger auf eine These von Gustav Radbruch, zweimaliger sozialdemokratischer Justizminister in der Weimarer

Republik. Er hatte allerdings die nach ihm benannte Formel 1946 unter dem Eindruck des erlebten Naziterrors entwickelt. Es ging ihm also um die Verfolgung von Kriegsverbrechen und Verbrechen gegen die Menschlichkeit.

Nun denn, mit welchem der Hauptkriegsverbrecher soll ich verglichen werden, mit Göring? Oder Ribbentropp? Oder Kaltenbrunner? War die DDR der Aufmarschplatz für den Dritten Weltkrieg? Ein Staat mit Konzentrationslagern, ein Land mit Gaskammern?

Zugegeben, provokante Fragen. Sie ergeben sich aus den Parolen von der "Vergleichbarkeit", der "Ähnlichkeit", der "Verwandtschaft" von Faschismus und DDR, die letztlich den Unsinn von "DDR-Unrechtsstaat" stützen sollen. Sie ergeben sich auch deshalb, weil einer der Autoren des Eröffnungsbeschlusses solche Thesen öffentlich propagiert. Auf diese Weise wird der Faschismus verharmlost und die DDR dämonisiert. Nach meinem Verständnis ist dies Volksverhetzung.

Jeder Faschismusvergleich verbietet sich angesichts von Auschwitz von selbst. Er verbietet sich angesichts des Blutzolls, den unter allen Parteien Kommunisten und Sozialdemokraten am höchsten entrichtet haben. Er verbietet sich angesichts von mehr als 50 Millionen Toten des Zweiten Weltkrieges. Jegliches Gleichsetzen der DDR mit der Hitler-Herrschaft gehört genau so verboten wie die Auschwitzlüge.

Die DDR mit dem Staat der Nazis zu vergleichen, ist eine Beleidigung für Millionen Menschen, die hier gelebt haben. Vergleichbar aber ist die Art und Weise der historischen und juristischen Behandlung beider Systeme durch die Bundesrepublik Deutschland. Während beispielsweise der Kommentator der Nürnberger Rassengesetze, Globke, zum mächtigsten Mann an der Seite Adenauers aufsteigen konnte, kann ein Staatsdiener der DDR nicht einmal Müllfahrer im Öffentlichen Dienst sein.

In Bezug auf die DDR steht in der Bundesrepublik die Geschichtsfälschung vor dem Recht -wie auch bei diesem Verfahren.

Das Recht suggeriert einen Strafprozeß, derweil es um politische Abrechnung mit der DDR geht. DDR soll a priori mit kriminell gleichgesetzt werden. Ein Land mit einer kriminellen Führung kann eben nur ein kriminelles Land gewesen sein. So werden unsichtbar auch jene DDR-Bürger mit auf die Anklagebank gesetzt, die es _unterlassen_ hatten, zu ihrem Staat in Opposition zu gehen. Die Verurteilung der DDR bedeutet immer zugleich den Freispruch der BRD von ihrer Mitverantwortung für die deutsche Spaltung durch den Kalten Krieg.

Diesem politischen Prozeß fehlt jegliche Rechtsgrundlage

Der Status der DDR als Völkerrechtssubjekt wurde 1973 durch die Aufnahme der UNO bestätigt. Die BRD hat damals keinen Vorbehalt dagegen erhoben, daß die DDR ein friedliebender Staat im Sinne von Artikel 4 der Charta der Vereinten Nationen ist oder daß in ihren Beziehungen zur DDR die Charta nicht oder nur eingeschränkt gelten soll. Sie hat jetzt auch kein Recht, sich über die Charta der Vereinten Nationen hinwegzusetzen, mit der es unvereinbar ist, hoheitliches Handeln eines Staates der Rechtsprechung eines anderen Staates zu unterwerfen.

Die Staatsanwaltschaft verhält sich so, als habe es die gleichberechtigte Mitgliedschaft der DDR und der BRD in der UNO nie gegeben. Obwohl sie die politische Führung eines anderen Landes anklagt, weigert sie sich, ein internationales Gutachten unabhängiger Völkerrechtler über die Rechtmäßigkeit dieses Prozesses einholen zu lassen. Wovor haben Gericht und Staatsanwaltschaft Angst? Könnte das Verfahren gegen die DDR zusammenbrechen, wenn unabhängige Völkerrechtler ein Gutachten vorlegen? Fürchten Sie um Ihren Ruf?

Michail Gorbatschow schrieb mir von Gesprächen über die deutsche Einheit mit Bundeskanzler Kohl. Darin habe eine bedeutende Rolle die Auffassung gespielt, daß "die Vereinigung Deutschlands ein Akt des freiwilligen Zusammenschlusses zweier souveräner Staaten ist, die gleichermaßen von der Organisation der Vereinten Nationen anerkannt worden waren."

Daher dürfe, so Gorbatschow, "die Erfüllung der Amtspflicht durch ihre Bürger in Übereinstimmung mit den Gesetzen in einem dieser Staaten grundsätzlich nicht nach der Gesetzgebung des anderen Staates bewertet werden."[6]

Das heißt doch: die Bundesrepublik Deutschland begeht Vertragsbruch, wenn sie DDR-Bürger wegen ihres pflichtgemäßen Handels verfolgt. Sie verläßt damit eine wesentliche Geschäftsgrundlage, von der aus der sowjetische Staatspräsident der Herstellung der deutschen Einheit zugestimmt hat.

Im Namen des Volkes -heißt es- wird Recht gesprochen. Doch dem Volk des Staates, der mich anklagt, habe ich bis zum 3. Oktober 1990 nicht angehört. Ich war Bürger der Deutschen Demokratischen Republik. Ihre Verfassung und ihre Gesetze habe ich nicht verletzt.

Was immer ich getan habe, ist nach DDR-Recht zu beurteilen und danach nicht strafbar. Wenn hier behauptet wird, die Anklage erfolgte nach DDR-Recht, so ist dies schlicht unwahr.

Die Volkskammer der DDR hat zu keinem Zeitpunkt pflichtgemäßes Handeln von DDR-Bürgern unter Strafe gestellt. Sie hatte gegenüber ihren Hoheitsträgern in den hier angeklagten Fällen keinen Strafanspruch. Auch die am 18. März 1990 gewählte Volkskammer hat mit dem 6. Strafrechtsänderungsgesetz vom 29.6.1990 keinen solchen Strafanspruch begründet. Mit dem Einigungsvertrag konnte deshalb auch am 3. Oktober 1990 kein solcher Strafanspruch auf die Bundesrepublik Deutschland übergehen. Für die Heranziehung von überpositivem Recht gab die Volkskammer keine Zustimmung.

Was jetzt geschieht, ist vielmehr massive Verletzung von DDR-Recht, ist Rechtsbeugung. Die wirkliche Anwendung von DDR-Recht hätte dazu geführt, daß niemand -weder der Grenzsoldat noch der DDR-Staatsratsvorsitzende- hätte unter Anklage gestellt werden dürfen.

Wenn nun jedoch schon die Beschlüsse des SED-Politbüros, des Verteidigungsrates und der DDR-Führung hier aufgelistet und dabei falsch interpretiert werden, möchte ich Sie, Herr Vorsitzender, fragen: Werden wir auch die Möglichkeit haben, die entsprechenden Beschlüsse der Bundesregierungen, der sie tragenden Parteien *und der Geheimdienste als Beweismittel in diesem Verfahren zu sehen? Sie kennen die Antwort.*

Es war nun einmal Praxis, daß in der Zeit der deutschen Spaltung die Beschlüsse des einen deutschen Staates die Reaktionen auf das Verhalten des anderen deutschen Staates waren. Und es läßt sich nicht aus der Welt schaffen, daß es Beschlüsse der Bundesregierungen zur Schädigung und Beseitigung der DDR gab. Ich weiß, wovon ich rede. Viele dieser Beschlüsse waren uns ja aus erster Quelle zugänglich. Es wird keine volle Wahrheit über das Grenzregime geben, solange in diesem Prozeß nicht auch die geheimen Akten der Bundesrepublik in das Verfahren eingeführt werden.

Sondergeneralstaatsanwalt Schaefgen hat in einer seiner öffentlichen Selbstdarstellungen davon gesprochen, er wolle den Enkeln einmal sagen können, daß er sich bemüht habe, DDR-Recht "als kriminelles Unrecht zu deklarieren".[7] Er befand uns Angeklagte schon Monate vor Prozeßbeginn eines "Kapitalverbrechens"[8] für schuldig. Das ist eine öffentliche Vorverurteilung, die nach internationalem Recht strafbar ist. Er braucht aber eine Strafverfolgung nicht zu befürchten, weil sein ungesetzliches Wirken im Interesse der Bundesrepublik liegt.

Anklageschrift und Eröffnungsbeschluß unterstellen den Politbüromitgliedern eine "(Rechts-) Pflicht zur Abschaffung des Grenzregimes"[9].

Haben sich Gericht und Staatsanwaltschaft mit dieser nachträglichen juristischen Pflichtzuweisung an die Führung eines geschichtlichen Staates nicht übernommen?

Politik ist bekanntlich die Kunst des Möglichen. Was wir 1989 mit der Öffnung der Grenzen getan haben, war zwischen 1961 und 1989 objektiv unmöglich. Wenn gesagt wird, daß "die Abschaffung des Grenzregimes gleichbedeutend mit der Entmachtung und Absetzung von Generalsekretär Honecker war", so ist dies unkorrekt. Einem SED-Generalsekretär, der vor 1989 auf die Idee gekommen wäre, das historisch gewachsene Grenzregime abzuschaffen, hätte das gleiche Schicksal getroffen wie Alexander Dubcek. Die DDR wäre in eine ähnliche Situation gekommen wie

Ungarn 1956 oder die Tschechoslowakei 1968.

Niemand gibt der Bundesrepublik das Recht, DDR-Bürger vor Gericht zu stellen, weil sie in der DDR das historisch Unmögliche nicht leisten konnten und unter den gegebenen weltpolitischen Umständen auch nicht leisten wollten!

Hätten die deutschen Staaten in der Welt von zwei sich feindlich gegenüberstehenden Militärblöcken die "Abschaffung des Grenzregimes" auf die Tagesordnung gesetzt, wäre dies dem Versuch gleichgekommen, die Ergebnisse des Zweiten Weltkrieges zu korrigieren.

Dies hätte den Interessenausgleich zwischen der Sowjetunion und den USA verletzt. Der Moskauer Vertrag zwischen der UdSSR und der BRD, ein Fundament der Entspannungspolitik, wäre nicht abgeschlossen worden. Es hätte keinen freien Zugang von und nach Westberlin gegeben. Das Transitabkommen zwischen den beiden deutschen Staaten wäre nie zustandegekommen.

Obwohl wir alle deutsch sprechen, benötigen wir oft zwischen Ost und West zum richtigen Verständnis einen politischen Dolmetscher. Die "Frankfurter Allgemeine" vom 17. Februar 1996 will erkennen, daß sich bei Kurt Hager und Erich Mückenberger zwei unterschiedliche Verteidigungslinien kreuzen würden. Während andere Staatsfunktionäre auf die Souveränität der DDR verwiesen hätten, würde beide für das Grenzregime Moskau die Schuld geben. Ich halte dies für eine Fehlinterpretation des Autors.

Wieso eigentlich will man nicht begreifen, daß es der DDR nie anders erging als der BRD. Noch heute haben in der souveränen Bundesrepublik im Sicherheitsbereich die NATO-Interessen den Vorrang. Zu den Gemeinsamkeiten beider deutscher Staaten zählte immer ihr Streben nach größerer Souveränität. Auf vielen Gebieten ist ihnen dies gelungen. Wie die BRD war auch die DDR ein souveräner Staat. Daran gibt es nichts zu rütteln. In der Sicherheitspolitik jedoch konnten beide nicht souverän sein. Die Großmächte in Ost und West hatten genügend Bremsen eingebaut, damit deutsche Befindlichkeiten die Welt nicht in einen neuen Krieg hineinziehen konnten. Nikita Chruschtschow schrieb in seinen Erinnerungen: "Jedes andere Land ... konnte frei über seine Innen-

und Außenpolitik entscheiden und brauchte dabei nur die Interessen des eigenen Volkes berücksichtigen. Die DDR dagegen besaß weder diese Rechte noch diese Freiheit."[10]

Weder ein NATO-Staat noch einer des Warschauer Vertrages konnte gegen die Interessen der Großmächte verstoßen, ohne Gefahr zu laufen, eine militärische Katastrophe auszulösen. Wenn ich den Vorwurf zu Ende denke, daß das SED-Politbüro im Europa der Militärblöcke das Grenzregime hätte abschaffen müssen, dann bedeutet dies im Klartext: wir hätten uns nach dem Willen der Staatsanwaltschaft an Aktivitäten beteiligen sollen, die die Gefahr eines Krieges in sich trugen.

Dieser Preis war mir zu hoch. Daher hielt ich mich strikt an den Grundkonsens beider Staaten: von deutschem Boden darf nur Frieden ausgehen.

Zur völkerrechtlichen und militärischen Bedeutung der DDR-Staatsgernze schrieb mir kürzlich Pjotr Abrassimow einen Brief. Er war 17 Jahre Botschafter der UdSSR, persönlicher Beauftragter von Chruschtschow, Breschnew und Andropow für die DDR-Angelegenheiten sowie Partner der drei Westalliierten bei der Aushandlung des Vierseitigen Abkommens über Westberlin.

Abrassimow unterstreicht: "Eine einseitige Entscheidung der Führung der DDR zu dieser Frage (Sicherung der Grenze) war ausgeschlossen, da sie eine Bedrohung des Warschauer Vertrages bedeutet hätte. Das wäre von seinen Teilnehmern, in erster Linie von uns (gemeint ist die Sowjetunion), niemals zugelassen worden... Eine Schwächung oder Zerschlagung des Warschauer Vertrages zur damaligen Zeit hätte eine Destabilisierung ... des Gleichgewichts in Europa bedeutet, was kaum den Interessen der Sicherheit in Europa und den Interessen der Westmächte selbst entsprochen hätte."[11]

Auch Armeegeneral Luschew, letzter Oberkommandierender der Streitkräfte des Warschauer Vertrages, schreibt zu diesem Thema: "Alle wichtigen Entscheidungen, die mit Problemen der Verteidigung, einschließlich auch des Grenzregimes, im Zusammmjenhang standen, wurden unter Berücksichtigung der Interessen der Teilnehmerstaaten des Warschauer Vertrages getroffen. Deshalb war die politische Führung der DDR nicht frei in ihren Entscheidungen."[12]

Als Nebenbemerkung erlaube ich mir den Hinweis: Die Systemgrenze war keine deutsche Einmaligkeit. Das Grenzregime der Tschechoslowakei, Ungarns, Bulgariens und Rumäniens zu ihren im anderen Weltsystem lebenden Nachbarn entsprach wie das der DDR dem sowjetischen Modell. Fühlt sich da ein Ankläger gedrängt, etwa meinen früheren Genossen, den KPDSU-Politbürokandidaten Jelzin, strafrechtlich zu verfolgen?

In dem Eifer, die politische Strafverfolgung um jeden Preis zu betreiben, hat auch das Gericht es sorgfältig vermieden, die historischen Bedingungen der Beziehungen beider deutscher Staaten auch nur andeutungsweise ins Kalkül zu ziehen. Sie, Herr Vorsitzender, haben nicht den Mut gefunden, wenigstens abzuwarten, wie sich das Bundesverfassungsgericht zur Materie verhalten wird. Im Gegenteil: Ihr Vorurteil wird schon dadurch unterstrichen, daß Sie die staatsanwaltschaftliche Anklage gegen mich verschärften. Ohne Ihnen zu nahe treten zu wollen: Kann es eventuell auch sein, daß diese Anklageverschärfung neben Ihrer politischen Voreingenommenheit das Ergebnis Ihrer Sorge ist, mit dem abenteuerlichen Unterlassungskonstrukt juristisch nicht fertig zu werden?

Aus Ihrer Erfahrung haben Sie formuliert: "Regieren ... ist strafrechtlich nicht als bloßes Unterlassen zu würdigen". Mir ist wichtig, von Ihnen zu erfahren, ob Sie Regieren in der Bundesrepublik genau so definieren würden?

Sie werfen der DDR-Führung nämlich vor, gegen den Internationalen Pakt über bürgerliche und politische Rechte verstoßen zu haben, ovbwohl sie wissen, daß dies in der formulierten Absolutheit nicht stimmt. Zeitgleich mit diesem Pakt beschloß die Vollversammlung der Vereinten Nationen bekanntlich den Internationalen Pakt über wirtschaftliche, soziale und kulturelle Rechte. Er enthält für die Staaten die Verpflichtung, u.a. das Recht auf Arbeit, auf soziale Sicherheit und auf Wohnraum zu garantieren. Die Bundesrepublik hat es bisher nicht vermocht, diesen Pakt in innerstaatliches Recht umzusetzen.

Wenn also Regieren strafrechtlich nicht nur bloßes Unterlassen ist, wer ist dann verantwortlich, daß in der reichen Bundesrepublik viele Kinder unterhalb der Armutsgrenze leben, über vier Millionen Menschen keine Arbeit und Tausende kein Dach über dem Kopf haben? Wer ist schuldig, daß Menschen wegen Obdachlosigkeit, Arbeitslosigkeit und Drogensucht in den Tod getrieben werden?

Mir geht es nicht um Polemik. Während es bei eventuellen DDR-Entscheidungen um das Grenzregime um Fragen von Krieg und Frieden ging, geht es in der Bundesrepublik um Verhinderung von Toten durch mehr soziale Gerechtigkeit. Politik und Justiz der Bundesrepublik messen mit zweierlei Maß. Während die DDR-Führung wegen angeblicher Verletzung eines UNO-Pakts vor Gericht gestellt wird, wird die tägliche Verletzung eines gleichrangigen Paktes, der ebenfalls Menschenrechte betrifft, in der Bundesrepublik strafrechtlich nicht verfolgt. Die Gleichheit vor dem Gesetz scheint in diesem Lande so gleich nun auch wieder nicht zu sein.

Jeder Bundeskanzler und auch sonst jeder Sachkundige war sich im klaren, daß das Grenzregime aus weltpolitischen Gründen nicht verhandlungsfähig war. Hätte Bundeskanzler Schmidt einen anderen Weg gesehen, die Lage zu entspannen, er wäre nach dem Einmarsch der Sowjetunion in Afghanistan und während der Ausrufung des Kriegsrechtes in Polen nicht zu Honecker in die DDR gekommen. Hätte Kanzler Kohl 1987 den Fall der Mauer vorausgesehen, er hätte Honecker nicht als Staatsoberhaupt eines souveränen Staates mit Staatsflagge, Hymne und einem langen roten Teppich empfangen.

Außerdem: Wie soll ich an die Unbefangenheit der bundesdeutschen Justiz glauben? In der Nachkriegszeit hatte die Augenbinde der Justizia eine besondere Bedeutung: Die Dame sollte die Richter nicht wiedererkennen.

Der Richter am faschistischen Volksgerichtshof, Rehse, der wegen Mitwirkung an 231 Todesurteilen angeklagt worden war, wurde vom Berliner landgericht freigesprochen. Der damalige Vorsitzende des Schwurgerichts erklärte dazu: In der Tatzeit der Rehse vorgeworfenen Handlungen habe "Deutschland in einem Kampf auf Leben und Tod gestanden." In einer solchen Situation könne sich "kein Staat mit normalen Gesetzen begnügen". In dieser Lage gehörten defätistische Äußerungen zu den mit der Todesstrafe zu ahndenden Verbrechen."[13] Kein Wort vom "überpositiven Recht", kein Wort von der Verletzung von Menschenrechten.

Diese Bundesrepublik hat keine Legitimation -weder völkerrechtlich noch staatsrechtlich, weder historisch noch moralisch- die DDR auf die Anklagebank zu setzen. Es wäre für die Sache und den Einigungsprozeß, für die richterliche Souveränität und die geschichtliche Gelassenheit, für die Wahrheit und Gesetzlichkeit besser gewesen, wenn sich die bundesdeutsche Justiz in Bezug auf die DDR selbst für befangen erklärt hätte. Erst das würde sie von ihrem Ruf befreien, Siegerjustiz zu sein.

In Wirklichkeit will sich Herr Schaefgen frei kämpfen von dem Vorwurf, nur die "Kleinen" würden verfolgt. Er nennt dies einen Akt "politischer Hygiene". Ich nenne seine Argumentation politische Heuchelei.

Mich bedrückt die Serie von Strafprozessen gegen Grenzsoldaten mehr als meine eigene Anklage. Was die Staatsanwaltschaft in diesem Prozeß als angeblich neue Erkenntnisse vorgetragen hat, konnte zu DDR-Zeiten jeder in den Gesetzblättern nachlesen. Es wäre überhaupt nicht nötig gewesen, die sogenannten Kleinen anzuklagen, um eine sogenannte Beweiskette herstellen zu können. Dies umso mehr, da sowohl der Chef der DDR-Grenztruppen als auch ich als Vorsitzender des Nationalen Verteidigungsrates schon 1990 die volle Verantwortung für verfassungskonformes Handeln von DDR-Bürgern übernommen hatten. Es wäre auch schon 1990 möglich gewesen, das gesamte SED-Politbüro anzuklagen (wir waren doch alle hier), statt vorher mit hohem Aufwand von Steuergeldern jene zu bestrafen, die Gesetze, Weisungen und Befehle erfüllten, für die ausschließlich die Verfassungsorgane der DDR verantwortlich sind.

Die Antwort ist leicht zu finden: Die Staatsanwaltschaft hat mit Berechnung zuerst die Grenzsoldaten vor Gericht gestellt. Dies gehörte zu ihrer Dramaturgie, die politische Verfolgung in die Länge zu ziehen. So ließ sich die Stimmung anheizen: "Wieder einmal werden die Kleinen gehängt und die Großen laufengelassen." Das schuf den Boden für den jetzigen Prozeß. Die Grenzsoldaten mußten büßen, damit ein Vorwand gegeben war, die DDR-Führung vor Gericht zu stellen. Mit Mittel des Rechts wäre dies nämlich nicht möglich gewesen. Dieses Programm ist langfristig angelegt. Durch Prozesse dieser Art läßt sich noch Jahrzehnte "nachweisen", daß für alle Mißlichkeiten der deutschen Einheit nur die kriminelle DDR-Führung zuständig ist. Prozesse dieser Art dienen in Wahrheit dazu, von den politischen und sozialen Problemen der Bundesrepublik Deutschland abzulenken.

Die Existenz eines "Schießbefehls" konnte in den bisherigen Prozessen ohnehin nicht bewiesen werden. Sie wird sich auch in diesem Prozeß nicht beweisen lassen. Es gab keinen "Schießbefehl", der von gesetzlichen Normen der Bundesrepublik abweichen würde. Es gab ein Grenzgesetz, das vor der Beschlußfassung in der Volkskammer, dem "obersten staatlichen Machtorgan" und "dem einzige(n) verfassungs- und gesetzgebende(n) Organ der Deutschen Demokratischen Republik"[14], von allen Parteien und Organisationen diskutiert und für richtig befunden worden ist. Ich kenne keinen Beschluß des SED-Politbüros oder des Nationalen Verteidigungsrates, der von Gesetzen, die ausschließlich die Volkskammer beschließen konnte, abgewichen wäre.

Im Eröffnungsbeschluß wird mir unterstellt: "Die billigende Inkaufnahme der Mauertoten ist nicht bestritten worden."

Das stimmt einfach nicht.

Damit diese Falschbehauptung nicht wiederholt wird, bestreite ich hier die billigende Inkaufnahme in aller Form.

Wir wollten keine Toten -weder an der Grenze noch anderswo- sowenig wie, das nehme ich jedenfalls an, die Bundesregierungen die 251 Toten wollten, die von 1971 bis 1985 im Ergebnis von Schüssen der BRD-Polizei zu beklagen sind.

Jeder Tote an der Grenze hat mich erschüttert, jede vom Unglück betroffene Familie bedrückt. Daß wir an der Grenze unter den gegebenen Umständen Tote und Verletzte nicht verhindern konnten, zähle ich zu der Negativseite meiner Lebensbilanz.

Egon Krenz

Auf den Unterschied von "nicht verhindern können" und "billigend in Kauf genommen" kommt es mir an. Mit dem Attribut "billigend" haben Sie eine demagogische Formulierung fern aller politischen und historischen Realitäten in den Eröffnungsbeschluß geschrieben.

Ich protestiere gegen diese bösartige Unterstellung und erwarte Ihre Entschuldigung.

Im Unterschied zur Staatsanwaltschaft denke ich an alle Opfer des Kalten Krieges. Auch an meinen Lehrerkollegen, meinen Studienfreund vom Lehrerbildungsinstitut Putbus/Rügen, den Unteroffizier der Grenztruppen der DDR, Egon Schultz. Er wurde -wie 24 seiner Kameraden- bei der Ausübung seines Dienstes erschossen. Ich finde es bedrückend, daß die Staatsanwaltschaft wiederum aus ideologischen Gründen Tote an der Grenze in verschiedene politische Kategorien einteilt. Unrecht, das sich gegen die DDR richtete, wird nicht verfolgt.

Am 19. Dezember 1975 wurden die Angehörigen der Grenztruppen der DDR Klaus-Peter Seidel und Jürgen Lange durch einen Grenzverletzer erschossen. Ihr Mörder entkam in die Bundesrepublik. Dort wurde Mord an Grenzsoldaten der DDR in "Notwehr" umfunktioniert. Am 2. Dezember 1976 wurde der Mörder vom Essener Landgericht freigesprochen.

Dies war das Signal eines bundesdeutschen Gerichtes in Richtung DDR: die Grenze der DDR braucht nicht respektiert zu werden. Der Mord an DDR-Grenzsoldaten ist straffrei. Ein solches Urteil provozierte geradezu neue Grenzverletzungen und damit neue Opfer. Wen, Herr Vorsitzender, machen Sie dafür verantwortlich?

Erich Honecker hatte damals Bundeskanzler Schmidt die Botschaft übermittelt, daß sich dieser Vorgang gegen die Normalisierung der Beziehungen beider deutscher Staaten richtet.

Erst danach wurde durch politischen Entscheid -ja, ich habe mich nicht versprochen- durch politischen Entscheid in Bonn wurde das Verfahren an einem anderen Gericht neu aufgenommen. Wie Sie sehen, Herr Vorsitzender, habe ich den direkten Einfluß der Politik der Bundesregierung auf die Justiz unmittelbar erlebt. Dazu bedurfte es keineswegs des lauten Wortes von Herrn Scholz. Wer einseitig die DDR für Tote an der Grenze verantwortlich macht, übersieht wissentlich, daß es in Deutschland Krieg gab, einen Kalten zwar, aber immer mit der Tendenz zum heißen. Der Kalte Krieg kam in seiner Härte einem Balancieren am Rande eines Dritten Weltkrieges gleich. Niemand kann aus der Welt schaffen, daß er auf deutschem Boden von beiden Staaten als Kalter Bürgerkrieg gegeneinander geführt wurde, mit allen Konsequenzen, die Kriegen eigen sind.

Die Anklageschrift enthält groteske Fehleinschätzungen. Trotz jahrelanger Ermittlungen verrät sie eine Menge Unkenntnis der Staatsanwaltschaft über das politische System in der DDR und in anderen Staaten des Warschauer Vertrages. Sie zählt ein Durcheinander von Politbüro- und Verteidigungsratsbeschlüssen auf. Doch die Zitate werden aus dem inhaltlichen Zusammenhang gerissen. Sie werden auf diese Weise entstellt. Die Staatsanwaltschaft schreckt nicht einmal davor zurück, das Treffen zwischen Bundeskanzler Kohl und Staatsratsvorsitzenden Honecker sowie die Gespräche der DDR-Führung mit bundesdeutschen Politikern zu verfälschen. Das bringt mich auf die Idee, Ihnen, Herr Vorsitzender, zu empfehlen, die Gesprächspartner der DDR als Zeugen zu laden.

Die verzerrte Sicht auf die DDR wird in der Anklageschrift von mangelnder Sorgfalt begleitet. Jegliche Un- und Halbwahrheiten aufzuführen, verbietet mir allein schon ihre Menge.

Grundsätzlich widersprechen möchte ich der Anklage in fünf Punkten:

ERSTENS:

Die Grenze zwischen der DDR und der BRD war kein Willkürakt des SED-Politbüros. Sie war ein Resultat des zweiten Weltkrieges, der Spaltung der Welt in zwei Lager, eine Geburt des Kalten Krieges.

Die Schuldigen für die Grenze sind jene, die 1933 an die Macht kamen. Sie sind für den Krieg verantwortlich und bewirkten die Niederlage, in deren Konsequenz die Siegermächte durch

Deutschland die Grenze zogen. Sie war erst eine Innerzonen- und immer eine deutsch-deutsche Grenze, und zwar in dem Sinne, wie man von deutsch-französischer oder amerikanisch-mexikanischer Grenze spricht.

Die Staatsanwaltschaft stellt die unhaltbare Behauptung auf, "daß dem Politbüro die Entscheidung über den Fortbestand des besonderen Grenzregimes oblag"[15]. Dies ist weder juristisch noch politisch richtig. Diese Entscheidung hätte einzig und allein auf Vorschlag der UdSSR das Spitzengremium des Warschauer Vertrages treffen können. Die Staatsanwaltschaft ignoriert folglich, daß das Grenzregime historische Gründe hatte, die nicht allein von der DDR geschaffen wurden. Ein Konflikt, der zwischen Stalin und Truman begann, soll jetzt zwischen Politbüromitgliedern und einer Kammer des Berliner Landgerichts bereinigt werden. Dazu ist sie überfordert. Damit würde sich aber auch jedes andere deutsche Gericht übernehmen.

Unzweifelhaft waren die SED, ihr Zentralkomitee und dessen Politbüro die wichtigsten Zentren der politischen Willensbildung in der DDR. Es ist jedoch falsch, anzunehmen, daß das Politbüro - selbst wenn es gewollt hätte- mächtig genug gewesen wäre, den Status quo in Europa anzutasten.

<u>Zu keinem Zeitpunkt vor 1989 hatte das SED-Politbüro die Macht, das Grenzregime zwischen den beiden militärischen Blöcken zu bestimmen oder zu verändern.</u>

Im Eröffnungsbeschluß steht: das SED-Politbüro habe die "Herrschaft über das Grenzregime" innegehabt. Dies so ist so falsch, als würde behauptet, die Bundesregierung habe den Befehl über die NATO.

Wie sehr Grenzfragen nicht allein in der Hand der DDR lagen, belegen die Äußerungen des amerikanischen Präsidenten 1987 am Brandenburger Tor. Reagan forderte bekanntlich nicht Honecker, nicht Hager, nicht Mückenberger, Dohlus, Kleiber, Schabowski und auch nicht Krenz, sondern Gorbatschow auf, die Mauer einzureißen. Der amerikanische Präsident kannte mit Sicherheit die internationale Machtverteilung besser als die Schaefgen-Behörde.

Die Schärfe des besonderen Grenzregimes begann mit der Durchführung der seperaten Währungsreform in den drei Westzonen. Damit wurde der Wirtschafts- und Finanzkrieg des Westens gegen den Osten eröffnet. Er brachte später die DDR an den Rand einer ökonomischen und politischen Krise. Die DDR wurde von den westlichen Märkten abgeschnitten. Nach dem Aderlaß durch Reparationen und Demontagen kam das westliche Embargo gegen die DDR. So geriet die DDR gegenüber der Bundesrepublik in Nachteile, die sie bis zu ihrem Untergang nicht ausgleichen konnte.

Das trug nicht unwesentlich dazu bei, daß viele DDR-Bürger in den Westen gingen. Obwohl jeder von ihnen in den Aufnahmelagern nach den Gründen seines Weggehens befragt wurde, hat es die Bundesrepublik bis heute unterlassen, diese in einer zusammenhängenden Studie zu veröffentlichen. Dies blieb den Memoiren von Franz-Josef Strauß vorbehalten. Er nannte u.a. den wirtschaftlichen Aufstieg der Bundesrepublik, ihren Mangel an Arbeitskräften und die guten Verdienstmöglichkeiten als Ursachen der Abwanderung aus der DDR[16]. Unbestritten ist, daß dies der Bundesrepublik politischen, finanziellen und wirtschaftlichen Nutzen und der DDR den Schaden brachte. Die Sowjetunion wurde dadurch vor die Entscheidung gestellt, vor der deutschen Frage zu kapitulieren oder ihren Sieg im Zweiten Weltkrieg mit einem Staat nach ihrem Muster zu krönen. So wurde die DDR ein Kind der Sowjetunion.

Ihre Geburt erfolgte aber erst, <u>nachdem</u> die Bundesrepublik gegründet worden war. Der Warschauer Vertrag wurde erst geschaffen, <u>nachdem</u> die Bundesrepublik der NATO beigetreten war. Die NVA wurde erst gegründet, <u>nachdem</u> die Bundeswehr existierte. <u>Nachdem</u> die Bundesregierung im März 1952 ohne ernsthafte Prüfung die Stalin-Note zur deutschen Wiedervereinigung zurückgewiesen hatte, berief Stalin vom 29. März bis 10. April 1952 Wilhelm Pieck, Otto Grotewohl und Walter Ulbricht nach Moskau. Im Kreml forderte er sie auf, angesichts der Remilitarisierung Westdeutschlands das Grenzsicherungssystem zu diesem Lande auszubauen.

Nur 8 Tage später, am 18. April 1952, teilte der Chef der Sowjetischen Kontrollkommission, Armeegeneral Tschuikow, dem

Präsidenten der DDR, Wilhelm Pieck, die sowjetischen Entscheidungen für die Schaffung eines besonderen Grenzregimes der DDR zur BRD mit. Der Charakter des Grenzgebiets als "militärisches Sperrgebiet" wurde verstärkt. Die Sowjetunion entschied, die erste Verteidigungslinie der Sowjetarmee von der Oder-Neiße auf die Elbe-Werra-Linie zu verlagern.

Das heißt: Der Ausbau der DDR-Staatsgrenze war verbunden mit der Veränderung der militärstrategischen Planung der Sowjetunion als Ergebnis der Remilitarisierung Westdeutschlands. Die sowjetische Führung war seit dem Überfall Hitlerdeutschlands auf die UdSSR in Bezug auf Grenzfragen mißtrauisch geworden. Das bestimmte ihr Sicherheitsdenken.

Auch nach Abschluß des Vertrages über die Beziehungen zwischen der DDR und der UdSSR am 20. September 1955 behielt sich die Sowjetunion -ebenso wie die Westalliierten beim Abschluß des Generalvertrages vom 25.5.1952- weiter alle Rechte vor, die Deutschland als Ganzes betrafen. Die eigenverantwortliche Einbeziehung der Deutschen Grenzpolizei zur Bewachung und Kontrolle an den DDR-Grenzen schloß weder die Befugnis ein, die Grenzen in eigener Machtvollkommenheit zu schließen noch die Vollmacht, das Grenzregime zu ändern oder gar aufzuheben.

Die Staatsanwaltschaft machte sich nicht einmal die Mühe, die Existenz eines Truppenvertrages zwischen der DDR und der UdSSR zu erwähnen, obwohl dieser der DDR nicht nur schwierige ökonomische Belastungen brachte, sondern tatsächlich auch Einschränkungen ihrer staatlichen Souveränität.

Angesichts der neuen militärstrategischen Lage wurde es von der Sowjetunion auch 1955 für zweckmäßig gehalten, die militärischen Prinzipien der Grenzsicherung, die vom Chef der Sowjetischen Militäradministration in Deutschland, Marschall Sokolowski, am 23. August 1947 befohlen worden waren, zu verstärken. Eingeschlossen waren die international üblichen Bestimmungen zur Anwendung der Schußwaffe, die sich in modifizierter Form in späteren Gesetzen und Dienstvorschriften der DDR wiederfanden, auch noch nach den Volkskammerwahlen am 18. März 1990.

Die Westmächte gingen immer von der sowjetischen Verantwortung für Grenzfragen der DDR aus. Noch nach dem Fall der Mauer am 9. November 1989 verhandelten sie über die Rechtmäßigkeit der Grenzöffnung ausschließlich mit den Militärbehörden der UdSSR, nicht aber mit der DDR. Auch ihren Protest gegen die Militärparaden der Nationalen Volksarmee in Berlin reichten die Westalliierten bis 1989 nicht bei der DDR-Regierung, sondern regelmäßig bei der sowjetischen Botschaft in der DDR-Hauptstadt ein.

Zweitens:

Der Bau der "Berliner Mauer" war kein Alleingang der DDR. Er war Ausdruck des Willens der Siegermächte, die Ergebnisse des zweiten Weltkrieges abzusichern.

Die Sowjetunion hatte die Maßnahmen vom 13. August 1961 seit 1958 politisch inspiriert. Sie hat sie militärisch gedeckt und geführt. Die USA waren vorher eingeweiht. Die Westmächte haben den Mauerbau respektiert. Die Internationale Anerkennung der DDR ist daran nicht gescheitert.

Heute wird verschwiegen, daß die DDR ihre Grenzen erst 16 Jahre nach Kriegsende und 12 Jahre nach Gründung der DDR schloß. Bis dahin hatte sie sich bei dem bekannten Wohlstandsgefälle gegenüber dem Westen mit offenen Grenzen behaupten müssen.

Das brachte ihrt einen ökonomischen Schaden, den unabhängige Experten zwischen 100 und 200 Milliarden -nach Preisen des Jahres 1961 gerechnet- ansetzten. Nutznießer dieser Entwicklung war ausschließlich die alte Bundesrepublik.

Heute wird so getan, als habe die DDR bei ihrer Gründung ein blühendes Land übernommen, das von der SED heruntergewirtschaftet wurde. Am Gründungstisch der DDR aber saßen die aus dem Krieg geerbte Zerstörung, die Armut und die Hoffnungslosigkeit. Hinzu kam, daß die DDR für ganz Deutschland die Reparationen an die Sowjetunion gezahlt hat. Nachdem die Bundesrepublik Deutschland mit Hilfe des Marschallplans ihre wirtschaftliche Überlegenheit erlangt hatte, stand für die schwächere DDR die Frage: Sein oder Nichtsein!

Es handelte sich folglich nicht bloß um "wirtschaftliche und soziale

Nachteile"[17] -wie der BGH meint- sondern um die Existenz der DDR als Staat.

Das Völkerrecht verpflichtet keinen Staat, seine Existenz auf Spiel zu setzen. Es ist daher abenteuerlich, dem SED-Politbüro nachträglich zu unterstellen, es hätte die Rechtspflicht zur Abschaffung des Grenzregimes, mithin zur Beseitigung der DDR als Staat gehabt. Diese These ist allerdings die Konsequenz des Alleinvertretungsanspruches der BRD, ein Anspruch, der immer völkerrechtswidrig war. Daran hat sich bis heute nichts geändert.

Der Beschluß des Ministerrats der DDR vom 12. August 1961 zur Grenzbefestigung kam zustande -nicht bloß, wie der BGH im Verteidigungsrats-Urteil irrtümlich annimmt, "nach Gresprächen mit den Verantwortlichen und anderen Staaten, die Mitglied des Warschauer Pakts waren"[18], sondern aufgrund eines Beschlusses des Politisch Beratenden Ausschusses des Warschauer Vertrages.

Der DDR-Ministerrat faßte dazu Beschlüsse, nachdem die Vertreter der Warschauer Vertragsstaaten festgelegt hatten, "an der Westberliner Grenze eine solche Ordnung einzuführen, durch die ... eine wirksame Kontrolle gewährleistet wird"[19].

Zuvor hatten alle Fraktionen der Volkskammer der DDR, das heißt, der SED, der CDU, der LDPD, der DBD, der NDPD, des FDGB, der FDJ, des DED und des Kulturbundes den DDR-Ministerrat beauftragt, alle Maßnahmen vorzubereiten, die sich aufgrund der Festlegungen der Teilnehmerstaaten des Warschauer Vertrages als notwendig erweisen.

Wie sehr der Bau der Berliner Mauer in Wirklichkeit Ausdruck des realen Kräfteverhältnisses in der Welt war, verdeutlichte mir Andrej Gromyko in einem Gespräch am Abend des 6. Oktober 1984. Dieser Mann, der von Stalin bis Gorbatschow für 7 Partei- und Staatschefs im außenpolitischen Dienst stand, galt als ein hervorragender Kenner der europäischen Nachkriegsgeschichte.

Chruschtschow und Kennedy -so Gromyko- hätten bei ihren Wiener Gesprächen im Sommer 1961 Übereinstimmung erzielt, daß jede Seite die Interessen der anderen respektiert. Die Amerikaner hätten die Grenzbefestigung toleriert.

Die Aussagen Gromykos stimmen mit überlieferten Zeitdokumenten überein. US-Botschafter Thompson schickte am 16.03.1961 aus Moskau ein geheimes Telegramm an seinen Außenminister Rusk. Darin heißt es: "Als absolutes Minimum schlage ich vor, der Präsident diskutiert mit Chruschtschow die Möglichkeit, daß beide Seiten das Berlin-Problem entschärfen, und zwar durch einseitige Aktionen ohne formale Übereinkunft."[20]

Ist es da ein Zufall, daß just am Tage des Mauerbaus Kennedy segelte, de Gaulle sich auf seinem Landsitz befand, Macmillian auf Jagd war, Adenauer seinen Wahlkampf nicht unterbrach und alle vier es unterlassen haben, Chruschtschow und Ulbricht daran zu hindern, vollendete Tatsachen zu schaffen?

Die sowjetische Führung bewertete die militärische Situation dieser Zeit als äußerst gefährlich. Sie stellte den weltkriegserfahrenen ersten Oberkommandierenden des Warschauer Vertrages, Marschall Konjew, an die Seite des damaligen Oberkommandierenden der Gruppe der Sowjetischen Streitkräfte in Deutschland, Marschall Jakubowski. Konjew, persönlicher Beauftragter Chruschtschows für alle militärischen Operationen im Zusammenhang mit dem 13. August 1961, brachte aus Moskau auch die Weisung zur Verminung der Grenze zwischen dem Warschauer Vertrag und der NATO mit.

Am 12. September 1961 wurde die Grenzpolizei dem Minister für Nationale Verteidigung unterstellt. Schon zwei Tage später, am 14. September 1961, erteilte Konjew DDR-Verteidigungsminister Hoffmann den Befehl zur Verminung der Staatsgrenze. Daraus geht auch hervor, daß die veränderte Unterstellung der Deutschen Grenzpolizei auf sowjetisches Drängen erfolgte. Dem Minister des Innern hätte Konjew keine Weisung geben können, da das Innenministerium nicht zur Befehlsstruktur des Warschauer Vertrages gehörte.

Am 20. Oktober 1961 teilte Marschall Konjew seinem Obersten Kommandierenden, Chruschtschow, mit, daß sich am Berliner Kontrollpunkt Friedrichstraße sowjetische und amerikanische Panzer direkt gegenüberstanden. Konjew meldete, "daß die Motoren der amerikanischen Panzer nun bereits eine halbe Stunde

mit überhöhter Umdrehung laufen". Chruschtschow befahl: "Bringen
*Sie unsere Panzer in die Nebenstraßen, aber lassen Sie ihre
Motoren mit der gleichen Drehzahl laufen"*[21]. *Konjew, ein Mann,
der wußte, was Krieg bedeutete, war nervös geworden. Hätten die
westlichen Regierungen der heutigen Forderung der
Staatsanwaltschaft genügt, das Grenzregime abzuschaffen, säßen
wir vermutlich nicht hier. Wir wären Staub, und der unvermeidliche
Krieg hätte auch diese Stadt ausgelöscht. Grentfragen waren sen-
sible Themen, gerade auch zwischen den Großmächten.*

*Unmittelbar nach der militärischen Zuspitzung in Berlin, wandte sich
Ministerpräsident Grotewohl an Bundeskanzler Adenauer. Er schlug
vor, die Beziehungen der beiden Staaten, einschließlich den
Reiseverkehr zwischen ihnen, zu normalisieren. Die DDR erhielt
nie eine Antwort darauf. Mehr noch: schon abgeschlossene
Regelungen zwischen dem Senat von Berlin-West und der DDR-
Regierung über Rettungsfälle wurden durch westalliierte Verbote
verhindert. Dokumente dafür liegen vor. Man brauchte damals in
Bonn und in Westberlin Grenzzwischenfälle, um der DDR immer
wieder die Schuld dafür zuweisen zu können. Das will die
Staatsanwaltschaft nicht zur Kenntnis nehmen.*

*Daß so viele DDR-Bürger ihren Staat verlassen haben oder aber
verlassen wollten und dies nicht durften, spricht gegen die DDR.
Der Mangel an Reisefreiheiten gehörte zu jenen Faktoren, die den
Untergang der DDR beförderten. Daß wir das Dilemma zwischen
Reisefreiheit und Sicherung des Bestandes der DDR nicht lösen
konnten, gehört zu den Tatsachen, für die ich mich als Sozialist
politisch verantwortlich fühle.*

*Dennoch bleibt es Tatsache, daß die beharrliche Weigerung aller
Bundesregierungen, die Staatsbürgerschaft der DDR zu
respektieren, einen Hintersinn hatte. In Bonn wußte man doch, daß
in der DDR die Reisemöglichkeiten an diese Frage geknüpft waren.
Gerade durch die bundesdeutsche Verweigerungshaltung über
Jahre hinweg ist manche Chance für den Reiseverkehr vertan
worden.*

*Unerwähnt kann ich nicht lassen, daß nach einer Entscheidung
des Bundesverfassungsgerichtes vom 16. Januar 1957 auch die
Ausreisefreiheit in der Bundesrepublik nur "in den Schranken der*

verfassungsmäßigen Ordnung"[22] gilt.

Das heißt: die Bundesrepublik hätte niemals geduldet, um der Ausreisefreiheit ihrer Bürger willen ihre Existenz aufs Spiel zu setzen. Welchen rechtlichen Grund gibt es, von der DDR Gegensätzliches zu verlangen?

Wie immer man heute zur Mauer steht und so sehr es zu bedauern ist, daß die beiden Militärblöcke nach der Helsinki-Konferenz keine Möglichkeiten fanden, sie für die Menschen durchlässiger zu machen, als gesicherte Staatsgrenze war sie ein internationales Phänomen. Ohne Mauer war die DDR weit von ihrer internationalen Anerkennung entfernt. Mit Mauer wurde sie Mitglied der UNO, stellte einmal den Präsidenten der UNO-Vollversammlung, war zweimal Nichtständiges Mitglied des UNO-Sicherheitsrates und unterhielt zu 136 Staaten diplomatische Beziehungen. Folgt man der Argumentation der Schaefgen-Staatsanwälte, müßte man zur Schlußfolgerung gelangen, die ganze Welt hat es unterlassen, die DDR an der Aufrechterhaltung ihres Grenzregimes zu hindern.

Drittens:

Die Westgrenze der DDR war nie eine "innerstaatliche Grenze". Sie war eine anerkannte Grenze zwischen souveränen UNO-Mitgliedsstaaten. Sie wurde von der Bundesrepublik Deutschland im Interesse der Entspannungspolitik "billigend in Kauf genommen", um des Herrn Staatsanwalts Formel erneut wägend ins Spiel zu bringen. Spätestens seit 1973 wurde sie auch juristisch akzeptiert.

Die Prozesse gegen DDR-Hoheitsträger gehen von einer Lüge aus. Sie unterstellen, es hätte eine "innerdeutsche Grenze" gegeben. Dadurch soll der Eindruck erweckt werden, daß diese Grenze die gleiche Qualität gehabt hätte wie die Grenze zwischen Bundesländern. Es geht nicht um einen Streit über Bezeichnungen. Es geht um eine Grundfrage dieses Verfahrens. Zwischen UNO-Mitgliedsstaaten gibt es bekanntlich keine staatsrechtlichen, sondern nur völkerrechtliche Grenzen.

Der Moskauer Vertrag zwischen der Sowjetunion und der

Bundesländern. Es geht nicht um einen Streit über Bezeichnungen. Es geht um eine Grundfrage dieses Verfahrens. Zwischen UNO-Mitgliedsstaaten gibt es bekanntlich keine staatsrechtlichen, sondern nur völkerrechtliche Grenzen.

Der Moskauer Vertrag zwischen der Sowjetunion und der Bundesrepublik vom 12. August 1970 stellt in Artikel 3 die Übereinstimmung fest, "Sie betrachten heute und künftig die Grenzen aller Staaten in Europa als _unverletzlich_", und zwar so "wie sie am Tage der Unterzeichnung dieses Vertrages verlaufen, einschließlich der Oder-Neiße-Linie und der Grenze zwischen der Bundesrepublik Deutschland und der Deutschen Demokratischen Republik".[23] Ohne diese Verpflichtung der Bundesrepublik hätte es niemals die Verträge von Warschau, Prag und Berlin sowie die Konferenz von Helsinki gegeben.

Die Staatsanwaltschaft vermeidet tunlichst, auf den Grundlagenvertrag einzugehen. Dort heißt es im Artikel 3: "Sie (die vertragsschließenden Parteien) bekräftigen die Unverletzlichkeit der zwischen ihnen bestehenden Grenzen jetzt und in Zukunft."

Das Zusatzprotokoll zum Grundlagenvertrag legte fest, eine Grenzkommission der Regierung beider Staaten zu bilden. Die gemeinsame _Grenzkommission_ führte allein von 1973 bis 1978 44 Sitzungen durch. Von Lübeck bis Hof wurden auf beiden Seiten der Grenze 14 Grenzinformationspunkte eingerichtet. Ich kenne die Protokollvermerke. Keines dieser Dokumente ging von einer "innerdeutschen Grenze" aus.

Artikel 6 des Grundlagenvertrages fixierte völkerrechtlich verbindlich, daß die Bundesrepublik Deutschland und die Deutsche Demokratische Republik von dem Grundsatz ausgehen, "daß die Hoheitsgewalt jedes der beiden Staaten sich auf sein Staatsgebiet beschränkt. Sie respektieren die Unabhängigkeit und Selbständigkeit jedes der beiden Staaten in seinen inneren und äußeren Angelegenheiten."[24]

Die Staatsanwaltschaft behauptet, die DDR sei in den Jahren 1977 und 1984 vom Menschenrechtsausschuß der Vereinten Nationen wegen ihres Grenzregimes gemaßregelt worden.[25] Das ist unwahr. Die DDR wurde in den Vereinten Nationen nie wegen gesetzlicher *werden darf, gibt es nicht.*

Als 1973 der Entspannungsprozeß ins Stocken geriet, weil die Bayerische Staatsregierung wegen des Grundlagenvertrages Klage beim Bundesverfassungsgericht eingereicht hatte, schickte Bundeskanzler Willy Brandt Herbert Wehner zu Erich Honecker, um die Ratifizierung des Grundlagenvertrages zu retten.

Am Abend des 30. Mai 1973 nahm ich an einem Treffen mit dem SPD-Fraktionsvorsitzenden teil. Dort sagte er in Bezug auf das zu erwartende Karlsruher Urteil, daß dies nach Überzeugung der Bundesregierung für das Verhalten der DDR zum Grundlagenvertrag keine Bedeutung habe. Wörtlich:
-"Was geht Sie denn dieses Gericht an. Die DDR ist doch ein souveräner Staat. Sie braucht doch nicht die Meinung eines bundesdeutschen Gerichts zu berücksichtigen".[26] Wie wahr!

- Helmut Schmidt schrieb in einem vertraulichen Brief vom 28. Juni 1977 an Erich Honecker: "Aus gegebenem Anlaß möchte ich diesen Brief nutzen, um Ihnen zu sagen, daß die Vereinbarungen zwischen unseren beiden Staaten natürlich dem allgemeinen Völkerrecht entsprechen müssen."[27]

- Als der bayerische Ministerpräsident Franz-Josef-Strauß am 1. September 1985 Honeckers Gast in Leipzig war, formulierte er gar: "Ich habe immer den Standpunkt vertreten, daß von der DDR keine offene Grenze wie zwischen Bundesländern zu erwarten ist, weil sie ein anderes Gesellschaftssystem und andere Verbündete hat."[28] Es ist übrigens eine Legende von Leuten, die sich gern interessant machen wollen, wenn sie sagen: in der bayrischen Ecke seien Minen abgebaut worden, weil die DDR einen Milliardenkredit dafür erhalten habe. Wenn dies so einfach gewesen wäre, entstünde ja die Frage, warum die verschiedenen Bundesregierungen diese Regelungen nicht schon früher angestrebt hatten, statt das Grenzregime "billigend in Kauf zu nehmen". In den Gesprächen zwischen Honecker und Strauß ging es dem Wesen nach um die Verhinderung der Stationierung von Mittel- und Kurzstreckenraketen auf deutschem Boden. Ich komme darauf noch einmal zurück.

- Schließlich war es Bundeskanzler Kohl, der am 12. März 1985 mit

*dem DDR-Staatsratsvorsitzenden die Formel vereinbarte: **"Die Unverletzlichkeit der Grenzen und die Achtung der territorialen Integrität und der Souveränität aller Staaten in Europa in ihren gegenwärtigen Grenzen sind eine grundlegende Bedingung für den Frieden".***[29] *Das, Herr Vorsitzender, war quasi das friedenserhaltende Motiv für das Handeln der Hoheitsträger der DDR.*

Viertens:

In Bezug auf die DDR und ihre Grenzen verfolgte die Bundesregierung eine Doppelstrategie.

In einem vertraulichen Brief schrieb Bundeskanzler Dr. Kohl am 23. Oktober 1983 an Erich Honecker: "Alle Deutschen haben die Lehren aus der Geschichte verstanden. Beide Staaten in Deutschland bekennen sich zu der Überzeugung, daß von deutschem Boden nie wieder Krieg ausgehen darf. Die Bundesrepublik Deutschland und die Deutsche Demokratische Republik tragen vor dem deutschen Volk geschichtlich eine große Verantwortung für die Sicherung des Friedens".[30]

Auf diese geschichtliche Verantwortung nahm er Bezug, als er am Abend des 12. März 1985 im Zusammenhang mit den Beziehungen DDR/BRD zu Honecker sagte, seit seiner Amtsübernahme habe er eine Reihe von Schritten getan, an die seine Vorgänger nicht zu denken gewagt, geschweige denn sie unternommen hätten. Diese Entwicklung habe ihm nicht geschadet, im Gegenteil. Er habe Erich Honecker als einen "Partner" -so nannte er den DDR-Staatsratsvorsitzenden- als einen "Partner" kennengelernt, "auf den Verlaß sei".[31] *Dem ging keine Erklärung voraus, daß Fortschritte in den bilateralen Beziehungen nur möglich seien, wenn die DDR ihr Grenzregime ändert.*

War das eine Unterlassung?

Wenn ja, dann auf realpolitischer Grundlage. Der Bundeskanzler dürfte gewußt haben, daß er, selbst wenn Honecker dies gewollt hätte, nichts hätte erreichen können. Die Änderung des Grenzregimes lag weder in der Kompetenz Honeckers noch Kohls.

Seit ich es aus eigenem Wissen beurteilen kann, hat jede Bundesregierung in ihrer DDR-Politik eine <u>Doppelstrategie</u> verfolgt: nach <u>außen</u> wurden starke Worte über Stacheldraht, Mauer und Grenze gefunden; im <u>direkten</u> Kontakt zur DDR-Führung galten dagegen ausgesprochene Kooperationsbereitschaft, Berechenbarkeit, gegenseitige Achtung und Verläßlichkeit. Genau so, wie es der Bundeskanzler jetzt mit der VR China praktiziert.

Das persönliche Verhältnis der führenden Persönlichkeiten beider Staaten war enger als allgemein angenommen wird. Dies hat in Moskau oft Irritationen ausgelöst. Dort herrschte zu allen Zeiten ein tiefes Mißtrauen, daß die DDR die deutsche Karte spielen könnte, daß sich die Deutschen hinter dem Rücken der Großmächte hätten verständigen können.

Kanzler Kohl und Generalsekretär Honecker haben beim Staatsbesuch 1987 12 Stunden miteinander konferiert. Im Abschlußkommunique findet sich kein Wort zum Grenzregime. Es wäre doch interessant, den Bundeskanzler zu hören, warum er dies <u>unterlassen</u> hat?

Während seines Staatsbesuches hat Erich Honecker dem Bundeskanzler einen Vergleich zwischen den Schußwaffengebrauchsbestimmungen der DDR und dem "Gesetz über den unmittelbaren Zwang bei Ausübung öffentlicher Gewalt durch Vollzugsbeamte des Bundes" vom 2. März 1974 vorgelegt. Wörtlich sagte er dem Bundeskanzler: "Die Schußwaffengebrauchsbestimmungen der DDR entsprechen in allen wesentlichen Punkten den Bestimmungen der BRD".[32] Ich kenne kein Dokument, aus dem hervorginge, daß der Bundeskanzler widersprochen hätte.

Es gab beim Honecker-Besuch nicht nur die Tischrede des Bundeskanzlers. Es fanden Gespräche im Kleinen Kreis statt. Und auch da hat es der Bundeskanzler aus guten Gründen <u>unterlassen</u>, Honecker zu sagen: Sollten Sie, Herr Generalsekretär, die Schußwaffengebrauchsbestimmungen der DDR nicht ändern, sind unsere Beziehungen eingefroren.

Wenn ich heute an die deutsch-deutschen Gespräche und die abgeschlossenen Verträge denke, kann ich nur staunen, wie manche Machtpolitiker in Bonn inzwischen das Geschehene vergessen haben. Die Wahrheit ist doch: Beide Staaten hatten sich auf ein langes Neben- und Miteinander unter den gegebenen Umständen eingerichtet.

Übrigens: Das letzte mit der BRD abgeschlossene Abkommen über die Erhöhung der Transitpauschale sollte bis 1999 gelten. Ein Beweis, daß man auch in Bonn auf die deutsche Einheit nicht vorbereitet war. Auch international hatte man sich mit der Existenz zweier deutscher Staaten, einschließlich des bestehenden Grenzregimes, abgefunden. Ein berühmter Franzose hatte treffend formuliert: "Ich liebe Deutschland so, daß ich mich freue, daß es zwei davon gibt."

Fünftens:

Die Westgrenze der DDR war nicht nur System-, Block-, Währungs- und Wirtschaftsgrenze. Die DDR war in Grenzfragen gegenüber der Sowjetunion völkerrechtlich gebunden. Ohne ihr Einverständnis hätte die DDR das Regime an der Außengrenze des Warschauer Vertrages nicht ändern können.

Das Territorium der DDR war auf Grund der militärgeographischen Lage das Hauptaufmarschgebiet der Sowjetunion als wichtigster Kraft des Warschauer Vertrages, ebenso wie das Territorium der Bundesrepublik das Hauptaufmarschlager der NATO war. Nirgendwo auf der Welt herrschte eine solche Konzentration von militärischen Kräften und Mitteln wie auf den Territorien der DDR und der BRD. Nirgendwo wurde das Territorium als möglicher Kriegsschauplatz so intensiv vorbereitet wie auf dem Gebiet der beiden deutschen Staaten.

Die Staatsgrenze war als vorderste Verteidigungslinie des Warschauer Vertrages "militärisches Sperrgebiet". Das Betreten militärischen Sperrgebiets ist in der ganzen Welt ohne eine besondere Genehmigung verboten. Die Kennzeichnung als militärisches Sperrgebiet macht jeden darauf aufmerksam, daß das Betreten dieses Territoriums -egal aus welcher Richtung- verboten ist.

Nicht von ungefähr verweist Botschafter Abrassimow darauf, daß sich auf dem Territorium der DDR die Kernwaffen der Sowjetunion und andere moderne Waffenarten in unmittelbarer Nähe zur Grenze stationiert waren.

Die Staatsgrenze der DDR war zugleich die <u>sensibelste Grenze der Welt.</u> Jede Veränderung der politischen Großwetterlage zwischen den USA und der UdSSR, zwischen der DDR und der BRD, war an dieser Grenze unmittelbar zu spüren. So ist zu erklären, daß in Zeiten der Entspannung bestimmte Maßnahmen gelockert und in Zeiten erhöhter Spannung die Grenzkontrolle verschärft wurde. Das geschah immer auf Weisung oder in enger Abstimmung mit den zuständigen sowjetischen Partnern.

Botschafter Abrassimow schreibt mir dazu: "Ein hochrangiger offizieller Vertreter des Warschauer Vertrages befand sich ständig in Berlin. ... Immerhin war die Nationale Volksarmee, zu deren Bestandteil ihre Grenztruppen gehörten, integrierter Bestandteil der Vereinten Streitkräfte des Warschauer Vertrages mit einem sowjetischen Oberkommandierenden.."[33] Militärspezialisten bzw. Militärberater der Sowjetarmee gab es übrigens in jeder Division der Nationalen Volksarmee.

Die Staatsanwaltschaft behauptet wahrheitswidrig, daß es für die Grenze "keine besonderen Anweisungen durch die Sowjetunion"[34] gegeben habe. Wörtlich: "Nie wurde die DDR von den Sowjets .... mit verbindlichen Entscheidungen konfrontiert."[35]

Armeegeneral Luschew weiß es besser. In seinem Schreiben an den Vorsitzenden der 27. Strafkammer steht, daß Empfehlungen der UdSSR über konkrete Maßnahmen zur Verstärkung der Grenzsicherung und Festlegungen eines strengen Regimes an der Grenze der DDR "für die DDR-Führung faktisch bindend waren"[36].

Es ist schon eigenartig, wie sich die Staatsanwaltschaft bemüht, die geschichtlichen Fakten zu verdrehen. Noch Ende der achtziger Jahre wurde die DDR oft als "Sowjetzone" abqualifiziert, als "Kremlgehilfe" beschimpft, als "Agent Moskaus" betitelt, in den Zeitungen in Gänsefüßchen gesetzt und als "Sprachrohr Moskaus" bezeichnet. Der Sinneswandel der Staatsanwaltschaft, nach der Niederlage der DDR nun das Gegenteil zu behaupten, hängt nicht *mit neuen Erkenntnissen zusammen. Vielmehr ist es die Ideologie, die DDR für alle Zeiten zum "Reich des Bösen" zu erklären.*

Es ist eine Legende, daß die Sowjetunion die DDR nach 1985 in die "Freiheit entlassen" hat. Die DDR und die Sowjetunion waren bis zuletzt durch einen Freundschafts- und Beistandspakt verbunden.

Während seines BRD-Besuches hatte Honecker im Saarland angekündigt, daß unter bestimmten Bedingungen die Grenze zwischen der DDR und der BRD den gleichen verbindenden Charakter haben könnte wie die zwischen Polen und der DDR. Dort herrschte jahrelang visafreier Reiseverkehr. Honecker war noch nicht einmal zu Hause, da forderte die sowjetische Führung Aufklärung über die "unverständlichen Äußerungen des Genossen Honecker zu Grenzfragen".[37]

Moskau mahnte an, vor solchen grundsätzlichen deutschlandpolitischen Erklärungen die sowjetische Seite zu konsultieren. Weiterer Hintergrund dieser Reaktion war, daß der Kanzler seinen späteren Freund Gorbatschow mit Goebbels verglichen hatte. Deshalb sollten nach Moskauer Ansicht alle Verhandlungen über humanitäre Angelegenheiten, einschließlich des Reiseverkehrs, zwischen beiden deutschen Staaten auf Eis gelegt werden. Wem ordnet die Staatsan-waltschaft die Grenzzwischenfälle zu, die in dieser Zeit passiert sind?

Die KPdSU-Führung hatte -bildlich gesprochen- mehr als einen symbolischen Sitz im SED Politbüro. Das ergab sich schon aus den gemeinsamen politischen und ökonomischen Interessen. Solange die UdSSR und die DDR strategische Verbündete waren, hatte das KPdSU Politbüro politische, ökonomische, völkerrechtliche, personelle, geheimdienstliche und auch militärische Möglichkeiten, auf die DDR und ihre Führung Einfluß zu nehmen.

*Dazu trugen auch solche Tatsachen bei, daß auf dem Territorium der DDR zeitweilig mehr als 700 000 sowjetische Militärangehörige standen, daß im Kriegsfall die NVA (dann auch die Grenztruppen) dem **Oberkommandierenden** der Gruppe sowjetischer Streitkräfte in Deutschland unterstanden hätte und daß dann der Generalsekretär des ZK der KPdSU der **Oberste Befehlshaber*** *der Vereinten Streitkräfte des Warschauer Vertrages -und damit auch der DDR Streitkräfte- gewesen wäre.*

Die DDR-Entscheidung von 1983/84 zum Abbau von Minen sieht die Staatsanwaltschaft als Beweis dafür an, daß die DDR in Grenzfragen souverän war. Wiederum eine schlimme Fehleinschätzung! Das Gegenteil ist richtig.

Diese Entscheidung hat 1984 eine der tiefsten Krisen in den Beziehungen zwischen der KPdSU und der SED ausgelöst. Tschernenko warf damals Honecker faktisch Verrat an den gemeinsamen Interessen des Bündnisses vor. Zusammen mit anderen SED-Politbüromitgliedern wurde Honecker nach Moskau bestellt. Ihm wurde eine Reise in die BRD untersagt. Verteidigungsminister Ustinow brachte es auf den Punkt: Wenn es zu einer Annäherung mit der BRD käme, so würde davon die "Sicherheit der Sowjetunion und der gesamten sozialistischen Gemeinschaft berührt." Wörtlich: "Mit weiteren Zugeständnissen im Reiseverkehr steigt die Gefahr der Spionage."[38] Als sich Kurt Hager gegen diese Bewertung wehrte, wies ihn Ustinow grob in die Schranken.

Wenn von der "Schuld" für das Grenzregime gesprochen wird, so liegt sie nicht allein in Moskau. Die vier Großmächte haben den Kalten Krieg ausgelöst und ihre deutschen Stellvertreter einbezogen. Ich war ein überzeugter Anhänger eines engen Bündnisses mit der UdSSR. Nur mit ihr hatte die DDR eine Perspektive. Ich schiebe keine Schuld nach Moskau. Die geschichtliche Wahrheit gebietet es zu sagen, daß die Souveränität der DDR zu Zeiten der Existenz der Militärblöcke gegenüber der Sowjetunion objektiv nicht größer sein konnte, als die Souveränität der Bundesrepublik gegenüber den USA.

Es war nicht Feigheit, nicht Angst vor persönlichen Nachteilen: nicht Inaktivität, nicht die angebliche Furcht vor dem übermächtigen Generalsekretär, nicht die Dominanz einzelner Politbüromitglieder, auch nicht, wie in der Anklageschrift zu lesen ist, die Zurückhaltung vor einer "Palastrevolution". Das alles ginge am Kern der Bedeutung des Grenzregimes vorbei.

Es waren die Härte des Kalten Krieges, die Spaltung Deutschlands und Europas, die Nichtrespektierung der Staatsbürgerschaft der DDR durch die Bundesrepublik, die Bündnisverpflichtungen im Warschauer Vertrag, die Sorge um die Existenz des Staates DDR und um unser Zusammenleben mit der Sowjetunion, die mich davon abhielten, im Politbüro unrealisierbaren Gedanken nachzuhängen.

Egon Krenz mit Sohn Carsten

Meine Damen und Herren,

auf dem Verfassungskonvent von Herrenchiemsee im August 1948 forderte Carlo Schmid: Alles deutsche Gebiet außerhalb der Bundesrepublik sei als "Irredenta" anzusehen, "deren Heimholung mit allen Mitteln zu betreiben wäre". Die Mitglieder jeder Regierung, die sich in diesem Gebiet bildet, sind "wie Hochverräter zu behandeln und zu verfolgen."[39]

Nach diesem Muster wird heute verfahren.

Ich sehe mich nicht vor Gericht, weil ich DDR-Gesetze verletzt hatte.

Angeklagt bin ich, weil ich mich an einer antikapitalistischen Alternative auf deutschem Boden beteiligt habe.

"Unbelehrbar sei ich", heißt es. Ich werde mich von niemanden belehren lassen, der an die Stelle von geschichtlichen und völkerrechtlichen Fakten neue Ideologien setzt. Ich werde nicht akzeptieren, daß nur ein bestimmtes westdeutsches Geschichtsbild zum Maß aller Dinge gemacht wird. Ich werde mich wehren, wenn nur die DDR für den Kalten Krieg verantwortlich gemacht wird. Ich halte dagegen, wenn der Lebensabschnitt von Millionen DDR-Bürgern diffamiert wird. Ich werde mich nicht verbiegen, wissend, daß bundesdeutsche Gerichte die Macht haben, mich nach Gesetzen zu verurteilen, die bis zur Vereinigung beider Staaten nicht für mich gegolten haben.

Ich habe aber in den zurückliegenden Jahren immer wieder über objektive und subjektive Gründe für das Scheitern unseres gesellschaftlichen Entwurfs nachgedacht. Zwar werden diese die Staatsanwaltschaft schon deshalb nicht interessieren, weil wohl auch dort der Standpunkt vorherrscht: der einzig gute Sozialismus ist der erledigte Sozialismus. Dennoch wiederhole ich: Ich empfinde heute mehr denn je meine politische Mitverantwortung für Fehlentwicklungen in der DDR. Aber ich sage eben so klar: Diese Verantwortung besteht ausschließlich gegenüber den Bürgern der DDR, nicht aber gegenüber bundesdeutschen Richtern und Staatsanwälten.

Wenn es der Wille der Bundesrepublik ist, mit den Schuldigen der deutschen Spaltung abzurechnen, dann würden wohl alle noch lebenden Nachfolger von Stalin, Truman, Churchill, Adenauer und Ulbricht auf diese Anklagebank gehören. So unrealistisch dieser Gedanke, so unsinnig ist die Praxis, allein der DDR die Folgen der deutschen Spaltung anzuhängen.

Als ich politische Verantwortung in der DDR übernahm, war Deutschland längst gespalten, die Grenze schon gezogen und das Grenzregime in festen Strukturen vorhanden. Ich gehörte nicht zu den Auslösern des Kalten Krieges. Von den hier Angeklagten hat niemand die Spaltung Deutschlands verursacht. Alle aber haben den Beschluß zur Öffnung der Grenzen gefaßt. Vor 6 Jahren -als sich nach einer Pressekonferenz die Ereignisse überschlugen- ich meine den Abend des 9. November 1989, stand ich-kurz gesagt, vor der Entscheidung: Panzer rollen oder die Schlagbäume öffnen zu lassen. Die Lage war so dramatisch. Wir standen einem Bürgerkrieg näher als das viele heute wahrhaben wollen.

Der sowjetische Außenminister Schewardnadse schrieb in seinen Erinnerungen: Wäre geschossen worden, "so wäre mit Hunderten von Menschen auch die Politik selbst umgekommen. Ich schließe nicht aus, daß auch der Frieden ermordet worden wäre."

Gorbatschow schreibt zum 9. November 1989, daß die politische Führung der DDR mit Egon Krenz durch die Grenzöffnung dazu beigetragen hat, ein "mögliches Auslösen militärischer Aktionen mit unübersehbaren Folgen auf deutschem Territorium zu verhindern"[40].

Meine Genossen und ich entschlossen uns gegen die Gewalt. Und dem bunten Chor von Kritikern, Besserwissern und schlauen Interpretatoren dieser in äußerster Gefahr zu treffenden Wahl fehlt wie den Staatsanwälten eines zum Verständnis unserer Entscheidung: die politische Verantwortung für den Ausgang jener Nacht, das Begreifen der Dimension der Entscheidung für die Menschen diesseits und jenseits der Grenze.

Der Entschluß zur Gewaltlosigkeit war jedoch nicht nur aus der Situation geboren. Unser Gewissen und unsere Weltanschauung schrieben ihn vor. So hat sich die DDR nicht als "Unrechtsstaat", sondern mit höchster Verantwortung für den Frieden aus der Geschichte verabschiedet.

Dieser Prozeß wird mit der anspruchsvollen Ambition geführt, keinen Schlußstrich unter die jüngste deutsche Geschichte zu ziehen. Auch ich will keinen Schlußstrich. Ich will -soweit das möglich ist- eine objektive politische Debatte über die Geschichte der beiden deutschen Staaten. Das Strafrecht, jedes Strafrecht, ist von Grund auf ungeeignet, einen Schlußstrich unter die Vergangenheit zun ziehen.

Gerechterweise müßte auch das Geschichtsbuch der alten Bundesrepublik geöffnet werden. Würden die Akten aller Bundesregierungen und ihrer Geheimdienste so zugänglich sein, wie es heute die Akten der DDR sind, viele Bundesbürger würden hart erschüttert werden, was da alles hinter den Kulissen abgelaufen ist. Sofern der Glaube vorhanden war, daß in der alten Bundesrepublik alles besser, sauberer, moralischer und demokratischer als in der DDR gewesen wäre, bräche er wie ein Kartenhaus zusammen. Ich versage mir, näher darauf einzugehen, was hochrangige Po-litiker aller bürgerlichen Parteien der BRD zum Zwecke der Diffamierung des jeweils anderen zur Werbung um gute Beziehungen zur DDR übereinander ausplauderten.

Als für die Bundesrepublik der Wettbewerb zwischen beiden deutschen Staaten noch nicht entschieden war, verabschiedete die Bundesregierung unter Konrad Adenauer am 2. September 1956 ein "Memorandum zur Frage der Wiedervereinigung."

Ich zitiere Punkt 14: "Die Bundesregierung ist der Überzeugung, daß freie Wahlen in ganz Deutschland, wie sie auch immer ausfallen mögen, nur den Sinn haben dürfen, das deutsche Volk zu einen und nicht zu entzweien. Die Errichtung eines neuen Regierungssystems darf daher in keinem Teile Deutschlands zu einer politischen Verfolgung der Anhänger des alten Systems führen. Aus diesem Grunde sollte nach Auffassung der Bundesregierung dafür Sorge getragen werden, daß nach der Wiedervereinigung niemand wegen seiner politischen Gesinnung oder nur weil er in Behörden oder politischen Organisationen eines Teils Deutschlands tätig gewesen ist, verfolgt wird."[41]

Konrad Adenauer war klug genug, zu wissen, daß die "Anhänger" zweier verfeindeter Systeme nicht ohne zusätzlichen Schaden übereinander richten dürfen, weil sie in ihrer und wegen ihrer langjährigen Feindschaft befangen sind. Den politischen Wortführern von heute fehlt diese Einsicht.

Aus heutiger Sicht ist es einfach zu sagen, daß das Wettrennen TRABBI gegen MERCEDES von Anfang an aussichtslos war. Doch wie Millionen Ostdeutsche verband auch ich mit der DDR eine geschicht-liche Perspektive. Die DDR mit ihren Hoffnungen und Enttäuschungen, ihren Erfolgen und Fehlern, ihren Vorzügen und Nachteilen war mein Leben. Es ist absurd, daß mir die Schaefgen-Behörde eine Rechtspflicht zum Selbstmord der DDR auferlegen möchte.

In seinem Brief vom 22. September 1995 schreibt mir Gorbatschow -den Sie nun wahrlich nicht in die Reihe der Betonköpfe einordnen können,: "Was nun den Versuch anbelangt, ... Egon Krenz für die Lage an der Grenze verantwortlich zu machen, so entsteht der Eindruck, daß dieser Versuch eine politische Abrechnung und in jedem Fall ein Rückfall in die Praktiken des Kalten Krieges ist."[42] Das bescheinigt Ihnen ein Mann, Herr Hoch, dem wir nach Meinung unseres Bundeskanzlers die deutsche Einheit verdanken.

Dem kann ich nur hinzufügen: Die Anklage und Ihren darauf basierenden Eröffnungsbeschluß weise ich als rechtswidrig zurück. Ich beantrage die sofortige Einstellung des auf Unrecht gestützten Verfahrens.

Fußnoten zur Erklärung von Egon Krenz:

[1] Vergleiche: WELT AM SONNTAG, 21.1.1996

[2] Siehe Rede Churchills am 5.3.1946 beim Besuch des amerikanischen Colleges von Fulton

[3] Anklage, Band I, S. 8

[4] DER SPIEGEL, 52/1994 vom 26.12.1994

[5] dpa-Gespräch mit Ch. Chaefgen, 24.12.1995

[6] Brief von M.S. Gorbatschow an E. Krenz vom 22. September 1995

[7] DER SPIEGEL 52/1994, Seite 34

[8] DER SPIEGEL 52/1994, Seite 31

[9] Landgericht Berlin (527) 25/2 Js 20/92 Ks (1/95), S. 3.

[10] "Chruschtschow erinnert sich", Rowohlt 1992, S. 425/426

[11] Brief von P. A. Abrassimow an E. Krenz vom 17. Oktober 1995

[12] Brief von Armeegeneral Luschew an den Vorsitzenden Richter der 27. Strafkammer

[13] Siehe Hans Weber, NEUES DEUTSCHLAND vom 12. Dezember 1995

[14] Verfassung der Deutschen Demokratischen Republik, Artikel 48

[15] Anklage, Band III, S. 1513

[16] F.J. Strauß, Die Erinnerungen, Berlin 1989, S. 382

[17] NJW 1993, S. 156

[18] NJW 1994, S. 2703

[19] "Die Organisation des Warschauer Vertrages", Staatsverlag der DDR, Berlin 1985, DSeite 68/69

[20] US-Botschafter Thompsen / "Geheim". Nur für Minister.

[21] Siehe Erinnerungen von Nikita Chruschtschow und Alexej Adshubej.

[22] Urteil des Bundesverfassungsgerichtes, 16. Januar 1957

[23] Vertrag zwischen der Sowjetunion und der BRD, 12. August 1970

[24] Vertrag über die Grundlagen der Beziehungen zwischen der Bundesrepublik Deutschland und der Deutschen Demokratischen Republik vom 21. Dezember 1972.

[25] Mit Berufung auf BGHST 39, 1 ff. (18) m.w.N.

[26] H. Wehner, Berlin, Treffen mit Vorsitzenden aller Fraktionen der DDR-Volkskammer, 30. Mai 1973

[27] H. Schmidt, Brief an E. Honecker, 28. Juni 1977.

[28] F.-J.Strauß, Treffen mit E. Honecker, Leipzig, 1. September 1985

[29] Kohl/Honecker, Gemeinsame Erklärung, Moskau, 12. März 1985

[30] Brief des Bundeskanzlers der BRD an den SED-Generalsekretär vom 23. Oktober 1983

[31] Treffen Kohl/Honecker, Moskau, 12. März 1985

[32] E. Honecker, Staatsbesuch in der BRD, September 1987

[33] Brief von P.A. Abrassimow an E. Krenz vom 17. Oktober 1995

[34] Anklageschrift, Seite 1494

[35] Anklageschrift, Seite 1221

[36] Brief von Armeegeneral P. Luschew an den Vorsitzenden Richter der 27. Strafkammer

[37] Gesprächsnotizen von E. Krenz

[38] Geheimes Treffen zwischen Vertretern der Politbüros der Zentralkomitees der KPdSU und der SED unter Leitung von K. Tschernenko und E. Honecker, August 1984

[39] Carlo Schmid, Verfassungskonvent von Herrenchiemsee, August 1948

[40] Brief von M.S. Gorbatschow vom 22. September 1995 an E. Krenz

[41] Dokumente zur Deutschlandpolitik, III. Reihe, Band 2, 1. Januar bis 31. Dezember 1956, zweiter Halbband, S. 715.

[42] Brief von M.S. Gorbatschow vom 22. September 1995 an E. Krenz

Der 10. Verhandlungstag

Am 10. Verhandlungstag wurde das Verfahren nach etwa einer Minute ausgesetzt, weil der Angeklagte Mückenberger erkrankt war. In der Wochenzeitung "Die Zeit" erschien am selben Tag folgender Artikel des Rechtsprofessors an der Freien Universität Berlin Uwe Wesel:

Wer ist schuld?

Der Prozeß gegen sechs Mitglieder des Politbüros glich bislang einem Kaspertheater

Von Uwe Wesel

"Politbüro", schreibt der Große Brockhaus, ist die "Abkürzung für Politisches Büro, vom Zentralkomitee gewähltes Führungsgremium einer kommunistischen Partei nach dem Vorbild der Kommunistischen Partei der Sowjetunion. Es besteht aus stimmberechtigten Vollmitgliedern und nicht stimmberechtigten Kandidaten." Und unter dem Stichwort "Sozialistische Einheitspartei Deutschlands" kann man lesen, 120 Mitglieder seien es gewesen im Zentralkomitee der SED und 14 im Politbüro, ergänzt durch 7 Kandidaten und geleitet vom Generalsekretär des ZK.

Aber warum eigentlich "Büro"? Das ist doch etwas Unpolitisches. Und wieso "Sekretär"? Das ist doch ein Beamter im mittleren Dienst. Von Professor Buchholz jedoch, früher zuständig für Strafrecht an der Humboldt-Universität in Ostberlin und jetzt Strafverteidiger im Prozeß gegen Mitglieder des Politbüros vor dem Landgericht in Westberlin, von ihm konnte man hören, es sei "das politisch maßgebliche Führungsgremium" gewesen, "im Staats- und Gesellschaftsaufbau der DDR".

Daraufhin gab es den ersten offenen Streit mit den Verteidigern der anderen Angeklagten, die heftig protestierten und meinten, diese Einschätzung übersteige bei weitem die Realität in der ehemaligen DDR. Oberstaatsanwalt Jahntz fühlte sich bestätigt durch den Professor und setzte fortan wieder größere Hoffnungen auf den Erfolg seiner Anklage, geschrieben auf 1600 Seiten, was doppelt soviel ist wie im Honecker-Prozeß. Da waren es nur 800.

Dohlus, Hager, Kleiber, Krenz, Mückenberger, Schabowski. Sechs Angeklagte werden verantwortlich gemacht für insgesamt 66 Tötungsdelikte an Mauer und Stacheldraht. Der Prozeß dümpelt vor sich hin seit drei Monaten. Zunächst mußte gleich am Anfang der vorsitzende Richter gehen, Hansgeorg Bräutigam, dem schon im Honecker-Prozeß dasselbe passiert war wegen Besorgnis der Befangenheit. Damals war es die Bitte um ein Autogramm vom Hauptangeklagten, diesmal ein Vortrag bei einer evangelischen Gesellschaft, in dem er schon zwei Jahre vorher das Politbüro als den eigentlichen Verantwortlichen erkannt hatte für das sogennante Grenzregime. An seine Stelle trat der beisitzende Richter Josef Hoch, der mit seinen 35 Jahren nicht jünger ist als die beiden anderen, die jetzt neben ihm sitzen, die Richterin Julia Meunier-Schwab und der Richter Hendrik Zwicker, der nachgerückt ist als Ergänzung.

Ein solcher Riesenprozeß, von Generalstaatsanwalt Schaefgen als der wichtigste zur Aufklärung der Todesfälle an der Berliner Mauer und der innerdeutschen Grenze bezeichnet -ein solcher Riesenprozeß auf drei jungen Schultern und ohne weiteren Ersatzrichter? Bräutigam hatte nur einen vorgesehen, und der ist nun im Einsatz. Bedenkliche Gesichter bei der Staatsanwaltschaft und wohl auch im Präsidium des Gerichts. Oberstaatsanwalt Jahntz stellte den Antrag auf Aussetzung des Verfahrens mit der - zutreffenden- Begründung, es müsse erst noch ein neuer Ersatzrichter bestellt werden, und dem -vermutlichen- Hintergedanken, dann könnten bei der Geschäftsverteilung für 1996 vielleicht doch noch Zuständigkeiten geändert und erfahrene ältere Richter eingesetzt werden.

Die drei jungen Richter lehnten zunächst ab. Sie hätten eine Fürsorgepflicht gegenüber den Angeklagten und dürften den Prozeß nicht verzögern, meinten sie. Als dann aber zwei Wochen später bekannt wurde, daß Günther Kleiber operiert werden müsse, trennten sie das Verfahren gegen ihn nicht ab, sondern setzten den ganzen Prozeß aus bis Mitte Januar. Und man durfte gespannt sein, wie im Präsidium des Gerichts über Zuständigkeiten entschieden würde. Aber nichts geschah. Die drei gesetzlichen Richter blieben die gesetzlichen Richter, erschienen am 15. Januar wieder im Saal und mit ihnen ein neuer Ersatzrichter.

Josef Hoch führte den Prozeß zunächst mit Langmut. Die Verteidiger legten Sperrfeuer, stellten einen Antrag nach dem anderen. Neue Anträge wegen Befangenheit. Abgelehnt. Anträge auf Einstellung des Prozesses, weil er gegen das Völkerrecht vrestoße - und gegen das Rückwirkungsverbot des Grundgesetzes; und weil das Politbüro für die Tötungen überhaupt nicht zuständig gewesen sei, auch nicht der DDR-Staat, vielmehr die Sowjetunion und der Warschauer Pakt. Das alles wurde schon im Honecker-Prozeß vorgebracht und nun wie damals abgelehnt. Sogar ein militärischer Sachverständiger sollte hinzugezogen werden. Abgelehnt. Strafprozessuales Kaspertheater, wie immer am Anfang solcher großen Prozesse. Die Angeklagten werden so schnell wie möglich persönliche Erklärungen abgeben, was vor der Verlesung der Anklage unzulässig ist.

Allmählich wurde es dem Vorsitzenden zu bunt. Er ist strenger geworden, zwar nach wie vor höflich und korrekt, aber nicht mehr so großzügig wie am Anfang. Er hat sogar schon mal dem Anwalt Plöger das Mikrophon abgeschaltet, als der zur falschen Zeit reden wollte. Plöger ist kein Unbekannter in diesem Saal. Er vertritt private Nebenkläger, Angehörige der Opfer. Im Honecker-Prozeß spielte er mit geschmacklosen Einlagen oft eine peinliche Rolle. Hier hält er sich etwas zurück.

Inzwischen ist die Anklage verlesen worden, und die Angeklagten geben ihre persönlichen Erklärungen ab. Solche Erklärungen sind immer wieder zu hören in diesen Prozessen, auch in den beiden, die seit letztem Jahr hier geführt werden gegen Generäle des Verteidigungsministeriums der DDR und gegen Generäle der Grenztruppen wegen der Tötungen an der Grenze. Die Richter hören zu und machen sich ein Bild von den Angeklagten. Die juristische Karawane zieht weiter.

Dennoch ist manches von Bedeutung: Zum Beispiel die Erklärung Erich Mückenbergers am Donnerstag letzter Woche. Der Angeklagte meint, die DDR sei gar nicht in der Lage gewesen, allein und von sich aus die Grenze zu öffnen. Man hat ihn hier schon oft gehört. Das Landgericht Berlin und der Bundesgerichtshof haben darauf im Honecker-Prozeß geantwortet, im wesentlichen habe die DDR allein entschieden. So, so, sagt Erich Mückenberger. Aber Ronald Reagan habe damals am Brandenburger Tor nicht Erich Honecker aufgefordert, sondern ganz selbstverständlich Michail Gorbatschow: "General Gorbatshov, öffnen Sie dieses Tor, reißen Sie diese Mauer nieder." Und alle hätten es damals so gesehen. Nur heute nicht mehr.

Prof. Uwe Wesel

Oder Kurt Hager, damals in der Partei der mächtige Mann für Wissenschaft und Kultur. Von 1936 bis 1945, sagt er, hätten die Nazis ihn verfolgt mit Haftbefehl und Steckbrief. In Spanien habe er gegen sie gekämpft. Und nun werde er als Repräsentant der DDR von einer Justiz verfolgt, die es versäumt habe, mit dem nationalsozialistischen Regime abzurechnen. Statt dessen stürze sich die Justiz der Bundesrepublik jetzt um so eifriger auf die DDR. Egon Krenz ergänzt: Hier in der Turmstraße in Moabit sei 1969 Hans-Joachim Rehse freigesprochen worden, Richter am Volksgerichtshof und verantwortlich für 231 Todesurteile. Etwa die Hälfte der Opfer an Mauer und Stacheldraht.

Bisher haben alle im Grunde dasselbe gesagt. Am Donnerstag dieser Woche kommt Günter Schabowski, und man darf annehmen, daß er der erste sein wird, der nicht das System, sondern nur sich selbst verteidigt.

Zwei Stunden hat Egon Krenz gesprochen und zum Schluß aus einem Brief Gorbatschows vorgelesen, der ihm letztes Jahr geschrieben hat, dieser Prozeß sei ein Rückfall in die Zeit des Kalten Krieges. "Das bescheinigt Ihnen ein Mann", sagte er den Richtern, "dem wir nach Meinung unseres Bundeskanzlers die deutsche Einheit verdanken." Und was meinten die Richter? Vielleicht dachten sie, das sei juristisch nicht relevant.

Juristisch relevant wird die Beweisaufnahme: Es geht dabei um 66 Menschen, die von DDR-Minen zerrissen oder von Wachsoldaten der DDR erschossen wurden. Und es geht um die schwierige Frage, ob die Angeklagten dafür strafrechtlich zur Verantwortung gezogen werden können.

aus "Die Zeit" vom 22. Februar 1996

Der 11. Verhandlungstag

Erklärung von Günther Kleiber

Herr Vorsitzender,
meine Damen und Herren,

die gegen mich erhobene Anklage vom 06. März 1995 und deren ergänzende Änderung durch die 27. große Strafkammer des Landgerichtes Berlin vom 21. August 1995, weise ich zurück und beantrage die Einstellung des Verfahrens.

Im Sinne der Anklage bin ich nicht schuldig.

In den mir übertragenen Arbeitsgebieten

als Stellvertreter des Ministers für Elektrotechnik-Elektronik,
als Staatssekretär für elektronische Datenverarbeitung beim Vorsitzenden des Ministerrates der DDR,
als Minister für Allgemeinen Maschinen-, Landmaschinen -und Fahrzeugbau,
als Stellvertreter des Vorsitzenden des Ministerrates und Ständiger Vertreter der DDR im Rat für gegenseitige Wirtschaftshilfe,
als 1. Stellvertreter des Vorsitzenden des Ministerrates und zuletzt als Mitglied des Nationalen Verteidigungsrates der DDR

war ich auf die Verfassung der DDR vereidigt und hatte das Recht und die Gesetze dieses Staates einzuhalten.
Das habe ich getan auch und gerade als Mitglied des Politbüros der Sozialistischen Einheitspartei Deutschlands.

Ich hatte in der DDR in den mir übertragenen Aufgaben immer eine hohe Verantwortung für Menschen und materielle Werte.
Durch meine Arbeit, mein Wissen und Können habe ich stets versucht, alles zu tun, um dieser Verantwortung im Interesse der DDR und seiner Bürger gerecht zu werden und niemanden zu schaden.

Die DDR war, wie auch die BRD, ein souveräner Staat. Beide waren gleichberechtigtes Mitglied der UNO und von der internationalen Staatengemeinschaft anerkannt und geachtet.

Es ist die historische Wahrheit, daß die Grenze zwischen der BRD und der DDR seit ihrem Bestehen zweifach fremdbestimmt war.

Erstens dadurch, daß mit der Niederlage Hitlerdeutschlands zwei deutsche Staaten hervorgegangen sind, die sich als Frontstaaten zweier gegensätzlicher Systeme gegenüberstanden und zweitens war sie bestimmt von den sicherheitspolitischen Interessen der Sowjetunion.

Günther Kleiber (links) mit Anwalt Dr. Studier

Letzteres kommt u.a. zum Ausdruck im Artikel 18 des "Vertrages über die zeitweilige Stationierung sowjetischer Streitkräfte in der DDR" vom 12. März 1957 (Gbl. I Nr. 28, S. 238). Dort heißt es:

"Im Falle der Bedrohung der Sicherheit der sowjetischen Streitkräfte, die auf dem Territorium der DDR stationiert sind, kann das Oberkommando der sowjetischen Streitkräfte in der DDR bei entsprechenden Konsultationen der Regierung der DDR und unter Berücksichtigung der entstandenen Lage und der Maßnahmen, die durch die staatliuchen Organe der DDR eingeleitet werden, Maßnahmen zur Beseitigung einer derartigen Bedrohung treffen."

Nirgendwo in der Welt gab es ein solches sich gegenüberstehendes Militärpotential, wie in Deutschland. Allein auf dem Territorium der DDR standen zeitweilig bis zu 700 000 sowjetische Soldaten mit modernster Kampftechnik.

Darin bestand die Sensibilität der Grenze in Deutschland.

Die von der Volkskammer der DDR verabschiedeten Grenzgesetze waren national und international bekannt und wurden akzeptiert. Auch von der BRD.
Das findet seinen Niederschlag im Artikel 3 und Artikel 6 des Vertrages über die Grundlagen der Beziehungen zwischen der DDR und BRD vom 21. Dezember 1972.
Im Artikel 3 heißt es, daß beide Staaten sich zur "Unverletzlichkeit der zwischen ihnen bestehenden Grenze jetzt und in Zukunft" ...und "zur uneingeschränkten Achtung ihrer territorialen Integrität" ... verpflichten.

Der Artikel 6 legt völkerrechtlich verbindlich fest, daß die BRD und die DDR von dem Grundsatz ausgehen, "daß die Hoheitsgewalt jedes der beiden Staaten sich auf sein Staatsgebiet beschränkt. Sie respektieren die Unabhängigkeit und Selbständigkeit jedes der beiden Staaten in seinen **inneren und äußeren Angelegenheiten."**

Damit akzeptieren beide deutsche Staaten die "Prinzipien des Völkerrechts" der UNO-Resolution A/2625/XXV vom 24.10.1970, wo es u.a heißt:

"Jeder Staat hat das Recht, frei seine politischen, sozialen, wirtschaftlichen und kulturellen Systeme zu wählen und zu entwickeln."

In dem die Anklage verschärfenden Eröffnungzsbeschluß dieser Strafkammer wird mir zur Last gelegt, daß ich den Tod von 4 Menschen als Mitgliued des Politbüros hingenommen oder sogar aktiv mit verursacht hätte.
Das weise ich entschieden zurück.

Ich habe in keiner Form direkt oder indirekt den Tod oder die Verletzung von Menschen an der Grenze "billigend in Kauf genommen".

Der unnatürliche Tod oder die Verletzung jedes Menschen an dieser Grenze ist zu beklagen und zu bedauern und hat mich immer zutiefst betroffen. Ich verstehe den Schmerz der Angehörigen.

Günther Kleiber

Erklärung von Günter Schabowski

Herr Vorsitzender,
meine Damen und Herren Richter,
Herr Oberstaatsnwalt!

Ein Journalist hat beim ersten Anlauf dieses Prozesses ironisch geäußert: In Moabit finde die letzte Sitzung des Politbüros statt. Da ich ihm nicht Recht geben will, werde ich mich -entgegen der im Politbüro üblichen Praxis- nicht den Erklärungen von Vorrednern anschließen. Es gibt von Beteilgten noch andere Sichten auf die Vergangenheit.

1. Nahezu auf den Tag genau sechs Jahre nach Verkündung der Maueröffnung und der von mir mitbewirkten Beendigung des Grenzregimes wurde der Prozeß eröffnet, in dem ich wegen meiner Mitgliedschaft im Politbüro als Mauer-Totschläger angeklagt bin. Das bezeichnet ein Dilemma, das ich nicht so gelöst sehe, wie es die Staatsanwaltschaft will, oder der auch nach dem Ausscheiden von Herrn Bräutigam unverändert gebliebene Eröffnungsbeschluß vorwegnimmt.

Anders als dieser oder jener hier im Saal, der desselben Deliktes wie ich beschuldigt ist, ziehe ich die Zuständigkeit des Gerichtes dennoch nicht in Zweifel. Ic halte nichts von rhetorischen Zungenrollern wie "Siegerjustiz". Der bundesdeutschen Rechtsprechung ist die neue Rolle durch den Lauf der Geschichte zugefallen. Sie befände sich nicht in dieser begünstigten Lage, wäre die DDR ohne jeglichen Makel dahingeschieden und nicht an Ablehnung und Widerstand der Menschen zu Grunde gegangen...

Lassen Sie mich in diesem Zusammenhang klarstellen:
Die Sitzungen, die Beschlüsse, die Regelungen und die Änderungen von Regelungen, die Maßnahmen, die Erlasse und Erweiterungen von Verboten, die Bestätigungen, die Feststellungen, die Erörterungen, die Einsetzung von Arbeitsgruppen, die Aufträge und Anordnungen und die Entgegennahme von Informationen, wie sie auf den Seiten 14 bis 51 der Anklageschrift für das Politbüro niedergelegt wurden, sind, so meine ich, den Protokollen entsprechend wiedergegeben worden. Soweit in der Anklageschrift

meine Anwesenheit in Sitzungen des Politbüros behauptet wird, wird das, obwohl von mir nicht in jedem Falle überprüfbar, von mir nicht bestritten. Ebenso wenig zweifele ich daran, daß die Sitzungen, Beschlüsse, Befehle und Aufträge des Nationalen Verteidigungsrates, wie sie auf den Seiten 17 bis 43 der Anklageschrift zu finden sind, dort den Protokollen entsprechend wiedergegeben worden sind. Ich fechte auch nicht an, daß die auf den Seiten 53 bis 70 der Anklageschrift genannten Menschen in den mir vorgeworfenen Fällen so verwundet bzw. getötet wurden, wie in der Anklageschrift dargestellt.

Das System, dessen politischer Klasse und Führung ich seit 1981 als Kandidat und seit 1984 als Mitglied des Politbüros der SED angehört habe, hat vor dem Leben, vor der Wirklichkeit versagt. Das war ausschlaggebend. Daran ändert auch nichts -wenngleich das im Einzelfall als bitter empfunden wird- die zweifellos opfervolle Vergangenheit und der ehrenhafte Widerstand der beiden ältesten Angeklagten gegen die Nazi-Barberei.
Unser messianischer Anspruch, zu wissen, wie die Utopie der Gerechtigkeit zu zimmern sei, muß sich nach dem Scheitern der Spruch der lebensfähigen Realität gefallen lassen. Ein nüchtern wägendes Urteil der Politik, der Geschichte, der Philosophie, gegebenenfalls auch das der Justiz ist noch das Beste, was der Utopie widerfahren kann.

Ich habe die Hoffnung, daß nicht pauschale Konstruktionen, also auch nicht das Wiederaufwärmen der pseudomonolithischen Selbstdarstellung der SED, wie das durch die Zitatenfülle in der Anklageschrift geschieht, sondern Klärung der objektiven Umstände und Zusammenhänge und des Individuellen zur Rechtsfindung in diesem Prozeß führen werden. Für die Bekundung eines fragwürdigen ideologischen Vorsatzes halte auch ich es, wenn ein maßgeblicher Vertreter der Justiz dem Sinne nach erklärt, daß er mit einer Verurteilung dieser Angeklagten vor seinen Kindern bestehen wollte -wohl in Erinnerung an juristisch unbewältigt Gebliebenes aus einem anderen Abschnitt jüngerer deutscher Geschichte...

Hier ist die schiefgelaufene Jagd nach dem unveröffentlichten Manuskript eines Mitangeklagten zur Sprache gekommen. Die Staatsanwaltschaft mochte nicht darauf verzichten, mir auch

Passagen aus meinen Veröffentlichungen vorzuhalten. Dagegen kann ich nichts tun. Ich frage mich aber, wie sich eine solche Praxis zu der berechtigten, vielleicht nicht mehr zeitgemäßen Forderung nach ehrlicher, rückhaltloser Aufarbeitung von DDR-Vergangenheit verhält. Wer mag das noch tun, wenn ein solcher Versuch dazu herhalten muß, die Belastungsarsenale der Staatsanwaltschaft zu füllen?

Die Eindimensionalität der Anklage, auch mir vorgehaltene Aussagen in meinen Publikationen während der letzten Jahre nötigen mich, Mißdeutungen meiner Haltung mit dieser Erklärung entgegenzutreten.

2. Die Toten an der Mauer sind ein Teil der Erblast unseres mißratenen Versuchs, die Menschheit von ihren Plagen zu befreien. Die innere Logik einer Gesellschaftsidee, die die Rolle des Individuums niedriger veranschlagt als das Gemeinwohl eines abstrakten Menschheitsbegriffes, treibt zu Inhumanität. Wir erkannten nicht, daß Menschheit entmenschlicht wird, wenn der Einzelne, um ein Bild bei Arthur Koestler auszuleihen, nur der Quotient von fünf Milliarden durch fünf Millarden ist. Banale Verwirklichung der Utopie hat sich als ein Prokrustesbett herausgestellt, in dem das Individuum auf ein fragwürdiges Idealmaß zurechtgemöbelt wird.

Nicht erst den Prozeß vor Augen, habe ich bekannt und bekräftige es heute: Als einstiger Anhänger und Protagonist dieser Weltanschauung empfinde ich Schuld und Schmach bei dem Gedanken an die an der Mauer Getöteten. Ich bitte die Angehörigen der Opfer um Verzeihung, und ich muß es hinnehmen, wenn sie zurückgewiesen wird. Doch ohne den Gewinn dieser Einsicht wäre es mir unmöglich, weiter zu existieren.

Ist es ein würdeloser Gang nach Canossa, das hier zu bekennen? Ich meine nicht. Würde kann mit Sicherheit da nicht sein, wo bankrotte Selbstgerechtigkeit sich in die Tasche lügt.

3. Ich weiß, daß mein Urteil über das DDR-Kapitel deutscher Vergangenheit manchem nicht gefällt. Ich kann und will daran nichts ändern. Das wird mich auch nicht darin beirren, falsch und illusionär zu nennen, was ein besseres Prädikat nicht verdient. Das verstehe

ich weniger als mein Recht, denn meine Pflicht.

Als ein absurdes Spektakel empfinde ich, was bei Prozessen dieser Art schon zum Begleitritual geworden ist: Die Bekundungen rückwärtsgewandter Verstocktheit, in die sich auch Beschimpfung und Haß gegen meine Person mischen. Da werden Ankommenden vor dem Gericht Flugblätter aufgedrängt, in denen es über mich heißt: "Am 9. November leitete er den Fall der Mauer ein und verhalf der Wende und den westdeutschen Okkupanten zum Sieg. Jetzt hat der Wendehals die Besatzerjustiz auf dem Hals."

Günter Schabowski liest des Autors erste Dokumentation auf der Anklagebank

Herr Modrow, eine Galionsfigur dieser trostlosen Nostalgiker, der Honecker nicht gestürzt und die Mauer nicht geöffnet hat, fand sich zwar nicht vor dem Portal in der Turmstraße ein. Aber unmittelbar vor Prozeßbeginn gab er im "Neuen Deutschland" seinen Anhängern ein Signal: Er nannte mich "keine ehrenwerte Person" (ND vom 11./12. November), also jemanden, auf den man einschlagen kann. Der Biedermann versucht sich als Scharfmacher. Nach aller politischen Logik kommt ein solcher Anwurf aus diesem Munde einer unfreiwilligen Ehrenerklärung gleich. Er offenbart, daß sich ganz wie früher Honoratioren dieses Schlages noch immer die Verketzerung von sogenannten Abweichlern anmaßen.

Modrow und seine Parteigänger würden mich wohl gern noch einmal aus der Partei ihres Typs ausschließen und -besser noch- mir den Prozeß machen, wenn sie könnten. Daß s i e es nicht können, ist schon ein Fortschritt...Ich erwähne dieses skurrile Rahmenprogramm, weil sich darin die Ironie der Umstände offenbart: Gibt es der Anklage nicht zu denken, daß sie sich, wenn auch von einem anderen Ausgangspunkt, in der Fixierung auf Schabowski mit diesen Fäustchenreckern in einer Blickrichtung findet?

4. Mit meinen Aussagen über die entschlafene DDR ernte ich von bestimmter Seite den Vorwurf, die einstigen Normalbürger der DDR zu schmähen. In der Tat, mag ich mich z.B. nicht darauf berufen, daß die DDR so etwas wie ein heimlicher "dritter Tarifpartner" in der Bundesrepublik war. Heute wissen wir doch alle, daß die DDR zu ihren sozialen Leistungen und Sicherheiten aus konstitutioneller Schwäche nur um den Preis einer enormen Auslandsverschulödung imstande war, die letztlich ihren politischen Bankrott mit verursacht hat.

Mein Verdikt ist vor allem ein Selbstvorwurf. Daran habe ich in meinen Veröffentlichungen keinen Zweifel gelassen. Ich mußte mit mir selbst ins Gericht gehen und ins Reine kommen. Ein wenig hoffte ich damals auch, andere SED-Mitglieder ermutigen zu können, sich aus ihrem Gespinst von Verbiesterung und Scham zu entfesseln. Das letztere war eine Illusion. Sie ist heute vollends lächerlich und sinnlos geworden, wie sich die PDS mit relativen

Stimmengewinnen auf die "normative Kraft des Faktischen" beruft und damit Erfolg hat. Die einen haben sich leicht geschüttelt und setzen da fort, wo sie vor sechs Jahren vom Volk einen Knüppel zwischen die Hörner bekommen haben; die anderen sind von den Problemen der Einheit getrieben und haben keine Zeit mehr für solcherlei politische Esoterik.

Ich gestehe, daß mich die Denkfaulheit und -feigheit nicht weniger Betroffener, aber auch der laute und ziemlich folgenlose Ruf nach "Aufarbeitung" -ausgenommen eine Reihe von Journalisten und vor allem Dr. Rainer Hildebrandt- gelegentlich in Rage gebracht und zu einem unfeinen Bild verleitet hat. Aber es geht nicht um Bilder, sondern um Wertungen!

Mein Urteil über die DDR will und kann gar nicht herabsetzen, was an Beachtlichem und Engagiertheit auch von vielen in der DDR vollbracht wurde, die ohne Alternative in diesem System arbeiteten, ihr Leben einrichten mußten und dabei so etwas wie Identifikation, nicht mit der offiziellen Politik, wohl aber mit den Umständen ihres Daseins, mit gemeisterten Widrigkeiten, mit eigener Leistung trotz dürftiger Voraussetzungen, vielleicht auch mit menschlicher Solidarität entwickelt haben.

Nur, wer in der DDR politische Verantwortung innehatte, ist gehalten, das grundlegend Untaugliche, Verfehlte des Systems zu erkennen und zu bekennen. Andernfalls verdient er den Vorwurf der Heuchelei. Wer aus dieser Ecke kommt und ins Horn des unverstandenen, benachteiligten DDR-Bürgers stößt, will sich unter fremdem Gefieder wärmen. Ein Dreh, der jene benutzt, die 1989 auf die Straße gingen, um uns die Macht zu entreißen, unter der sie nicht länger leben wollten.

Ich sage das hier auch, die unauslöschlichen Bilder des Oktober 1989 vor Augen und im Sinn. Auf den Straßen Berlins suchte ich die Diskussion mit den Bürgern. Ratlose Erregung, Wut, ja Haß beherrschten den Beginn der Gespräche. Ich erinnere mich nicht, einen Politbüro-Kollegen dabei gesichtet zu haben. Vielleicht ist dieses Erfahrungsdefizit mit daran schuld, daß einige Erklärungen mehr zu Verklärungen der DDR geraten sind.

5. In meinem Zweifel am Nutzen eines solchen Prozesses für die

vielberufene und notwendige Aufarbeitung jüngster Geschichte sehe ich mich bestärkt. Geschichte und Politik mit ihrem vielseitigen Kausalitätsgeflecht entziehen sich dem mehr zur Selektion als zu komplexer Sicht verhelfenden Instrumentarium der Justiz.

Aus sachlichen, aber auch aus einer prinzipiellen Erwägung heraus kann ich die Anklage nicht annehmen. Wenn geschichtliche Aufhellung sinnvoll geleistet werden soll, kann sie sich nicht mit dem Auszählen von schwarzen und weißen Steinen, mit der Auflistung von Gerechten und Ungerechten begnügen. Sie kann die Sünden der Gesellschaft nicht ausklammern, den Irrsinn des Kalten Krieges, nicht die Plagen, die heute wie morgen das Bedürfnis nach sozialer Veränderung provozieren und der marxistischen Utopie auch künftig, ungeachtet ihres -unseres- Fiaskos Jünger zutreiben werden. Die Verführungskraft der Utopie bloßzulegen und zu paralysieren wäre wichtig. Der Prozeß wird, fürchte ich, kaum dazu beitragen, weil er die Angeklagten lediglich als Fertigprodukte und Teilexistenzen erfaßt, paßgerecht für das Konstrukt der Staatsanwaltschaft. Die pauschale juristische Belastung des Politbüro-Restes werden die Denkverweigerer als Freispruch für die falsche Ideologie werten, nach der Devise: Miese Typen, aber die gute Sache bleibt unbeschädigt. Das aber erschiene mir das Gegenteil von Aufarbeitung.

Daß ich mich moralisch schuldig fühle und mich zugleich gegen die juristische Konstruktion verwahre, mich während meiner Mitgliedschaft im Politbüro, letztlich nur aufgrund dieser Mitgliedschaft, eines mehrfachen Totschlags strafbar gemacht zu machen, ist kein Widerspruch...

Es wäre m.E. ein zweifelhafter Dienst am Recht, wenn ich in meiner Lage zur Anklage lediglich den Kopf senkte, um das Gericht vor dem Dilemma zu entlasten, Täterschaft in dem nur unzureichend ergründeten Terrain zwischen ideologischen und konstitutionellen Umständen und der Tat zweifelsfrei zu bestimmen.

6. Ich sehe mich nicht schuldig im Sinne der Anklage, weil ich als Mitglied des Politbüros an keiner Entscheidung, an keinen Beschlüssen oder Maßnahmen mitgewirkt habe, die über die Grenze flüchtende Menschen zu töten verlangten oder befahlen. Ich war zu keiner Zeit Mitglied des Nationalen Verteidigungsrates,

der -wie das auch in einem früheren Gerichtsprozeß offenbar wurde- Fragen des sogenannten Grenzregimes in eigener Machtvollkommenheit zu entscheiden pflegte.

Eine Sanktionierung von Beschlüssen des Verteidigungsrates durch das Politbüro hat es, zumindest in der Zeit meiner Mitgliedschaft, nicht gegeben. Das war nach Logik der im Verteidigungsrat verkörperten Kompetenz auch nicht erforderlich. Der Vorsitzende des Rates war Generalsekretär, Oberkommandierender und Staatsratsvorsitzender in einer Person. In dieser Ämterbündelung war er dem Politbüro faktisch nicht rechenschaftspflichtig. Hinzu kommt, daß im Verteidgungsrat auch jene Politbüromitglieder vertreten waren, deren zivile Zuständigkeit mit der militärischen Materie zusammenhing. Vom Rest des Politbüros mußte dazu gar nicht erst der Segen eingeholt werden.

Die Staatsanwaltschaft will das begreiflicherweise nicht wahrhaben. Aber dies, d.h. weder die vorherige Beratung über Beschlüsse des NVR noch ihre nachträgliche ausdrückliche Bestätigung durch das Politbüro ist meines Wissens seit Mitte der 70er Jahre nicht vorgekommen. Wie paßt das zu der These der Anklage von der Allkompetenz des Politbüros?

7. Das Ausklammern von bestimmten Problembereichen aus den Beratungen des Politbüros, die Honecker besonders heikel erschienen, war nicht auf militärische Entscheidungen und das Grenzregime beschränkt. Auch die Zahlungsfähig- oder -unfähigkeit der DDR wurde in einer speziellen Arbeitsgruppe unter dem Etikett "Zahlungsbilanz" erörtert; das Politbüro erhielt danach geschönte Informationen. Die Aktivitäten des Stasi-Ministeriums waren, zumindest in der Zeit meiner Zugehörigkeit zum Politbüro der Information und Entscheidung in diesem Gremium entzogen. Bis auf die Formalie der Beförderung von Generälen anläßlich von Jahrestagen wurden alle relevanten Fragen von Honecker und Mielke unter vier Augen im Anschluß an die dienstäglichen Politbüro-Sitzungen besprochen und entschieden.

Das sind Erscheinungen und Tendenzen wie sie für jede kommunistische Partei gemäß deren stalinistischer Prägung üblich waren. Der Generalsekretär war die Verkörperung der sogenannten Generallinie, des politischen und ideologischen Kodex', der für jedes

Parteimitglied verbindlich war. Relative Veränderungen der Generallinie waren nur möglich, wenn der Genetralsekretär selbst "geändert" wurde, entweder nach dessen natürlichem Tod oder im Gefolge seines gewaltsamen Sturzes. Der Sturz ist zweifellos die Ausnahme. Er ist nur zweimal vorgekommen. Einmal beim Machtwechsel von Chruschtschow zu Breshnew. Das zweite Mal in der Endphasae der Selbstliquidation des Kommunismus, bei der Absetzung Honeckers im Oktober 1989. Nicht einmal Gorbatschow hat einen solchen Kraftakt riskiert. Er entschied sich für die Ochsentour zur Macht, um die Dinge in der Sowjetunion zu ändern.

Lassen Sie es mich noch einmal deutlich sagen: In der Zeit, in der ich Kandidat und Mitglied des Politbüros war, haben -soweit die DDR zuständig war und es mir bekannt ist- Honecker, Mielke und der seinerzeitige Verteidigungsminister sämtliche Entscheidungen, die das Grenzregime betrafen, alleine getroffen. Ich war bei keiner solchen Entscheidungsfindung dabei, wurde nicht um Rat gefragt und nicht um Zustimmung gebeten. Ob es weitere Entscheidungsträger inner- und außerhalb der DDR gab, entzieht sich meiner Kenntnis. Ich habe jedenfalls während meiner Zeit im Politbüro keinen anderen Eindruck gewinnen können, als den, daß Honecker, Mielke und vermutlich Hoffmann -unabhängig davon, in welchem Gremium sie tagten und ob diese Entscheidungen überhaupt in einem Gremium fielen- über das Grenzregime bestimmten. Ich bin davon überzeugt, daß ohne Billigung durch die Bündnispartner im Warschauer Pakt, vor allem die sowjetische Seite, oder gar gegen ihren Willen die Abschaffung des Grenzregoimes nicht möglich gewesen wäre.

Dafür waren folglich zwei Voraussetzungen unerläßlich: International die Paralyse der Moskauer Zentrale und ihres Paktsystems, in der DDR der Sturz Honeckers.

8. Es ist wohl nicht damit zu rechnen, daß in diesem Prozeß die Verantwortung sowjetischer Politik für die menschenfeindliche Grenze zwischen den militärischen Blöcken verhandelt werden wird. Gerade deshalb müssen hier einige Worte über diesen Aspekt verloren werden.

Wie groß immer der Anteil Ulbrichts oder Honeckers an Mauer und Grenzregime gewesen sein mag, -daß sie 1961 auf Geheiß und mit Billigung Moskaus handelten, steht außer Frage. Sie einerseits als Satrapen der KPdSU zu klassifizieren, doch andererseits in der Frage der Westgrenze des Blocks, die in der Ära des Kalten Krieges für das Sowjetimperium von existenzieller Bedeutung war, zu ost-deutschen Privatiers zu erklären, ist politisch schizzophren. Daß man die sowjetische Zuständigkeit und ihre Verantwortung aus dem Blickfeld gleiten läßt, ist ein Tatbestand, der die Anklage nicht überzeugender macht.

Moskau als das unbezweifelbare Machtzentrum des Ostblocks hat die undurchdringliche Beschaffenheit seiner Westflanke, des vielleicht wichtigsten Teils des Eisernen Vorhangs befohlen und organisiert. Der Oberbefehl über diesen militärischen Bereich oblag bis zum Ende des Warschauer Paktes einem Sowjetmarschall. Die Mauer durch Deutschland war ultima ratio der Sowjets, um Ende der 50er und Anfang der 60er Jahre die Fluchtbewegung aus ihrem deutschen Gehege, der DDR, zu stoppen und damit das westliche Glacis des kommunistischen Lagers vor weiterer Destabilisierung zu bewahren. Der Bau der Mauer ist ohne Raison, Drängen und Placet Moskaus nicht denkbar, so bereitwillig auch deutsche Kommunisten die Hand dazu gereicht haben mögen.

So sehr der Bau der Mauer initial, und nicht nur "a u c h" das Werk des Sowjetregimes von 1961 war, so wenig hat die Moskauer Führung 28 Jahre später mit dem Sturz der Mauer zu schaffen. Der Antrieb dazu ging von den Demonstrationen der Menschen auf den Straßen der DDR aus. Sie veranlaßten drei Mitglieder im Politbüro der SED endlich zu handeln. Die sowjetische Führung unter Gorbatschow zeigte sich von der Öffnung der Grenze am 9. November überrascht, und das nicht angenehm! Die Erinnerungen von Falin und anderen Sowjetdiplomaten belegen das. Und Gorbatschow, wie aus einer Veröffentlichung im Spiegel zu entnehmen ist, kann bis heute sein Mißfallen über den ersten eigenständigen Schritt der Honecker-Nachfolger nur schlecht verhehlen.

Ohne eigene Verantwortung zu leugnen, darf ich sagen, daß eine enorme sowjetische Mitverantwortung und Urheberschaft an allem vorliegt, was an Makeln des DDR-Systems zu sichten ist.

Wer wollte das ernsthaft bezweifeln angesichts der Demonstration vernichtungswütiger Brutalität, mit der selbst vom postsowjeti-schen Rußland, präziser, von gänzlich ungeläuterten einstigen Sowjetmilitärs und KGB-Offizieren der Unabhängigkeitswille eines kleinen Volkes zerstampft wird. Es ist nachgerade grotesk, wenn von dieser Seite heute so getan wird, als hätten sie sich die Westgrenze des Lagers, also die imperiale Grenze der UdSSR, nicht als eisernen sondern als Plüschvorhang gewünscht.

Nicht ohne Betroffenheit erlebe ich, wie ein erheblicher Teil des früheren Funktionärskaders in Moskau von seinem politischen und moralischen Anteil an Praxis und Prägung der DDR nichts mehr wissen will und von solcher Abmahnung auch seitens der Bundesrepublik verschont bleibt. Wie könnte das bei der Aufarbeitung jüngster deutscher Geschichte, in welchem Rahmen sie immer stattfinden mag, außer Betracht bleiben?

9. Der Vorwurf, eine Änderung des Grenzregimes unterlassen zu haben, machte juristisch Sinn, wenn ein solcher Versuch eine minimale Aussicht auf Erfolg versprochen hätte. Jeder Vorstoß in diese Richtung wäre unter den seinerzeitigen Bedingungen sofort als Versuch geahndet worden, die sogenannte Generallinie und die Person des Generalsekretärs in Frage zu stellen. Sie hätte im Politbüro oder in einem anderen Gremium nicht die geringste Chance gehabt. Der Betreffende hätte sich damit zu "Terminilogie und Denken des Gegners" bekannt. Wer solche Auffassungen vorzutragen oder durchzusetzen versucht hätte, wäre als "Geisteskranker" oder "Abweichler", aös "trojanisches Pferd des Klassenfeindes" sofort kaltgestellt worden. Formell gab es ja keinen Schießbefehl oder eine entsprechende Entscheidung des Politbüros.

Zu einem Schritt in dieser Richtung entschloß ich mich erst im Jahre 1989, vor allem unter dem Eindruck der neuerlichen großen Flucht der Menschen aus der DDR. Auch zwei andere Politbüromit-glieder, Krenz und Lorenz, waren -zunächst unabhängig von mir- gleichfalls zu dem Schluß gelangt, daß die DDR ohne Reisefreiheit keine Chance haben würde. Damit verband sich vom ersten Augenblick an die Überlegung, daß Honecker als Generalsekretär entmachtet werden muß, wenn der Weg zu einer anderen, humaneren DDR freigemacht werden soll. Als erstes sollten die Bürger endlich frei reisen können.

Auf der in der Anklageschrift erwähnten Politbürositzung im September 1989 hatte ich u.a. auf die Notwendigkeit verwiesen, die Reisemodalitäten zu verändern. Eine Diskussion darüber kam nicht zustande, weil der Sitzungsleiter, Mittag, die krankheitsbedingte Abwesenheit Honeckers vorschützte, um die Debatte abzuwürgen.

Die drei Politbüromitglieder haben dann die erste sich objektiv bietende Chance zur Absetzung Honeckers auf konspirative Weise genutzt, um mit der politischen Ausschaltung seiner Person die dringend notwendigen oder überfälligen Änderungen des politischen Kurses der DDR einzuleiten. Die Massenflucht, die immer offeneren Proteste der Menschen wie die Montagsdemonstrationen in Leipzig und die zunehmend durch eigene innenpolitische Schwierigkeiten beanspruchte Moskauer Führung umreißen die Lage, in der mit einiger Aussicht auf Erfolg an die Absetzung Honeckers gegangen werden konnte, um erste politische Änderungen einzuleiten.

Durch die Grenzöffnung, den Fall der Mauer, die Freiheit des Reiseverkehrs oder wie man den Schritt bezeichnen mag, war das Grenzregime nicht einfach modifiziert oder humanisiert, sondern schlicht überflüssig geworden. Die für uns unerläßliche, entscheidende Voraussetzung dafür war der Sturz Honeckers gewesen.

Die Veränderung mußte mit der Entmachtung des Generalsekretärs beginnen, anderenfalls hätte sie nicht stattgefunden oder wäre das frühere oder spätere Ende der SED-Herrschaft in einen blutigen Konflikt gemündet. Das ist die Logik des Handelns in kommunistischen Strukturen.

10. Das Gericht kann m.E. den Anteil Betroffener an der Maueröffnung nicht ignorieren, wenn es die ihm durch die politischen Veränderungen in Deutschland seit dem 9. November 1989 aufgetragene Rolle erfüllen will. Wie kann es "Unterlassen" als Totschlag qualifizieren und das Tun zum Fall der Mauer als nichtig erachten? Wieviele Tote hätte die Mauer vielleicht noch gefordert, wäre sie nicht als erste gravierende Maßnahme zu Fall gebracht worden? Wer wollte in Abrede stellen, daß dies den Prozeß einleitete, der in der Einheit mündete? Richter und

Staatsanwälte, alle, die "Zaungäste" dieser dramatischen Vorgänge waren, mögen sich ihre eignen Empfindungen am Abend jenes 9. November 1989 vergegenwärtigen. Ich kann nicht glauben, daß dieses Unternehmen, das ein für alle Mal den Schüssen an der Mauer ein Ende setzte, sechs Jahre später in seiner Bedeutung für den Gegenstand dieses Prozesses nach Null tendieren soll.

11. Lassen Sie mich zum Schluß noch auf eine Frage antworten, die ich -ausgesprochen oder nicht- immer hören und spüren werde: Mein Umdenken war nicht erst die Folge der persönlichen Niederlage, als die ich den Ausschluß aus der SED/PDS Anfang 1990 noch empfand. Die ideologische Blockade hatte sich in der ersten Hälfte des Jahres 1989 zu lösen begonnen. Spät genug, zu spät ohne Zweifel, und noch entfernt von meiner heutigen Sicht. Doch es war ein unaufhaltsamer Vorgang - wie der damalige DDR-Exodus über die ungarische Grenze. Ich fing an, gegen Dogmen zu denken und zu handeln. Auch gegen das Dogma, daß Generalsekretäre, die lebenden Buddhas des Marxismus-Leninismus, nicht absetzbar seien.

Die umfassende Befreiung des Denkens setzte allerdings erst ein, als der Schock über meine Ausstoßung aus der Partei dem Gefühl einer neuen geistigen Unabhängigkeit wich, der ich anfangs noch nicht recht trauen wollte. Der Schock hatte mir offenbart, daß noch eingebildete Loyalitäten und geistige Fesseln gegenüber dem falschen Orden zu kappen waren. Seither sind mehr als sechs Jahre vergangen. Keine kurze Zeit. Sie zählt doppelt und dreifach, wenn ihr ein existentieller Absturz vorausgegangen ist. Ein Zeitraum, in dem ein Mensch, sofern er nur willens ist zu lernen, eine ganze Menge Erkenntniszuwachs gewinnen kann.

Es waren vor allem Bürger aus der früheren Bundesrepublik, die mir Mut gemacht haben, den mühseligen Weg der Erkenntnis weiter zu gehen. Ihnen verdanke ich die vielleicht wichtigste menschliche Erfahrung meines Lebens.

Mögen meine Bemerkungen zur Anklage nicht als ein Feilschen gedeutet werden, wo es doch um Menschenleben gegangen ist. Es sind generelle und punktuelle Erwiderungen auf ebensolche Anschuldigungen. Ich habe öffentlich nicht nur einmal gesagt, daß keine Weltverbesserungsideologie es rechtfertigen könne, daß ihretwegen auch nur ein Mensch mit dem Leben bezahlen müßte. Das trifft für jeden Toten an der Mauer zu, der starb, weil er nicht willens war, unsere Zwangsbeglückung anzunehmen.

Ich wiederhole es: Gegenüber jedem dieser Toten fühle ich moralische Schuld. Dieses Gefühl der Schuld wird mich wohl immer begleiten. Aber ich kann nicht hinnehmen, zum Schreibtisch-Totschläger erklärt zu werden. Das scheint mir eine zu einfache juristische Verrechnung der vielschichtigen politischen, sozialen und psychologischen Umstände zu sein, die sich mit dem Begriff DDR, mit europäischer Nachkriegspolitik und mit meinem eigenen Weg in und aus diesem verloschenen Staat verbinden.

Im Spiegel las ich die Äußerung eines Richters, die hier in Moabit in einem anderen Prozeß gefallen ist: "Das Gericht war sich jederzeit seiner geschichtlichen Befangenheit bewußt. Zugunsten der Angeklagten war zu berücksichtigen, daß sie Gefangene der deutschen Nachkriegsgeschichte sind wie wir alle."

Ein beherzigenswertes Wort für jeden, diesseits und jenseits der Schranken des Gerichts.

Zu den Aufgaben oder Daten, die in der Anklageschrift meine Personalien betreffen, habe ich keine Einwände.

Dies ist alles, was ich zur Anklage zu sagen habe. Ich habe nicht vor, weitere Fragen von Verfahrensbeteiligten zu beantworten.

Am 27. Februar 1996 war zu der Erklärung Günter Schabowskis folgender Kommentar in der "Frankfurter Rundschau" zu lesen:

In die Suppe gespuckt

von Karl-Heinz Baum/Frankfurter Rundschau

Es war im Berliner Landgericht nicht zu übersehen: Was Ex-SED-Politbüromitglied Günter Schabowski sagte, schmeckte weder Mitangeklagten noch Verteidigern, noch weniger den im Publikum stark vertretenen Anhängern des untergegangenen SED-Regimes. Wer von Schmach und Schuld beim Gedanken an Mauertote spricht, wer ein nüchternes Urteil "auch von der Justiz" erhofft, wer erinnert, daß er und andere "Gefangene deutscher Nachkriegspolitik" waren, unterscheidet sich grundsätzlich von anderen angeklagten DDR-Tätern. Er ist sich seiner Schuld bewußt und räumt Verantwortung ein. Seine Erklärung war die Bitte um ein mildes Urteil. Anders als andere der SED-Spitze kann er auf mildernde Umstände hoffen. Sein Anteil an der Maueröffnung ist unbestritten.
Vor allem den Ewiggestrigen der SED-Verherrlichung spuckt Schabowski in die Suppe. Jenen wird es schwerer fallen, auf Vergeßlichkeit der Mitmenschen zu hoffen. Unter DDR-Politikern ist Schabowski so ziemlich der einzige, der zur Aufarbeitung der DDR-Vergangenheit beitragen kann, der aus Erklärungen nicht Verklärungen macht.

Schabowski macht es dem Gericht auch schwer. Bemerkungen, nie an Befehlen zur Tötung Flüchtender mitgewirkt zu haben, erfordern genaue Nachweise für seine Verantwortung. Freilich, mit seinen Hinweisen auf Honecker und Moskau macht er es sich einfach. Niemand zwang ihn zu bleiben, wo es stank. Wie auch immer dürfte das Urteil gegen ihn untere Meßlatte für DDR-Täter werden.

Auch dem NEUEN DEUTSCHLAND war die Erklärung Schabowskis am nächsten Anlaß für einen Kommentar von Redakteur Claus Dümde:

Schabowski bekennt moralische Schuld und Schmach

Klartext

Klartext hat Günter Schabowski gestern im Politbüro-Prozeß gesprochen. Ausdrücklich schloß sich der letzte Berliner SED-Chef und frühere ND-Chefredakteur den Erklärungen seiner Mitangeklagten nicht an: "Es gibt von Beteiligten noch andere Sichten auf die Vergangenheit." Wie die durchaus unterschiedlichen von Hager oder Krenz, muß man sie nicht teilen. Etwa die Anwürfe gegen Modrow. Aber Nachdenken darüber müßte - nicht nur für Ex-DDR-Bürger - Pflicht sein.

"Als Teil der Erblast unseres mißratenen Versuchs, die Menschheit von ihren Plagen zu befreien", sieht Schabowski die Toten an Mauer und Westgrenze der DDR. An diesem Versuch nahm er teil, am Ende in führender Position. Und den messianischen Anspruch, wie die Utopie der Gerechtigkeit zu zimmern ist, belegt er mit dem Possesivpronomen "unser". Sechs Jahre, nachdem er sich davon getrennt hat. Das ist ehrlich. Deshalb muß man auch seine Einsicht akzeptieren, daß die innere Logik einer Gesellschaftsidee, die ein abstraktes Gemeinwohl vor das des einzelnen Menschen setzt, zu Inhumanität treibt.

Als einstiger Protagonist dieser Weltanschauung empfindet er - moralische - Schuld und Schmach angesichts der Opfer der DDR-Grenze. Doch der Anklage wirft auch Schabowski Eindimensionalität vor. Auch er weist sie zurück, nicht aber dieses Gericht. Seine Begründung dafür ist gleichfalls bedenkenswert: Wäre die DDR ohne Makel aus der Geschichte geschieden, nicht an Ablehnung und Widerstand ihrer Bürger zu Grunde gegangen, befände sich die BRD-Justiz nicht in dieser Lage. Wo er recht hat, hat er recht.

CLAUS DÜMDE

Der 12. Verhandlungstag

Am 12. Verhandlungstag ging es noch einmal um das Völkerrecht. Dazu stellte Rechtsanwalt Unger folgenden Antrag

In der Strafsache
gegen
Egon Krenz u.a.

- 527-1/95 -

hat der Unterzeichner am 15.01.1996 die Einstellung des Verfahrens bzw. hilfsweise die Aussetzung des Verfahrens zur Einholung eines unabhängigen völkerrechtlichen Gutachtens beantragt, da die Gesetzes- und Befehlslage an der Grenze der ehemaligen DDR nicht gegen Normen des übergeordneten Völkerrechtes verstoßen habe.

Zwischenzeitlich hat sich der Unterzeichner mit Herrn Prof. Dr. Frowein, dem Direktor des Max-Planck-Instituts für Ausländisches öffentliches Recht und Völkerrecht in Heidelberg in Verbindung gesetzt und diesem den vorgenannten Einstellungs- bzw. Aussetzungsantrag übersandt. Herr Prof. Dr. Frowein erklärte sich bereit, als unabhängiger Völkerrechtsexperte die Stichhaltigkeit der Argumentation in dem vorgenannten Antrag zu prüfen und hierzu ggf. eine Stellungnahme abzugeben.

Zur Person von Herrn Prof. Dr. Frowein ist zunächst folgendes auszuführen:

Herr Prof. Dr. Frowein ist Direktor des Max-Planck-Institutes für Ausländisches öffentliches Recht und Völkerrecht in Heidelberg und Professor an der Universität Heidelberg. Er war von 1973 bis 1993, mithin 20 Jahre lang Mitglied der Europäischen Kommission für Menschenrechte in Strasbourg und von 1981 bis 1993 deren Vizepräsident. Herr Prof. Dr. Frowein hat als Prozeßbevollmächtigter die Bundesregierung der Bundesrepublik Deutschland in einer Vielzahl von Verfahren, die völkerrechtliche Probleme aufwarfen, vor dem Bundesverfassungsgericht vertreten, so etwa im Pershing-Verfahren und im Somalia-Adria-Verfahren. Er ist Herausgeber des führenden Kommentars zur Europäischen Menschenrechtskonvention. Herr Prof. Dr. Frowein gilt sowohl innerhalb der Bundesrepublik Deutschland als auch international als angesehener Experte für Völkerrecht. Das von ihm geleitete Max-Planck-Institut für Ausländisches öffentliches Recht und Völkerrecht in Heidelberg ist von dem Bundesverfassungsgericht in dem sogenannten Spionageverfahren mit der Erstellung eines Gutachtens zu den relevanten völkerrechtlichen Fragen beauftragt worden, was belegt, daß auch das Bundesverfassungsgericht dem von Prof. Dr. Frowein geleiteten Institut höchste Sachkompetenz zugesteht.

Herr Prof. Dr. Frowein ist nach Prüfung des vorgenannten Antrages zu dem gleichen Ergebnis wie der Unterzeichner gelangt, nämlich, daß die Frage nach Völkerrechtswidrigkeit der Gesetzes- und Befehlslage an der Grenze der ehemaligen DDR nur nach Durchführung einer eingehenden vergleichenden Analyse der Grenzsicherungssysteme und der Voraussetzung des Schußwaffengebrauchs an den Grenzen nach der heutigen Staatspraxis beantwortet werden kann. Ferner stellt Herr Prof. Dr. Frowein fest:

"Ich bin der Überzeugung, daß die mir bekannten Urteile des BGH zur Strafbarkeit von mauerschützen diese Problematik bisher nicht angemessen erörtert haben."

Herr Prof. Dr. Frowein stellt abschließend fest:

"Nach meiner Auffassung müssen die hier angedeuteten Fragen einer umfassenden völkerrechtlichen Beurteilung unterworfen werden. Dafür käme wahrscheinlich am ehesten ein unabhängiger ausländischer Völkerrechtler in Frage."

Die Stellungnahme von Herrn Prof. Dr. Frowein lautet im einzelnen wie folgt:

Erklärung zur Vorlage beim Landgericht Berlin in der Strafsache gegen Egon Krenz u.a. -527-1/95

Herr Rechtsanwalt Unger hat mir die Frage gestellt, ob aus meiner Sicht völkerrechtliche Bedenken gegen das oben bezeichnete Strafverfahren bestehen.

1. Daß deutsche Gerichte Jurisdiktion über frühere Amtsträger der DDR ausüben können, ist nach meiner Auffassung eindeutig. Weder der Grundsatz der Staatenimmunität, noch eine persönliche Immunität oder der Grundsatz, daß fremde Staatsakte nicht vor Gericht geprüft werden könnten, hindern die Ausübung deutscher Gerichtsbarkeit. Wie der BGH zutreffend festgestellt hat, schützt die Immunität nach Untergang des Staates nicht mehr. Ein Grundsatz, daß Staatsakte eines untergegangenen Staates strafrechtlich nicht beurteilt werden können, existiert nicht.

2. Die Ausübung deutscher Strafgerichtsbarkeit über Personen, die der Rechtsordnung der DDR unterstanden, muß aber das Verbot der Rückwirkung von Strafrechtsnormen (nulla poena sine lege) beachten, das in Artikel 7 der Europäischen Menschenrechtskonvention und in Artikel 15 des Internationalen Paktes über bürgerliche und politische Rechte festgelegt ist. Hiernach kann eine Handlung oder Unterlassung nur verurteilt werden, wenn sie zur Zeit ihrer Begehung nach inländischem oder internationalem Recht strafbar war. Eine Strafbarkeit nach DDR-Recht dürfte auszuschließen sein. Eine Strafbarkeit unmittelbar aufgrund internationalen Rechts ist nicht erkennbar.

Außerdem enthalten beide Artikel in Absatz 2 die Regelung, daß bestimmte Handlungen oder Unterlassungen immer bestraft werden können. In der Europäischen Konvention zum Schutz der Menschenrechte heißt es, durch diesen Artikel dürfe die Verurteilung oder Bestrafung einer Person nicht ausgeschlossen werden, die sich einer Handlung oder Unterlassung schuldig gemacht habe, welche im Zeitpunkt ihrer Begehung nach den allgemeinen von den zivilisierten Völkern anerkannten Rechtsgrundsätzen strafbar war. Der später formulierte Pakt über bürgerliche und politische Rechte enthält dieselbe Ausnahme, die aber abweichend formuliert ist. Danach schließt der Artikel die Verurteilung oder Bestrafung einer Person wegen einer Handlung oder Unterlassung nicht aus, die im Zeitpunkt ihrer Begehung nach den von der Völkergemeinschaft anerkannten allgemeinen Rechtsgrundsätzen strafbar war.

Es dürfte sich daher in dem angegebenen Verfahren wie in den Mauerschützenprozessen allgemein die Frage stellen, ob der Gebrauch der Schußwaffe durch DDR-Grenzsoldaten als eine Handlung angesehen werden kann, die im Zeitpunkt ihrer Begehung nach den von der Völkergemeinschaft anerkannten allgemeinen Rechtsgrund-sätzen strafbar war. Dies kann nur unter einer eingehenden vergleichenden Analyse der Grenzsicherungssysteme und der Voraus-setzungen des Schußwaffengebrauchs Grenzen nach der heutigen Staatenpraxis beantwortet werden. Ich bin der Überzeugung, daß die mir bekannten Urteile des BGH zur Strafbarkeit von Mauerschützen diese Problematik bisher nicht angemessen beantwortet haben.

3. Die Urteile des BGH haben in unterschiedlicher Weise auch das in Artikel 12 des Internationalen Paktes über bürgerliche und politische Rechte gewährleistete Ausreiserecht im Zusammenhang mit der hier vorliegenden Problematik für wesentlich gehalten. Auch hier stellt sich eine völkerrechtliche Frage, die bisher nicht ausreichend beantwortet ist. Es ist außerordentlich zweifelhaft, ob die Anwendung von Artikel 12 des Paktes für die Strafbarkeit irgendeine Rolle spielen kann. Zunächst ist hierbei zu beachten, daß der Pakt in der DDR nicht unmittelbar anwendbar ist. Das bedeutet, daß sich Rechte und Pflichten für den Einzelnen aus dem Pakt nicht ergeben konnten. Vor allem ist es aber sehr zweifelhaft, ob das Recht der Ausreisefreiheit so verstanden werden kann, daß es dem Einzelnen die Möglichkeit gab, sich gegen eine Verletzung dieses Rechts durch eine eigene Gesetzesverletzung zu wehren.

4. Die Entwicklung von Normen des zwingenden Völkerrechts (jus cogens), kennzeichnet das Völkerrecht seit 1945. Die Existenz von zwingendem Völkerrecht ist in Artikel 53 und 64 der Wiener Vertragsrechtskonvention anerkannt. Es erscheint aber zweifelhaft, ob im Zusammenhang mit dem von der DDR errichteten Grenzregime von einem Verstoß gegen jus cogens in diesem Sinn gesprochen werden kann. Selbst wenn das der Fall sein sollte, ist das für eine Strafbarkeit nicht ohne weiteres bedeutsam.

Nach meiner Auffassung müssen die hier angedeuteten Fragen einer umfassenden völkerrechtlichen Beurteilung unterworfen werden. Dafür käme wahrscheinlich am ehesten ein unabhängiger ausländischer Völkerrechtler in Farge.

Zur Person: Der Unterzeichnete ist Direktor am Max-Planck-Institut für ausländisches öffentliches Recht und Völkerrecht in Heidelberg und Professor an der Universität Heidelberg; er war von 1973 mbis 1993 Mitglied der Europäischen Kommission für Menschenrechte, von 1981 bis 1993 Vizepräsident; er hat die Bundesregierung in vielen Verfahren, die völkerrechtliche Probleme aufwarfen, vor dem Bundesverfassungsgericht vertreten, so etwa im Pershing-Verfahren und im Somalia-Adria-Verfahren.

Heidelberg, 21. Februar 1996   (Prof. Dr. DR. h.c. Jochen Abr. Frowein)

Nach alledem ist festzustellen, daß Herr Prof. Dr. Frowein, ein national und international anerkannter Völkerrechtsexperte, Leiter des führenden Völkerrechtsinstitutes in der Bundesrepublik Deutschland und mehrmaliger Prozeßbevollmächtigter der Bundesregierung in Verfahren vor dem Bundesverfassungsgericht die Bedenken der am 15.01.1996 eingereichten Antragsschrift in wesentlichen Teilen bestätigt und insbesondere ebenfalls zu dem Ergebnis gelangt, daß eine vertiefte völkerrechtliche Prüfung bislang nicht stattgefunden hat und deshalb hierzu ein Gutachten eines -wenn möglich ausländischen- unabhängigen Völkerrechtlers eingeholt werden sollte.

Nach alledem wird deshalb nochmals ausdrücklich beantragt, die Hauptverhandlung jedenfalls

auszusetzen

und einen unabhängigen Völkerrechtler mit der Einholung eines entsprechenden Gutachtens zu beauftragen.

Das Gericht eröffnete nach diesem Antrag die Beweisaufnahme. Ihre Dokumentation bleibt einem weiteren Band vorbehalten.

Unger, Rechtsanwalt

Ungers Antrag wurde später mit der Begründung zurückgewiesen, daß das Gericht über eigene Sachkunde im Völkerrecht verfüge.

Die Anklage ist nur konsequent

In der Ausgabe 48/1995 des Nachrichtenmagazins "FOCUS" gab Prof. Dr. Frowein dem "FOCUS"-Redakteur *Norbert Robers* bereits folgendes Interview:

FOCUS: Das Berliner Landgericht hat am vergangenen Donnerstag entschieden, den Prozeß gegen Egon Krenz und fünf weitere ehemalige SED-Politbüromitglieder trotz zahlreicher Aussetzungsanträge fortzuführen. Teilen Sie die Auffassung der Angeklagten, die sie sich einem "politischen Schauprozeß" ausgesetzt fühlen?

Frowein: Der Prozeß steht natürlich im politischen Blickpunkt. Es ist aber falsch, ihn als politisches Verfahren zu bezeichnen, wie wir Prozesse in der DDR als politische Prozesse bezeichnet haben. Weder die Bundes- noch eine Landesregierung oder Institution haben das Verfahren in Gang gesetzt. Aufgrund des in Deutschland geltenden Legalitätsprinzips ist jede Staatsanwaltschaft dazu verpflichtet, mögliche Straftaten vor Gericht zu bringen.

FOCUS: Mit Blick auf die einstigen DDR-Gesetze zur Grenzsicherung halten es aber einige Rechtsexperten für "abenteuerlich", den Angeklagten "aktiven Totschlag" vorzuwerfen.

Frowein: Der Bundesgerichtshof hat entschieden, daß die Rechtfertigungsgründe des DDR-Grenzgesetzes nicht angewendet werden können, weil sie gegen grundlegende Vorstellungen von Rechtsstaatlichkeit verstoßen.
So ist es nur konsequent, daß auch die für das Grenzregime verantwortliche DDR-Führungsgarde für die Tötungen an der innerdeutschen Grenze verantwortlich gemacht wird.

FOCUS: Verstößt die generelle Erlaubnis zum Töten an der Mauer tatsächlich gegen internationale Normen?

Frowein: In vielen Staaten existieren gesetzliche Regelungen zum Waffengebrauch an der Grenze im Fall eines rechtswidrigen

Grenzübertritts. Das gilt auch für die Bundesrepublik Deutschland. Man kann aus diesem Grund die DDR-Grenzgesetze nicht generell als Verstoß gegen internationale Normen ansehen.

FOCUS: Aber wohl die tägliche Praxis...

Frowein: Ich habe keinen Zweifel daran, daß jedenfalls ein erheblicher Teil der Erschießungen gegen den UN-Pakt über bürgerliche und politische Rechte verstoßen hat, an den die DDR gebunden war. Davon zu trennen ist aber die Frage, ob es mit dem Völkerrecht vereinbar ist, heute einen Schützen zu bestrafen. Meine Antwort lautet: nein, sofern der Schußwaffengebrauch durch einen Warnschuß angedroht und erforderlich war. In diesem Fall verstößt eine Bestrafung nach meiner Auffassung gegen das rechtsstaatlich besonders bedeutsame Rückwirkungsverbot...

FOCUS: ...wonach eine Tat nur dann bestraft werden kann, wenn sie auch zum Zeitpunkt der Tat mit Strafe bedroht war.

Frowein: Das Verbot, Strafrecht rückwirkend anzuwenden, ist im Grundgesetz und in den Verträgen zum Schutz der Menschenrechte festgelegt. Davon gibt es nur eine Ausnahme: wenn der Schußwaffengebrauch "nach den von der Völkergemeinschaft anerkannten allgemeinen Rechtsgrundsätzen strafbar war". Exzeßtaten, wo ohne Notwendigkeit geschossen oder bereits gestellte Menschen getötet wurden, können danach selbstverständlich angeklagt werden, auch wenn sie nach DDR-Recht nicht bestraft wurden.

FOCUS: Aber sind nicht in erster Linie die Politbüro-Mitglieder für diese Atmosphäre des Tötens um jeden Preis verantwortlich? Schließlich gab es für viele erfolgreiche Todesschützen Orden und Geldgeschenke?

Frowein: Die Politbüro-Mitglieder kannten im Gegensatz zu den Grenzern das Völkerrecht und die daraus entstehenden Bindungen der DDR. Es erscheint mir durchaus denkbar, daß das Politbüro bewußt eine Grauzone geschaffen hat, in der sich jeder Schütze, der möglichst viel schoß, dennoch gerechtfertigt fühlen konnte. Wenn das nachweisbar ist, scheint mir eine Berufung auf das Rückwirkungsverbot für ein Politbüro-Mitglied nicht möglich. Denn die Schaffung einer solchen Befehlslage war sicher nach den von der Völkergemeinschaft anerkannten allgemeinen Rechtsgrundsätzen strafbar, wie es Artikel 15, Absatz 2 des UN-Paktes über bürgerliche und politische Rechte formuliert.

FOCUS: Die Angeklagten verweisen darauf, daß es im Politbüro keine Chance zum Widerspruch gab. Was konnte man dem einzelnen an Opposition zumuten?

Frowein: Es wäre sehr wichtig festzustellen, inwieweit im Politbüro Opposition tatsächlich möglich war und vorgekommen ist. Viele Beschlüsse waren sicher nicht zu verhindern. Dennoch gab es möglicherweise die Alternative zu sagen "Ich mache nicht mehr mit".

FOCUS: Hätte nicht allein der eindringliche Hinweis eines Politbüro-Mitglieds während einer Sitzung auf den Verstoß der Grenzgesetze gegen das Völkerrecht heute vor Gericht eine entlastende Wirkung?

Frowein: Ja, ganz sicher. Es wäre außerordentlich wichtig, einen solchen Vorgang aufzufinden.

FOCUS: Egon Krenz beruft sich auf den von Moskau vorgegebenen "Bündnisvertrag" zur Grenzsicherung. Sitzen die falschen Personen vor Gericht?

Frowein: Die Formulierung Grenzsicherung ist mißverständlich und verweist auf eine der großen Lebenslügen der DDR. Es ging ja nicht um Sicherung gegen äußere Feinde, sondern ausschließlich um die Verhinderung der Flucht der eigenen Bürger.
Allerdings ist unzweifelhaft, daß die DDR hier eine Rolle im Gesamtsystem des sozialistischen Blocks spielte. Insofern waren die Sowjets ohne Zweifel für den Mauerbau mitverantwortlich. Man muß aber klar sagen, daß das Exzeßtaten an der Mauer in keiner Weise rechtfertigt.

FOCUS: Die Kernfrage, ob DDR-Politiker nachträglich bestraft werden dürfen, wird derzeit vom Bundesverfassungsgericht geprüft. Wäre es nicht sinnvoll gewesen, den wegweisenden Karlsruher Spruch abzuwarten?

Frowein: Das wäre ohne Frage viel besser gewesen. Es wird sehr wichtig sein, wie das Bundesverfassungsgericht das Problem der Rückwirkung behandelt. Damit wird Klarheit über die juristischen Konsequenzen der sogenannten Rechtslage geschaffen. Ich kann eigentlich nicht erkennen, warum man diese Entscheidung nicht abwarten sollte.

FOCUS: Schadet die ständige Kritik an der juristischen Aufarbeitung des DDR-Unrechts dem Ansehen der Justiz?

Frowein: Keine Justiz auf der ganzen Welt kann mit einer solchen Sondersituation, für die sie nicht geschaffen ist, befriedigend fertig werden. Wir kennen das im Zusammenhang mit den Strafprozessen gegen NS-Täter. Es gibt nach meiner Meinung viele Gründe dafür, daß der Gesetzgeber diese Problematik zumindest durch eine Teilamnestie hätte klären sollen. Dann hätte sich die Justiz nur der wirklich extremen Fälle annehmen müssen.

FOCUS: 50 000 Ermittlungsverfahren zum DDR-Unrecht stehen 180 Urteile gegenüber. Spiegeln sich sich in der juristischen Aufarbeitung typisch deutsche Eigenschaften wider?

Frowein: Das sehen in der Tat viele ausländische Juristen so. Es liegt uns sicher, Perfektion erreichen zu wollen, wo man sie nie erreichen kann.

(Nachdruck mit freundlicher Genehmigung von FOCUS und Redakteur Norbert Robers)

Beschlüsse des Gerichts (verkündet am 7. März 1996)

1. Beschluß

I. Die Anträge des Angeklagten Krenz vom 15. Januar 1996 und vom 29. Februar 1996 auf

1. Einstellung des Verfahrens

2. hilfsweise auf Einholung eines völkerrechtlichen Gutachtens (Anlage I zum Protokoll vom 15. Januar 1996) und

3. Aussetzung des Verfahrens zur Einholung des Gutachtens oder

4. Aussetzung bis zur Entscheidung des BVerfG in der Sache Streletz/Keßler (Anlage III zum Protokoll vom 29. Februar 1996)

-dem sich zu 1. und 2. sämtliche übrigen Angeklagten und zu 3. und 4. die Angeklagten Mückenberger, Pro. Dr. Hager, Dohlus und Kleiber angeschlossen haben-

werden abgelehnt.

II. Der Antrag des Angeklagten Mückenberger vom 25. Januar 1996 (Anlage VI zum Protokoll vom 25. Januar 1996) - dem sich die Angeklagten Dohlus, Prof. Dr. Hager und Krenz angeschlossen haben - wird abgelehnt.

Gründe:

I.

Mit dem Antrag vom 15. Januar 1996 begehren der Angeklagte Krenz und die übrigen Angeklagten die Einstellung des Verfahrens durch Urteil gemäß 260 Abs. III StPO. Sie machen geltend, daß der Durchführung des Verfahrens das aus Art. 103 Abs. 2 GG folgende Rückwirkungsverbot, das eine Verfahrenshindernis begründe, entegenstehe. Die anderslautende Rechtsprechung des Bundesgerichtshofes, zuletzt mit Entscheidung vom 20. März 1995

- 5 StR 111/94 - sei "falsch"; "der BGH auf dem Irrweg" und die inzwischen ergangenen Urteile "juristisch nicht haltbar" (S. 2 der Anlage I zum Protokoll vom 15. Januar 1996). Die Feststellungen des Bundesgerichtshofes ließen "ein grobes Unverständnis für das Völkerrecht erkennen" (S. 15 der Anlage I zum Protokoll vom 15. Januar 1996).

Dieser Antrag ist unbegründet. Nach dem derzeitigen Verfahrensstand ist kein Verfahrenshindernis erkennbar.

a) wie die Antragsteller nicht verkennen, gingen bisher die Instanzgerichte, die mit der Verfolgung von Tötungsdelikten im Zusammenhang mit dem Grenzregime der früheren DDR befaßt waren, davon aus, daß Handlungen, die nach dem Recht bzw. nach der Rechtspraxis der DDR als rechtmäßig behandelt worden sind, nunmehr als unrechtmäßig verfolgt werden dürfen, ohne die Geltung des Rückwirkungsverbotes des Art. 103 Abs. 2 GG in Frage zu stellen. Diese auch dem Eröffnungsbeschluß zugrundeliegende Rechtsauffassung entspricht der gefestigten Rechtsprechung des Bundesgerichtshofes (BGHSt 39, 1 ff; 39, 168f; 40, 218 ff; 40, 241), der die im Schrifttum geäußerte Kritik berücksichtigt hat (vgl. BGH NJW 1995, 2728 m.w.N.). Danach ermögliche Art. 103 Abs. 2 GG entsprechend seinem formalen Charakter dem Einzelnen, sich auf das geschriebene Gesetzesrecht einzurichten. Das geschriebene Recht der DDR sei auch einer menschenrechtsfreundlichen Auslegung zugänglich. Das Vertrauen in den Fortbestand einer bestimmten Staats- und Auslegungspraxis schütze Art. 103 Abs. 2 GG nicht (BGH NJW 1995, 2728 <2732>).

b) Nach der bisherigen Rechtsprechung des Bundesverfassungsgerichts läßt sich ebenfalls kein solches Verfahrenshindernis aus der Verfassung ableiten.

Ohne abschließende inhaltliche Stellungnahme zu der umstrittenen Frage der Geltung des Rückwirkungsverbotes hat das BVerfG im Wege der einstweiligen Anordnung die Vollstreckung rechtskräftig erkannter Strafen gegen die Mitglieder des Nationalen Verteidigungsrates der DDR Fritz Streletz (2 BvR 1875/94), Heinz Keßler (2 BvR 1853/94) und Hans Albrecht (2 BvR 1851/94) sowie gegen den sog. "Mauerschützen" Fritz Otto Herrmann (2 BvR 1130/95) untersagt. Zur Durchführung des Erkenntnisverfahrens gegen

Bürger der DDR im Zusammenhang mit Tötungen an der Grenze verhalten sich diese Entscheidungen nicht.

Zur Frage der Verfassungsmäßigkeit der Strafverfolgung in einem laufenden Erkenntnisverfahren hat sich das BVerfG in einer anderen (Kammer-) Entscheidung geäußert: Die 3. Kammer des 2. Senats des BVerfG lehnte am 21. Februar 1992 die Annahme der Verfassungsbeschwerde des früheren DDR-Ministerpräsidenten Stoph ab und entschied, daß die Verfolgung führender Repräsentanten der DDR weder gegen spezifisches Verfassungsrecht noch gegen allgemeine Regeln des Völkerrechts verstoße (BVerfG DtZ 1992, 216). Von einem Verstoß gegen das aus Art. 103 Abs. 2 GG folgende Verbot einer rückwirkenden Anwendung strafbegründender Vorschriften könne nicht gesprochen werden. Auch stünde die völkerrechtliche Immunität und die Souveränität eines fremden Staates und seiner Staatsorgane der Strafverfolgung nicht entgegen, nachdem der fremde Staat untergegangen ist (BVerfG DtZ 1992, 216).

c) Selbst wenn man der Kritik der Verteidigung folgend in der Nichtanwendung eines von der Rechtspraxis der DDR vorgesehenen Rechtfertigungsgrundes einen Verstoß gegen das Rückwirkungsverbot erblicken wollte, so stünde dies nach der Eröffnung des Hauptverfahrens nicht der prozessual vorausgehenden Feststellung des rechtlich zu beurteilenden Sachverhaltes entgegen, bis dieser eine Entscheidungsgrundlage bietet. Das Schwurgericht nimmt in der Hauptverhandlung keine nachträgliche Aktenprüfung vor, sondern wird nach der Beweisaufnahme zunächst prüfen, ob überhaupt tatbestandsmäßige Handlungen festgestellt werden können. Es wird dann die Frage beantworten, ob diese Handlungen nach dem Recht der DDR gerechtfertigt waren. Wenn das Gericht diese Fragen bejaht, stellt sich die Frage, ob mögliche Rechtfertigungsgründe nach dem Recht der DDR auch heute eine Bestrafung verbieten.

d) Dem Hilfsantrag gerichtet auf Einholung eines "unabhängigen Gutachtens zu der Frage, ob die Gesetzes- und Befehlslage der DDR zur Sicherung ihrer Grenze gegen übergeordnete Normen des Völkerrechts verstieß" (Anlage I zum Protokoll vom 15. Januar 1996) gibt das Schwurgericht nicht statt.

Es kann dahinstehen, ob die aufgeworfenen völkerrechtlichen Fragen, die das angeregte Gutachten klären soll, überhaupt Gegenstand eines Sachverständigenbeweises gemäß 72 ff StPO im S t r a f p r o z e ß sein können und ob der Antrag hinreichend bestimmt ist, um über 244 Abs. 2 StPO hinaus Beweiserhebungspflichten auszulösen. Die Klärung von Rechtsfragen ist grundsätzlich Sache der Gerichte, nicht der Sachverständigen (Kleinknecht/Meyer-Goßner, 42 A., Rn. 6 vor 72 StPO; Alsberg/Nüse/Meyer, Der Beweisantrag im Strafprozeß, 5. Aufl., S. 138-141 u. 210). Der Schwierigkeitsgrad der zu klärenden Fragen des Völkerrechts, die Gegenstand zahlreicher, auch höchstrichterlicher Rechtsprechung und wissenschaftlicher Untersuchungen sind, ändert daran nichts. Das Schwurgericht verfügt über die erforderliche Sach- und Rechtskunde (244 Abs. 5 S. 1 StPO), um über die aufgeworfenen Fragen zu entscheiden.

e) Da die Einholung des begehrten Gutachtens aus den vorgenannten Gründen abzulehnen war, kam auch eine Aussetzung des Verfahrens zum Zwecke der Einholung eines Gutachtens nicht in Betracht.

f) Den mit einem alternativen "oder" eingeleiteten Antrag, das Verfahren bis zur Entscheidung des Bundesverfassungsgerichts in der Sache Streletz/Keßler (Anlage III zum Protokoll vom 29. Februar 1996) einzustellen, legt das Schwurgericht als Hilfsantrag aus, nicht als bloße unbestimmte Anregung. Der Antrag war unter Beachtung des in 228 Abs. 1 StPO eröffneten Ermessens abzulehnen, da kein Aussetzungsgrund vorliegt. Die anhängigen Verfahren vor dem BVerfG stehen der Durchführung der Hauptverhandlung nicht entgegen (vgl. a. den Beschluß des Schwurgerichts -Anlage II zum Protokoll vom 7. März 1996).

II.

Mit dem Antrag vom 25. Januar 1996 (Anlage VI zum Protokoll dieses Verhandlungstages) begehren der Angeklagte Mückenberger und die weiteren Antragsteller Einstellung des Verfahrens gemäß 260 Abs. 3 StPO, weil der Eröffnungsbeschluß gegen das Rückwirkungsverbot des Art. 103 Abs. 2 GG verstoße.

Der Antrag war abzulehnen, da der Eröffnungsbeschluß der

Anfechtung durch den Angeklagten entzogen ist, 210 Abs. 1 StPO. Im übrigen beruht die im Eröffnungsbeschluß vertretene Rechtsauffassung zur Frage des Rückwirkungsverbotes auf der gefestigten Rechtsprechung des Bundesgerichtshofes (vgl. oben I. a)). Ein schwerwiegender Mangel, der im Ausnahmefall ein Verfahrenshindernis begründen könnte, ist darin nicht zu erblicken.

2. Beschluß

Die Anträge

1. des Angeklagten Schabowski auf Aussetzung des Verfahrens bis zur Hauptsacheentscheidung des Bundesverfassungsgerichts in dem Verfahren 2 BvR 1875/94 (Anlage VIII zum Protokoll vom 18. Januar 1996), dem sich die übrigen Angeklagten angeschlossen haben, und

2. des Angeklagten Dohlus auf Aussetzung des Verfahrens bis zur Hauptsacheentscheidung des Bundesverfassungsgerichts in dem Verfahren 2 BvR 1130/95

werden zurückgewiesen.

Gründe:

Ein Aussetzungsgrund liegt nicht vor, 228 Abs. 1 StPO

Wie bereits in dem Beschluß des erkennenden Gerichts vom 7. März 1996 (Anlage I zum Protokoll vom 7. März 1996 -dort zu I.b) und f) -) dargelegt, stehen der Durchführung des Hauptverfahrens keine Prozeßhindernisse entgegen. Den bisher zum Komplex der Verfolgung von Tötungshandlungen an der Grenze zwischen der DDR und der Bundesrepublik ergangenen Entscheidungen des Bundesverfassungsgerichts (vgl. BVerfG DtZ 1992, 216 sowie 2 BvR 1875/94; 2 BvR 1853/94; 2 BvR 1851/94; 2 BvR 1130/95) läßt sich nicht entnehmen, daß die gerichtliche Aufklärung von

Sachverhalten derzeit unzulässig sein soll.

Es besteht angesichts der prozessualen Beschleunigungspflicht auch kein Anlaß, bis zur Entscheidung des Bundesverfassungsgerichts abzuwarten. Es ist gerade die Aufgabe der Instanzgerichte, in der Hauptverhandlung Sachverhalte zu ermitteln und Rechtsfragen für den jeweiligen Verfahrensabschnitt eigentverantwortlich zu entscheiden.

3. Beschluß

Die auf Einstellung des Verfahrens gerichteten Anträge

a) des Angeklagten Prof. Dr. Hager vom 25. Januar 1996 (dem sich der Angeklagte Mückenberger angeschlossen hat) und vom 15. Februar 1996 sowie

b) des Angeklagten Krenz vom 19. Februar 1996 (dem sich die Angeklagten Dohlus, Prof. Dr. Hager und Mückenberger angeschlossen haben) und

c) des Angeklagten Kleiber vom 26. Februar 1996

werden abgelehnt.

Gründe:

Der Umstand, daß die Angeklagten das gegen sie gerichtete Strafverfahren als "rechtswidrig" und "politisch" sowie als "Unrechtsverfahren" empfinden und sich als unschuldig bezeichnen, vermag ein Verfahrenshindernis im Sinne des 260 Abs. 3 StPO nicht zu begründen. Auf die Begründung der bereits ergangenen Beschlüsse, mit denen das Schwurgericht Anträge auf Einstellung des Verfahrens abgelehnt hat, wird verwiesen.

Nachworte

Der andere Schlußstrich

Zwischenbemerkung zum Politbüroprozeß

von Dr. Wolfgang Ullmann (Mitglied des Europäischen Parlaments)

Ein Resümee ist dieser Prozeß auf jeden Fall. Er ist es, auch wenn die Angeklagten und ihre Verteidiger innerhalb und außerhalb des Verhandlungssaales etwas ganz anderes in ihm sehen möchten und darum gerne von Schlußstrichen und Schlußgesetzen sprechen. Nicht geradezu "Vergeben und Vergessen" soll die Losung sein. Denn schließlich legen die ehemals Herrschenden einen gewissen Wert auf die ihrem Tun zugrundeliegenden guten Absichten, und sie wünschen sie darum keineswegs dem Vergessen anheimgegeben zu sehen. Also kein Schlußstrich der Art "Vergeben und Vergessen" soll es sein, sondern eher einer nach der Devise "Die Verhältnisse, die waren nicht so! Daran haben doch wir nichts ändern können!"

Aber wer in der Eingangshalle der Humboldt-Universität mit goldenen Lettern die Absicht anschreiben läßt, die Welt verändern zu wollen, der wird sich schon fragen lassen müssen, zu welchen Ergebnissen am Ende denn sein Tun geführt hat. Kein verständiger Mensch wird je die Behauptung aufstellen, Strafprozesse könnten die Antwort auf diese Frage geben. Auch in dieser Hinsicht gilt, daß die Weltgeschichte schon deswegen nicht das Weltgericht sein kann, weil die Sieger von heute oft genug die Verlierer von morgen sind und umgekehrt. Nicht zuletzt war es das Reden von sogenannten "gesetzmäßigen Niederlagen", das einen Hauptteil der historischen Fehleinschätzungen des Marxismus-Leninismus nach sich zog.

Schon aus diesem Grunde spricht das StaSi-Unterlagen-Gesetz von historischer, politischer und juristischer Aufarbeitung der Tätigkeit des MfS (1, Abs. 1, Ziffer 3) und nennt die juristische demnach erst an dritter Stelle. Und was für das MfS im besonderen gilt, das trifft auf die SED-Herrschaft im ganzen erst recht zu. Auch ist sie ein Komplex von Geschichte, der sich nicht auf ein wie auch immer geartetes Schema von ein paar leitenden Begriffen nach der zweiwertigen Logik von Schwarz auf Weiß reduzieren läßt. Aber wird denn damit ausgeschlossen, daß die, die im Verdacht stehen, zu Zeiten der SED-Herrschaft nach damaligem Recht strafbare Handlungen begangen zu haben, sich nun für sie zu verantworten haben, nachdem die politischen Bedingungen, die vor 1989 eine Anklage verhinderten, weggefallen sind? Daß gegen diese rechtsstaatliche Selbstverständlichkeit von den Angeklagten und ihren Verteidigern mit einem Höchstaufgebot von Kompetenzbestreitungen und Befangenheitsanträgen zu Felde gezogen wird, ist nur ein Symptom dafür, daß von dieser Seite noch immer die Rahmenbedingungen des Kalten Krieges vorausgesetzt und für die ehemaligen Verantwortungsträger jene Sonderrechte beansprucht werden, aufgrund deren sie vor dem Herbst 1989 vor Anklage und Bestrafung sicher zu sein glaubten. Spricht denn in Italien jemand von Siegerjustiz, wenn ehemalige Regierungsmitglieder wie Craxi oder Andreotti angeklagt und vor Gericht gestellt werden?

Diejenigen, die so gerne von Schlußstrichen und Schlußgesetzen sprechen, vergessen immer wieder, daß Verantwortungsträger der SED-Herrschaft und des Politbüros an ihrer Spitze jetzt deswegen vor Gericht stehen, weil es im Oktober und November 1989 einen geschichtlichen Schlußstrich gegeben hat, gezogen von der Bevölkerung der DDR, mit der sie -zum 3. Mal nach dem 17.6.1953 und der Ausreisewelle von 1961- vor der Weltöffentlichkeit demonstrierte, daß sie in ihrer Mehrheit die SED-Diktatur ablehnte und deren Fortsetzung nicht mehr hinzunehmen gedachte, weil diese Fortsetzung auch die Fortsetzung von Mauerschüssen, Wahlbetrug und staatlich betriebenem Menschenhandel bedeutet hätte.

Und auch wenn der Politbüroprozeß noch nicht beendet ist: Eines hat das Verhalten der Angeklagten in diesem Verfahren jetzt schon an den Tag gebracht, die moralische Haltlosigkeit ihrer Position, völlig unabhängig von der Schuld im strafrechtlichen Sinne des Wortes.

Die Geschichte ist reich genug an Beispielen für die moralische Würde des Unterlegenen, ob man an Catos des Jüngeren "Victrix causa diis placuit, sed victa Catoni" ("Die siegreiche Sache hat den Göttern gefallen, aber einem Cato die besiegte!") denkt, an Dimitroffs Ungebrochenheit vor den Richtern des Reichsgerichtes -ganz zu schweigen von den Hochrufen nackter Juden und Jüdinnen auf Stalin angesichts ihrer Erschießungskommandos. Nichts dergleichen im Auftreten der ehemaligen SED-Größen vor Gerichten, deren notorische Urteilsmilde mittlerweile alle Welt so gut kennt wie der verstorbene Harry Tisch mit seinem berühmten Ausspruch: "Bei uns wäre ich so nicht davongekommen!" Nein, was sie sagen und was sie tun, ist ein wahres Trauerspiel und ein unwürdiges dazu!

Kann es etwas Blamableres geben als die Art, in der dieselben Leute, die der DDR-Bevölkerung 40 Jahre hindurch einhämmerten, auf der Seite der Sowjetunion stehen, heiße auf der Seite der Sieger der Geschichte stehen, jetzt ihre Verantwortung für Mauer, Stacheldraht und Todesschüsse auf diese inzwischen zerfallene Sowjetunion abzuwälzen versuchen? Und glauben sie etwa, die Öffentlichkeit habe vergessen, wie das Pochen auf die staatliche Souveränität der DDR zur Standardantwort auf jede Kritik an Menschenrechtsverletzungen in ihren Grenzen und an ihren Grenzen gehörte?

Und nicht genug mit diesem unfreiwilligen Eingeständnis der engen Zugehörigkeit zum Machtsystem des Archipel Gulag. Dieselben Leute, die während der friedlichen Revolution Honecker und die ihm politisch Nahestehenden unter moralisch entwürdigenden Bedingungen aus der Partei ausstießen, ein Hochverratsverfahren gegen ihn zu inszenieren versuchten -dieselben Leute maßen sich heute an, mit Befangenheitsanträgen und Weißbüchern als Herolde der Rechtsstaatlichkeit und des Rechtsfriedens in der Bundesrepublik auftreten zu können!

Aber auch bei diesen Versuchen können sie nicht verhindern, sich unfreiwillig am Auftauchen alter wohlbekannter Denkmuster zu verraten. Das sogenannte "Weißbuch" der "Gesellschaft zum

Schutz von Bürgerrecht und Menschenwürde e.V." druckt auf Seite 4 eine Karikatur ab, die eine sich in einem fernen Fluchtpunkt verlierende Bank und ein Schild mit der Inschrift darstellt: "Hier entsteht eine Anklagebank für 17 Millionen ehemalige DDR-Bürger". Wie gut wir diesen Propagandatrick des Sich-Versteckens hinter einer abgeblichen Bevölkerungsmehrheit kennen!

Haben wir nicht alle noch die Dankadressen einer gar nicht befragten Bevölkerung für die Ausbürgerung Biermanns in nur zu klarer Erinnerung? Die Älteren wissen sogar noch ganz genau, mit welcher angeblichen Begeisterung im Frühjahr 1960 nicht nur die terrorisierten Bauern, sondern abermals die ganze Bevölkerung sich bei der Partei dafür bedankte, daß der Übergang zur kollektiven Landwirtschaft sich in Formen vollzog, die mehr als einen Bauern in den Selbstmord und abermals Tausende über die Grenze zum Verlassen der DDR trieb?

Wann werden es die Verfasser solcher Weißwaschbücher endlich begreifen, daß im Politbüro nicht 17 Millionen, sondern ein paar Leute saßen, deren Namen aller Welt genau so gut bekannt sind wie ihre Verantwortlichkeiten. Das Besorgen von 17-Millionen-Mehrheiten durch bloßes Behaupten einer parteigesteuerten Presse oder durch regelmäßig bis zum Mai 1989 gefälschte Wahlen - das endete bereits am 9. Oktober 1989, als selbst die "bewaffneten Organe" lieber zum Volk als zu dessen Unterdrückern gehören wollten.

Im Politbüroprozeß wird die Frage nach der völkerrechtlichen Legitimität des Grenzregimes der DDR weiterhin eine besondere Rolle spielen, zumal diese Frage durch das Gutachten Frowein zusätzlich thematisiert worden ist. In dem hier gezogenen Rahmen kann eine detaillierte Auseinandersetzung mit diesem Gutachten nicht stattfinden. Darum sollen zu seiner Würdigung hier nur zwei Gesichtspunkte ins Feld geführt werden, die diese Frage aus der Innensicht eines DDR-Bürgers beleuchten.

Das Grenzregime der DDR wurde erst vollständig durch den Mauerbau vom 13.8.1961. Er aber war nur möglich mittels eines Verstoßes gegen den 4-Mächte-Status Berlins. Daß die 3 Westalliierten sich auf verbale Proteste gegen diesen Verstoß beschränkten, ändert nichts an seiner Rechtswidrigkeit, sondern bestätigt sie vielmehr.

Für die DDR-Bürger handelte es sich aber um nichts weniger als eine Professorenfrage aus dem Völkerrecht. Es handelte sich auch nicht nur um -wie oft behauptet- eine international übliche Reisebeschränkung. Die Mauer war die unmittelbare und unerläßliche Voraussetzung für alle willkürlichen Beschränkungen ihrer Grundfreiheiten, denen die DDR-Bevölkerung wehrlos ausgeliefert war, einschließlich der Möglichkeit ihres Verkaufs zur Aufbesserung des staatlichen Devisenbestandes.

Es war bereits in der Endphase der DDR, als ich eines Nachmittags von der Universitätsbibliothek kommend neben der Kaserne an der Museumsinsel und gegenüber dem Bodenmuseum auf einen bewachten Militärtroß und das Schild vor ihm stieß: "Wer weitergeht, wird erschossen". Ich fragte den wachestehenden NVA-Soldaten, ob wir uns vielleicht im Kriegszustand befänden. Er verneinte das, freilich etwas verunsichert. Nach Hause gehend mußte ich denken: Das letzte Mal hast Du solche Schilder 1943 in Dresden nach einem Bombenangriff gesehen. Wir haben es in der Tat herrlich weit gebracht. Jetzt stehen sie wieder in Berlin-Mitte.

Die verdrehte Logik von SED-Ideologen kennen wir. Aber was mögen das für Professoren sein, die solche Situationen auf unseren Straßen zur völkerrechtlichen Normalität erklären?

(Wolfgang Ullmann, Jahrgang 1929, ehemaliger Vizepräsident der Volkskammer der DDR von April bis September 1990, ist nach Mitgliedschaft im Bundestag seit 1994 Mitglied des Europäischen Parlaments der GRÜNEN-Fraktion)

Die Diktatur ist überaus weich in der Demokratie gelandet.
Unser Strafrecht ist nicht für Revolutionen gemacht

Von Rachefeldzug kann keine Rede sein

Von Joachim Nawrocki

Erich Mielke, der ebenso fürchterliche wie kleinkarierte frühere Stasi-Chef, ist nach Verbüßung von zwei Dritteln seiner Haftstrafe für einen weit zurückliegenden Polizistenmord aus dem Moabiter Gefängnis entlassen worden. Erich Honecker sinnierte bis zum Schluß seinem Horrido-Sozialismus nach und schob jegliche Verantwortung weit von sich. Willy Stoph ist verhandlungsfähig, Günter Mittag und Hermann Axen sind tot. Egon Krenz beklagt sich, daß er wegen des Regimes an der DDR-Grenze angeklagt wird, obwohl er, der Hoheitsträger eines souveränen, völkerrechtlichen anerkannten Staates, doch die "uneingeschränkte politsche Verantwortung" dafür übernimmt, daß er nie gegen Gesetze und Verfassung verstoßen hat. Hans Modrow, von der Justiz lange mit Samthandschuhen angefaßt, spricht von "Siegerjustiz" und "Rachefeldzug gegen ehemalige DDR-Bürger".

Ist die Bewältigung der DDR-Vergangenheit mit den Mitteln der Justiz gescheitert, wie auch westliche Kommentatoren meinen? Legenden und Mißverständnisse belasten die Debatte über die juristische Aufarbeitung des DDR-Unrechts auch noch fünf Jahre nach der Wiedervereinigung. Zum einen werden sie bewußt geschürt, um die Verantwortung der einstmals Herrschenden zu verniedlichen und zu vernebeln. Zum anderen entspringen sie den Köpfen derer, die in der DDR eine -wenn auch unvollkommene-Alternative zum westlichen System sahen und sich nicht eingestehen, wie sehr sie sich geirrt haben. Nur selten gab es bislang Bekenntnisse wie das des CDU-Politikers Johannes Gerster: "Wir haben wohl allzu oft die Augen und Ohren geschlossen und angesichts der Entspannungs-Euphorie diese Dinge einfach nicht mehr zur Kenntnis genommen."

Die Justiz nun nimmt zur Kenntnis, mit welchem Ausmaß an Rechtsverstößen die DDR regiert und zusammengehalten worden ist. Das ist ihr Auftrag. Aber bereits im Juni 1991 wurde auf einem vom damaligen Justizminister Klaus Kinkel veranstalteten Forum von Juristen davor gewarnt, die Erwartungen allzu hoch zu schrauben, da es äußerst schwierig sei, ohne Verletzung des Rückwirkungsverbots Systemunrecht in einem anderen System mit einer anderen Rechtsordnung zu bewältigen. Und es geht ja bei der Verfolgung der DDR-Regierungskriminalität auch nicht um die Aufarbeitung der Vergangenheit. Wer der Justiz diese Aufgabe zuschiebt, der hat es dann leicht, ihr das Scheitern vorzuwerfen, nach dem Beispiel von Max Frisch: Man schneidet eine Kartoffel wie eine Birne zurecht, beißt hinein und empört sich dann, daß es nicht nach Birne schmecke, ganz und gar nicht.

Für die Vergangenheitsbewältigung mögen Enquete-Kommissionen und Tribunale, Historiker, Philosophen und Publizisten zuständig sein -vor allem aber sind es die Täter, die Mitläufer, die Verharmloser sowie deren Opfer. Sie braucht die moralische, politische und intellektuelle Auseinandersetzung, und man wird nicht sagen können, daß da schon Ausreichendes geschehen sei.

Die Aufgabe der Justiz ist es, Straftaten zu verfolgen. Dabei gelten in bezug auf die DDR-Regierungskriminalität hohe Anforderungen, ein Zweischlüsselsystem sozusagen: Die Schlüssel der Justiz müssen für die Tatzeit in das Schloß des damals geltenden DDR-Rechts passen und für den Zeitpunkt der Anklage in das Recht der Bundesrepublik. Nur dann öffnen sich die Türen des Gerichtssaals. Was damals nicht strafbar war oder heute nicht strafbar ist, wird nicht verfolgt.

Und wenn angeklagt und geurteilt wird, dann wird zugunsten des Verfolgten das für ihn mildere Strafmaß angewendet. Keine Strafe ohne Gesetz, und kein Gesetz, das rückwirkend angewendet wird. Nur in extremen Ausnahmefällen darf und muß das zur Tatzeit geltende DDR-Recht unbeachtet bleiben. Nach der sogenannten Radbruch'schen Formel, die schon auf NS-Verbrechen angewendet wurde, muß das geschriebene Recht der Gerechtigkeit immer dann weichen, wenn es sich um offensichtliche und unerträgliche Verstöße gegen elementare Gebote der Gerechtigkeit und gegen völkerrechtlich geschützte Menschenrechte handelt.

Auf die Mauerschützenprozesse angewendet heißt dies, daß das Leben desjenigen, der von seinem Recht auf Freizügigkeit Gebrauch machen will, für jedermann erkennbar einen höheren

Wert hat als die gewaltsame Durchsetzung des Verbots, die DDR zu verlassen. Ähnliches gilt für das Justizunrecht der DDR: Urteile, die nach westlichen Maßstäben zwar überhöht erscheinen, aber sich im Rahmen des in der DDR Üblichen bewegten, waren nach Auffassung des Bundesgerichtshofs keine Rechtsbeugung. Die Ahndungsmöglichkeit wurde so auf die krasse Verletzung von Menschenrechten und auf Justizfarcen mit vorher abgesprochenem Verhandlungsverlauf und Strafmaß reduziert.

Seit es Gerichte gibt, gibt es emotionalisierte Staatsanwälte, geltungssüchtige Verteidiger, entnervte Richter und verstockte Angeklagte -so auch bei Prozessen über das DDR-Unrecht. Daß es in Gerichtssälen sachlich, nüchtern, akribisch und ausschließlich der Wahrheitsfindung dienend zugeht, ist das Wunschbild. Aber auch Juristen sind nur Menschen. Wenn besonders die ersten Prozesse gegen Mauerschützen oder Politbüromitglieder unter hohem Erwartunsgdruck standen, wenn einzelne Verfahren aus dem Ruder gelaufen sind, dann spricht das natürlich nicht gegen die Notwendigkeit, DDR-Unrecht zu verfolgen.

Um "politische Verfolgung" -wie Modrow und seine Gesinnungsgenossen meinen- handelt es sich hier ebensowenig wie bei den Prozessen gegen die Rote-Armee-Fraktion. Nicht wegen ihrer Gesinnung sitzen die Beschuldigten auf der Anklagebank, sondern wegen ihrer Verstöße gegen die eigenen Gesetze und gegen die Menschlichkeit.

Es hat bislang insgesamt rund 37 000 Ermittlungen in Sachen Regierungskriminalität gegeben. Sie betreffen zum Teil mehrere Täter, etwa bei Entführungen oder Gewalttaten an der Grenze. Teils sind aber auch einzelne Täter von mehreren Ermittlungen betroffen, vor allem Staatsanwälte und Richter sowie Schlägertypen in DDR-Haftanstalten. Insgesamt kanpp 20 000 Ermittlungsverfahren wurden bereits eingestellt, unter anderem wegen Geringfügigkeit, wegen der inzwischen erfolgten höchstrichterlichen Rechtsprechung oder weil die Täter nicht zu ermitteln sind. Bislang hat es rund 350 Anklagen gegeben. Etwas über 80 Urteile wurden gesprochen.

Das höchste Strafmaß betrug zehn Jahre Haft für einen Mörder an der Mauer. Drei Mitglieder des Nationalen Verteidigungsrats -

Keßler, Streletz, Albrecht- erhielten rechtskräftig siebeneinhalb, fünfeinhalb und dreieinhalb Jahre wegen der Todesschüsse an der Mauer; sind aufgrund einer Verfassungsbeschwerde noch frei. In etlichen Verfahren gab es aber auch zahlreiche Freisprüche. Etwa die Hälfte der Urteile ist rechtskräftig. Ein Rachefeldzug?

Bei der Gauck-Behörde wurden bisher 1,63 Millionen Anträge zur Überprüfung auf Stasi-Mitarbeit gestellt, ganz überwiegend vom öffentlichen Dienst. Die Privatwirtschaft darf nur leitende Mitarbeiter überprüfen lassen, macht aber kaum davon Gebrauch. Mehr als 1,45 Millionen Anträge sind beantwortet. Rund 65 000 Überprüfte im öffentlichen Dienst waren tatsächlich belastet, aber weit weniger als die Hälfte wurde entlassen; und niemand verwehrt den Entlassenen, sich anderswo eine Tätigkeit zu suchen. Von 20000 Ostberliner Lehrern gab es nur bei 877 Hinweise auf Tätigkeiten für die Stasi, aber nicht mehr als 184 wurden entlassen -weniger als ein Prozent der Lehrerschaft, Ausgrenzung von "mehreren Millionen Menschen"?

War die Aufarbeitung des DDR-Unrechts bisher erfolgreich? Ja und nein. Denn genaugenommen geht es um zwei verschiedene Komplexe: zum einen um die Errichtung und Betreibung einer Diktatur durch die Befehlsgeber in diesem Staat und zum anderen um kriminelle Handlungen, die durch das diktatorische System bedingt und ermöglicht wurden. Das deutsche Strafrecht ist nicht für Revolutionen gemacht. Es ist auf die persönliche Schuld des Einzeltäters abgestellt und wenig geeignet, Regierungskriminalität zu erfassen. Denn das systemimmanente Unrecht ist mehr als die Summe der Einzeltaten. Deshalb ist die Diktatur kaum abzustrafen.

Die flächendeckende Überwachung, Verfolgung und "Zersetzung" von Regimegegnern zum Beispiel, eines der Krebsübel des DDR-Staates, reduziert sich strafrechtlich auf Hausfriedensbruch, Verletzung des Postgeheimnisses und Beleidigung - Taten, die kaum bestraft werden und ohnehin bald verjähren. Egon Krenz und sechs weiteren Politbüromitgliedern wird jetzt der Prozeß gemacht, weil sie als höchstes Entscheidungsgremium der DDR in der Lage gewesen wären, das Grenzregime zu verändern, es jedoch

Joachim Nawrocki, Zeit-Korrespondent in Berlin

unterlassen haben, auf dessen Humanisierung hinzuwirken. Der Vorwurf lautet also: Tötung durch Unterlassen; er wird in dieser Weise erstmals erhoben.

Krenz beruft sich darauf, daß die DDR im Bündnis mit der Sowjetunion war, die auf das Grenzregime "aktiv Einfluß genommen habe". Dagegen steht die Aussage des ehemaligen sowjetischen Botschafters Walentin Falin in einem früheren Prozeß: Sowohl Breschnjew als auch Gorbatschow hätten Honecker mehrfach gefragt, ob sich die Todesfälle an der Mauer vermeiden ließen. Die Antwort, so Falin, habe gelautet, das Grenzregime sei Sache der DDR, Tote seien zu bedauern, aber nicht zu vermeiden. Man wird sehen, wie der Prozeß gegen Krenz und Genossen ausgeht.

Relativ gut zu verfolgen, wenn auch manchmal schwer nachzuweisen, sind die Taten, die sich einzelnen Verantwortlichen präzise zuordnen lassen, also vor allem die Tötung an der Grenze und Mißhandlungen in Strafanstalten, Entführungen, Auftragstötungen, Aussageerpressung. In den engen Grenzen, die der Bundesgerichtshof gesetzt hat, gilt dies auch für die Rechtsbeugung. Rund 500 Entführungen sind zum Beispiel noch aufzuklären.

Die Diktatur der DDR ist überaus weich in der Demokratie gelandet. Aber wenn ihre Untaten nicht aufgeklärt werden, bilden sich Legenden und ermöglichen die Apologie der Vergangenheit. Die Strafverfolgung kann zu der Einsicht beitragen, daß staatlicher Gewaltmißbrauch keine Naturkatastrophe ist, sondern ein Bündel von Einzeltaten individuell verantwortlicher Täter.

ZEIT-Punkte Nr. 5/95 (mit freundlicher Genehmigung des Autors)
(Joachim Nawrocki, Jahrgang 1934, ist seit 1969 Berliner Korrespondent der ZEIT)

Nachbemerkung von Stephan Hilsberg

Rückwirkungsverbot darf keine Anwendung finden

Jede Zeit hat ihre spezifischen rechtlichen Herausforderungen. Gegenwärtig ist das die justitielle Aufarbeitung des SED-Unrechts. Verglichen mit der Bewältigung des NS-Unrechts sind hier zwar einige Fortschritte zu verzeichnen, gleichzeitig gibt es aber auch skandalöse Fehlurteile, die in ihrer Wirkung einer Entschuldung hochrangiger Funktionäre und Verantwortlicher für das SED-Unrecht gleichkommen.

Bei dem gegenwärtigen, spektakulären Prozeß gegen Mitglieder des SED-Politbüros geht es um die spannende Frage, ob die bundesdeutsche Justiz in der Lage ist, die individuelle Verantwortung der Herren Krenz und weiterer für den Mord und Totschlag an der ehemaligen innerdeutschen Grenze aufzuklären und zu bestrafen. Es wäre nicht hinnehmbar, wenn einerseits die "kleinen" Mauerschützen verurteilt würden, die eigentlichen Auftraggeber und Verantwortlichen hingegen straffrei blieben.

Wird es die Justiz schaffen, über ihren Schatten zu springen und sowohl die Exkulpationsstrategien von Krenz u.a. widerlegen, aber auch ihre überpositivistische Sicht auf die DDR ablegen, um den Kern und die Wurzel des SED-Unrechts zu erkennen?

Hier kam das Unrecht im Gewande des Rechts daher, was die schlimmste Form des Unrechts ist. Eine positivistisch eingestellte Justiz vermag "nur" Recht im Rahmen bestehender Gesetze zu sprechen. Was aber, wenn wie im Fall der DDR, die Gesetze selber Unrecht waren, wenn es keine Verfassung gab, die die unveräußerlichen Grundrechte garantierte?

Zweifelsohne haben die Politbüromitglieder nicht gegen die "sozialistische Gesetzlichkeit" verstoßen, was auch schwer möglich war, da sie sie doch selber schufen. Andererseits haben sie permanent gewisse unveräußerliche Dinge, wie den Schutz der Unverletzlichkeit der Menschenwürde und der individuellen Grundrechte der DDR-Bürger genau in dem Maße verletzt, wie sie dem Machterhalt der SED entgegenstanden. Dazu aber hatten sie kein Recht. Auf der ganzen Welt gibt es keine Instanz, die ein Recht zur Einschränkung der Unverletzlichkeit der Menschenwürde verleihen kann. Weil sich die SED aber dieses Recht herausnahm, fühlte sich das Politbüro dieser Partei letztlich legitimiert, Bürger am "illegalen" Verlassen der DDR zu hindern, selbst wenn dies nur durch vorsätzliche Tötung möglich war. Totschlag, gar vorsätzliche Tötung ist nicht gerade eine Bagatelle, sondern eine Exzeßtat, und deshalb ist ein Schuldspruch fällig.

Das Politbüro war die höchste Machtinstanz der DDR. So konnten seine Mitglieder bspw. den Generalsekretär der SED absetzen und neuinstallieren. Folglich wäre das Politbüro auch in der Lage gewesen, das Mauerregime zu ändern oder abzuschaffen. Das aber lag nicht im Interesse des Politbüros, weil es genau wußte, daß die Mauer und das Grenzregime für den Erhalt des DDR-Sozialismus unverzichtbar waren.

Die Verantwortung für die Mauer ist deshalb dem Politbüro als ganzem anzulasten. Weiterhin ist nicht einzusehen, daß diese Verantwortung nicht individualisierbar sein soll. Es stand schließlich jedem Politbüromitglied frei, die Initiative für die Abschaffung der Tötungspraxis an der Mauer zu ergreifen. Eine solche Initiative aber ist weder bekannt, noch hat je ein Politbüromitglied zu seiner Entschuldigung auf eine solche Initiative verwiesen.

Nein, die Politbüromitglieder haben sich vorsätzlich den Staat angeeignet, sein Rechtssystem instrumentalisiert, Recht ins Unrecht verkehrt und damit die Menschenwürde der Bürger in der DDR mit Füßen getreten; sie haben den Staat zum Verbrecher gemacht. Wenn die bundesdeutsche Justiz nicht in der Lage sein sollte (leider gibt es dafür bereits schlimme Beispiele), ein solches Vorgehen strafrechtlich zu ahnden, dann kann es künftig wieder heißen: "Der Staat darf ein Verbrecher sein, und wer ihm dient, kann nicht bestraft werden." Dies ist eine Ermunterung für jene, die künftig wieder einmal die Errichtung einer Diktatur ins Auge fassen, um ihren partikularen Machtanspruch durchzusetzen und dafür die Einschränkung der Grundrechte anderer billigend in Kauf nehmen wollen. Die ehemaligen kommunistischen Machthaber fürchten sich vor einer Verurteilung, weil sie sich selber für Ehrenmänner halten und dieses auch von einer demokratischen und rechtsstaatlichen Gesellschaft anerkannt wissen wollen. Deshalb wenden sie ihre ganze Intelligenz und ihre Beziehungen auf, um Entschuldungsstrategien zu entwickeln und ihre Verurteilung zu verhindern.

Da wird der Kalte Krieg bemüht, anscheinende Verdienste um die friedlich verlaufende Wende in der DDR und Sorgen um den inneren Frieden im zusammenwachsenden Deutschland geäußert. Doch jedes dieser vorgebrachten Argumente ist relativ leicht zu widerlegen.

Stephan Hilsberg (links) mit dem Autor

So hat der Kalte Krieg die Kommunisten bspw. nicht gezwungen ein Unrechtssystem zu errichten (dies geschah schon zu Lenins Zeiten), das zum Machtmißbrauch (Stalin) geradezu einlud. Die Wende und die friedliche Revolution in der DDR waren kein Verdienst der SED, denn jeglicher militärische Widerstand hätte die Lage dieser Partei noch verschlimmert. Vielmehr mußte die

SED sogar noch froh darüber sein, daß die Menschen, die ihren Bankrott auszubaden hatten, mit ihr und ihren Nomenklaturfunktionären noch einigermaßen glimpflich umgegangen sind.

Heute ist gelegentlich zu hören, für die juristische Aufarbeitung des SED-Unrechts hätte zeitweilig das Rückwirkungsverbot "nulla poena sine lege" aufgehoben werden müssen. Die Volkskammer, wo darüber diskutiert worden ist, hat bewußt darauf verzichtet, denn man kann Unrecht nicht aufarbeiten, indem man das Recht beugt.

Das Rückwirkungsverbot ist während der Aufklärung entwickelt worden und dient dem Schutz der Freiheit des Bürgers vor dem Staat. Um dem Bürger hierin eine Garantie zu geben, muß es dem Staat zwangsläufig verboten sein, eine vergangene Handlung nachträglich unter Strafe zu stellen. Sonst könnte sich nämlich der Bürger seiner Freiheit niemals sicher sein. Wer sich aber bei der Verteidigung von Tätern des SED-Unrechtssystems auf das Rückwirkungsverbot beruft, der verkehrt es in sein Gegenteil. Denn dann dient das Rückwirkungsverbot nicht mehr dem Schutz des Bürgers vor dem Staat, sondern dem Schutz derjenigen, die ihn im Auftrage des Unrechtsstaates der Freiheit beraubt haben.

Aus diesem Grunde dürfte das Rückwirkungsverbot auf die SED-Regierungskriminalität gar keine Anwendung finden.

So ist auch der Brief von Gorbatschow zu verstehen, der in Deutschland noch immer ein Sympathieträger ist, dessen Wort nach wie vor Beachtung findet. Doch auch Gorbatschow ist nicht frei von Verantwortung für ein Unrechtssystem. Deshalb ist sein Wort für Krenz auch ein Wort in eigener Sache.

Die Menschen wollten 1989 nicht Unrecht mit Unrecht vergelten. Sie wollten Recht statt Rache. Sie wollten die Bewältigung des SED-Unrechts mit den Mitteln des Rechtsstaats. Die Justiz soll heute nicht so tun, als könne der Rechtsstaat das nicht leisten.

Die eigentlichen Schwierigkeiten der nach wie vor westdeutsch-dominierten bundesdeutschen Justiz liegen in der Fortsetzung der altbundesrepublikanischen Staatsräson. 1987 haben in Bonn alle Parteien Erich Honecker den roten Teppich ausgerollt. Heute wollen diese Parteien nicht in eine Lage kommen, diesen Teppich nachträglich wieder einrollen zu müssen. Eine weitere Schwierigkeit ergibt sich aus der scheinbaren Kongruenz von Grundwerten. Auf solche Werte wie Loyalität zum Staat, Treue und Pflichterfüllung berufen sich sowohl die ehemaligen kommunistischen Herrscher, als auch ein Großteil der demokratischen Elite. Es gibt aber höhere Werte als eine Staatsräson, der der Charakter des Staates, dem man dient, gleich ist. Dies ist der Schutz der individuellen Grundrechte und der Unverletzlichkeit der Menschenwürde seiner Bürger.

Zur justitiellen Aufarbeitung des Unrechts der SED müssen diese Grundwerte für eine mündige Gesellschaft in den Blick genommen werden.

Die Verantwortlichen für die Tötungspraxis an der Mauer mit rechtsstaatlichen Mitteln einer gerechten Strafe zuzuführen, wäre ein Akt, der dem Rechtsfrieden zur inneren Einheit und dem Aufbau einer Gesellschaft mündiger und verantwortunsbereiter Bürger beitragen würde.

(Stephan Hilsberg ist seit 1990 brandenburgischer SPD-Bundestagsabgeordneter in Bonn und Mitglied der Enquetekommission "Deutsche Einheit". Von März bis Oktober 1990 war er Mitglied der Volkskammer der DDR).

Interviews

Ich bin selber Zeitzeuge

Interview mit dem rechtspolitischen Sprecher der CDU-Fraktion im Berliner Abgeordnetenhaus, Andreas Gram

TP: Herr Gram, gehören die Angeklagten im Politbüro-Verfahren auf die Anklagebank?

Gram: Meines Erachtens -ja. Das beweist nicht zuletzt, daß die Strafjustiz in Form der Staatsanwaltschaft eben Anklageschriften erarbeitet hat, die versuchen, die strafrechtliche Schuld hier darzulegen und auch nachzuweisen. Und ich meine, auch nach meiner Kenntnis heraus zu Recht. Ob es eine Verurteilung geben wird oder nicht, wird sich im Laufe des Verfahrens zeigen, aber ich denke schon, daß hier die Verantwortlichen auf der Bank sitzen für Schüsse an der Mauer, für Stacheldraht, für Schießbefehl.

TP: Die Verteidiger in dem Verfahren stehen auf dem Standpunkt und stellen diesbezügliche Anträge, daß das Völkerrecht mißachtet würde durch diesen Prozeß.

Gram: Gut, was die Verteidiger sagen, muß nicht immer richtig sein. Ich gehöre auch diesem Berufsstand an und weiß, daß man zuweilen auch absurde Dinge konstruieren muß. Wer hier das Völkerrecht vergewaltigt hat, waren diejenigen, die auf der Anklagebank sitzen, indem sie elementare Menschenrechte verletzt haben, indem sie in ihren Zirkeln -Politbüro und wo sie auch saßen-Befehle ausgegeben haben, so daß am Ende Menschen, die nichts anderes wollten als von einem Landesteil in die Freiheit zu kommen und in ihr eigenes Land im Grunde überzusiedeln, an der Mauer erschossen worden sind. Niemand denkt heute mehr an die Opfer, die Hinterbliebenen, das unsägliche Leid, das über ein ganzes Volk gebracht worden ist. Und da jetzt von Verletzung des Völkerrechts zu sprechen, wo sich die Justiz eines freiheitlich demokratischen Rechtsstaates dieser Sache annimmt, das grenzt wirklich fast an Verhöhnung.

TP: Professor Uwe Wesel spricht von Konstruktion, was die

Anklagevorwürfe betrifft.

Gram: Professor Wesel ist bekannt für seine etwas sonderbaren Stellungnahmen, was das Strafrecht betrifft -er ist übrigens überwiegend Zivilrechtler. Aber als Wissenschaftler der Freien Universität bleibt es ihm ja unbenommen, hier eine andere Meinung zu äußern. Die kann er ja auch begründen. Ich halte es allerdings nicht für korrekt, was er als Rechtsansicht vertritt, und ich bin auch ziemlich sicher, daß das Gericht einer anderen Rechtsansicht folgen wird, nämlich daß hier tatsächlich die Schuldigen, auch im strafrechtlichen Sinne Schuldigen, sitzen. Interessanterweise hat sich ja keiner der Angeklagten, jedenfalls nach meinem bisherigen Wissensstand -ich beobachte den Prozeß jetzt nicht täglich, muß ich sagen- zu einer strafrechtlichen Schuld bekannt. Herr Schabowski aber immerhin zu einer moralischen Schuld, was aus seiner Sicht immerhin schon ein großer Schritt ist. Und es wird natürlich eine Rolle spielen, ob die DDR in irgendeiner Form Einfluß hatte, sich eventuellen Direktiven aus Moskau zu widersetzen oder nicht zu widersetzen. Da gibt es ja doch ziemlich eindeutige Stellungnahmen. Und mir scheint auch die Rechtsprechung des Bundesgerichtshofs, die in letzter Zeit zu Tötungsdelikten an der Mauer ergangen ist, in eine deutliche Richtung zu weisen, daß man hier eben auch strafrechtliche Schuld annehmen kann. Und bitte vergessen wir eines nicht: Es handelt sich hier um die Strafjustiz eines freiheitlich demokratischen Rechtsstaates, d.h. eines Rechtsstaates, der eben auch diesen Angeklagten die Möglichkeit einräumt, sich mit gerichtsunabhängigen Verteidigern zu wappnen. Ganz im Gegenteil zu dem System des Landes, das sich einmal DDR genannt hat, in dem es eben eine Farce war, ein Gerichtsverfahren durchzuführen, in dem die Urteile bereits von vornherein feststanden, in dem die Stasi zum Teil - das wissen wir aus dem Havemann-Prozeß - Urteile schon vorformuliert hatte und diese dann im Gerichtssaal nur noch verlesen wurden. Da wehre ich mich wirklich gegen jeden Vergleich zwischen DDR-Strafjustiz und bundesdeutscher Strafjustiz. Hier handelt es sich um einen Rechtsstaat, und der Rechtsstaat hat auch die Möglichkeit Angeklagte freizusprechen, bevor sie eventuell unschuldig ins Gefängnis kommen. Wie ein Gericht entscheiden wird, weiß ich von vornherein eben nicht.

TP: Das Bundesverfassungsgericht hat die Vollstreckung der

Freiheitsstrafen gegen Keßler, Streletz und Albrecht per einstweiliger Anordnung aufgehoben mit der Begründung, daß es hinsichtlich der völkerrechtlich aufgeworfenen Fragen und des Rückwirkungsverbotes noch keine eindeutige Rechtsprechung gibt. Wäre ein abschließendes Urteil des Bundesverfassungsgerichts eventuell abzuwarten, bevor solche Verfahren weitergeführt werden, die unter Umständen durch ein späteres Urteil des Bundesverfassungsgerichts ad absurdum geführt werden könnten und den Steuerzahler eine Menge Geld kosten?

Gram: Nein, ich würde nicht dafür plädieren. Wenn wir in allen Rechtsfragen, die das Bundesverfassungsgericht gegebenenfalls abschließend regeln würde, die Verfahren vorher, die mit einer zu klärenden Rechtsfrage behaftet sind, einstellen würden, dann hätten wir einen Stillstand der Rechtspflege. Ich sehe überhaupt gar keinen Grund, weshalb hier zugunsten von DDR-Straftätern nun eine Ausnahmesituation gegenüber anderen Verfahren gegeben werden soll. Es kann ja durchaus sein, daß die Vorinstanzgerichte die juristische Schuld ganz anders bewerten als vielleicht später einmal das Bundesverfassungsgericht. Das ist aber nicht nur im Strafrecht, was DDR-Straftaten angeht, so, sondern in fast allen Strafrechtsfragen, die sich im Laufe der Jahrzehnte herausgebildet haben. Es konnte unter Umständen dazu kommen, daß der Bundesgerichtshof oder das Bundesverfassungsgericht am Ende eine andere Meinung vertraten als die Vorinstanzen. Dann wurden im Regelfall die vorinstanzlichen Urteile aufgehoben oder es gab Zurückverweisungen, je nachdem was die Strafprozeßordnung vorsieht.

TP: Die Angeklagten bestreiten einen Schießbefehl; es gab auf der anderen Seite, so sagen sie, ein Schußwaffengebrauchsbestimmungsgesetz, das eindeutig vorsah, daß erst dann geschossen werden darf, wenn zuvor ein Warnschuß abgegeben worden war -und zwar innerhalb eines militärischen Sperrgebiets.

Gram: Das ist eine feine Umschreibung für den Schießbefehl. Was war denn das anderes, als daß Menschen daran gehindert wurden mit der Schußwaffe, in die Freiheit zu gehen. Elementarste Menschenrechte wurden verletzt. Und daß es einen Schießbefehl gab, das wissen wir aus den Akten, das ist ja auch in der

Rechtsprechung bislang nie bestritten worden -jedenfalls meines Wissens nicht.

TP: Egon Krenz z.B. bestreitet einen Schießbefehl...

Gram: Ja gut, Egon Krenz bleibt auch gar nichts anderes übrig -er ist ja der Angeklagte. Ich glaube aber nicht unbedingt, daß seine Einlassung vor Gericht nun so die glaubhafteste ist; das ist seine Sicht der Dinge, die sei ihm unbenommen. Ich habe da eine andere. Wir haben insbesondere im Westen über Jahrzehnte, als es die DDR noch gab, immer von der Existenz des Schießbefehls gesprochen. Und es war eigentlich auch in der westlichen Werteordnung unumstritten, daß es diesen gab. Weshalb sind denn diese Menschen gestorben? Weshalb wurde denn geschossen? Es wurde doch nicht geschossen, weil keiner einen Befehl erteilt hat. Es gibt doch ein Ursachenprinzip. Und wir hatten über Hunderte von Maueropfern. Ich gehöre zu der Generation, die damals noch am 13. August auf die Straße gegangen ist, um gegen dieses Unrecht zu protestieren. Und nun bin ich doch nicht plötzlich, nur weil es die Wiedervereinigung gibt, anderer Auffassung. Natürlich gab es einen Schießbefehl. Die Frage ist, wie er ausgeprägt war. Es ist vielleicht sogar das Schlupfloch der Angeklagten, daß man ihn vielleicht in Form eines klassischen schriftlichen Befehls nicht nachweisen kann, wenngleich es ja auch die Unterlagen gibt, die eine Existenz darlegen -aus meiner Sicht auch zwingend beweisen. Da haben dann die Angeklagten Glück, daß sie eben nicht in einem diktatorischen System vor Gericht stehen, sondern in einem System, das sagt: Im Zweifel für den Angeklagten. Wollen wir mal sehen, wie's ausgeht...

TP: Ich möchte einmal eine provozierende Frage stellen...

Gram: Nur zu.

TP: Nehmen wir einmal an, die Bundesrepublik hätte eine Ostgrenze ähnlich der Westgrenze der DDR. Würden Sie sich persönlich trauen, über diese Mauer zu gehen -würden Sie da nicht leichtfertig Ihren Tod in Kauf nehmen?

Gram: Entschuldigen Sie, jetzt bringen Sie aber einen Vergleich, den ich so nicht akzeptieren kann...

TP: Die Frage ist hypothetisch...

Gram: Nein, das beruht auf einer Hypothese, die Sie so gar nicht aufstellen können. Die Bundesrepublik in ihrer bislang bekannten Staatsform ist eben ein Staat, der keine Zwangsmaßnahmen zuläßt, der ein wirksam umsetzbares Grundgesetz hat, das die Freiheit eines jeden Einzelnen garantiert. Die hypothetische Frage, daß eine Bundesrepublik entgegen ihrem eigenen Grundgesetz nun auf einmal Mauer und Stacheldraht baut...

TP: ...ich stelle die Frage mal umgekehrt...

Gram: ...ich halte die Frage wirklich für absurd, Entschuldigung...

TP: Ich stelle die Frage mal so: Hatten sich die Menschen in der DDR möglicherweise leichtfertig in die Situation begeben, als sie sich über die Mauer und Grenze wagten, erschossen zu werden?

Gram: Entschuldigen Sie bitte, jetzt machen Sie aber -ich weiß, daß Sie das nicht persönlich meinen, sondern hypothetisch fragen- den Bock zum Gärtner. Und Sie kehren das Verursacherprinzip um. Welche andere Wahl hatten denn die Leute? Sie hatten doch gar keine andere Wahl, wer eine Friedens- und Freiheitssehnsucht hatte und in die Freiheit wollte. Es sind ja nicht alle Leute in den Westen geflohen, nur weil sie unbedingt einen Videorecorder haben wollten. Es gab viele von denen, die in dem Mief und der politischen Enge der DDR erstickt wären, und sie brauchten eben die freiheitliche Ausprägung. Danach sehnten sie sich. Und wenn ein solcher Mensch in einem solchen Konflikt steht, dann nimmt er auch seine eigene Ermordung in Kauf. Es bleibt ihm gar nichts anderes übrig. Das aber macht doch das Unrecht nicht besser. Das ist doch keine Einwilligung im strafrechtlichen Sinne, die da vielleicht konstruiert werden soll nach dem Motto: Na ja, wer sich in Gefahr begibt, kommt darin um. Das kann wirklich nicht gemeint sein. Und, sehen Sie einmal, es soll ja der Verursacher hier bestraft werden, es sollen diejenigen bestraft werden, die verantwortlich sind für das Unrecht, das da gemacht worden ist. Wäre es nicht zu einer Teilung Deutschlands gekommen, hätte es keine Mauer und keinen Stacheldraht gegeben; und hätte es keinen -aus meiner Sicht existierenden- Schießbefehl gegeben, dann wären wir heute nicht bei diesen Strafprozessen. Dann hätte der Zustand geherrscht, der im Völkerrecht Gang und Gäbe ist, nämlich ein freies Reise- und Aufenthaltsrecht für Menschen.

TP: Die Angeklagten argumentieren, der Verursacher als solcher sei eigentlich der Warschauer Pakt.

Gram: Ich will nicht in Abrede stellen, daß der Warschauer Pakt ein Mitverursacher war; aber das ist doch nur die Theorie, daß man in der DDR so wenig Spielraum gehabt habe und sich gegen den Druck des Warschauer Pakts gar nicht hätte wehren können. Das wird von vielen Experten auch bestritten, daß das so ist, also von den Leuten, die wirklich etwas davon verstehen. Natürlich hatte die DDR Bewegungsfreiheit. Und es kann mir keiner erzählen, wenn die NVA oder die Grenztruppen nicht geschossen hätten, es Schimpfe aus Moskau gegeben hätte- oder Restriktionen. Das halte ich für schlechthin lächerlich.

TP: Das Gericht hätte das aber im Zweifel zu beweisen.

Gram: Ich weiß nicht, ob das Gericht es beweisen muß; das Gericht muß sich ein Bild darüber machen, wie die Situation in den Befehlszentren der DDR war. Und es gibt ja schon deutliche Hinweise der Rechtsprechung, daß die DDR Spielraum hatte, insbesondere natürlich in den Kreisen derjenigen, die jetzt auf der Anklagebank sitzen. Hätte damals das Politbüro gesagt, Grenzverletzer werden nicht erschossen -sagen wir es mal so rum, dann hätte es doch keine Restriktionen aus Moskau gegeben - ganz bestimmt nicht.

TP: Das wird aber z.B. von Egon Krenz behauptet: Als zwischen 1983 und 1985 die Schußanlagen abgebaut worden sind, das Grenzregime humanisiert worden ist, ist Honecker sowie das gesamte Politbüro nach Moskau zitiert worden.

Gram: Also ob Krenz jetzt hier so der berufene Zeitzeuge als Angeklagter ist, wage ich zu bezweifeln. Ihm bleibt doch gar keine andere Wahl, als sich auf diese Position zurückzuziehen. Es hat ja auch gar keinen ernsthaften Versuch gegeben, sage ich mal, diese Mißstände von seiten der DDR in irgendeiner Form abzuwenden. Weshalb denn nicht? Weil man es doch selbst nicht wollte. Die sollen doch jetzt nicht so tun, als seien sie gezwungen worden vom "Großen Bruder Sowjetunion", nun Menschen an der Mauer zu erschießen. Das ist ein Verdrängungssymptom. Das kenne ich auch aus der Praxis bei ganz normalen Straftätern: schuld sind immer die anderen.

TP: Egon Krenz weiß bestimmt, daß er die Position, die er vertritt, zur Not zu beweisen hätte, daß ihm also die einfache Behauptung als solche nichts nützt.

Gram: Ja, das ist eine Einlassung des Angeklagten, die vom Gericht überprüft werden muß. Natürlich ist es schon eine Frage der Schuld. Das ist ein ganz klarer Punkt hier, ob es wirklich keinen Spielraum für DDR-Straftäter gegeben hat oder nicht. Das wird eine zentrale Rolle spielen. Und nach meiner Prozeßbeobachtung spielt sie die auch -ich verfolge den Prozeß jedoch nur außerhalb des Gerichtssaales. Aber es ist eine zentrale juristische Frage. Und die muß das Gericht beantworten. Nur ich sage Ihnen, ich kann es mir schlechthin nicht vorstellen, daß das Gericht zu dem Ergebnis kommt, die jetzigen Angeklagten waren in ihrer Entscheidungsfreiheit soweit eingeengt, daß sie ein Ermorden von Menschen an der Mauer nicht hätten verhindern können. Das ist wirklich grotesk.

TP: Aber ohne Belastungszeugen wird das Gericht ein Urteil schwerlich begründen können.

Gram: Ich weiß nicht, ob wir unbedingt Belastungszeugen brauchen. Soweit stecke ich in dem Prozeß nicht drin. Ich denke, die vielen Toten sind Beweis genug. Es kann doch gar nicht bestritten werden, daß Menschen an der Mauer erschossen wurden. Und wenn man nach der ganz normalen philosophischen und juristischen Logik geht, hat jede Wirkung ihre Ursache. D.H., die Ermordung eines in die Freiheit Flüchtenden hatte ihre Ursache in dem Schußwaffengebrauch. Und der Schußwaffengebrauch hatte seine Ursache in einem Befehl. Und der Befehl hatte seine Ursache wieder in einer anderen Ursache, nämlich im Politbüro. So schließt sich die Kette. Und da brauche ich letztlich keine Zeugen dafür. Daß Leute gemordet wurden, ist klar. Was etwas vielleicht Beweiswürdiges wäre, ist die Frage der Atmosphäre des Politbüros bzw. der Entscheidungsgremien, die alle daran beteiligt waren in der DDR. Da wird man Zeugen brauchen. Nur da fand ich die bisherigen Einlassungen des Herrn Schabowski als Mitangeklagter hochinteressant.

TP: Aber auf der anderen Seite könnte ein Urteil stehen und fallen mit Zeugen aus der ehemaligen Sowjetunion, z.B. Herrn Abrassimow, der ja die Position vetritt, daß die DDR eben nicht anders konnte als sie eben gehandelt hat.

Gram: Ja, das ist richtig. Daß solche Zeugen gehört werden müssen, scheint mir unerläßlich in einem fairen rechtsstaatlichen Verfahren. Nur ob man diesen Zeugen Glauben schenkt, ist eine andere Frage. Das Gericht muß sich, wie in jedem Strafprozeß, von der Glaubwürdigkeit der Zeugen überzeugen. Und ob Herr Abrassimow nun der berufene Zeuge ist, sich zur Schuldfrage dieser Leute zu äußern, da habe ich, gelinde gesagt, Zweifel. Der Zeuge muß neutral sein. Und Herr Abrassimow war eine tragende Säule des sozialistischen Systems. Selbstverständlich wird er alles versuchen, aus seiner Sicht seine Glaubensgenossen im Geiste herauszupauken. Deshalb muß das Gericht seine Glaubwürdigkeit überprüfen. Das ist aber jetzt eine Frage des Verlaufs der mündlichen Verhandlung, die kann ich im Moment nicht weiter komentieren.

TP: Es gibt ja auch westliche Experten, die argumentieren, daß die DDR ein Recht gehabt habe, ihre Grenze zu bauen und auch zu verteidigen.

Gram: Wissen Sie, so etwas werden Sie auch finden in westlichen Köpfen zur Rechtfertigung des Dritten Reiches oder ähnlicher Systeme. Es wird auch bestimmt Wirrköpfe geben, die Herrn Polpot als Heilsbringer dieser Welt bezeichnen.
Ich glaube, das ist wirklich eine Wirrkopfargumentation, die durch nichts zu rechtfertigen ist; und die historischen Fakten widerlegen diese Leute ganz eindeutig. Wir müssen uns doch wirklich an die Fakten halten, und die sind die, daß hier Leute willkürlich ein Land gespalten und Menschen an der Mauer erschossen haben. Und da lasse ich mir kein X für ein U vormachen. Da bin ich selber Zeitzeuge. Das habe ich mein ganzes Leben lang erlebt.

Interview: Dietmar Jochum, TP Berlin

Salzgitter wirkte "schießhemmend"

Interview mit Friedrich Schorlemmer

TP: Herr Schorlemmer, was tun mit denen, die verdächtigt werden, in der DDR gegen das Recht verstoßen haben?

Schorlemmer: Sie haben "die Internationale" gesungen und gegen das Menschenrecht verstoßen... sie vor eine westdeutsche Justiz stellen....
Zunächst einmal müßten die Herren, die vor Gericht stehen -es sind ja im wesentlichen Herren-, sich selber fragen, was sie mit einer Idee gemacht haben, die zu den großen Ideen der Menschheitsgeschichte gehört, nämlich: Die Gleichheit aller Menschen in eine soziale Gerechtigkeit umzugießen und gleichzeitig durch Bildung die Menschen zu befähigen, mündige Staatsbürger bei der Gestaltung ihres Gemeinwesens zu sein, in der der Mensch dem Menschen ein Helfer ist, und nicht mehr ein Wolf oder Konkurrent. Das ist kaputtgegangen, weil die hehren Ziele mit verwerflichen Mitteln -nicht nur, aber auch -mit verbrecherischen Mitteln- verwirklicht werden sollten.
Das zweite ist, daß dieser Staat bzw. die sozialistischen Staaten, und darunter auch die DDR, sich um ihres Machterhaltes willen Gesetze gegeben haben, die sich im Effekt gegen die eigenen Bürger gerichtet haben, so daß Menschen, die befreit werden sollten, einfach eingesperrt wurden, und zwar sowohl in ihrem Denken als auch in einem mauer- und minenumgrenzten Territorium. Dazu kam Zwang zu normgerechtem Verhalten, zu "sozialistischem Bewußtsein". Linientreue gesellschaftliche Mitarbeit wurde honoriert und -wo man abwich- bestraft. Das sind Vorgänge, die politisch und moralisch so ehrlich wie möglich zu analysieren und zu bewerten sind.
Was strafrechtliche Prozesse betrifft, so meine ich nicht, daß es die "westdeutsche" Justiz ist, sondern die Justiz des Vereinten Deutschland, die jetzt das untersucht, was man Regierungskriminalität nennt, also zu klären hat, wer in welcher Weise persönlich für Straftaten verantwortlich ist, wo elementare Menschenrechte verletzt wurden. Und wir sind in einem schwierigen Problem: Läßt sich strukturelle oder politische Verantwortung anklagen oder läßt sich nur die konkrete Schuld anklagen? Darf

man Gesetze anwenden, die in der Zeit, in der sie gehandelt haben, in ihrem Staatswesen nicht galten? Hier gilt das Rückwirkungsverbot.

Dieses Prinzip ist, und mit guten Gründen, 1945 durchbrochen worden. Das hat übrigens tiefe philosophische und theologische Hintergründe, daß es nämlich ein natürliches Recht des Menschen auf Leben gibt und daß es so etwas gibt wie Menschenrechte, die universal, also immer, überall und für alle gelten. Nach diesen universellen Gesetzen sind dann -das ist ein Durchbruch in der Rechtsgeschichte- die Nazigrößen bei den Nürnberger Prozessen vor Gericht gestellt und verurteilt worden.
Heute muß man prüfen, ob und in welcher Weise ähnliches für die gilt, die verantwortlich sind für die Flüchtlinge, die an der Staatsgrenze der DDR ums Leben gekommen sind. Sie sind nach meiner Ansicht nach für viel mehr verantwortlich, für etwas, was sich strafrechtlich jedenfalls kaum erreichen läßt, wenn der Rechtsstaat weiterhin seine eigenen Prinzipien aufrechterhält. Sie sind verantwortlich zu machen für ein System, das sich als Ausdruck des Fortschritts der Menschheit verstand und nun ökonomisch, politisch und moralisch gescheitert ist. Das sagt noch nichts über das verbliebene Gesellschaftssystem aus; es sagt erst einmal etwas über das Scheitern des sozialistischen Gesellschaftsentwurfs aus, der in sich nicht verwerflich ist, aber sich ein falsches Ziel setzte, nämlich ein unerreichbares.

TP: Die Angeklagten im Politbüro gehen für sich davon aus, daß alle Gesetze in der DDR durch die Volkskammer beschlossen wurden, nach denen sich alle zu richten hatten. Auch sie selbst hätten stets nur nach diesen Gesetzen gehandelt.

Schorlemmer: Das geht von der irrigen Vorstellung aus, als wenn die DDR in dem Sinne ein Rechtsstaat gewesen wäre, daß es eine gegenseitig begrenzte und kontrollierte Gewaltenteilung gegeben hätte. Das Politbüro war das höchste Machtorgan, das durch die Partei legitimiert war. Die Partei ließ in sich keine Opposition zu - noch nicht einmal im Politbüro, also lief alles auf den 1. Sekretär zu. Nirgendwann hat sich eine kollektive Führung, z.B. eine Troika längere Zeit gehalten.
Das Sowjetsystem war ganz und gar autoritär, alles konzentrierte sich auf eine Person. Von dieser Person ging dann die jeweilige

Parteilinie aus, bis hin zu Gorbatschow. Das Politbüro entschied darüber, wann welches Gesetz gegen wen wie erlassen wurde. Vieles lief gänzlich gesetz-los. Bisweilen hat "der Staat" seine eigenen Gesetze aus politischen Gründen nicht angewandt. Auch Gutwilligkeit ist in diesem Sinne Willkür! Das Strafgesetzbuch war ein einziger Horrorkatalog. Als ich das las, mußte ich mir sagen, daß man mich jeden Tag hätte für 3 mal 12 Jahre verknacken können Das haben sie nicht gemacht. Sie hätten es tun müssen, wenn die DDR ein Rechtsstaat gewesen wäre. Ich habe ständig, täglich gegen 106 verstoßen...

TP: Was besagt 106?

Schorlemmer: Es ging um die Diskriminierung des Staates..., ich hatte gegen 9 Paragraphen verstoßen, die so auf mich zutrafen...

TP: In Tateinheit?

Schorlemmer: Ja, in Tateinheit (lacht); und diese Paragraphen waren so allgemein abgefaßt, so formmuliert, daß sie politisch weit auslegbar waren, wie der Volksmund sagt: Gummiparagraphen. Die DDR war deshalb insgesamt kein Unrechtsstaat, aber so wie bei ihr das Recht zustande kam und wie mit Recht umgegangen wurde, entsprach es nicht den Kriterien eines Rechtsstaates. Dennoch gab es in einzelnen Lebensbereichen Entfaltungsmöglichkeiten, die es für Menschen in anderen Diktaturen nicht gab und gibt. Die Bezeichnung "Unrechtsstaat" ist für die DDR keine falsche, aber eine nicht zureichende Bezeichnung. Auch das "Eigentum" wurde als Politikum behandelt, aber im zivilrechtlichen Bereich, etwa im Arbeitsrecht, gab es rechtsstaatliche Verfahren.

TP: Unterstellen wir jetzt einmal, daß die westdeutsche oder, vielleicht treffender, die gesamtdeutsche Justiz befugt ist, über die genannten Herren zu Gericht zu sitzen. Macht es auf der anderen Seite nicht aber ein beklemmendes Gefühl, daß eine Justiz mit am Tische sitzt, deren Staat für Honecker ein Straffreiheitsgesetz erließ, so daß er 1987 sozusagen mit "weißer Fahne" auf rotem Teppich einlaufen konnte?

Schorlemmer: Man hatte damals berechtigte Sorge, daß irgendein Staatsanwalt sich nicht an die politischen Gepflogenheiten oder "höheren" Erfordernisse der Politik halten würde, sondern den Mauerarchitekten und Vorsitzenden des Verteidigungsrates der DDR dingfest machen würde: "Der ist verantwortlich für Mauer und Schießbefehl und muß vor Gericht." Die Bundesrepublik machte letztlich -trotz der staatlichen Anerkennung der DDR- einen Vorbehalt, daß die BRD zwar faktisch nicht mehr über das Territorium und die Staatsbürger der DDR verfügen kann, aber die Bürger der DDR ständig, sowie sie es wollten, ohne besondere Formalitäten, Deutsche sein konnten im vollen Sinne. Alleinvertretung wurde von der Bundesrepublik faktisch doch noch wahrgenommen als bundesdeutsches Staatsbürgerschaftsrecht für alle DDR-Bürger. Insofern hat der westdeutsche Staat seinen Anspruch auf die DDR ausgeweitet. Von da aus mag man ableiten, daß man rückblickend urteilt: Die DDR war zwar ein eigenes völkerrechtliches Subjekt, aber die Rechtshoheit galt nur eingeschränkt und Menschenrechtsverstöße müssen jetzt geahndet werden. Es ist wohl historisch einmalig, daß ein anderer Staat nach dem Zusammenbruch des Nachbarstaates mit juristischen Mitteln gegen die Verantwortlichen dieses Staates vorgeht. Im übrigen ist auch die Zentrale Erfassungsstelle in Salzgitter einmalig. Wo gibt es das, daß ein Land eine Sammelstelle über die Unrechtstaten eines Nachbarlandes einrichtet.
Es kann indes sein, daß Salzgitter "schießhemmend" gewirkt hat.

TP: Wenn die westdeutsche Justiz heute diese Prozesse führt in Anbetracht dessen, daß es ein Straffreiheitsgesetz 1987 für Honecker gegeben hat, er also seinerzeit ohne Befürchtung, von der westdeutschen Justiz verfolgt zu werden, in die Bundesrepublik einreisen durfte, und nun heute Prozesse gegen ehemalige DDR-Hoheitsträger geführt werden, ist es da verwunderlich, wenn Egon Krenz von "Siegerjustiz" spricht?

Schorlemmer: Ich halte den Begriff "Siegerjustiz" für völlig übertrieben, weil alle sich in einem rechtsstaatlichen Verfahren verteidigen können. Krenz kann sogar seine Verteidigungsrede veröffentlichen, kann eben das Recht jenes Gerichts in Zweifel ziehen und das öffentlich machen.
Sehr geehrter Herr Krenz, jeder politische Prozeß in der DDR wurde wie eine geheime Staatsaktion behandelt, da durften noch nicht

einmal die Eltern dabei sein, geschweige denn andere Angehörige oder Freunde -außer zur Urteilsverkündung, also zur Strafmaßverkündung, nicht aber zur Urteilsbegründung. So durfte keiner etwas erfahren.

Ich wünschte mir von Herrn Krenz und den anderen Herren, daß sie öffentlich eingestehen, daß es elementare Verletzungen der Grundprinzipien der Zivilisation waren, wie man in politischen Prozessen mit Menschen umgegangen ist und welche Praktiken im Strafvollzug herrschten. Was war mit Matthias Domaschk... Wenn man darüber schweigt und jetzt über Siegerjustiz klagt, halte ich das für infam (Punkt 1).

Friedrich Schorlemmer

Punkt 2: Wenn sich bestimmte Richter der Bundesrepublik nun damit hervortun, vor allen Dingen einige Staatsanwälte, sich über "unsere" entmachteten Repräsentanten herzumachen und das aus der Position derer tun, die "historisch" Recht hatten und nun Recht sprechen können, dann wirkt das in der Tat wie Umgang von Siegern mit Besiegten. Ich kann psychologisch verstehen, was da passiert. Politisch und moralisch halte ich den Begriff "Siegerjustiz" jedoch für falsch, denn hier wird im Rechtsstaat um den Rechtsstaat gerungen und sie -die Angeklagten- haben das Recht, alle Mittel, die der Rechtsstaat ihnen bietet, einzusetzen. Lesen Sie bitte, meine Herren Obergenossen noch einmal das Strafgesetzbuch, für das Sie, die da im Politbüro saßen oder im Zentralkomitee waren, alle mit haften -also eine strukturelle Verantwortunmg für das haben, was da drin stand. Und dann kucken Sie sich das Strafmaß an, das schließlich für Sie gefunden wird. Also, Sie können schon ganz froh sein, daß sie nicht ein umgepoltes StGB der DDR trifft!!
Was ich persönlich denke, ist eine ganz andere Frage. Ich halte die ganze Art, nachträglich mit den Herren zu verfahren, für nicht angemessen, vieles, was da passiert, läuft als Posse ab. Es befriedigt nicht die Opfer, und es verbittert die Täter. Es ist nirgendwo erreichbar, daß man nach dem Gleichheitsgrundsatz verfährt, z.B. bei den Wahlfälschungen. Da müßte man noch Jahre und Jahrzehnte zurückgehen... Ist es politisch nicht durchsichtig, wenn Herr Modrow mehrmals angeklagt wird? Warum nicht Herr Böhme -das war "unser" Parteichef hier im Bezirk Halle. Achim Böhme war ein Wort für Angst und Beton, Hans Modrow ein Wort für Reform und Öffnung. Strafrechtliche Zugänge allein verengen, verschieben und trüben den wahrhaftigen Rück-Blick.

Interview: Dietmar Jochum, TP Berlin

Unbewaffnete abgeknallt wie die Hasen!

Interview mit den Generalstaatsanwälten Dr. Erardo Cristoforo Rautenberg (Brandenburg) und Dr. Heinrich Kintzi (Braunschweig)

TP: Herr Dr. Kintzi, brauchen wir solche Prozesse wie sie derzeit in Berlin gegen Egon Krenz, Günter Schabowski und andere geführt werden?

Dr. Kintzi: Ich glaube -ja, denn es gäbe aus meiner Sicht ein sehr schiefes Bild, wenn wir die Kleinen hängen, das heißt die Kleinen verurteilen würden und diejenigen, die viel mehr Verantwortung getragen und dementsprechend auch viel mehr Schuld auf sich geladen haben, nicht verfolgen würden -ganz abgesehen davon, daß unser Legalitätsprinzip, das heißt alle Straftaten zu verfolgen, uns dazu zwingt.

TP: Die sogenannten Großen behaupten nun heute, die Prozesse gegen die Kleinen sind zuerst geführt worden, um eine Handhabe gegen sie konkret zu haben, nach dem Motto: Man kann doch die Kleinen nicht hängen und die Großen laufen lassen.

Dr. Kintzi: Das ist nicht richtig. Die juristische Konstruktion erfordert, daß wir zuerst die Haupttat feststellen müssen, um dann eventuell den mittelbaren Täter oder den Anstifter anzuklagen und zu verurteilen. Und wir brauchen -das hat die Sache verzögert und mühsam gestaltet- die entsprechenden Zwischenglieder des Befehlsstranges. Wir müssen sie aufklären, um die Ursachenverbindung, die sogenannte Kausalität, herzustellen, so daß sich daraus auch erklärt, daß wir zuerst die Mauerschützen strafrechtlich zur Verantwortung ziehen müssen und daß jetzt diejenigen, die dafür im Politbüro oder in anderen Funktionen Verantwortung getragen haben, zur Rechenschaft gezogen werden.

TP: Herr Dr. Rautenberg, von den Angeklagten im Politbüroprozeß wird angeführt, das Rückwirkungsverbot würde nicht beachtet und nach dem Völkerrecht seien sie berechtigt gewesen, diese Mauer zu bauen bzw. verweisen hier auch auf den Warschauer Pakt. Es wird auch ständig von den Verteidigern gefordert, die Verfahren auszusetzen, bis die Entscheidung des Bundesverfassungsgerichts in Sachen Streletz, Keßler und Albrecht ergangen ist. Wäre es nicht besser, auch aus prozeßökonomischen Gründen, diese Entscheidung des Bundesverfassungsgerichts abzuwarten bis man weiterverhandelt?

Der Autor beim Interview mit Dr. Rautenberg (links) und Dr. Kintzi

Dr. Rautenberg: Nein, das denke ich nicht. Ich bin der Überzeugung, daß diese Entscheidungen des Bundesgerichtshofs, die sich jetzt auf dem Prüfstand des Bundesverfassungsgerichts befinden, Bestand haben werden, weil der Bundesgerichtshof diese Problematik der Todesschüsse an der innerdeutschen Grenze sehr sensibel gelöst hat. Und es wäre aus meiner Sicht ein Ergebnis, das alles in Frage stellen würde, wenn die schwere Verletzung von Menschenrechten ohne strafrechtliche Konsequenzen bleiben würde. Daß das Bundesverfassungsgericht sich zu dieser Frage äußert, ist richtig, es ist eine Verfassungsfrage, aber ich denke, die Wahrscheinlichkeit, daß das Bundesverfassungsgericht zu diesem Ergebnis kommt, daß die bisherigen Urteile nicht der Verfassung entsprechen, ist unwahrscheinlich.

TP: Theoretisch besteht aber auch die Möglichkeit, daß das Bundesverfassungsgericht sagt, hier ist das Rückwirkungsverbot betroffen -dann wäre für die jetzt durchgezogenen Verfahren eine Menge Geld verpulvert worden. Wäre es nicht auch ein Gebot der Rechtsstaatlichkeit gewesen, dieses Bundesverfassungsgerichtsurteil -egal wie es ausfällt- abzuwarten, um so zugleich Kritikern den Wind aus den Segeln zu nehmen, gleichzeitig hätte sich nicht nur das Gericht eine Menge Mühe mit den von den Verteidigern gestellten Anträgen erspart?

Dr. Rautenberg: Nein, wissen Sie, es ist doch eine ganz durchschaubare Verteidigerstrategie, diese Verfahren mit einer politischen Bedeutung in irgendeiner Weise in die Länge zu ziehen. Da braucht man nicht nur an dieses Verfahren zu denken, sondern da gibt es jede Menge Verfahren...
Ich glaube nicht, daß da der Rechtsstaat in Gefahr ist, wenn man diesen Prozeß weiter führt. Wie gesagt, das Bundesverfassungsgericht hat darüber zu urteilen -es hat auch seine Richtigkeit; aber ich halte die Wahrscheinlichkeit für sehr gering, daß sich dann herausstellt, daß das ganze Verfahren sozusagen umsonst gewesen ist.

TP: Dr. Rüdiger Reiff, der Justizpressesprecher beim Landgericht Berlin, ist da ganz anderer Auffassung. Er spricht hinsichtlich der von den Verteidigern gestellten Anträgen von "strafprozessual gebotenen Möglichlichkeiten, die sich geradezu anbieten...".

Dr. Rautenberg: Das schließt sich ja nicht aus. Aber man kann natürlich interessiert sein, eine Sache zum Abschluß zu bringen und man kann Anträge stellen, die zu einer Verfahrensverzögerung führen. Und ich denke, eine Verteidigung, die darauf aus ist, das Verfahren möglichst schnell zum Abschluß zu bringen, würde eben nicht den Antrag stellen, die Entscheidung des Bundesverfassungsgerichts abzuwarten.

TP: Herr Dr. Kintzi, es wird ja nun auch als eine Alternative von verschiedenen Leuten angesehen, für die Angeklagten einen Internationalen Gerichtshof einzuberufen. Warum wäre das für die westdeutsche Justiz keine Alternative?

Dr. Kintzi: Aus meiner Sicht besteht hierfür keine Rechtsgrundlage. Wir haben unsere eigene deutsche Strafverfolgung aufgrund unserer Strafhoheit; und ich kann mir auch nicht vorstellen, aus welchen Gründen wir internationale Institutionen mit dieser Problematik konfrontieren sollten. Das sieht zum Beispiel anders aus bei den Verfahren aus Rest-Jugoslawien, wo möglicherweise der Justizapparat nicht in der Lage ist, mit solchen Verfahren fertig zu werden. In der Bundesrepublik besteht ein völlig intaktes juristisches Instrumentarium, auch die entsprechenden Organe. Und es sind ja Straftaten, die auf dem deutschen Territorium begangen worden sind.

TP: Die Angeklagten führen führen ja jetzt auch für sich ins Feld, daß sie kein DDR-Recht verletzt haben, auch kein internationales Recht; wie kann die bundesdeutsche Justiz dennoch begründen, einen Prozeß gegen sie durchzuführen?

Dr. Kintzi: Ich habe da überhaupt keine Probleme. Der Totschlag und der Mord sind sowohl im Strafgesetzbuch der ehemaligen DDR als auch in dem der Bundesrepublik Deutschland geregelt. Deshalb ist unser Strafrecht, unser jetzt gemeinsames Strafrecht auf der Grundlage des Einigungsvertrages mit den entsprechenden von der Rechtsprechung entwickelten Grundsätzen anwendbar, wonach das mildeste Recht gilt. Es ist ein Recht, das auch nach internationalen Grundsätzen für solche Straftaten zur Verfügung steht und ich betone noch einmal, der Tatort liegt in Deutschland und dementsprechend kann ich mir kaum eine Rechtsgrundlage vorstellen, die die Zuständigkeit eines internationalen Spruchkörpers zuweist.

TP: Nun führen die Angeklagten auch für sich ins Feld, es handelte sich hier um militärisches Sperrgebiet und jeder Staat habe das Recht, seine Grenzen zu schützen. Das sei ihnen auch von westlichen Experten bestätigt worden. Und wenn jemand militärisches Sperrgebiet betrete, dann tue er das auf eigene Gefahr; das Strafrecht sei hier fehl am Platze...

Dr. Kintzi: Das ist ein anderes Problem. Das hat mit internationalem Recht nicht unbedingt etwas zu tun. Hier stellt sich die Frage, inwieweit diese Straftaten, diese Tötungshandlungen gerechtfertigt sind. Hierbei ist das entsprechende materiell-rechtliche Instrumentarium, zum Beispiel das Grenzgesetz der DDR auszulegen, und zwar unter Berücksichtigung der völkerrechtlich geschützten Menschenrechte. Das hat der Bundesgerichtshof nach meiner Auffassung in einer klaren Form getan, indem er zum Ausdruck gebracht hat, daß diese Tötungshandlungen eben nicht durch die Bestimmungen des Grenzgesetzes gerechtfertigt werden können, weil hier gegen überpositives Recht verstoßen wurde, weil ein offensichtlich unerträglicher Verstoß gegen Menschenrechte vorliegt. Das können wir also, um es zusammenzufassen, mit unserem Recht, sei es dem Recht der ehemaligen DDR, sei es dem Recht, das früher in der Bundesrepublik gegolten hat, durchaus in den Griff bekommen.

TP: Herr Dr. Rautenberg, würde bereits das Schußwaffenge-brauchsbestimmungsgesetz der ehemaligen DDR gegen ein solches Recht verstoßen?

Dr. Rautenberg: Nein, das ja nicht. Es geht darum, daß die Verhältnismäßigkeit nicht gewahrt ist, wenn jemandem, der nur von seinem Menschenrecht auf Ausreise Gebrauch macht, unbewaffnet einfach nur aus diesem Staat will, in den Rücken geschossen wird. So einfach ist das. Und eine derartige Handlung ist eben nicht als Recht anzusehen.

TP: Das Schußwaffengebrauchsbestimmungsgesetz sah ja nun vor, zuerst einen Warnschuß abzugeben, wenn sich jemand im Grenzgebiet aufhielt. Insofern wäre das doch mit den Menschenrechten vereinbar?

Dr. Rautenberg: Ja, das ist ja alles soweit gedeckt. Gegen den Warnschuß ist ja nichts zu sagen. Und es ist ja selbst durchaus noch im Rahmen gesehen worden bei dieser "Abwägung Menschenrecht auf Ausreise und Grenzsicherung", daß der Grenzsoldat dem Flüchtenden in die Beine schießt. Und wenn es dabei geblieben wäre, dann wären wir alle zwar nicht glücklich, aber letztlich zufrieden. Aber man hat ja die Unbewaffneten gelegentlich wie die Hasen abgeknallt. Und das ist eben eine Handlungsweise, die in keinem Falle zu rechtfertigen ist.

TP: Im Falle, daß Haftstrafen ausgesprochen werden: Sind sie anzutreten?

Dr. Rautenberg: Ja, da greifen wir sehr weit vor. Ich meine, wir äußern uns ja beide (Rautenberg meint Dr. Kintzi und sich, Anm. d. Interviewers) zu einem laufenden Verfahren; es ist ja auch möglich, daß sie freigesprochen werden; das weiß ich nicht, das entscheidet das Gericht. Aber wenn es zu einer Verurteilung käme, dann denke ich mal, werden sie nicht anders zu behandeln sein wie sonstige Verurteilte.

TP: Herr Dr. Kintzi, wenn das Bundesverfassungsricht in Sachen Streletz, Keßler und Albrecht zu Ungunsten der Verurteilten entscheidet, haben sie dann die Haft anzutreten?

Dr. Kintzi: Ich möchte nicht gerne spekulieren und bitte Sie, hierfür Verständnis zu haben. Wir haben auch in dieser Richtung ein strafprozessuales und strafvollzugsrechtliches Instrumenta-rium, aus dem zu entnehmen ist, wann die Strafhaft anzutreten ist und wann nicht. Nach diesen Regeln, nach diesen Grundsätzen wird auch bei den betreffenden Verfahren ohne Ansehen der Person, wie wir sagen, nach Gesichtspunkten, die wir bei anderen Verurteilten anwenden, zu verfahren sein.

TP: Demzufolge bliebe nur "Ab in den Knast"?

Dr. Kintzi: Hierfür gibt es wie gesagt, Kriterien, die nach der Strafprozeßordnung und nach dem Strafvollzugsgesetz zu beurteilen sind. Eine Rolle spielt insbesondere die Frage, ob sie haftfähig, vollzugstauglich sind, was ich nicht beurteilen kann. Aber ich bin davon überzeugt, daß diese Entscheidung bei den zuständigen Stellen in guten Händen ist.

TP: Herr Dr. Rautenberg, Sie haben soeben in einem Vortrag als rechtsstaatswidrig und unzumutbar angesehen, daß z.B. in den USA Todesstrafen erst nach 15 Jahren nach ihrer Verhängung vollstreckt werden. Es ist zwar durchaus nicht vergleichbar, aber Streletz, Keßler und Albrecht hätten, wenn das

Bundesverfassungsgericht zu ihren Ungunsten entscheidet, auch viele Jahre nach ihrer Verurteilung mit der Vollstreckung zu rechnen. Das ist zwar nicht mit der totalen Unverhältnismäßigkeit und Quälerei eines Verurteilten, der nach über einem Jahrzehnt nach Verhängung der Todesstrafe hingerichtet wird, vergleichbar, aber wäre es mit dem vorhandenen Rechtsgrundsatz, daß eine Strafe der Verurteilung auf dem Fuße zu folgen hat, noch vertretbar, Verurteilte Jahre nach Verhängung einer relativ langen Freiheitsstrafe die Haft noch antreten zu lassen?

Dr. Rautenberg: Da kann ich nur auf das verweisen, was Herr Kintzi gesagt hat, das richtet sich nach dem Strafvollzugsgesetz. Wenn jetzt ein NS-Massenmörder verurteilt werden würde, und der würde eine Haftstrafe erhalten, dann würden Sie diese Frage kaum in der Öffentlichkeit vermitteln können. Wenn somit eine Verurteilung erfolgt und die Haftfähigkeit vorliegt, dann ist die Strafe natürlich auch zu vollstrecken.

TP: Egal nach welch langer Zeit?

Dr. Rautenberg: Das richtet sich nach allgemeinen Prinzipien. Es darf weder in der einen noch in der anderen Richtung ein Sonderrecht geben, sondern alle Verurteilten sind gleich zu behandeln. Und das bedeutet natürlich auch -wenn sie haftunfähig sind-, daß sie dann eben nicht in die Haft einzurücken haben. Selbst wenn das dann in der Öffentlichkeit mißverstanden werden würde, müßte man so verfahren, weil das Recht eben für alle gilt.

TP: Herr Dr. Kintzi, Herr Dr. Rautenberg, vielen Dank für das Gespräch.

Interview: Dietmar Jochum, TP Berlin

Gesetzmäßiges Verfahren

Interview mit dem Justizpressesprecher Berlin Dr. Rüdiger Reiff

TP: Herr Dr. Reiff, in der Öffentlichen Verwaltung wird an allen Ecken und Kanten gespart. In Moabit zieht man seit November letz-ten Jahres ein Verfahren durch, das von diversen Seiten als höchst umstritten angesehen wird. Hat die Justiz zuviel Geld?

Dr. Reiff: Es ist richtig, daß in der öffentlichen Verwaltung gespart werden muß. Von den Sparmaßnahmen ist auch die Justiz betroffen. Keinesfalls aber kann die Durchführung von Strafpro-zessen von den Finanzen eines Landes abhängig gemacht werden. Die Staatsanwaltschaft hat den gesetzlichen Auftrag, wegen aller verfolgbaren Straftaten einzuschreiten, sofern zureichende tatsächliche Anhaltspunkte vorliegen. Bieten die Ermittlungen genügenden Anlaß zur Erhebung der öffentlichen Klage, so hat die Staatsanwaltschaft Anklage bei dem zuständigen Gericht zu erheben. Im vorliegenden Fall hat die Staatsanwaltschaft gegen Mitglieder des Politbüros der ehemaligen DDR Ermittlungen aufgenommen wegen der Toten und Verletzten an der innerdeutschen Grenze und der Berliner Mauer. Insofern bestand der Verdacht des Totschlags bzw. des versuchten Totschlags zum Nachteil von Personen, die die DDR verlassen wollten und beim Fluchtversuch erschossen oder durch Schüsse bzw. Minen verletzt worden sind. Nach Abschluß der Ermittlungen, insbesondere nach Klärung der Machtbefugnisse der Mitglieder des ehemaligen Politbüros, ist die Staatsanwaltschaft zu der Auffassung gelangt, daß die Beschuldigten wegen der allseits bekannten Vorfälle an der innerdeutschen Grenze und der Berliner Mauer sich strafbar gemacht haben. Dem gesetzlichen Auftrag entsprechend war daher Anklage zu erheben. Den gesetzlichen Vorgaben entsprechend hat das Gericht nunmehr Beweis darüber zu erheben, ob die Anklagevorwürfe zutreffen.

In einem Rechtsstaat kann es auf die derzeitige Finanzlage eines Landes genausowenig ankommen wie auf kritische Stimmen einzelner Personen.

TP: Im November 1995 haben vier Verhandlungstage stattgefunden, bevor das Verfahren vorläufig ausgesetzt wurde. Hätte es aus prozeßökonomischen Gründen nicht nahegelegen, das Verfahren sofort auszusetzen, nachdem der bisherige Vorsitzende Richter am Landgericht Bräutigam wegen Besorgnis der Befangenheit abgelehnt worden war?

Der Justizsprecher Berlin, Dr. Rüdiger Reiff

Dr. Reiff: Nachdem der Vorsitzende Richter am Landgericht Bräutigam wegen Besorgnis der Befangenheit aus dem Verfahren ausgeschieden war, stand ein Ergänzungsrichter nicht mehr zur Verfügung. Die Verhandlung ist trotzdem unter der Leitung des jetzigen Vorsitzenden Hoch an vier weiteren Tagen fortgesetzt worden. Als bekannt wurde, daß einer der Angeklagten, nämlich Herr Kleiber, wegen einer unaufschiebbaren Operation ins Krankenhaus mußte, ist das Verfahren ausgesetzt worden.

Über die Aussetzung einer Hauptverhandlung entscheidet nach den Vorschriften der Strafprozeßordnung das Gericht. Zu beachten ist aber, daß die Notwendigkeit, das Strafverfahren zügig und ohne vermeidbare Verzögerungen durchzuführen, die Aussetzung nur ausnahmsweise zuläßt. Die Entscheidung des Gerichts, das Verfahren nach dem Ausscheiden des bisherigen Vorsitzenden fortzusetzen, war daher sachgerecht. Die später angeordnete Aussetzung war nicht Folge des fehlenden Ergänzungsrichters; Ursache war vielmehr die voraussichtlich länger andauernde Abwesenheit eines der Angeklagten.

TP: Wie lange ist dieses Verfahren angesetzt und was wird dieses Verfahren voraussichtlich kosten?

Dr. Reiff: Das Gericht hatte ursprünglich 27 Verhandlungstage bis einschließlich 29. April 1996 anberaumt. Inzwischen sind weitere 18 Verhandlungstage - bis 11. Juli 1996 - terminiert worden. Diese Terminierung hat aber für die voraussichtliche Dauer des Prozesses keine Bedeutung. Man wird abwarten müssen, wie sich die Hauptverhandlung mit ihrer Beweisaufnahme gestaltet. Im jetzigen Zeitpunkt ist eine Prognose über die Dauer des Verfahrens nicht möglich.

Auch die Frage, was dieses Verfahren kosten wird, kann im jetzigen Zeitpunkt abschließend nicht beantwortet werden. Kosten des Verfahrens sind die Gebühren und die Auslagen. Zu den Kosten gehören auch die durch die Vorbereitung der öffentlichen Klage entstandenen sowie die Kosten der Vollstreckung.

Die Gebühren bemessen sich nach der rechtskräftig erkannten

Strafe. Bei einer Verurteilung von mehr als zwei Jahren Freiheitsstrafe entsteht beispielsweise eine Gerichtsgebühr in Höhe von DM 480,— DM. Die Staffelung der jeweiligen Gebühren ergibt sich aus dem Gerichtskostengesetz.

Einen weitaus größeren Posten stellen die Auslagen dar. Alle vor der Polizei, Staatsanwaltschaft und Gericht vernommenen Zeugen müssen entschädigt werden genauso wie Sachverständige, die zu einzelnen Punkten und Fragen Gutachten erstattet haben. Die Höhe dieser Auslagen vermag im Moment niemand abzuschätzen.

TP: Den Verteidigern wird von diversen Seiten vorgeworfen, sie verschleppten den Prozeß mit ihren Anträgen. Die Anträge sind über mehrere Verhandlungstage verteilt gestellt worden. Hätte man sich die Masse dieser Anträge nicht ersparen können, wenn man zuvor eine Entscheidung des Bundesverfassungsgerichts zu einem ähnlichen Fall abgewartet hätte?

Dr. Reiff: Die Tatsache, daß das Bundesverfassungsgericht im Laufe dieses Jahres in anderer Sache über Fragen entscheiden wird, die auch im vorliegenden Prozeß von Bedeutung sein können, rechtfertigt es nicht, den Beginn einer Hauptverhandlung hinauszuschieben. Die im vorliegenden Verfahren maßgeblichen Fragen sind vom Bundesgerichtshof im Zusammenhang mit den Schüssen an der Berliner Mauer bereits mehrfach entschieden und von der Staatsanwaltschaft zur Grundlage ihrer Anklageschrift gemacht worden. Dennoch bieten sich Anträge der Verteidigung im vorliegenden Verfahren geradezu an, weil dieses neben allgemein prozessualen auch völkerrechtliche und verfassungsrechtliche Fragen aufwirft. Keinesfalls aber kann man insoweit von einer Verschleppungstaktik der Verteidigung reden.

TP: Mit wievielen Ersatzrichtern arbeitet im Moment das Gericht?

Dr. Reiff: Das Gericht ist - wie üblich - mit drei Berufsrichtern und zwei Schöffenrichtern besetzt. Desweiteren sind zwei Ergänzungsrichter sowie vier Hilfsschöffen bestellt.

Interview: Dietmar Jochum, TP Berlin

Rechtsgrundlage ist kompliziert, aber nicht konstruiert

Interview mit Oberstaatsanwalt Bernhard J a h n t z

TP: Herr Jahntz, die Angeklagten im Politbüro-Prozeß sagen, sie hätten nicht die Macht gehabt, die Mauer- und Grenztoten zu verhindern. Provozierende Frage an Sie: Warum klagen Sie Unschuldige an?

Jahntz: Wir klagen keine Unschuldigen an. Nach dem Ergebnis der Ermittlungen sind die Angeklagten hinreichend verdächtig, sich im Sinne der Anklage strafbar gemacht zu haben. Die Angeklagten h a t t e n die Macht, das tödlich wirkende Grenzregime zu ändern. Und sie hatten eine Rechtspflicht, eine Handlungspflicht verletzt, indem sie eben nicht die Humanisierung des Grenzregimes unternommen haben. Das machen wir ihnen zum Vorwurf, d.h. allen Angeklagten außer den Angeklagten Mückenberger und Dr. Hager. Diesen werfen wir aktives Tun vor.

TP: Professor Uwe Wesel wirft Ihnen hinsichtlich dieser Rechtspflicht Konstruktion vor.

Jahntz: Rechtliche Grundlage ist das zur Tatzeit geltende DDR-Recht; diese Grundlage ist kompliziert, aber nicht konstruiert.

TP: Die Angeklagten berufen sich ja darauf, daß die DDR ein anerkannter Staat innerhalb der UNO war, sowie auf den Grundlagenvertrag von 1972. Desweiteren führen sich für sich ins Feld, daß ihnen juristisch nie etwas zum Vorwurf gemacht wurde. Wieso jetzt die Anklage, worauf begründen Sie, daß die westdeutsche Justiz befugt ist, hier darüber zu verhandeln?

Jahntz: Zunächst eines zur Klarstellung: nicht die "westdeutsche Justiz" verhandelt eine Strafsache, sondern die Justiz der Bundesrepublik Deutschland. Zum zweiten: Es gibt vielfältige politische Beziehungen in der Welt zwischen Staaten, wie es früher in der DDR so schön hieß, unterschiedlicher Gesellschaftsordnung. Auch der Nationalsozialismus hatte diplomatische Beziehungen zu diesem und jenem Staat, und das hat uns zu Recht nicht daran gehindert, sofern strafrechtliche Schuld ausgemacht wurde, anzu-

Oberstaatsanwalt Bernhard Jahntz

klagen, und, wenn die Gerichte mitgezogen haben, auch zu verurteilen. Die Tatsache, daß also ein Staat Mitglied der Völkergemeinschaft war oder ist, die DDR UNO-Mitglied war, hindert nicht daran, einzelnen Personen, Individuen, wenn man bei ihnen strafrechtliche Schuld findet, sie ihnen vorzuwerfen und dies gerichtlicher Klärung zuzuführen.

TP: Woraus beziehen Sie Ihre Befugnis konkret?

Jahntz: Unsere Befugnis ergibt sich aus dem Einigungsvertrag. In dem ist festgelegt, daß zwar grundsätzlich alle staatlichen Akte Bestand haben sollen, daß gleichwohl aber strafbares Unrecht durch den neuen Gesamtstaat Bundesrepublik Deutschland verfolgt werden kann und muß. Danach gehen wir vor.

TP: Sie stützen Ihre Anklage hinsichtlich der vier jüngeren Angeklagten auf Totschlag durch Unterlassen. Wieso nicht durch aktives Tun?

Jahntz: Die Anklageschrift geht davon aus, daß die grundlegenden Beschlüsse und Gestaltungen des Grenzregimes vor dem Beitritt dieser vier Angeklagten als Mitglieder des Politbüros erfolgt sind, daß danach das Grenzregime eben aufrechterhalten wurde, daß es also keines positiven Tuns mehr bedurfte, um etwas ins Werk zu setzen. Daraus haben wir in Verbindung mit verschiedenen Artikeln der Verfassung der DDR gefolgert und das auch dargelegt, daß eine Rechtspflicht bestand, das Grenzregime zu humanisieren. Dieser Pflicht nachzukommen haben diese vier Angeklagten unterlassen.

TP: Es besteht die Möglichkeit, daß das Bundesverfassungsgericht ein Urteil, sofern eines zu Ungunsten der Angeklagten erfolgt, aufheben wird.

Jahntz: Es ist völlig verfrüht, Mutmaßungen über ein noch gar nicht gesprochenes Urteil anzustellen. Nun hat zwar das Bundesverfassungsgericht 1994 einstweilige Anordnungen erlassen, durch welche die Vollstreckung rechtskräftig wegen Todesschüssen an der Grenze verhängter Urteile gestoppt worden ist. Es gibt aber eine Entscheidung desselben Senats des Bundesverfassungsgerichts, einer anderen Kammer, aus dem Jahre

1992 betreffend Willi Stoph, in der ein solcher Antrag, bezogen nicht auf Vollstreckung, sondern auf das Erkenntnisverfahren, mangels Erfolgsaussicht gar nicht erst zur Entscheidung angenommen worden ist. Ich bin zuversichtlich, daß das Bundesverfassungsgericht die Verfolgungspraxis der Strafjustiz bestätigen wird.

TP: Die Anwälte sehen das anders. Sehen Sie in ihren Anträgen Wahrnehmung ihrer Rechte oder Prozeßverschleppung?

Jahntz: Es bestand bisher kein Anlaß, die Ablehnung eines Antrages mit der Begründung der Prozeßverschleppung zu beantragen.

TP: Die Angeklagten berufen sich auch darauf, nach bestehenden Gesetzen gehandelt zu haben.

Jahntz: Das ist ein legitimes Verteidigungsvorbringen. Unsere Auffassung ist das aber nicht, sonst hätten wir nicht anklagen können. Der Einigungsvertrag legt uns auf, und das macht dann aus, daß wir nicht gegen das Rückwirkungsverbot verstoßen, daß wir nur solche Taten anklagen und verfolgen dürfen, die zur Tatzeit am Tatort strafbar waren, also nach dem Strafrecht der DDR. Nach dem beurteilen wir die Angeklagten und nach dem haben sich die Angeklagten nach der Auffassung der Staatsanwaltschaft und nach vorläufiger Bewertung im Eröffnungsbeschluß strafbar gemacht.

TP: Ist das jetzt von Ihnen eine Vermutung, daß die Angeklagten im Politbüro die Macht hatten oder woraus leiten Sie das ab?

Jahntz: Wir erheben keine Anklagen aufgrund von Vermutungen. Wie schon eingangs gesagt: Als Ergebnis der Ermittlungen, aufgrund der Fülle des Materials, das wir gesichtet haben, ergibt sich, daß das Politbüro, und das kann man in Büchern einiger der Angeklagten auch nachlesen, daß das Politbüro die Macht- und Schaltzentrale in der DDR war. Wie in Staaten dieser Gesellschaftsordnung üblich, ist es das Parteiorgan, das die Grundentscheidungen trifft, die dann in den Staatsorganen als den ausführenden Organen umzusetzen sind. Diese ausführenden Staatsorgane konnten in der DDR nicht ohne oder gar gegen den Willen des Politbüros handeln. Das haben wir durch eine Fülle von

Beweismaterial belegt, und das hat dann auch das Gericht dazu veranlaßt, das Verfahren zu eröffnen.

TP: Von den Angeklagten bzw. ihren Verteidigern wird Ihnen ja vorgeworfen, Sie würden die historischen Gegebenheiten nicht berücksichtigen, so z.B. daß die DDR im Warschauer Pakt eingebunden war.

Jahntz: Die Staatsanwaltschaft hat bei ihrer Anklage berücksichtigt, daß die DDR bei ihren Grenzsicherungsmaßnahmen nicht im luftleeren Raum handelte, daß die DDR Mitglied im Warschauer Vertrag war.

TP: Die Angeklagten machen im Hinblick auf Grenzsicherungsmaßnahmen geltend, es habe der DDR an der nötigen Souveränität gefehlt, die Grenzsicherungsmaßnahmen aufzuheben oder zu mildern.

Jahntz: Die DDR war in Fragen des Grenzsystems so souverän, daß sie die Art und Ausgestaltung des Grenzregimes auf jeden Fall selbstverantwortlich bestimmen konnte. Es hat sich ja gezeigt, daß es der DDR z.B. in den beginnenden 80er Jahren möglich war, die Entscheidung über den Abbau der SM-70-Anlagen zu treffen -das ist ja allgemein bekannt. Trotzdem blieb der Schußwaffengebrauch an der innerdeutschen Grenze bestehen. All diese Umstände hat die Staatsanwaltschaft bei der Abfassung der Anklageschrift berücksichtigt. Demzufolge geht die Staatsanwaltschaft davon aus, daß die DDR grundsätzlich in der Lage war, ihr Grenzregime selber frei zu gestalten in dem Sinne der Anforderungen, wie sie die Anklageschrift an die Angeklagten stellt. Stichwort: Humanisierung des Grenzregimes.

TP: Nun verweist ja Egon Krenz insbesondere auf die Briefe von Abrassimow, daß die DDR eben nicht die Souveränität in Grenzsicherungsfragen hatte wie Sie das darstellen.

Jahntz: Ich werde auf diese oder andere Einzelheiten der laufenden Hauptverhandlung nicht eingehen. Das Ergebnis ihrer Ermittlungen hat die Staatsanwaltschaft in der Anklageschrift niedergelegt: Die DDR w a r in der Lage, ihr Grenzregime nach eigenem Belieben auszugestalten.

TP: Wobei nur noch einmal die Frage offenbleibt, ob das Politbüro für all das die Verantwortung trägt...

Jahntz: Auch die grundsätzliche Frage "Machtstellung des Politbüros im Staate" und demzufolge die Frage strafrechtlich vorwerfbarer Schuld der Angeklagten, die Mitglieder des Politbüros waren, hat die Staatsanwaltschaft durch die Anklageerhebung beantwortet: Das Politbüro hatte die Macht im Staate DDR und somit auch die Macht zur Einwirkung auf das Grenzregime dergestalt, daß sie es hätte humanisieren können.

TP: Gehen wir mal davon aus, hier findet eine Verurteilung statt: Im Eröffnungsbeschluß heißt es, daß Haftstrafen möglicherweise gar nicht angetreten werden müssen. Wieso hier trotzdem ein Verfahren?

Jahntz: Das steht im Eröffnungsbeschluß nicht drin. Der Eröffnungsbeschluß verhält sich allerdings zu dem von uns beantragten Haftbefehl mit Haftverschonung. Dazu hat das Gericht dargelegt, warum es von dem Erlaß eines Haftbefehls bei der gegenwärtigen Konstellation abgesehen hat. Der Haftbefehl setzt außer dem dringenden Tatverdacht, der sicher vorliegt, auch Fluchtgefahr voraus. Und in diesem Zusammenhang ist dann argumentiert worden mit den einstweiligen Anordnungen des Bundesverfassungsgerichts, nämlich wie folgt: Wenn denn derzeit auch rechtskräftige, nämlich durch den BGH bekräftigte Verurteilungen nicht vollstreckt werden können, dann besteht eben keine Fluchtanreiz bietende, nämlich zu verbüßende Strafe -derzeit. So hat das Landgericht argumentiert, man könne eben derzeit eine Fluchtgefahr nicht begründen und dürfe einen Haftbefehl nicht erlassen. Das ist sicherlich eine vertretbare Begründung.

TP: Werden zivilrechtliche Ansprüche in diesem Verfahren mitverhandelt?

Jahntz: Nein.

TP: Die Verteidiger haben Ihnen vorgeworfen, einen zu langen Anklagesatz vorgelesen zu haben.

Jahntz: Die Anklageschrift, genauer der Anklagesatz, hat den Verfahrensgegenstand zu bezeichnen, und das muß je nach der Art des Verfahrensgegenstandes eindeutig sein. Bei einem sehr komplexen Verfahrensgegenstand wird naturgemäß der Anklagesatz nicht nur wenige Zeilen oder Seiten umfassen können. So ist es auch hier.

TP: Nach Ansicht der Verteidigung hat der Anklagesatz die Schöffen beeinflußt.

Jahntz: Ein Anklagesatz muß verlesen werden, auch die Schöffen müssen mit dem Verfahrensgegenstand vertraut gemacht werden wie die Angeklagten. Das ist vom Gesetz so vorgesehen, so sieht es die Strafprozeßordnung im demokratisch verfaßten Rechtsstaat vor, und daran kann auch kein Angeklagter etwas ändern.

TP: Gibt es weitere Verfahren gegen Funktionsträger der ehemaligen DDR?

Jahntz: Es laufen derzeit eine Vielzahl von Verfahren, u.a. zwei Hauptverhandlungen, eine gegen Angehörige des Kollegiums des Ministeriums für Nationale Verteidigung, eine gegen die Chefs der Grenztruppen der ehemaligen DDR, mit ähnlichen Tatvorwürfen, wenn auch von der Verantwortung her angesiedelt auf vergleichsweise niedrigerer Ebene.

TP: Wieviele Verfahren wird es in Zukunft noch geben. Gibt es da etwas, wovon die Öffentlichkeit noch nichts weiß?

Jahntz: Es gibt eine Vielzahl von Ermittlungsverfahren wegen einzelner Todesfälle, die hier noch im Hause anhängig sind. Wie lange die Ermittlungen im einzelnen dauern werden, vermag ich nicht zu sagen.

TP: Herr Modrow hat in einem Brief an Bundeskanzler Kohl behauptet, es hätte eine Übereinstimmung zwischen Kohl und Gorbatschow gegeben, politische Funktionsträger der ehemaligen DDR juristisch nicht zu verfolgen. Hätte Kohl die juristische Kompetenz gehabt, irgendwelche Straffreiheit zuzusagen?

Jahntz: Die Staatsanwaltschaft hat sich nach den gesetzlichen

Bestimmungen zu richten. Das ist der Einigungsvertrag, in dem ist uns die Möglichkeit und die Pflicht zur Verfolgung von Straftätern, gleich welche Funktion sie in der DDR hatten, zuerkannt. Danach handeln wir. Was Politiker besprochen haben, dürfen wir nicht berücksichtigen. Wir haben nach den gesetzlichen Grundlagen vorzugehen und dies ist für uns der Einigungsvertrag in Verbindung mit dem Einführungsgesetz zum Strafgesetzbuch und dem Strafgesetzbuch der DDR und unserem Strafgesetzbuch.

Interview: Dietmar Jochum / TP Berlin

Dieses Interview mit Oberstaatsanwalt Bernhard Jahntz, das am 16. April 1996 im "Neuen Deutschland" als Vorabdruck aus dieser Dokumentation erschien, sorgte für Stimmung unter fünf Angeklagten des Politbüroprozesses (Horst Dohlus, Kurt Hager, Günther Kleiber, Egon Krenz und Erich Mückenberger). Sie gaben dazu eine gemeinsame Erklärung ab, die am 19. April 1996 ebenfalls im "Neuen Deutschland" abgedruckt wurde. Der Vollständigkeit halber wird sie hier wiedergegeben:

Rechtsverdrehungen eines Staatsanwalts

Erklärung von fünf Angeklagten im Politbüro-Prozeß zum TP-Interview mit Oberstaatsanwalt Jahntz

"Neues Deutschland" veröffentlichte am 16. April 1996 ein Interview mit Oberstaatsanwalt Jahntz, dem Anklagevertreter im sogenannten Politbüroprozeß. Als Angeklagte in diesem völkerrechtswidrigen Prozeß haben wir im Verlauf der bisherigen Verhandlungen in ausführlichen Erklärungen (die z.T. im ND auszugsweise wiedergegeben wurden) die Anschuldigungen der Staatsanwaltschaft als rechtswidrig und als willkürliche Konstruktion zurückgewiesen. Der bisherige Prozeßverlauf -wie auch das vorliegende Interview- machen deutlich, daß Herr Jahntz im Gegensatz zu seinen Behauptungen keine Rechtsgrundlage für die Verfolgung von Hoheitsträgern der DDR besitzt.

Er will offenbar nicht zur Kenntnis nehmen, daß die Deutsche Demokratische Republik niemals ein Teil der Bundesrepublik war. Sie gehörte nie zum Geltungsbereich des Grundgesetzes der BRD. Der von der Adenauerregierung verkündete und bis in die 70er Jahre vertretene Alleinvertretungsanspruch der BRD für alle Deutschen, wie die Hallsteindoktrin, war ein Auswuchs des Kalten Krieges. Das konnte jedoch nichts daran ändern, daß die DDR ein souveräner Staat, Mitglied der UNO und von 136 Staaten diplomatisch anerkannt war.

Herr Jahntz will weiterhin nicht zur Kenntnis nehmen, daß es nie eine "innderdeutsche Grenze" gab. Die DDR war durch Verträge über Freundschaft, Zusammenarbeit und gegenseitigen Beistand mit der Sowjetunion und den anderen sozialistischen Staaten verbunden und gehörte zu den Teilnehmerstaaten des Warschauer Pakts. Daraus erwuchsen ihre Verpflichtungen, die auch das Grenzregime betrafen. Die DDR konnte dieses Regime nicht ohne Zustimmung der anderen Staaten des Warschauer Pakts ändern, da eine Funktion der Grenze in der Wahrung der Sicherheitsinteressen der sozialistischen Staaten, in der Erhaltung des Friedens zwischen den Militärblöcken NATO und Warschauer Pakt bestand.

Herr Jahntz erklärt, daß eine Rechtspflicht bestand, "das Grenzregime zu ändern". Er kann jedoch nicht widerlegen, daß die Beschlüsse des Politbüros des ZK der SED und sämtliche das Grenzregime betreffenden Gesetze und Verordnungen der Volkskammer, des Staatsrates, des Nationalen Verteidigungsrates dazu beitragen sollten, daß Grenzverletzungen vermieden werden, daß niemand zu Schaden kam. Wenn es dennoch zu Zwischenfällen an der Grenze kam, so ist dies ausschließlich auf die Verletzung des militärischen Sperrgebiets zurückzuführen. Die Zwischenfälle sind bedauerlich. Sie können jedoch nicht dem Politbüro, den bewaffneten Kräften und schon gar nicht den Grenzsoldaten angelastet werden.

Herr Jahntz erklärt, der Einigungsvertrag zwischen BRD und DDR fordere, "daß wir nur solche Taten anklagen und verfolgen dürfen, die zur Tatzeit am Tatort strafbar waren, also nach dem Strafrecht der DDR". Bis zum heutigen Tag hat die Staatsanwaltschaft keinen einzigen Fall vorgelegt, der dieser Forderung genügt. Die nachträgliche, dem Rückwirkungsverbot widersprechende Kennzeichnung von Taten, die "zur Tatzeit am Tatort strafbar" waren, kann nur durch Rechtsverdrehungen zur Anklage benutzt werden.

Herr Jahntz beruft sich auf den Einigungsvertrag als Rechtsgrundlage für die Anklage gegen uns. Es ist schon merkwürdig, daß dieser Vertrag sich ausschließlich gegen Bürger der DDR richten soll, aber die Bundesrepublik nicht verantwortlich gemacht wird für den Mord an Grenzsoldaten der DDR, für die das Leben vieler Menschen bedrohenden Handlungen von Fluchthelfern und Menschenhändlern. Solange die Verantwortung der BRD für Zwischenfälle an der Grenze ausgeklammert bleibt, kann der Einigungsvertrag nicht als Rechtsgrundlage betrachtet werden.

Alles in allem: Oberstaatsanwalt Jahntz, der weitere Ermittlungsverfahren gegen Bürger der DDR ankündigt, befindet sich immer noch im Schützengraben des Kalten Krieges. Wir fordern die Einstellung aller politischen Prozesse gegen Bürger der DDR, die ausschließlich Ausdruck der Sieger- und Rachepolitik gegen die DDR sind.

Berlin, 17.4.1996

Horst Dohlus, Kurt Hager, Günther Kleiber, Egon Krenz, Erich Mückenberger

Zu dieser Erklärung erhielt auch Oberstaatsanwalt Bernhard Jahntz noch einmal Gelegenheit zu einer Stellungnahme. Er beließ es bei dem Interview.

Verschiedene Verteidigerpaare -wie beim Eislaufen!

Interview mit Rechtsanwalt Bernd Kubacki

TP: Herr Kubacki, wenn man die Verteidiger im Politbüro-Verfahren beobachtet, hat man den Eindruck, daß sie sich untereinander nicht grün sind. Ist das vielleicht auch eine Prozeßstrategie?

Kubacki: Das glaube ich nicht; aber nun haben ja auch die einzelnen Angeklagten ein eigenes Flair und das erfordert natürlich auch eine eigene Verteidigung.

TP: Man kann beobachten, dem einen Antrag eines Angeklagten schließen sich die anderen oder ein anderer an, den anderen Anträgen nicht.

Kubacki: Es hängt von Strategien ab oder auch davon, daß zwei Verteidiger für einen Angeklagten tätig sind und man natürlich versucht, einen gemeinsamen Nenner zu finden zwischen den beiden Verteidigern. Es sind halt ganz verschiedene Verteidigerpaare da, das ist so wie beim Eislaufen, glaube ich.

TP: Warum schließt sich die Verteidigung von Kleiber z.b. nicht gewissen Anträgen von Krenz an oder von Schabowski?

Kubacki: Jeder der Angeklagten hat ein Stück Zeitgeschichte miterlebt nach der Wiedervereinigung oder nach Auflösung der Grenze, und ich glaube, daß jeder Angeklagte auch ein Recht darauf hat, eine individuelle Vedrteidigung zu bekommen. Es finden Abstimmungen statt -ich kann das nur im Bereich der Verteidigung Kleiber beantworten-, an denen natürlich auch der Angeklagte beteiligt ist. Dabei gibt er nach einer gewissen Rücksprache auch vor, welchen Anträgen er beitritt und welchen nicht.

TP: Sieht Herr Kleiber die ehemalige DDR als einen Unrechtsstaat an?

Kubacki: Wie Herr Kleiber das sieht, kann ich nicht sagen, da müßten Sie Herrn Kleiber selber fragen. Das möchte ich ihm auch selbst einräumen, darauf zu antworten, ob er die DDR als

Unrechtsstaat bezeichnen will oder wie er die letzten sechs Jahre durchlebt hat oder welche Konsequenzen er aus dem Scheitern des DDR-Sozialismus halt zieht. Darauf kann die Verteidigung keine Antwort geben. Die Verteidigung kann sich nur rechtsdogmatisch mit dieser Anklage auseinandersetzen und kann rechtliche Fragen aufwerfen; aber die reine Frage der Unrechtsherrschaft oder der "Diktatur des Proletariats in der DDR", die muß Herr Kleiber -weil es ist eine persönliche Verantwortung, die er tragen muß- selbst beantworten. Das kann ihm die Verteidigung nicht abnehmen.

TP: Sehen Sie das Verfahren als rechtsstaatswidrig an?

Kubacki: Das Problem ist für uns, daß wir alle auf eine Entscheidung des Bundesverfassungsgerichts warten. Ob das Verfahren also rechtsstaatswidrig ist, entscheidet das Bundesverfassungsgericht. Es wäre nur schade, wenn das alles Makulatur wäre, was wir in Anträgen aufgearbeitet haben und dann das Bundesverfassungsgericht sagt: Wir wollen keine Rückwirkung, das Verhalten der Angeklagten ist nicht strafbar. Wir hängen da in der Luft. Wir müssen jetzt abwarten, was da passiert und vor allem auch, was das Völkerrechtsgutachten, das der Kollege Unger, der Verteidiger von Krenz, beantragt hat, bringen wird. Diesem Antrag haben wir uns angeschlossen, denn das ist evident wichtig für diese Sache. Davon hängen wir ab.
Die Bundesverfassungsgerichtsentscheidung wird auch Ansatzpunkte dafür bieten, daß ein Völkerrechtsgutachten erstellt werden muß. Daß das Bundesverfassungsgericht nicht diesen Fall entscheiden wird, ist evident. Die Verteidigung muß jedoch die dort gebotenen Ansatzpunkte aufgreifen und in das Politbüro-Verfahren mit entsprechenden Anträgen einbringen.

TP: Die Angeklagten im Politbüroprozeß berufen sich darauf, daß sie gar nicht die Macht hatten, die ihnen gemeinhin zugeschrieben wird.

Kubacki: Nun haben wir es mit einer stalinistischen Partei zu tun - es gab einen Generalsekretär und eine Generallinie. Und das muß man beachten dabei. Ich glaube, daß mein Mandant nur im Rahmen seiner Kompetenz dabei etwas zu bestimmen hatte. Ob es eine allzuständige Möglichkeit im Politbüro überhaupt gab, informiert zu werden oder informiert zu sein, das glaube ich nicht mal, weil das war eine Struktur, die einfach durch ein Über- und Unterordnungsverhältnis geprägt war -also eine stalinistische Parteistruktur und keine demokratische Parteistruktur, so daß im Politbüro die gleichen Strukturen herrschten, die in der DDR herrschten, daß halt nur einige Mitglieder des Politbüros hervorragende Kenntnisse hatten über Maßnahmen, die z.B. in anderen Gremien, auch im Warschauer Pakt beraten worden sind. Alle waren m.E. nicht über alles informiert. Es ging halt um die DDR, das war immer das Problem, es ging im Kalten Krieg um die Sicherung der Grenze der DDR, es ging um den "Sozialismus in der DDR", und das war die Maßgabe, und da hat man sich sehr schnell untergeordnet. Lediglich bei Schabowski sieht man, daß er dafür persönlich Verantwortung tragen will.

Ein wichtiger Ansatzpunkt ist auch der Antifaschismus, der gerade von den älteren Angeklagten herauschristallisiert worden ist...

Bernd Kubacki (Hintergrund links) mit Dr. Studier (rechts)
sowie Dr. D. Wissgott (vorn links) und E. Krenz

TP: Wie ist Herr Kleiber ins Politbüro gekommen?

Kubacki: Herr Kleiber ist eigentlich jemand, der Techniker ist, der von der Universität kommt, der sein Abitur auf den Arbeiter- und Bauernfakultäten gemacht hat und sehr schnell in den Bereichen der Technik nachgewachsen ist. Er wurde von Walter Ulbricht ins Politbüro gehievt unter der Maßgabe, daß man Kenntnisse der elektronische Datenverarbeitung ins Politbüro bringen wollte. Er sollte halt die Technik, die er an den Universitäten der DDR erlernt hat, anwenden im Politbüro. Er ist wirklich der Polittechniker und eine Persönlichkeit, die ich akzeptiere, weil er uns seine Erfahrungen mitteilt. Er ist nicht der Ideologe -überhaupt nicht-, sondern er erzählt Geschichten aus einem Leben, wie er Telefon- oder Klingelanlagen reparierte..., Wirtschafts- und Technikverbindungen ins Ausland knüpfte...

TP: und Telefone abhörte...?

Kubacki: ...abhörte..., weiß ich nicht (lacht); die Geschichte ist mehr in Bereichen der Reparatur- und nicht im Abhörbereich zu sehen. Er ist ein Techniker, ein richtig guter Technicker.

TP: Werden die Angeklagten Haftstrafen antreten müssen, falls sie ausgesprochen werden sollten?

Kubacki: Das wird individuell zu beantworten sein...

TP: So wie es aussieht, könnte Schabowski mit einem blauen Auge davon kommen...

Kubacki: Das kommt darauf an, wie das Gericht seine Erklärung wertet. Schabowski ist aber haftfähiger als Hager oder Mückenberger. Bei diesen Angeklagten wäre eine Haftstrafe total unverhältnismäßig.

TP: Auch im Hinblick darauf, daß sie eine evtl. Haftstrafe nach unverhältnismäßig langer Zeit antreten müßten...

Kubacki: Auch das ist ein Ansatzpunkt, wenn eine Haftstrafe zu vollstrecken wäre... Im übrigen sollte man im Sinne der Deutschen Einheit, im Sinne des Abbruchs des Kalten Krieges abwarten, wie das Bundesverfassungsgericht entscheidet.

Interview: Dietmar Jochum/TP Berlin

Egon Krenz, Hans Modrow, Christian Ströbele, Wolfgang Ullmann und Friedrich Wolff im ND-Streitgespräch zum Strafprozeß gegen sechs Mitglieder des SED-Politbüros

DDR-Grenzregime im Kreuzfeuer

Frage: An alle zunächst die Frage: Wie stehen Sie zu dem Prozeß, in dem sich die Angeklagten wegen der Opfer an der einstigen Grenze zwischen DDR und BRD mit dem Vorwurf des Totschlags bzw. des versuchten Totschlags konfrontiert sehen?

Wolfgang Ullmann: Nach den Prozessen gegen die Mauerschützen muß auch nach der Verantwortlichkeit derer gefragt werden, die für das Grenzregime mit den jungen Soldaten, die geschossen haben, mit den Selbstschußanlagen, mit den Minen, mit den Kampfhunden, zuständig waren. Hierfür gibt es leider auch eine strafrechtliche Verantwortung. Zum anderen geht es um das Politbüro, das eine Stellung innehatte, die im Widerspruch zur DDR-Verfassung stand und das für Verfassungsbrüche verantwortlich war, die zur Zerstörung der Demokratie der DDR geführt haben.

Egon Krenz: Es steht weniger um die Frage, ob meine Genossen und ich auf die Anklagebank gehören. Viel bedeutender ist für mich: War es rechtens, daß Grenzsoldaten, die Gesetze der DDR erfüllt haben, auf die Anklagebank mußten? Wenn man dies verhindern wollte, hätte man mich bereits 1990 vor Gericht stellen können. Das wäre zwar auch völkerrechtswidrig gewesen. Aber ich habe mich meiner Verantwortung immer gestellt, ich bin nicht weggegangen. Daß man es nicht getan hat, hat einen Hintersinn. Solange man die Stimmung mit einem "Die Kleinen werden bestraft, die Großen läßt man laufen" anheizen konnte, ließen sich die Ostdeutschen gut aufeinander hetzen.

Das vor mir liegende Paket ist die Anklageschrift, 1555 Seiten, und Richter Bräutigam hat noch eine zweite Anklageschrift hinterher geschickt, den Eröffnungsbeschluß. Beide Dokumente sind nicht nur falsch, ihr Inhalt ist nicht nur aus dem historischen Zusammenhang gerissen. Es gibt auch einige Hinterhältigkeiten in dieser Anklageschrift. Die grundsätzliche besteht darin, einerseits die DDR zu einem Nichtstaat zu erklären, die keine Rechtsordnung hatte, die nicht berechtigt war, ihre Grenzen zu schützen. Und andererseits zu erklären, die Verantwortung für alles in diesem Lande habe die DDR gehabt, die Sowjetunion dagegen nur, wenn überhaupt, beratende Funktion wahrgenommen. Ich werde in diesem Prozeß keine Konzessionen machen, die meine Selbstachtung zum Preis hätten.

Hans Modrow: Ich bin gegen diesen Prozeß, genauso wie ich jeden anderen Prozeß gegen jene abgelehnt habe, die Verantwortung in der DDR getragen haben. Die Politik in d<er Bundesrepublik Deutschland steht in der Verantwortung, sich endlich zu bewegen und solche PRozesse zu verhindern. Am 3. Oktober wäre im ZusammenhANG MIT DEM %: Jahrestag die Chance gewesen, ein Schlußgesetz im Bundestag zu beschließen. Genau das ist nicht geschehen, und so bleibt die Politik in der Verantwortung. Wer solche Prozesse führt, muß auch wissen, daß die deutsche Vereinigung so nicht zu haben ist.

Christian Ströbele: Ich kenne diese dicke Anklage-Schwarte nicht. Grundsätzlich halte ich es für notwendig, daß man strafrechtlich überprüft und möglicherweise ahndet, wenn es in einem Staat, der existiert hat, zu Totschlag, Körperverletzung in Form von Folter oder ähnlichem gekommen ist. Es steht ja viel in der Zeitung, was insbesondere der Staatssicherheitsdienst gemacht hat. Da ist es richtig und notwendig, den Dingen nachzugehen und festzustellen, wer trägt die strafrechtliche Verantwortung dafür. Gerade die DDR hatte ja den Internationalismus auf ihre Fahnen geschrieben. Wir können nicht bei autoritären Regimen etwa in Südamerika -ich sage nur Pinochet- fordern, daß die Schuldigen zur Verantwortung gezogen werden, wenn wir das in Europa und Deutschland nach dem Abdanken eines Regimes nicht genauso untersuchen. Meine REchtsanwaltserfahrung, auch aus Prozessen gegen die RAF, besagt, je dicker eine Anklage ist, desto problematischer ist sie. Ich lese, daß die Krenz und anderen vorgeworfenen Taten durch Unterlassung begangen worden sein sollen. Als Jurist kann ich nur sagen: Das sind häufig sehr abenteuerliche Anklagen. Und ein dritter, für mich sehr wichtiger Punkt: Wenn die Anklage beim Landgericht Berlin im Westteil der Stadt liegt, von dieser Strafkammer und unter diesem Vorsitzenden geführt werden soll, dann sehe ich einfach das Problem, daß hier ein Vorsitzender Richter richten soll, der selber zu den hervorragendsten kalten Kriegern im kalten Krieg gehört hat.

Friedrich Wolff: Die Mehrheit der deutschen Strafrechtswissenschaftller hat Zweifel, ob der anstehende Vorwurf juristisch verfolgbar sei. Es ist ein Phänomen, daß die, welche damit zu tun hatten, eine gegenteilige Auffassung vertreten. Denn es gibt ja keinen Prozeß, in dem ein deutscher Richter gesagt hätte, die Taten sind deswegen nicht strafbar, weil dem das Rückwirkungsverbot -keine Strafe ohne Gesetz- entgegensteht. Ich bin mit Herrn Ströbele der Auffassung, daß man alle Straftaten verfolgen soll. Aber es müssen Straftaten sein. Und ich meine, daß nicht nur die Straftaten der nicht mehr existierenden Staaten verfolgt werden sollen, sondern auch die Taten in existierenden Staaten. Ich stelle es mir zum Beispiel sehr interessant vor, wenn eine neue Abteilung Regierungskriminalität West geründet werden würde.

Frage: Herr Ullmann, Sie haben ja bereits vor Jahren versucht, mit Tribunalen solche strittigen Fragen zu klären. Das ist nicht gelungen, offenbar auch deshalb, weil bei drohenden Prozessen und Strafen wenig Gesprächsbereitschaft zu erwarten ist. Kommen die jetzigen Versuche nicht alle viel zu spät?

Ullmann: Das glaube ich nicht. Mit den Tribunalen schwebte mir etwas vor, was wir hier gerade tun. In Gegenwart von Herrn Krenz, im Wissen darum, daß wir einer schwierigen und tragischen Situation gegenüberstehen. Und, liebe Zuhörerinnen und Zuhörer, wollen wir uns doch mal erinnern, daß heute der 9. November ist. Ein tragisches Datum deutscher Geschichte. Wir haben es auch mit Problemen zu tun, die mit dem Strafrecht überhaupt nicht zu erfassen sind. Das heißt doch aber nicht, daß wir nun alle Fünfe gerade sein lassen können und sagen, na ja, es war eben tragisch, wir werden damit halt nicht fertig. Da muß man warten oder ein Schlußgesetz verabschieden, wie Hans Modrow vorgeschlagen hat. Wir müssen uns doch vor allem an die erinnern, von denen Herr Krenz und andere bisher noch nicht gesprochen haben, die Opfer. Deretwegen gibt es überhaupt die Prozesse. Und was den "Rachefeldzug" anbelangt, (zu Zwischenrufern aus dem Saal - ND) meine Damen und Herren, seien Sie vorsichtig mit diesem Wort, sonst erzähle ich Ihnen einiges über Rachefeldzüge, die in der SED stattgefunden haben, nicht bei den Bürgerrechtlern!

Frage: Herr Krenz, war die Westgrenze der DDR wirklich nur so vorstellbar, wie wir sie kannten?

Krenz: Das Problem liegt darin, daß man sich heute nicht dazu entschließen kann, zum eigentlichen Kern zu kommen. Deutschland ist nicht vom SED-Politbüro gespalten worden. Wenn etwas aufzuarbeiten ist, müßten noch alle lebenden Nachfolger von Stalin, Truman, Churchill, Adenauer und Ulbricht auf die Anklagebank, Denn worüber wir hier reden, ist ja die Folge der Spaltung Deutschlands. Ich rechtfertige heute durchaus nicht mehr das Grenzregime, wie es vielleicht vor 1985 oder 1989 der Fall war. Aber ich sage ganz eindeutig: Ich habe zu keinem Zeitpunkt meiner politischen Verantwortung eine Möglichkeit gesehen, das bestehende Grenzregime zu verändern. Denn es ist doch der Versuch, Weltgeschichte auf Provinzniveau zu diskutieren, wenn man die Vorstellung hat, man hätte eines Morgens ins Politbüro kommen und sagen können: Erich, hör mal, wir müssen die Grenze ändern! Dieses Grentregime war Bestandteil der Spaltung der Welt in zwei militärische Blöcke.

Frage: Das war nicht unsere Frage. Uns ging es um die konkrete Gestaltung des Grenzregimes. War es nur so denkbar oder gab es nicht zum Beispiel seit Gorbatschows Signale an die anderen sozialistischen Länder zu größerer Selbständigkeit? Erd- und Splitterminen, Streckmetallzaun, geharkter Kontrollstreifen und Hundestaffeln -das gab es doch nur auf der östlichen Grenzseite. Ließ sich da nichts bewegen?

Krenz: Eindeutig Nein. Bis 1989 war es objektiv nicht möglich, das Grenzregime anders zu gestalten. Das hätte einen Beschluß der Warschauer Vertragsstaaten erfordert, und das hätte das Einverständnis der Sowjetunion erfordert. Wie es damit stand, werde ich dem Gericht mit einem Brief des langjährigen Botschafters in der DDR, Pjotr Abrassimow, darlegen.

Modrow: Wer sich einbildet, daß man in Deutschland die Folgen der politischen und militärischen Spaltung hätte ignorieren können, der irrt. Solange BRD und DDR bestanden, schloß das militärische Konzept auf beiden Seiten immer auch die Möglichkeit eines Krieges ein. Und niemand kann heute vergessen, daß selbst zu

Beginn des Jahres 1989 in den Kriegsspielen der Bundeswehr auch ein Kernschlag der NATO auf Dresden erwogen war.

Frage: Trotzdem sollten wir nicht vergessen, daß DDR-Bürger beim Versuch, über diese Grenze ihr Land zu verlassen, ums Leben gekommen sind. War es das wert? Hätte man nicht riskieren müssen, daß die DDR ihr Leben mangels Masse schon eher beendet?

Ströbele: Ich finde es nicht gut, Herr Krenz und Herr Modrow, wenn Sie die Verantwortung, die natürlich das Politbüro hatte, nun auf die Alliierten, die Sowjets oder Adenauer delegieren. Natürlich hat nicht mal Walter Ulbricht diese Grenze allein geschaffen. Sie ist ein Ergebnis des Zweiten Weltkrieges, der Konferenzen, ein Ergebnis des faschistischen Krieges. Das ist uns ja llen klar. Aber reden wir doch mal über die letzten 20 Jahre. Daß da, als Sie dem Politbüro angehört haben...

Modrow: Als ich dem Politbüro drei Wochen angehörte, war die Grenze offen.

Ströbele: Diese Grenze wurde uns allen als antifaschistischer Schutzwall verkauft. Sie können doch nicht allen Ernstes behaupten, daß die Schüsse an der Grenze der faschistischen Intervention aus dem Westen gegolten haben. Die gefährlichen Grenzeinrichtungen waren in der tat nicht auf der westlichen Seite, sondern auf der östlichen. Und wenn Sie nun kommen mit dem Atomkrieg, der bis zuletzt drohte: Meinen Sie denn, eine Sekunde lang hätte Ihr Grenzregime das abgehalten? Das ist doch alles Unsinn. Diese Grenze diente ganz allein dem, die DDR-Bürger, die weg wollten, hier zu halten..

Ruf aus dem Publikum: Ich wollte nicht nach dem Westen.

Ströbele: Sie nicht, aber es gab offenbar einige, die nach dem Westen wollten und die sollten erschossen werden und wurden erschossen. Das ist Ihnen politisch vorzuwerfen. Das war ein ganz gravierender Fehler, für den Sie auch politisch zur Verantwortung zu ziehen sind.

Krenz: Ich bin ja bereit, Rede und Antwort zu stehen. Ich bin auch bereit, dafür die Kritik zu empfangen, daß wir nie das Problem lösen konnten zwischen der Existenz der DDR einerseits und dem Weggehen vieler Leute andererseits. Daß so viele Leute weggegangen sind, ist ein Negativpunkt für die DDR, und daß wir es nicht verhindern konnten, daß es Tote und Verletzte an der Grenze gab, zähle ich zur negativen Bilanz meines Lebens. Bloß, ich wende mich dagegen, daß man noch die Ideologie ins Spiel bringt. Und ich frage: Warum ist mein Freund Egon Schultz, mit dem ich am Lehrerbildungsinstitut in Putbus studiert habe, der wie 24 seiner Kameraden beim Grenzschutz gefallen ist, weniger wert als jemand, der die Republik verlassen hat? Wenn, dann gleiches Recht für alle!

Ullmann: Herr Krenz, wer will denn das bestreiten? Es geht um diese Frage, daß hier ein Staat war, der verfassungswidrig die Unterdrückung der eigenen Bevölkerung organisiert hat, wie sein Ministerium für Staatssicherheit. Ich will noch mal was zum Unterlassen sagen: Da gab es ja ganz deutliche Unterschiede auch in der Grenzpolitik in der DDR. Es wurden ganz bestimmte Maßnahmen und ganz bestimmte Dinge an der Grenze mal installiert und mal wieder weggenommen. Darauf muß geantwortet werden. Und da kann man nicht mit allgemeinen Betrachtungen über die Weltlage und den Kalten Krieg antworten. Es geht doch im Strafrecht immer um individuelle Verantwortung.

Wolff: Es funktioniert aber nicht mit der Bestrafung. Und damit sind wir bei der Politik. Wenn die Richter etwas tun, was die Mehrzahl der Rechtswissenschaftler, was der gesunde Menschenverstand eigentlich für nicht machbar hält, dann machen sie Politik. Anders ist es gar nicht vorstellbar, daß es bisher keine Strafkammer gab, die gesagt hat: Da ist doch das Rückwirkungsverbot. Das ist Politik. Und zwar Politik, die das Recht bestimmt. Insofern berührt sie die politische Struktur der Bundesrepublik.
Verdrehung der Geschichte wurde hier gesagt. Ja, dann muß man auch größere Zusammenhänge herstellen. Die DDR war die ostdeutsche Antwort auf den Faschismus.

Frage: Davon abgeleitet, wäre Männern wie Honecker oder Hager, die aktive Antifaschisten waren, eine Art KZ-Bonus zuzubilligen?

Ströbele: Bei vielen Menschen, auch im Westen, gab es durchaus einen solchen Bonus, über viele Jahre. Man kann das natürlich auch weiterdenken und sagen, gerade Sie hatten eine Verpflichtung. Was Sie dann daraus gemacht haben bis 1989, das war ein Sozialismus zum Abgewöhnen. Sie tragen dafür eine schwere politische Schuld, die ich als Sozialist Ihnen oder Euch nicht vergesse.

Frage: Sind Ihnen, Herr Modrow, in den 70er und 80er Jahren Zweifel daran gekommen, daß sich der hehre Anspruch des Sozialismus mit der Mauer verträgt?

Modrow: Das ist eine Frage, die im nachhinein für uns alle scheinbar unkompliziert zu beantworten ist. Aber ich kann diese Frage nicht beantworten aus dem, was ich nach 1989 erlebt habe. Ganz einfach deshalb nicht, weil ich in der Gegenwart erlebe, wie irgendein Konflikt, der mit irgendeinem militärischen Engagement verbunden wird, ins Ungeheuerliche wächst. Was sich in Bosnien-Herzegowina abspielt, was wir in Afrika erleben, in Afghanistan und wo überall sonst. Ich will nicht die Dramatik und Tragik, die mit dieser deutschen Grenze verbunden war, gegen irgend etwas anderes aufrechnen. Aber ich kann nicht vergessen, daß es an dieser Grenze Feindbilder nicht nur auf der einen, sondern nicht weniger im Denken auf der anderen Seite gegeben hat. Und das Problem besteht zugleich darin, daß wir alte Feindbilder heute nicht mit Prozessen abbauen können.

Im andern Fall hätten wir schon lange, da gebe ich Wolfgang Ullmann recht, miteinander streiten und uns zu unserer politischen Verantwortung befragen können. Aber wer nach vorne blicken will, muß wissen: So wie diese Bundesrepublik mit dem umgeht, was in der DDR mit Verantwortung verbunden war, wird man am Ende nicht Gleichheit und Einheit, sondern Ungleichheit und Ungerechtigkeit ernten.

Frage: Herr Ströbele, glauben Sie, daß diese Prozesse einen Beitrag dazu leisten können, daß sich Politiker künftig verantwortungsvoller, ohne ständiges Berufen auf vermeintliche Sachzwänge verhalten?

Ströbele: Wenn ich es mir aussuchen könnte, würde ich die bundesdeutsche Justiz auch nicht dazu benutzen wollen, die

Geschichte der DDR aufzuarbeiten. Was jedoch ist die Alternative? Auch was wir hier heute abend versuchen, ist ja aus Anlaß solcher Prozesse ein Nachdenken und Auseinandersetzen über Geschehenes. Aber wenn ich es mir hätte wünschen können, dann lieber zu einer Zeit, als es die DDR noch gab, durch DDR-Leute, in der DDR.

von links: Friedrich Wolff, ND-Redakteur Claus Dümde, Hans Modrow, Egon Krenz, ND-Chefredakteur Reiner Oschmann, Wolfgang Ullmann und Christian Ströbele im Gespräch im ND-Club

Frage: Herr Ullmann, hat es von Ihnen und Ihren politischen Freunden seinerzeit am Runden Tisch und dann in der Modrow-Regierung jemals Forderungen gegeben, noch in der DDR das Politbüro für das Grenzregime strafrechtlich zur Verantwortung zu ziehen?

Ullmann: Ja, natürlich. Es hat sogar Versuche gegeben, das Politbüro oder das Ministerium für Staatssicherheit zur kriminellen Organisation zu erklären. Das wurde am Runden Tisch gefordert. Doch das hat sich nicht durchgesetzt. Ich glaube, viel dazu beigetragen zu haben, daß solche Pauschalisierungen sich nicht durchsetzen konnten. Das widersprach unserer Absicht der Demokratisierung. Demokratisierung heißt auch immer Gerechtigkeit. Darum geht es. Deswegen muß ich Ihnen, Herr Wolff, noch einmal widersprechen. Es trifft doch einfach nicht zu, daß Richter und Staatsanwälte nur schadenfroh darauf gewaretet haben, endlich DDR-Leute fertigmachen zu können. Sie kennen doch das Urteil des Bundesgerichtshofs zu den Mauerschützenprozessen ganz genau. Dort haben Sie gelesen, wie sorgfältig man die Frage geprüft hat, ob der Satz "Keine Strafe ohne Gesetz" nicht etwa verletzt worden ist.

Krenz: Also, die Lage an der Grenze war viel komplizierter, Herr Ullmann, als es heute allgemein dargestellt wird. Ich schätze Sie, Herr Ullmann, und ich schätze Ihren Willen zur Toleranz. Aber ich will auch offen sagen, es ist ein Unterschied, ob man Verantwortung will, ob man eingebunden ist in ein Bündnissystem, das man gewollt hat. Die DDR hatte nur mit der Sowjetunion eine Perspektive.

Frage: Eine ganz praktische Frage, Herr Krenz: Gibt es Kontakte zwischen Ihnen und den anderen fünf Angeklagten, einschließlich Schabowski?

Wolff: Ich rate da zur Zurückhaltung.

Krenz: Ganz vorsichtig ausgedrückt, will ich sagen, daß ich zu meinen Freunden niemals den Kontakt habe abreißen lassen. Und kein Gericht wird es fertigbringen, mich von dem Altkommunisten Kurt Hager zu trennen.

Frage: Und wenn sie keine Freunde mehr sind?

Krenz: Niemand, der vor diesem Gericht steht, hat es verdient, dafür angeklagt zu werden. Ob er heute anders denkt oder nicht, macht für mich keinen Unterschied.

Frage: Letzte Frage: Welchen Nutzen oder Schaden erwarten Sie von diesem Prozeß?

Ullmann: Ich hoffe, daß wir uns dem Rechtsfrieden und der Klarheit über Recht und Unrecht in unserem Lande nähern.

Krenz: Gericht und Staatsanwaltschaft sind befangen. Ich bin es auch.

Ströbele: Ich habe in der Erfahrung mit der bundesdeutschen Justiz gelernt, man soll die Hoffnung nie aufgeben, vielleicht hat ja der eine oder andere in der nächsten Instanz ein Einsehen und es kommt dann ein gerechtes Urteil raus.

Modrow: Selbst Günter Schabowski, der bis heute alles andere als eine ehrenwerte Person ist, gehört nicht vor dieses Gericht.

Wolff: Die Hoffnung, daß es ein gutes Urteil gibt, die kann man haben. Ich erwarte das nicht, ich habe aber die Hoffnung, daß auch der negative Ausgang des Prozesses eine politische Bereicherung für uns ist, denn er wird zeigen, wo in diesem Staat Recht und Unrecht ist und er wird zeigen, daß das Ganze, politische Aufarbeitung der Vergangenheit der DDR durch die Justiz, ein großer historischer Flop ist.

Ströbele: Ich denke, man soll auch mal was Positives sagen. Es gibt auch in der Bundesrepublik Deutschland noch Richter. Das hat man beim Bundesverfassungsgericht gesehen, beim Verfahren gegen den ehemaligen MfS-Chef Markus Wolf. Das war eine sehr mutige Entscheidung, da Klartext zu reden. Das gibt dann doch Hoffnung.

Moderation: Claus Dümde und Reiner Oschmann
(Nachdruck mit freundlicher Genehmigung des NEUEN DEUTSCHLAND)

Beschlüsse des Bundesverfassungsgerichts

Bundesverfassungsgericht
- 2 BvQ 62/95 -

In dem Verfahren

über den

Antrag

im Wege der einstweiligen Anordnung den Beschluß des Landgerichts Berlin vom 17. November 1995 - 527-1/95 - in bezug auf den Vorsitzenden Richter Bräutigam, hilfsweise ganz aufzuheben, eine neue Entscheidung in anderer Besetzung anzuordnen, und anzuordnen, daß die Hauptverhandlung in dem Verfahren 527-1/95 nicht vor der Entscheidung über den Antrag auf Erlaß einer einstweiligen Anordnung und auch nicht vor der Entscheidung über die sofortige Beschwerde der Nebenkläger gegen den genannten Beschluß beginnen darf

- Antragstellerin: Irmgard Bittner (es folgt Adresse)

- Bevollmächtigter: Rechtsanwalt Hanns-Ekkehard Plöger (es folgt Adresse)

hat die 2. Kammer des Zweiten Senats des Bundesverfassungsgerichts durch die Richterin Präsidentin Limbach und die Richter Kruis, Winter gemäß 93d Abs. 2 BVerfGG in der Fassung der Bekanntmachung vom 11. August 1993 (BGBl I S. 1473) am 19. Januar 1996 einstimmig beschlossen

Der Antrag auf Erlaß einer einstweiligen Anordnung wird abgelehnt.

Gründe:

Die Antragstellerin, Nebenklägerin in dem bei dem Landgericht Berlin anhängigen Strafverfahren gegen Mückenberger, Krenz u.a. wegen Totschlags (527-1/95), wendet sich gegen eine Entscheidung der Schwurgerichtskammer über Ablehnungsgesuche der Angeklagten Schabowski und Krenz.

I.

Nach ihrem Vorbringen brachten kurz vor Beginn der Hauptverhandlung sowohl der Angeklagte Krenz wie auch der Angeklagte Schabowski Ablehnungsgesuche wegen Besorgnis der Befangenheit ein, und zwar der Angeklagte Krenz gegen die drei Berufsrichter der erkennenden Schwurgerichtskammer (Bräutigam, Hoch und Meunier-Schwab), der Angeklagte Schabowski allein gegen den Vorsitzenden Richter Bräutigam unter Hinweis auf einen von diesem im Juni 1993 gehaltenen Vortrag. Der Angeklagte Krenz stellte sodann ein weiteres Ablehnungsgesuch gegen die drei genannten Berufsrichter, nachdem diese ihre dienstlichen Erklärungen zum ersten Ablehnungsgesuch abgegeben hatten. Über die drei Ablehnungsgesuche entschieden die Richter Ehestädt, Seiffe und Valtu als geschäftsplanmäßige Vertreter der abgelehnten Richter durch einheitlichen Beschluß vom 17. November 1995. Die vom Angeklagten Krenz mit den Schriftsätzen seiner Verteidiger vom 12. und 14. November 1995 angebrachten Ablehnungsgesuche gegen den Vorsitzenden Richter am Landgericht Bräutigam, die Richterin am Landgericht Meunier-Schwab und den Richter am Landgericht Hoch wurden als unbegründet zurückgewiesen, das vom Angeklagten Schabowski mit Schriftsatz seiner Verteidiger vom 12. November 1995 angebrachte Ablehnungsgesuch gegen den Vorsitzenden Richter am Landgericht Bräutigam dagegen für begründet erklärt. Die Beschlußgründe lauten: (es folgt der Beschluß der 27. Kammer vom 17.11.1995, abgedruckt in "Der Politbüro-Prozeß", Scheunen-Verlag, 1996. Autor: Dietmar Jochum)

Gegen den Beschluß legte u.a. die Antragstellerin unter dem 21.11.1995 sofortige Beschwerde ein. Sie vertrat die Auffassung, die Beschwerde sei entgegen 28 Abs. 1 StPO zulässig, weil diese Vorschrift verfassungskonform auszulegen sei. Es könne nicht angehen, daß eine sofortige Beschwerdemöglichkeit auch dann ausscheide, wenn Richter wie im vorliegenden Fall zu Unrecht oder willkürlich eine Entscheidungskompetenz angenommen und dann das Ablehnungsgesuch für begründet erklärt hätten.

Mit Beschluß vom 20. Dezember 1995 verwarf das Kammergericht Berlin die sofortige Beschwerde, soweit das Ablehnungsgesuch gegen den Vorsitzenden Richter am Landgericht Bräutigam für begründet erklärt worden war, als unzulässig: Ein Beschluß, durch den die Ablehnung für begründet erklärt werde, sei nicht anfechtbar (28 Abs. 1 StPO). Für eine im Sinne des Beschwerdeschriftsatzes "verfassungskonforme" Auslegung des 28 Abs. 1 StPO bestehe kein Anlaß.

II.

Die Antragstellerin sieht durch die Entscheidung über die Ablehnungsgesuche der Angeklagten verfassungsmäßige Rechte verletzt. Verfassungsbeschwerde hat sie bisher nicht eingelegt. Sie beantragt im vorliegenden Verfahren, vorab im Wege der einstweiligen Anordnung wie folgt zu beschließen:

1. Der Beschluß des Landgerichts Berlin vom 17.11.1995, Az. 527-1/95, in dem Strafverfahren gegen die Herren Erich Mückenberger, Prof. Dr. Kurt Hager, Horst Dohlus, Egon Krenz, Günther Kleiber und Günter Schabowski, soweit das Ablehnungsgesuch des Angeklagten Schabowski gegen den Vorsitzenden Richter am landgericht, Bräutigam, durch die Richter Ehestädt, Seiffe und Valtu vom 13.11.1995 für begründet erklärt worden ist, wird aufgehoben,

2. das Landgericht hat unter Beachtung der Rechtsauffassung des

Bundesverfassungsgerichts in der Besetzung des Richters Hoch, der Richterin Meunier-Schwab sowie des gesetzlichen Richters anstelle des abgelehnten Richters Bräutigam erneut über das Ablehnungsgesuch des Angeklagten Schabowski vom 13.11.1995 zu entscheiden,

3. den Beschluß des Landgerichts Berlin vom 17.11.1995, Az. 527-1/95, in dem Strafverfahren gegen die Herren Mückenberger u.a., soweit das Ablehnungsgesuch des Angeklagten Krenz gegen den Vorsitzenden Richter, Herrn Bräutigam, vom 14.11.1995 durch die Richter Ehestädt, Seiffe und Valtu als unbegründet zurückgewiesen worden ist, wird aufgehoben,

4. das Landgericht Berlin hat unter Beachtung der Rechtsauffassung des Bundesverfassungsgerichts in dem Strafverfahren gegen die Herren Mückenberger u.a., Az. 527-1/95, in der Besetzung des Richters Hoch, der Richterin Meunier-Schwab sowie des gesetzlichen Richters anstelle des abgelehnten Richters Bräutigam erneut über das Ablehnungsgesuch Krenz vom 14.11.1995 gegen den Vorsitzenden Richter am Landgericht, Herrn Bräutigam, zu entscheiden,

5. hilfsweise den Beschluß des Landgerichts Berlin vom 17.11.1995 in dem Strafverfahren gegen die Herren Mückenberger u.a., Az. 527-1/95, aufgrund der Ablehnungsgesuche der Angeklagten Schabowski und Krenz vom 13.11.1995 sowie vom 14.11.1995 insgesamt aufzuheben und die Sache den Richtern Bräutigam, Hoch und Meunier-Schwab unter Beachtung der Rechtsauffassung des Bundesverfassungsgerichts zur Entscheidung zurückzuweisen,

6. die Besetzung der erkennenden Berufsrichter für die am 15.01.1996 beginnende Hauptverhandlung gegen die Angeklagten Mückenberger u.a. unter Beachtung der Rechtsauffassung des Bundesverfassungsgerichts neu zu bestimmen,

7. es wird angeordnet, daß die Hauptverhandlung in der Strafsache Mückenberger u.a., Az. 527-1/95, nicht vor der Entscheidung des Bundesverfassungsgerichts über den Antrag auf Erlaß einer einstweiligen Anordnung, und auch nicht vor der Entscheidung über die sofortige Beschwerde der Nebenkläger Karin Schmidt, Horst Schmidt, Irmgard Bittner und Karin Gueffroy vom 21.11.1995 gegen

den Beschluß des Landgerichts Berlin vom 17.11.1995 beginnen darf.

Die Antragstellerin ist der Auffassung, das Landgericht habe Art. 101 Abs. 1 Satz 2 GG verletzt, weil sich die über die Ablehnungsgesuche entscheidenden Richter willkürlich eine Entscheidungskompetenz angemaßt und über ein Ablehnungsgesuch entschieden hätten, für das sie gerade nicht die gesetzlichen Richter gewesen seien. Zum einen hätten die Voraussetzungen des 26 a Abs. 1 StPO vorgelegen, so daß die abgelehnten Richter selbst zur Entscheidung berufen gewesen seien. Im übrigen hätte über die Ablehnungsgesuche nicht in einem Beschluß entschieden werden dürfen. So hätten die Richter Ehestädt, Seiffe und Valtu insbesondere nicht über das Ablehnungsgesuch gegen den Vorsitzenden Richter Bräutigam entscheiden und diesem stattgeben dürfen. An dieser Entscheidung hätten nach vorheriger Verwerfung der gegen sie gerichteten Ablehnungsgesuche die Richter Hoch und Meunier-Schwab mitwirken müssen.

Durch die fehlerhafte Entscheidung werde sie auch in ihren Rechten aus Art. 20 Abs. 3 GG in Verbindung mit Art. 1 Abs. 3 GG verletzt. 28 Abs. 2 StPO solle grundsätzlich sicherstellen, daß eine Hauptverhandlung nicht dadurch zum Platzen gebracht werde, weil die Entscheidung über eine sofortige Beschwerde nicht innerhalb der Fristen des 229 StPO herbeigeführt werden könne. Wenn aber wie vorliegend erkennbar sei, daß ein Ablehnungsgesuch zu Unrecht für begründet erklärt worden sei und die Nebenklägerin mit ihrer Besetzungsrüge im Revisionsverfahren durchdringe, falls es zu einem Urteil komme, müsse entweder die sofortige Beschwerde trotz des klaren Wortlauts des 28 Abs. 1 StPO im Wege der verfassungskonformen Auslegung ermöglicht werden, oder das Bundesverfassungsgericht müsse die Frage der Rechtmäßigkeit eines Beschlusses im Sinne des 28 Abs. 1 StPO überprüfen können.

Art. 103 Abs. 1 GG sei verletzt, weil das Landgericht der Antragstellerin nicht die erbetene Mitteilung gemacht habe, welche Richter an der Entscheidung über die Ablehnungsgesuche mitwirkten; deshalb habe sie nicht schon vor der Entscheidung auf die fehlerhafte Besetzung hinweisen können.

Es sei auch geboten, daß das Bundesverfassungsgericht dem Landgericht Berlin untersage, vor einer Entscheidung über den Antrag auf Erlaß einer einstweiligen Anordnung mit der Hauptverhandlung am 15. Januar 1996 neu zu beginnen, weil andernfalls dieses Verfahren wiederum mit einer Besetzungsrüge durch die Nebenklägerin belastet wäre und die Angeklagten dem gesetzlichen Richter entzogen würden.

III.

Die Voraussetzungen für den Erlaß einer einstweiligen Anordnung liegen nicht vor.

1. Nach 32 Abs. 1 BVerfGG kann das Bundesverfassungsgericht im Streitfall einen Zustand durch einstweilige Anordnung vorläufig regeln, wenn dies zur Abwehr schwerer Nachteile, zur Verhinderung drohender Gewalt oder aus einem anderen wichtigen Grund zum gemeinen Wohl dringend geboten ist. Das gilt auch, wenn ein Verfassungsbeschwerde-Verfahren -das hier als Hauptsacheverfahren allein in Betracht kommt- noch nicht anhängig war. Dabei haben die Gründe, die für die Verfassungswidrigkeit des angegriffenen Hoheitsakts vorgetragen werden, grundsätzlich außer Betracht zu bleiben, es sei denn, die Verfassungsbeschwerde erwiese sich von vornherein als unzulässig oder offensichtlich unbegründet.

2. Es kann dahingestellt bleiben, ob in dieser Sache eine Verfassungsbeschwerde zulässig wäre. Sie wäre jedenfalls offensichtlich unbegründet. Der Beschluß des Landgerichts Berlin vom 17. November 1995 ist von Verfassungs wegen nicht zu beanstanden.

Weder das Verfahren, in dem über die Ablehnungsgesuche der Angeklagten Krenz und Schabowski entschieden wurde, noch die Entscheidung selbst verletzen Art. 101 Abs. 1 Satz 2 GG.

Die Antragstellerin ist in bezug auf das Verfahren über die Ablehnungsgesuche nicht dadurch ihrem gesetzlichen Richter entzogen worden, daß die Schwurgerichtskammer in der Besetzung mit den geschäftsplanmäßigen Vertretern der abgelehnten Richter durch einen einheitlichen Beschluß über die Ablehnungsgesuche entschieden hat. Ihre Auffaung, daß die Ablehnungsgesuche im Sinne des 26 a Abs. 1 StPO unzulässig und daher gemäß 26 a Abs. 2 Satz 1 StPO unter Mitwirkung der abgelehnten Richter durch die Schwurgerichtskammer zu verwerfen gewesen seien, hat die Antragstellerin bereits nicht hinreichend begründet. Es fehlt an jeder Darlegung, in welcher Hinsicht die Voraussetzungen des 26 a Abs. 1 StPO vorgelegen haben sollen. Der Beschluß des Landgerichts läßt einen verfassungsrechtlich erheblichen Mangel in der Beurteilung der Zulässigkeitsfrage nicht erkennen. Die Frage, ob eine Ablehnung im Sinne des 26 a Abs. 1 StPO unzulässig ist, ist als Frage der Auslegung und Anwendung des im Rang unter dem Grundgesetz stehenden Strafprozeßrechts durch die dafür zuständigen Strafgerichte zu entscheiden. Deren Entscheidung kann das Bundesverfassungsgericht nur darauf überprüfen, ob spezifisches Verfassungsrecht verletzt ist (vergl. BVerfGE 18, 85 <92 ff.>). Das ist noch nicht der Fall, wenn den Strafgerichten bei der Auslegung und Anwednung einer strafprozessualen Vorschrift, von der die Gerichtsbesetzung abhängt, ein Fehler unterlaufen sein kann. Nach ständiger Rechtsprechung des Bundesverfassungsgerichts verletzt die Entscheidung Art. 101 Abs. 1 Satz 2 GG nur dann, wenn sie willkürlich ist. Aus dem Beschluß des Landgerichts Berlin vom 17. November 1995 ergibt sich indessen nicht, daß sich die Richter bei der Bejahung der Zulässigkeit der Ablehnungsgesuche von sachfremden, schlechthin unhaltbaren Erwägungen haben leiten lassen.

Unabhängig davon fällt die Entscheidung über ein Ablehnungsgesuch im ganzen der in 27 Abs. 1 und 2 StPO bestimmten Besetzung der Strafkammer an, wenn das Gesuch - wie hier- nicht im Verfahren nach 26 a StPO als unzulässig verworfen wird. In diesem Fall ist die in 27 StPO bestimmte Besetzung nicht nur zur Entscheidung über die Begründetheit der Ablehnung berufen, kann vielmehr auch noch die Ablehnung als unzulässig verwerfen (vergl. BGHSt 21, 334 <336 f.>). Die in 27 StPO bezeichnete Besetzung der Strafkammer ist daher, sobald ihr die Sache zur Entscheidung vorgelegt worden ist, uneingeschränkt gesetzlicher Richter für das Ablehnungsverfahren.

Die Auffassung der Antragstellerin, über die Ablehnungsgesuche

hätte nicht in einem Beschluß, sondern nacheinander in der Reihenfolge des Eingangs entschieden werden müssen, begründet ebenfalls keinen Verstoß gegen Art. 101 Abs. 1 Satz 2 GG. In der fachgerichtlichen Rechtsprechung und Literatur ist umstritten, wie zu verfahren ist, wenn mehrere Ablehnungsgesuche gegen verschiedene Richter des erkennenden Gerichts, die auf teilweise unterschiedliche Gründe gestützt sind, vorliegen (vergl. zum Streitstand Voormann, NStZ 1985, S. 444). Nach verbreiteter Auffassung ist dann über alle gestellten und noch nicht beschiedenen Gesuche gegen erkennende Richter durch einheitlichen Beschluß in der durch 27 StPO bestimmten Besetzung des Gerichts zu entscheiden. Aus dem Urteil des Bundesgerichtshofs in BGHSt 21, 334 <337 f.> ergibt sich nichts anderes; es betrifft die hier nicht einschlägige Frage, ob über Ablehnungsgesuche gegen erkennende Richter gleichzeitig mit einem Ablehnungsgesuch gegen einen Richter, der zur Entscheidung über die Ablehnungsgesuche gegen sie berufen wäre, entschieden werden darf. Ob aus dem ebenfalls einen anderen Sachverhalt betreffenden Beschluß des Bundesgerichtshofes vom 9. Oktober 1995 -3 StR 324/94-, daß in Fällen nacheinander eingehender und unterschiedlich begründeter Ablehnungsgesuche der Grundsatz des gesetzlichen Richters eine sukzessive Entscheidung in der Reihenfolge der Ablehnungsgesuche gebiete, sich Folgerungen auch für den hier zu beurteilenden Sachverhalt ergeben können, kann offenbleiben. Es ist nicht Aufgabe des Bundesverfassungsgerichts, die strafprozessuale Streitfrage zu entscheiden. Wenn das landgericht angesichts des bestehenden Meinungsstreits sich dafür entschieden hat, über die Ablehnungsgesuche entsprechend einer verbreiteten Auffassung in einem Beschluß zu entscheiden, ist dies aus verfassungsrechtlicher Sicht vertretbar, jedenfalls nicht willkürlich.

Auch die Entscheidung des Landgerichts als solche entzieht die Verfahrensbeteiligten nicht ihrem gesetzlichen Richter. Die Antragstellerin hat nicht einmal dargetan, daß das Landgericht die Ablehnungsgründe nach den Maßstäben des Strafprozeßrechts fehlerhaft beurteilt, geschweige denn -worauf es verfassungsrechtlich allein ankommt (vergl. BVerfGE 31, 145 <164>; stRspr)-, daß es willkürlich entschieden habe. Nach dem Inhalt des Beschlusses beruht es auf zumindest vertretbaren, keinesfalls willkürlichen Erwägungen, daß das Gericht die von dem Angeklagten Krenz vorgetragenen Ablehnungsgründe als nicht ausreichend, das Ablehnungsgesuch des Angeklagten Schabowski dagegen als begründet angesehen hat.

Damit scheidet auch eine Verletzung des verfassungsrechtlichen Willkürverbots aus, das die Antragstellerin aus Art. 20 Abs. 3 in Verbindung mit Art. 1 Abs. 3 GG herleitet.

Schließlich kann die Antragstellerin auch mit der Rüge keinen Erfolg haben, Art. 103 Abs. 1 GG sei verletzt, weil das Landgericht 24 Abs. 3 Satz 2 StPO nicht beachtet habe. Auf diesem Verstoß kann die Entscheidung des Landgerichts jedenfalls insoweit nicht beruhen, als die Ablehnungsgesuche des Angeklagten Krenz betroffen sind. Hierüber jedenfalls hat das Landgericht zu Recht einheitlich und in der richtigen Besetzung entschieden, weil die Ablehnugsgesuche jeweils gleichzeitig und mit gleicher Begründung gegen alle richterlichen Mitglieder des erkennenden Gerichts gerichtet waren. Daß die Antragstellerin die zur Entscheidung über die Ablehnungsgesuche berufenen Richter hätte ablehnen wollen, behauptet sie selber nicht. Bezüglich der unanfechtbaren Entscheidung über das Gesuch des Angeklagten Schabowski gegen den Vorsitzenden Richter Bräutigam ist die Rüge einer Gehörsverletzung bereits unzulässig, weil der Rechtsweg soweit nicht erschöpft worden ist. Die Antragstellerin hat von der Möglichkeit, einen Antrag auf Nachholung des rechtlichen Gehörs gemäß 33 a StPO zu stellen, keinen Gebrauch gemacht. 33 a StPO ist von Verfassungs wegen dahin auszulegen, daß er jeden Verstoß gegen Art. 103 Abs. 1 GG in dem von ihm bezeichneten Verfahren erfaßt (vergl. BVerfGE 42, 243 <250 f.>; stRspr).

Diese Entscheidung ist unanfechtbar

Limbach   Kruis   Winter

Bundesverfassungsgericht
- 2 BvR 1853/94 -

Im Namen des Volkes

In dem Verfahren

über

die Verfassungsbeschwerde

des Herrn Heinz K e ß l e r, (es folgt Adresse)

- Bevollmächtigte: 1. Rechtsanwalt Dr. Winfired Matthäus, Berlin

2. Rechtsanwälte Hans-Peter Mildebrath und
Astrid Mildebrath, Berlin

gegen a) das Urteil des Bundesgerichtshofs vom 26. Juli 1994
-5 StR 98/94-,m

b) das Urteil des Landgerichts Berlin vom 16. Septmber 1993
- (527) 2 Js 26/90 Ks (10/92) -

und Antrag auf Bewilligung von Prozeßkostenhilfe und Beiordnung
des Rechtsanwaltes Dr. Winfried Matthäus

hier: Antrag auf Erlaß einer einstweiligen Anordnung

hat die 2. Kammer des Zweiten Senats des
Bundesverfassungsgerichts durch die Richterin Graßhof
und die Richter Winter,
Sommer

gemäß 93 d Abs. 2 BVerfGG in der Fassung der Bekanntmachung
vom 11. August 1993 (BGBl. I S. 1473)

am 14. Oktober 1994 einstimmig beschlossen:

Gegen den Beschwerdeführer darf bis zur Entscheidung über die von ihm erhobene Verfassungsbeschwerde die Vollstreckung der Strafe aus dem Urteil des Landgerichts Berlin vom 16. September 1993
- (527) 2 Js 26/90 Ks (10/92) - in Verbindung mit dem Revisionsurteil des Bundesgerichtshofes vom 26. Juli 1994 - 5 StR 98/94 - nicht eingeleitet werden.

G r ü n d e :

I.

Die Verfassungsbeschwerde betrifft die Frage der Strafbarkeit von ehemaligen Mitgliedern des Nationalen Verteidigungsrates der DDR wegen der Tötung von DDR-Flüchtlingen an der innerdeutschen Grenze.

1. Der im Jahr 1920 geborene Beschwerdeführer wurde nach Gründung der SED Mitglied des Parteivorstands, dann des Zmtralkomitees und im Jahr 1957 Chef der Luftwaffe der Nationalen Volksarmee und stellvertretender Minister für Nationale Verteidigung. Von 1967 bis 1978 war der Beschwerdeführer Chef des Hauptstabes der Nationalen Volksarmee und seit 1967 Mitglied des Nationalen Verteidigungsrates, dem er bis 1989 angehörte. Von 1976 bis 1979 war er der von der DDR gestellte Stellvertreter des Oberkommandierenden der Vereinten Streitkräfte des Warschauer Paktes; er wurde 1979 Chef der politischen Hauptverwaltung der Nationalen Volksarmee. Seit Dezember 1985 war er als Armeegeneral Minister für Nationale Verteidigung und seit April 1986 Mitglied des Politbüros der SED.

2. Der Beschwerdeführer wurde durch Urteil des Landgerichts Berlin wegen Anstiftung zum Totschlag zu einer Freiheitsstrafe von sieben Jahren und sechs Monaten verurteilt.

Gegenstand des Verfahrens war die Tötung von sieben Menschen, die zwischen 1971 und 1989 aus der DDR über die innerdeutsche Grenze fliehen wollten.

Das Landgericht hielt den Beschwerdeführer als Mitglied des Nationalen Verteidigungsrates für (mit)verantwortlich für den Tod dieser Flüchtlinge. Die Befehlslage an der Grenze -welche auf den Beschlüssen des Nationalen Verteidigungsrates beruht habe, an denen auch der Beschwerdeführer mitgewirkt habe- sei dahin gegangen, "Grenzdurchbrüche" durch Flüchtlinge aus der DDR in jedem Falle und unter Einsatz jeden Mittels zu verhindern; dabei sei der Tod des Flüchtlings hingenommen worden, wenn anders ein Grenzdurchbruch nicht zu verhindern gewesen sei.

Der Bestrafung des Beschwerdeführers stehe nicht die "act of state doctrine" entgegen, da das deutsche Rechtssystem keine Regel kenne, die bei der Anwendung innerstaatlichen Rechts ausländische Hoheitsakte der gerichtlichen Nachprüfung entzöge.

Gemäß Art. 315 Abs. 1 EGStGB in Verbindung mit 2 Abs. 1 StGB sei auf in der DDR vor dem 3. Oktober 1990 begangene Straftaten grundsätzlich das Strafrecht der DDR anzuwenden. Die gemäß Art. 315 Abs. 1 EGStGB in verbindung mit 2 Abs. 3 StGB vorzunehmende Prüfung habe jedoch ergeben, daß das bundesdeutsche Recht als das mildere Gesetz Anwendung zu finden habe.

3. Auf die Revision der Staatsanwaltschaft änderte der Bundesgerichtshof das landgerichtliche Urteil durch Urteil vom 26. Juli 1994 dahin ab, daß der Beschwerdeführer des Totschlags (in mittelbarer Täterschaft) schuldig sei. Der Strafausspruch wurde nicht verändert. Die weitergehende Revision der Staatsanwaltschaft sowie die Revision des Beschwerdeführers wurden verworfen.

Der Beschwerdeführer sei des Totschlags in mittelbarer Täterschaft schuldig. Nach dem Recht der DDR habe er sich wegen Anstiftung zum Mord (22 Abs. 2 Nr. 1, 112 Abs. 1 StGB-DDR) strafbar gemacht. Der Verurteilung sei aber das Recht der Bundesrepublik zugrunde zu legen. Soweit dieses auf die Straftaten nicht ohnehin anzuwenden sei, weil der Erfolg in der Bundesrepublik eingetreten und die Verfolgung nach dem Recht der Bundesrepublik noch nicht verjährt sei, sei es das mildere Recht (Art. 315 Abs. 1 EGStGB in der Fassung des Einigungsvertrages i.V.m. 2 Abs. 3 StGB).

Die Staatspraxis der DDR, die die vorsätzliche Tötung von

Flüchtlingen durch Schußwaffen, Selbstschußanlagen oder Minen zur Verhinderung einer Flucht aus der DDR in Kauf genommen habe, sei wegen offensichtlichen, unerträglichen Verstoßes gegen elementare Gebote der Gerechtigkeit und gegen völkerrechtlich geschützte Menschenrechte auch nach DDR-Recht nicht geeignet, die Täter zu rechtfertigen. Die insoweit maßgeblichen Vorschriften des DDR-Rechts ließen eine "menschenrechtskonforme" Auslegung zu, die der Beurteilung aus heutiger Sicht zugrunde gelegt werden müsse. Dies habe der Senat in BGHSt 39, 1, 15 ff. und in BGHSt 39, 168, 183 f. sowie im Urteil vom selben Tag - 5 StR 167/94 - für den vorsätzlichen Schußwaffengebrauch näher begründet. Für die Verwendung von Minen gelte nichts anderes.

Nach dem Strafgesetzbuch sei der Beschwerdeführer nicht Anstifter, sondern mittelbarer Täter des Totschlags.

Das Urteil des Bundesgerichtshofs ist dem Beschwerdeführer nach Angabe seiner Verfahrensbevollmächtigten am 10. August 1994 zugegangen.

II.

Mit seiner rechtzeitig eingegangenen Verfassungsbeschwerde wendet sich der Beschwerdeführer gegen die Urteile des Bundesgerichtshofs und des Landgerichts Berlin.

Er ist der Ansicht, die angegriffenen Entscheidungen verstießen gegen Art. 3 Abs. 1, 101 Abs. 1 und 103 Abs. 2 GG.

Insbesondere Art. 103 Abs. 2 GG sei verletzt, da die zur Rede stehenden Tötungshandlungen nach der in der DDR zum Tatzeitpunkt bestehenden Gesetzeslage nicht strafbar gewesen seien.

III.

Der Beschwerdeführer hat beantragt, im Wege der einstweiligen Anordnung zu erkennen, daß die erkannte Freiheitsstrafe bis zur Entscheidung über die Verfassungsbeschwerde nicht vollstreckt werden darf. Er sei bereits von der Staatsanwaltschaft zum Strafantritt geladen worden.

V.

Das Bundesministerium der Justiz sowie die Senatsverwaltung für Justiz in Berlin hatten Gelegenheit, zum Antrag auf Erlaß einer einstweiligen Anordnung Stellung zu nehmen.

V.

Der Antrag auf Erlaß einer einstweiligen Anordnung ist zulässig und begründet.

1. Nach 32 Abs, 1 BVerfGG kann das Bundesverfassungsgericht im Streitfall einen Zustand durch einstweilige Anordnung vorläufig regeln, wenn dies zur Abwehr schwerer Nachteile oder aus einem anderen wichtigen Grund zum gemeinen Wohl dringend geboten ist (vergl. BVerfGE 71, 158 <161>). Auch in einem Verfahren über eine Verfassungsbeschwerde kann eine einstweilige Anordnung erlassen werden (verg. BVerfGE 66, 39 <56>; st. Rspr.). Dabei haben die Gründe, die für die Verfassungswidrigkeit des angegriffenen Hoheitsakts vorgetragen werden, grundsätzlich außer Betracht zu bleiben, es sei denn, die Verfassungsbeschwerde erweist sich von vornherein als unzulässig oder offensichtlich unbegründet. Das Bundesverfassungsgericht muß vielmehr die Folgen abwägen, die eintreten würden, wenn die einstweilige Anordnung nicht erginge, die Verfassungsbeschwerde aber Erfolg hätte, gegenüber den Nachteilen, die entstünden, wenn die begehrte Anordnung erlassen würde, der Verfassungsbeschwerde aber der Erfolg zu versagen wäre (vergl. BVerfGE 71, 158 <161>).

2. a) Die Verfassungsbeschwerde ist weder von vornherein unzulässig, noch offensichtlich unbegründet.

Die Frage, ob der Beschwerdeführer -und andere Mitglieder der politischen Führung der DDR- u.a. für die Todesfälle an der innerdeutschen Grenze strafrechtlich zur Verantwortung gezogen werden können, oder ob dem Art. 103 Abs. 2 GG entgegensteht, ist in der straf- und staatsrechtlichen Literatur umstritten und auch durch die bisherige Rechtsprechung des Bundesverfassungsgerichts letztlich nicht geklärt.

b) Die Folgenabwägung ergibt, daß die Voraussetzungen für den

Erlaß einer einstweiligen Anordnung vorliegen.

aa) Ergeht die einstweilige Anordnung nicht, erweist sich später die Verfassungsbeschwerde jedoch als begründet, so kann in der Zwischenzeit die erkannte Freiheitsstrafe vollstreckt werden. Dabei handelt es sich um einen erheblichen, nicht wieder gutzumachenden Eingriff in das Recht auf die Freiheit der Person (vergl. BVerfGE 22, 178 <180>), das unter den grundrechtlich verbürgten Rechten besonderes Gewicht hat (vergl. BVerfGE 65, 317 <322>).

bb) Ergeht die einstweilige Anordnung, wird die Verfassungsbeschwerde aber später als unbegründet zurückgewiesen, so wiegen die damit verbundenen Nachteile weniger schwer. In diesem Fall kann zwar die rechtskräftig erkannte Freiheitsstrafe vorübergehend nicht vollstreckt werden. Ein erheblicher Nachteil für das Wohl der Allgemeinheit ist durch das Zurücktreten des öffentlichen Interesses an einer alsbaldigen Vollstreckung einer rechtskräftig verhängten Freiheitsstrafe jedoch nicht zu besorgen.

Diese Entscheidung ist unanfechtbar.

Graßhof   Winter   Sommer

Wer ist schuld?

Plädoyer für ein begrenztes Straffreiheitsgesetz im Bereich des SED-Unrechts*

Dr. Erardo Cristoforo Rautenberg, Leitender Oberstaatsanwalt, Neuruppin

1. Zur Lage der Strafjustiz bei der Aufarbeitung des SED-Unrechts

Die strafrechtliche Aufarbeitung des SED-Unrechts ist durch den EinigungsV v. 3.10.1990 nicht ausgeschlossen worden, was im Ausland durchaus auch auf Verwunderung gestoßen ist. So hat die Niederreißung des Eisernen Vorhangs in den osteuropäischen Staaten zum Teil großzügige Amnestieregelungen nach sich gezogen.[1] Daß dies in Deutschland nicht so war, ist wohl hauptsächlich darauf zurückzuführen, daß die Grenze zwischen Ost und West durch eine Nation verlief, die die ihr als Teil des Volkscharakters nachgesagte besondere Gründlichkeit auch bei der Teilung des eigenen Landes gezeigt hat, wobei die Bündnistreue der DDR im offiziellen Leugnen der gemeinsamen Nation gipfelte und ein beispielloses Spitzel- und Grenzsicherungssystem hervorgebracht hat. Die dadurch bei großen Teilen der Bevölkerung in Ost und West geschlagenen Wunden ließen eine generelle Amnestie zu Beginn der Vereinigung nicht zu, die ich aber auch zum heutigen Zeitpunkt angesichts der Qualität des sichtbar gewordenen strafbaren Unrechts nicht für angebracht halte.

Als seit drei Jahren unmittelbar Beteiligter an der Aufarbeitung des SED-Unrechts übe ich meine Tätigkeit in dem Gefühl der Betroffenheit aus, daß sich Deutschland nach dem NS-Unrechtsstaat auch noch den SED-Unrechtsstaat geleistet hat. Man darf beide Unrechtssysteme sicherlich nicht gleichsetzen, der NS-Staat war von anderer Qualität und man wäre ja an der eigenen Nation irre geworden, wenn in dem DDR-Staat auch noch Massenmorde begangen worden wären; das war Gott sei Dank nicht der Fall. Aber das SED-System hat immerhin während der Blüte des Stalinismus Menschenrechtsverstöße hervorgebracht, die wegen ihres Ausmaßes auch in den NS-Staat gepaßt hätten. Und auch sonst hat der Staat DDR unermeßliches Leid verursacht, das die bundesdeutsche Rehabilitierungsgesetzgebung mit m.E. geradezu beschämend niedrigen Geldleistungen zu kompensieren versucht. Es kann somit einerseits kein Zweifel bestehen, daß das, was in der DDR geschehen ist, vielfach mit den Grundsätzen eines demokratischen Rechtsstaates unvereinbar und daher moralisch verwerflich war, andererseits darf aber auch nicht verkannt werden, daß sich diese rückschauende Bewertung eines im demokratischen Rechtsstaat verwurzelten Betrachters bei der Beurteilung der Strafbarkeit des Verhaltens von Bürgern der früheren DDR in der DDR wegen des strafrechtlichen Rückwirkungsverbotes verbietet.

1 unseres StGB bestimmt, daß eine Tat nur bestraft werden kann, wenn die Strafbarkeit gesetzlich bestimmt war, bevor die Tat begangen wurde. Diese auch das sog. Analogieverbot und Bestimmtheitsgebot umfassende Regelung hat Verfassungsrang, die Formulierung findet sich in Art. 103 Abs. 2 GG wieder. Gleichwohl ist dieser elementare rechtsstaatliche Grundsatz vielen, die sich öffentlich zur strafrechtlichen Aufarbeitung des SED-Unrechts geäußert haben, offenbar nicht bekannt oder jedenfalls zeitweise nicht bewußt gewesen. Dies hat dazu geführt, daß die Erwartungshaltung vieler gegenüber der Strafjustiz bei der Aufarbeitung des SED-Unrechts völlig unrealistisch war und zum Teil noch ist. Nach dem allseits gepriesenen Verzicht der früheren Bürger der DDR auf eine blutige Revolution hat insbesondere manch Bürgerrechtler gehofft, man könne gleichsam unter rechtsstaatlichem Gewande, nun aber mittels des Strafrechts, den Spieß einfach umdrehen und den früheren Peinigern das Maß an Pein zufügen, das sie moralisch verdient haben dürften. Dieses in Teilen der Bevölkerung und bei manchen Politikern fehlende Bewußtsein von der strengen Unterscheidung zwischen moralisch verwerflichem und strafrechtlich verfolgbarem Fehlverhalten ist ein Grund für die schlechte Ausgangslage der Strafjustiz bei der Aufarbeitung des SED-Unrechts, weil Unkenntnis darüber besteht,

wie wenig das Strafrecht in diesem Bereich, gemessen an der hohen Erwartungshaltung, tatsächlich zu leisten vermag.

Dieser ernüchternden Einsicht haben sich zwischenzeitlich aber auch jene Politiker nicht völlig verschließen können, die das strafrechtliche Schwert in diesem Bereich geradezu mit Sendungsbewußtsein zu schwingen pflegen. So hat der sächsische Justizminister Steffen Heitmann am 2.3.1995 bei einer Anhörung der SPD-Bundestagsfraktion immerhin geäußert: "Das Strafrecht ist nicht für Revolutionen gemacht."[2] Dies hat ihn allerdings nicht gehindert, einige Monate später seine Richter am OLG Dresden wegen einer Entscheidung betreffend Richter und Staatsanwälte der früheren DDR "unbegreiflicher Nachsichtigkeit" zu schelten und sie in die Nähe von "Strafvereitlern" zu rücken.

Zusammenfassend ist die Ausgangslage der Justiz bei der strafrechtlichen Aufarbeitung des SED-Unrechts durch ein massives Strafverlangen von Teilen der sog. öffentlichen Meinung gekennzeichnet, dem die Strafjuristen nicht zu entsprechen vermögen, ohne elementare rechtsstaatliche Grundsätze zu brechen und sich damit letztlich selbst ins Unrecht zu setzen. Die Justiz muß sich also davor hüten, der Versuchung zu erliegen, ein zur Vorfallzeit nicht strafbares Verhalten so umzudeuten, daß es der öffentlichen Erwartung entsprechend doch zu einer Strafbarkeit führt; denn nur dann, wenn sie dieser Versuchung widersteht, ist sie eines demokratischen Rechtsstaats würdig. Es ist nämlich kein Verdienst, Hühnerdiebe nach rechtsstaatlichen Grundsätzen abzuurteilen. Das ist auch in vielen Diktaturen möglich. Den Beweis ihrer Rechtsstaatlichkeit tritt die Justiz erst an, wenn führende Persönlichkeiten des Staates, Gegner des eigenen Systems oder gar, wie bei der Aufarbeitung des SED-Unrechts, ein anderes Rechtssystem Gegenstand ihrer Beurteilung ist, und sie elementare rechtsstaatliche Grundsätze gegen Einflußnahmen von Politikern oder gar breiten Teilen der Öffentlichkeit zu verteidigen hat. Dabei ist die zitierte Äußerung von Steffen Heitmann, die er immerhin wieder zurückgenommen hat, noch nicht einmal das Extrembeispiel. Diese Stellung kommt der Bekundung eines anderen früheren Ministers zu, der die wegen der sog. Parteispendenaffäre ermittelnden Staatsanwälte seinerzeit als "geistige Terroristen" bezeichnet hat.

Doch nicht nur die massive öffentliche Straferwartung kennzeichnet die schwierige Lage der bundesdeutschen Justiz bei der Aufarbeitung des SED-Unrechts, sondern auch die von ihr erzielten Ergebnisse bei der Aufarbeitung des NS-Unrechts. Man tut sicherlich vielen engagierten Strafjuristen Unrecht mit der vielfach geäußerten Meinung, daß die Justiz insoweit insgesamt versagt habe. Sie hat aber unverzeihliche Fehler begangen, wozu an erster Stelle zu rechnen ist, daß frühere Richter des BGH den Volksgerichtshof als unabhängiges Kollegialgericht iSd GVG angesehen haben und letztlich keiner, der an dessen Terrorurteilen mitgewirkt hat, wegen Rechtsbeugung verurteilt worden ist.

Viele, die heute in der Strafjustiz bei der Aufarbeitung des SED-Unrechts tätig sind, sind sich derartiger Versäumnisse wohl bewußt und müssen sich daher um so mehr hüten, die Fehler bei der Aufarbeitung des NS-Unrechts durch einen Übereifer bei der Aufarbeitung des SED-Unrechts wettmachen zu wollen. Und schließlich gesellt sich zu der öffentlichen Straferwartung und der Belastung durch die nicht geglückte Aufarbeitung des NS-Unrechts auch noch der von DDR-Sympathisanten allgemein erhobene Vorwurf der "Siegerjustiz", der jedenfalls von vielen neuen Bundesbürgern nicht von vornherein als abwegig angesehen wird.

Wenn ich nun die Frage zu beantworten habe, ob sich die Justiz in dieser schwierigen Lage bei der Aufarbeitung des SED-Unrechts bewährt hat, so möchte ich dies jedenfalls im Hinblick auf die letztlich entscheidenden Urteile des BGH und des BVerfG uneingeschränkt bejahen. Ich möchte sogar ganz persönlich sagen, daß ich auf diese höchstrichterliche Justiz allein deshalb stolz bin, weil sie keinem der dargestellten auf sie einwirkenden Einflüsse unlauter erlegen ist. Die Konfliktlage unserer obersten Richter läßt eine Presseerklärung des 4. Strafsenats des BGH zu einer Entscheidung betreffend SED-Unrecht v. 9.12.1993 erkennen, in der es u.a. heißt:

"Der Senat verkennt nicht, daß die Entscheidung ... mit dem Gerechtigkeitsgefühl schwerlich vereinbar erscheint. Die im Grundgesetz verankerte Bindung der Rechtsprechung an das Gesetz verbietet es jedoch, ein strafwürdiges Verhalten zu ahnden, das nach der hier maßgeblichen Gesetzeslage nicht strafbar ist."

Zu kritisieren ist allerdings an der höchstrichterlichen Rechtsprechung zum SED-Unrecht, daß die Klärung wesentlicher Fragen hat auf sich warten lassen und während der Wartezeit eine erhebliche Verunsicherung bei den Strafverfolgungsbehörden und Instanzgerichten eingetreten ist. Um es salopp auszudrücken: das eine oder andere obiter dictum mehr wäre zwar ungewöhnlich gewesen, aber einer ungewöhnlichen Situation gerechter geworden.

Bevor ich auf die Folgerungen zu sprechen komme, die sich m.E. aus der höchstrichterlichen Rechtsprechung für unser Thema ergeben, möchte ich zunächst ihre Auswirkungen durch Darstellung des Standes der strafrechtlichen Aufarbeitung des SED-Unrechts im Land Brandenburg vortragen.

Keine Erwähnung wird dabei die Entscheidung des BVerfG zur Strafbarkeit der Spionagetätigkeit von MfS-Angehörigen v. 15.5.1995 finden,[3] weil die Beurteilung derartiger Straftaten nicht in meine Kompetenz fällt. Ich möchte mich aber nicht der Stellungnahme enthalten, daß ich diese Entscheidung mit dem Ergebnis der Straffreiheit für vom Territorium der DDR aus operierende Spione vor dem aufgezeigten Hintergrund für einen großen Sieg unserer rechtsstaatlichen Justiz halte, der vor allem den von alten SED-Bonzen vorgetragenen Vorwurf der "Siegerjustiz" im Bewußtsein großer Teile der Bevölkerung in den neuen Bundesländern nachhaltig entkräftet hat, bei denen die vorausgegangenen entgegenstehenden Entscheidungen des BGH[4] überwiegend auf Unverständnis gestoßen waren.

2. Zum Stand der strafrechtlichen Aufarbeitung des SED-Unrechts am Beispiel des Landes Brandenburg

2.1 Strukturierung und Vorgehensweise

Zur effektiven Bearbeitung des SED-Unrechts wurde in Brandenburg mit Wirkung vom 1.7.1992 eine für das gesamte Land Brandenburg zuständige "Schwerpunktabteilung" für die strafrechtliche Verfolgung der Unrechtstaten des ehem. DDR-Regimes auf Bezirks- und Kreisebene ("Bezirkskriminalität")[5] bei der Staatsanwaltschaft Potsdam geschaffen. Zum Aufbau dieser Abteilung wurde ich als Oberstaatsanwalt beim BGH zur gleichen Zeit vom Generalbundesanwalt in Karlsruhe nach Potsdam abgeordnet, wo ich die Abteilung bis zum 30.11.1993 geleitet habe. Seit 1.12.1993 ist die Schwerpunktabteilung der neu errichteten Staatsanwaltschaft Neuruppin zugeordnet,[6] der ich seitdem als Leiter vorstehe.

Schwerpunktabteilungen zur Verfolgung des SED-Unrechts bestehen in allen neuen Bundesländern. Vor der Errichtung der Schwerpunktstaatsanwaltschaft für das Land Brandenburg bestanden bereits derartige Einrichtungen in den Ländern Sachsen (Staatsanwaltschaft Dresden) und Sachsen-Anhalt (Staatsanwaltschaft Magdeburg); Brandenburg folgten die Länder Mecklenburg-Vorpommern (Staatsanwaltschaft Schwerin) und Thüringen (Staatsanwaltschaft Erfurt).

Während die Schwerpunktabteilungen der neuen Bundesländer für vor dem 3.10.1990 in der DDR begangene Unrechtstaten auf Bezirks- und Kreisebene zuständig sind, bearbeitet die frühere Arbeitsgruppe "Regierungskriminalität" bei der Staatsanwaltschaft bei dem KG Berlin und nunmehrige Staatsanwaltschaft II bei dem LG Berlin neben der "Bezirkskriminalität" vor allem die Straftaten der in Ostberlin angesiedelt gewesenen Regierungs- bzw. obersten Justizebene der früheren DDR.

Derzeit sind in meiner Schwerpunktabteilung für das Land Brandenburg ein Abteilungsleiter und sechs Dezernenten tätig, die sämtlich aus den alten Bundesländern stammen. Von Anfang an war es sehr schwer, geeignete Staatsanwälte für diese problematische Aufgabe zu finden. So bestehen die Staatsanwaltschaften aller neuen Bundesländer entweder aus übernommenen oder neu eingestellten Dezernenten, die vielfach noch nicht einmal drei Jahre Berufserfahrung hinter sich haben und daher noch nicht auf Lebenszeit ernannt worden sind. Da die ehem. Staatsanwälte der DDR für eine Tätigkeit in den Schwerpunktabteilungen schon in ihrem eigenen Interesse nicht herangezogen werden sollten, stehen den neuen Bundesländern aus eigenen Reihen nur die Berufsanfänger zur Verfügung, die man in den alten Bundesländern auf keinen Fall mit irgendwelchen Sonderdezernaten betrauen würde. Die gerade in den Schwerpunktabteilungen dringend benötigten erfahrenen Staatsanwälte aus den alten Bundesländern sind im Falle von Abordnungen bisher vorrangig als Abteilungsleiter und damit zur Ausbildung eingesetzt worden und weniger zur Bearbeitung schwieriger Verfahren aus dem Bereich des SED-Unrechts. Zwischenzeitlich hat auch noch die Abordnungsbereitschaft in den alten Bundesländern spürbar abgenommen. Wenn jedoch abordnungswillige Staatsanwälte vorhanden sind, ist jedes alte Bundesland bestrebt, zunächst seine festgelegte Quote für die Staatsanwaltschaft II beim LG Berlin zu erfüllen, so daß für die Schwerpunktabteilungen der neuen Bundesländer kaum qualifiziertes Personal übrig bleibt.

Zu Beginn der Arbeit meiner Schwerpunktabteilung gesellte sich zu der schon damals ungünstigen Personallage und einem fast unübersehbaren Aktenberg noch die völlige Unklarheit über die Grenzen der Strafbarkeit. Die Lösung dieser Problematik wurde in Brandenburg in sog. Pilotverfahren gesehen. So wurde in Brandenburg angestrebt, in jedem Problembereich zunächst ein sog. Pilotverfahren durchzuführen - wenn man eine Strafbarkeit nach langwierigen Diskussionen in der Abteilung für gegeben hielt - oder aber die höchstrichterlichen Entscheidungen in Pilotverfahren abzuwarten, die von anderen Schwerpunktstaatsanwaltschaften geführt wurden. Diesen Kurs hat Brandenburg konsequent mit dem Ergebnis durchgehalten, daß es bisher zu keinem rechtskräftig gewordenen Freispruch aus Rechtsgründen gekommen ist. Dadurch sind nicht nur erhebliche Ressourcen gespart worden, sondern durch diese Vorgehensweise konnte auch der andernorts durchaus entstandene fatale Eindruck vermieden werden, der Strafjustiz komme es mehr auf Anklage und gesellschaftliche Ächtung als auf Verurteilung und Strafe an. Die von der Schwerpunktabteilung in Brandenburg vertretenen Rechtsauffassungen, insbesondere zur Frage der Rechtsbeugung, waren hingegen von Anfang an durch eine sehr differenzierte Betrachtungsweise gekennzeichnet und sind durch die Rechtsprechung des BGH zwischenzeitlich bestätigt worden, so daß sich somit die maßvolle "Brandenburger Linie" gegen die "Berliner Linie", durch die der Kreis der Strafbarkeit im Bereich des SED-Unrechts erheblich weiter gezogen werden sollte, letztlich durchgesetzt hat.[7] Dies gilt allerdings nicht für den Bereich der Gefangenenmißhandlungen, die nur in Brandenburg und Sachsen von Anfang an grundsätzlich als Systemtaten, bei denen die Verjährung bis zum 2.10.1990 geruht hat, angesehen und mit Nachdruck verfolgt wurden, was in Brandenburg 1994 zu der ersten Verurteilung eines Strafvollzugsbediensteten der DDR wegen Gefangenenmißhandlungen geführt hat.

Insgesamt sind in meiner Schwerpunktabteilung derzeit ca. 11.500 Einzelvorgänge anhängig, die abschließend zu bearbeiten sind; darunter ca. 5.500 Ermittlungsvorgänge. Diese Ausnahmesituation der strafrechtlichen Aufarbeitung des Unrechts eines 40 Jahre existierenden Staates läßt die übliche Bearbeitung der Straftaten in der Reihenfolge ihrer Begehung oder ihres Bekanntwerdens nicht zu, sondern zwingt zu Prioritätenbildungen. Dabei stehen in Brandenburg die Tötungsdelikte, die Gefangenenmißhandlungen sowie sonstige schwere Menschenrechtsverletzungen an oberster Stelle, wobei jedoch andererseits darauf geachtet wird, daß möglichst in keinem Fall Verjährung eintritt, sondern ggf. eine geeignete Unterbrechungshandlung durch die Staatsanwaltschaft vorgenommen wird.

2.2 Stand der strafrechtlichen Aufarbeitung im einzelnen
2.2.1 Gewalttaten an der früheren innerdeutschen Grenze

Über die Strafbarkeit in diesem Bereich hat der BGH als erstes entschieden. Mit Urt. v. 3.11.1992 hat der 5. Strafsenat in einer Grundsatzentscheidung die Tötung eines keine anderen Rechtsgüter gefährdenden sog. Republikflüchtlings für strafbares Unrecht und einen nach DDR-Recht in seiner Auslegung durch die Staatspraxis bestehenden Rechtfertigungsgrund als offensichtlich groben Verstoß gegen Grundgedanken der Gerechtigkeit und Menschlichkeit und damit gegen höherrangiges überpositives Recht für unbeachtlich erklärt.[8] Dies hat allerdings die 2. Kammer des 2. Senats des BVerfG mit Beschl. v. 12.7.1995[9] im Hinblick auf das Rückwirkungsverbot aus Art. 103 Abs. 2 GG in Frage gestellt und die Verfassungsbeschwerde eines verurteilten sog. Mauerschützen immerhin zur Entscheidung angenommen. Im übrigen hat aber der 5. Strafsenat des BGH in einem Urt. v. 8.6.1993 [10] zur Verhinderung der Flucht begangene Körperverletzungen eines auf Befehl handelnden Grenzsoldaten nicht als für ihn offensichtlich erkennbares strafrechtliches Unrecht bezeichnet. Daher werden in der Regel nur noch Anklagen wegen vorsätzlicher Tötungen an der innerdeutschen Grenze erhoben.[11]

Die Schwerpunktabteilung in Brandenburg ist nach Berlin von den Schwerpunktstaatsanwaltschaften der neuen Bundesländer am häufigsten mit der Verfolgung derartiger Straftaten befaßt, was wohl darauf zurückzuführen ist, daß die nicht weiträumig abschirmbare Grenze zu Westberlin einen besonderen Fluchtanreiz bot. Die Vorgehensweise ist so, daß nach einer Übereinkunft der Generalstaatsanwälte sämtliche Verfahren mit Hilfe der "ZERV" (Zentralen Ermittlungsstelle zur Verfolgung der Regierungs- und Vereinigungskriminalität) von der Staatsanwaltschaft II bei dem LG Berlin ausermittelt und dann zum Zweck der Anklageerhebung an die jeweils örtlich zuständige Schwerpunktabteilung abgegeben werden.

Bisher hat die Schwerpunktstaatsanwaltschaft in Brandenburg in 14 Verfahren 38 Beschuldigte angeklagt. Sieben Angeklagte mußten aus tatsächlichen Gründen freigesprochen werden. Neun

Angeklagte sind bisher zu Freiheitsstrafen verurteilt worden, davon acht wegen Totschlags zu einer Freiheitsstrafe unter Strafaussetzung zur Bewährung. Ein Angeklagter war zunächst wegen Totschlags zu einer Freiheitsstrafe von sechs Jahren verurteilt worden. Gegen dieses Urteil hatten wir Revision eingelegt, mit der wir beanstandeten, daß das Gericht den festgestellten Sachverhalt als Totschlag und nicht als Mord gewertet hatte.

Das BG Potsdam hatte gemeint, ich verkürze ein wenig polemisch, die Tat könne kein Mord sein, weil der Angeklagte im Dienst tätig geworden sei. Der BGH ist mit Urt. v. 20.10.1993 dem Antrag der Staatsanwaltschaft gefolgt, hat das Urteil aufgehoben und den Angeklagten wegen Mordes gem. 112 StGB/DDR zu einer Freiheitsstrafe von zehn Jahren verurteilt. Die Besonderheit, daß der BGH "durchentscheiden" konnte, wurde dadurch ermöglicht, daß die Staatsanwaltschaft gem. 354 Abs. 1 StPO sich mit der Verhängung der gesetzlichen Mindeststrafe von zehn Jahren für die 29 Jahre zurückliegende Tat einverstanden erklärt hatte. Auf diese Weise konnte eine erneute Hauptverhandlung vermieden werden. Dieses Urteil ist bisher das härteste, das im Gesamtbereich der sog. Regierungs- und Bezirkskriminalität ergangen ist.[12]

Nachdem der 5. Strafsenat des BGH mit Urt. v. 26.7.1994 [13] die Verantwortlichen für die Todesschüsse als mittelbare Täter qualifiziert hatte, hat die Schwerpunktabteilung in Brandenburg kürzlich einen ehemaligen stellv. Kommandeur der Grenztruppen der DDR wegen mehrfachen Totschlags im Zusammenhang mit der Verlegung von Minensperren an der früheren innerdeutschen Grenze angeklagt. Ich halte es für sehr verdienstvoll, daß die Staatsanwaltschaft II bei dem LG Berlin und die ZERV alle Anstrengungen unternehmen, um nicht nur die handelnden "kleinen", vielfach zur Tatzeit unter 20 Jahre alten Grenzsoldaten, deren Verfolgung in den neuen Bundesländern bei der Bevölkerung übrigens auf wenig Verständnis stößt, sondern auch die Hintermänner zur Verantwortung zu ziehen, ohne die die Abgabe von Todesschüssen oder die Verlegung der hoffentlich bald allgemein geächteten Minen nicht denkbar gewesen wäre.

2.2.2 Verfahren wegen Rechtsbeugung

Die zahlreichen Verfahren gegen Richter und Staatsanwälte der früheren DDR haben die Schwerpunktabteilungen der neuen Bundesländer bisher am meisten belastet. Insbesondere war es von Anfang an höchst problematisch, einen Maßstab zu finden, wann die Anwendung des damaligen Rechts der DDR im Bereich des sog. politischen Strafrechts als Rechtsbeugung angesehen werden mußte. Dabei hat man vielfach den Fehler gemacht, einen Anfangsverdacht wegen Rechtsbeugung schon dann zu sehen, wenn die damaligen Entscheidungen nach heutiger Sicht als rechtsstaatswidrig anzusehen sind. Zu dieser Fehleinschätzung hat verleitet, daß nach dem strafrechtlichen Rehabilitierungsgesetz Verurteilungen dann in der Regel der "politischen Verfolgung gedient" und als "rechtsstaatswidrig" anzusehen sind, wenn sie u.a. nach folgenden Vorschriften des StGB/DDR v. 12.1.1968 erfolgt sind: landesverräterische Nachrichtenübermittlung, staatsfeindlicher Menschenhandel, staatsfeindliche Hetze, ungesetzliche Verbindungsaufnahme, ungesetzlicher Grenzübertritt u.a.

Daher ist vielfach in allen Fällen, in denen eine Rehabilitierung vorgenommen wurde, ein Ermittlungsverfahren wegen Rechtsbeugung eingeleitet worden. Da es sich insbesondere bei der früheren Vorschrift des 213 StGB/DDR (ungesetzlicher Grenzübertritt) um ein Massendelikt handelte, hat dies zu einer geradezu astronomischen Anzahl von Rechtsbeugungsverfahren bei den Staatsanwaltschaften geführt. Was die Vorschrift des 213 StGB/DDR betrifft, lag dieser extensiven Einleitungspraxis eine Rechtsauffassung zugrunde, die sich zuerst der Generalstaatsanwalt bei dem KG Berlin im Jahr 1990 gebildet hatte und die zunächst von den Staatsanwaltschaften der neuen Bundesländer übernommen worden war. Danach wurde argumentiert, daß die Vorschrift im allgemeinen gegen den "Kernbereich des Rechts", d.h. überpositives Recht, verstoßen habe und somit durch die Anwendung dieser Vorschrift der objektive Rechtsbeugungstatbestand des 244 StGB/DDR erfüllt worden sei. Wegen der Schwere der "gesetzwidrigen Anwendung" könne auch nicht von vornherein angenommen werden, daß der für die

415

subjektive Seite der Rechtsbeugung gem. 244 StGB/DDR erforderliche direkte Vorsatz nicht vorgelegen habe. Ich habe diese Rechtsauffassung stets für falsch gehalten.

Die Lehre vom "Kernbereich des Rechts", auf die auch in den bereits erwähnten Entscheidungen des BGH zu den Todesschüssen an der innerdeutschen Grenze Bezug genommen wird, knüpft an einen Aufsatz von Gustav Radbruch aus dem Jahr 1946 an,[14] in dem dieser unter dem Eindruck des nationalsozialistischen Regimes seinen bis dahin vertretenen reinen Rechtspositivismus, der in den sozialistischen Ländern allerdings überlebt hat, relativierte. Hatte Radbruch zuvor die griffige Formel geprägt "Wer Recht durchzusetzen vermag, beweist, daß er Recht zu setzen berufen ist", war er nun zu der Einsicht gekommen, daß das gesetzte Recht zwar auch dann im Interesse der Rechtssicherheit Vorrang haben müsse, wenn es inhaltlich ungerecht sei, dies aber dann nicht gelten könne, wenn der Widerspruch des positiven Rechts zur Gerechtigkeit ein so unerträgliches Maß erreicht, daß es als unrichtiges Recht der Gerechtigkeit zu weichen habe. In der höchstrichterlichen Rechtsprechung ist später wiederholt klargestellt worden, daß diese Durchbrechung des Prinzips der Rechtssicherheit auf extreme Ausnahmefälle beschränkt bleiben müßte und einen offensichtlich groben Verstoß gegen Grundgedanken der Gerechtigkeit und Menschlichkeit erfordere, der so schwer wiegen müsse, daß er die allen Völkern gemeinsamen auf Wert und Würde des Menschen bezogenen Rechtsüberzeugungen verletzt.

Ich habe immer die Auffassung vertreten, daß die Vorschrift des 213 StGB/DDR zwar eine harte und ungerechte Bestimmung gewesen sei, aber noch nicht gegen den "Kernbereich des Rechts" verstoßen habe und dies bereits in einem im März 1993 veröffentlichten Aufsatz[15] dargelegt. Demgemäß haben wir bereits ab Januar 1993 einen Teil der Verfahren, denen die bloße Anwendung des 213 StGB/DDR zugrunde lag, eingestellt und jedenfalls keine neuen Verfahren eingeleitet, soweit nicht im Einzelfall ein unerträgliches Mißverhältnis der verhängten Strafe zu der begangenen Handlung bestanden hat. In einigen Fällen ist es daraufhin zu Beschwerden gekommen, die jedoch vom

Generalstaatsanwalt des Landes Brandenburg zurückgewiesen worden sind. In einem Fall ist nach der abschlägigen Entscheidung des Generalstaatsanwalts Antrag auf gerichtliche Entscheidung beim "Besonderen Senat" des BG Potsdam, nun ein Senat des Brandenburgischen OLG, erhoben worden. Dieser Antrag ist mit Beschl. v. 8.11.1993 zurückgewiesen worden. Das BG hat sich leider zu der Grundsatzfrage nicht abschließend geäußert, sondern darauf hingewiesen, daß die Beschuldigte jedenfalls aus subjektiven Gründen nicht "wissentlich gesetzwidrig" gehandelt habe. Ich habe in einer Anmerkung zu dieser gleichsam ersten obergerichtlichen Entscheidung zur DDR-Rechtsbeugungsproblematik [16] den in der Rechtsprechung so beliebten Durchgriff auf die subjektive Tatseite bei Zweifeln am Vorliegen des objektiven Tatbestandes in diesem Fall kritisiert, weil es bei der Annahme eines objektiven Verstoßes gegen den "Kernbereich des Rechts" schlicht unerträglich wäre, wenn ein Richter oder Staatsanwalt, dem eine derart zu bewertende Entscheidung zur Last gelegt wird, damit gehört werden könnte, um die Nichtigkeit "nicht gewußt" zu haben, und auf diesem Weg einer Verurteilung wegen Rechtsbeugung entginge. Nur so scheint mir ein strafrechtlicher Schutz elementarer Menschenrechte vor den "furchtbaren Juristen" nicht von vornherein aussichtslos zu sein.

Endgültig höchstrichterlich geklärt ist die Streitfrage erst durch die am 15.9.1995 verkündeten Urteile des 5. Strafsenats des BGH, [17] durch die die von mir vertretene Auffassung Bestätigung gefunden hat und wonach die Vorschrift des 213 StGB/DDR nicht anders zu bewerten ist als die sonstigen Normen des politischen Strafrechts der DDR.

Wäre der BGH hingegen der "Berliner Linie" gefolgt, wonach bereits die bloße Anwendung des 213 StGB/DDR den objektiven Rechtsbeugungstatbestand erfüllt habe, hätte dies im übrigen den Verbleib nahezu sämtlicher Richter und Staatsanwälte, die bereits in der Strafjustiz der DDR tätig waren, im Justizdienst der neuen Bundesländer gefährdet, in den sie nach aufwendigen, größtenteils 1991 bereits abgeschlossenen Überprüfungsverfahren [18] übernommen worden sind, während man in Berlin bezeichnenderweise zunächst alle Ost-Juristen vom Dienst suspendierte und nur wenige wieder eingestellt hat. Zwar wurden in der DDR alle wesentlichen politischen Strafsachen von den alsbald sämtlich aus dem Justizdienst entfernten Richtern und Staatsanwälten der sog. IA-Abteilungen und -Senaten bearbeitet, die sogar von ihren Kollegen in gewisser Weise abgeschirmt waren. Insbesondere das Massendelikt der "Republikflucht" wurde aber auch den "normalen", sonst mit allgemeiner Kriminalität befaßten Richtern und Staatsanwälten zur Bearbeitung zugewiesen, so daß wohl kaum einer der in der Strafjustiz der DDR tätig gewesenen Juristen nicht auch an einem Verfahren wegen Verstoßes gegen 213 StGB/DDR beteiligt war.[19]

Vor der höchstrichterlichen Klärung derart wichtiger Einzelfragen war bereits am 13.12.1993 eine Grundsatzentscheidung des 5. Strafsenats des BGH zur Rechtsbeugungsproblematik ergangen,[20] durch die die in Brandenburg von Anfang an vertretene Generallinie im Grundsatz bestätigt worden war. Der BGH schränkte in diesem Urteil die Bestrafung von Richtern der DDR wegen Rechtsbeugung auf die Fälle ein, in denen die Rechtswidrigkeit der Entscheidung so offensichtlich war und insbesondere die Rechte anderer, hauptsächlich ihre Menschenrechte, derart schwerwiegend verletzt worden sind, daß sich die Entscheidung als Willkürakt darstellt. An einer Gesetzwidrigkeit habe es grundsätzlich gefehlt, wenn die Handlung des Richters vom Wortlaut des Rechts der DDR gedeckt gewesen sei. Das gelte grundsätzlich auch, soweit der Wortlaut des Gesetzes wegen seiner Unschärfe mehrdeutig gewesen sei. Bei der Auslegung von Normen komme es auf die Auslegungsmethoden der DDR, nicht auf die der Bundesrepublik an.

Als durch Willkür gekennzeichnete offensichtliche schwere Menschenrechtsverletzungen, bei denen eine Bestrafung wegen Rechtsbeugung in Betracht kommt, nennt der 5. Strafsenat Fälle, "in denen Straftatbestände unter Überschreitung des Gesetzeswortlauts oder unter Ausnutzung ihrer Unbestimmtheit bei der Anwendung derart überdehnt worden sind, daß eine Bestrafung, zumal mit Freiheitsstrafe, als offensichtliches Unrecht anzusehen ist" oder in denen "die verhängte Strafe ... in einem unerträglichen Mißverhältnis zu der Handlung gestanden hat". Des weiteren sei "an schwere Menschenrechtsverletzungen im Hinblick auf die Art und Weise der Durchführung von Verfahren, insbesondere von Strafverfahren, sowie an Fälle zu denken, in denen die Strafverfolgung und die Bestrafung überhaupt nicht der Verwirklichung von Gerechtigkeit (Art. 86 DDR-Verf.), sondern der Ausschaltung des politischen Gegners oder einer bestimmten sozialen Gruppe gedient haben".

Da diesem Grundsatzurteil jedoch keine frühere Entscheidung in einem Strafverfahren, sondern in einem Arbeitsrechtsverfahren zugrunde lag, hatte es auf die Masse der laufenden Rechtsbeugungsverfahren bei den Schwerpunktstaatsanwaltschaften keinen durchgreifenden Einfluß. Mit Urt. v. 6.10.1994[21] schloß sich dann der 4. Strafsenat des BGH den vom 5. Strafsenat aufgestellten Grundsätzen an und sprach einen ehem. Richter und eine ehem. Staatsanwältin der DDR frei, die vom LG Schwerin wegen Rechtsbeugung verurteilt worden waren, weil sie sich an einem Verfahren beteiligt hatten, in dem ein Ausreisewilliger wegen "Beeinträchtigung staatlicher Tätigkeit" (214 StGB/DDR) zu einer Freiheitsstrafe von einem Jahr und sechs Monaten verurteilt worden war, weil er während der öffentlichen Vereidigung von Grenztruppen mit einem Plakat demonstriert hatte, auf dem stand: "DDR! Deine Grenzen sind für mich kein Friedensbeitrag!". Der 4. Strafsenat hebt in der Entscheidung hervor, daß bei der wertenden Subsumtion des Sachverhalts unter einen Straftatbestand der DDR zu berücksichtigen sei, "daß Richter und Staatsanwälte der DDR in ein anderes Rechtssystem eingegliedert waren, dessen Wertvorstellungen sie verpflichtet waren. Solche Wertvorstellungen, wie sie insbesondere in den vom Obersten Gericht der DDR in Form von Richtlinien, 'gemeinsamen Standpunkten' und 'Orientierungen' herausgegebenen Verlautbarungen zum Ausdruck kommen, dürfen nicht außer acht gelassen werden, sofern sie überpositivem Recht nicht widersprechen". Im Ergebnis hat der 4. Strafsenat wegen des "zweifellos provokatorischen Verhaltens" des damaligen Angeklagten die "Wortlautschranke" des 214 StGB/DDR "unter Zugrundelegung der Wertmaßstäbe der DDR, wie sie in den Auslegungsrichtlinien des Obersten Gerichts der DDR Ausdruck gefunden haben", noch nicht als überschritten gesehen.

In einer Entscheidung v. 5.7.1995[22] hat sich auch der 3. Strafsenat des BGH den vom 5. und 4. Strafsenat entwickelten Grundsätzen in einer Entscheidung, der wiederum ein Arbeitsrechtsverfahren zugrunde lag, angeschlossen, nachdem er dies bereits in einer Entscheidung v. 29.4.1994 zur Frage der politischen Verdächtigung eines DDR-Bürgers angedeutet hatte.[23]

Eine Vielzahl noch offener Einzelfragen, wann die Anwendung des politischen Strafrechts der DDR als Rechtsbeugung zu qualifizieren ist, hat schließlich der 5. Strafsenat in fünf Entscheidungen v. 15.9.1995 unter Aufrechterhaltung und Konkretisierung seiner bisherigen Rechtsprechung geklärt und beabsichtigt der 4. Strafsenat voraussichtlich am 30.11.1995 in zwei Verfahren zu klären, so daß nun erst eine systematische Abarbeitung der zahlreichen Rechtsbeugungsverfahren beginnen kann, die nach den vom BGH aufgestellten Grundsätzen zumeist einzustellen sein werden. Ich halte dieses Ergebnis auch deshalb für richtig, weil nicht hätte sein dürfen, daß bei späterer rückblickender Betrachtungsweise zwar kein NS-Jurist, aber fast jeder in der Strafjustiz der DDR tätig gewesene Jurist wegen Rechtsbeugung verurteilt worden wäre.

Im Unterschied zu manch anderer Schwerpunktstaatsanwaltschaft ist man in Brandenburg gut beraten gewesen, diese nun erst erfolgte höchstrichterliche Klärung abzuwarten und sich zuvor massenhafter Anklageerhebungen zu enthalten, die nun andernorts vielfach Freisprüche und Nichteröffnungen nach sich ziehen dürften, wodurch die gesamte Aufarbeitung des SED-Unrechts in der öffentlichen Meinung in Mißkredit gebracht werden könnte.

Insgesamt ist in Brandenburg bisher in fünf Verfahren gegen zwölf Beschuldigte Anklage erhoben worden. In einem dieser Verfahren sind ein früherer Bezirksstaatsanwalt von Potsdam und sein Vertreter wegen Rechtsbeugung im vorigen Jahr rechtskräftig zu Freiheitsstrafen unter Strafaussetzung zur Bewährung verurteilt worden, weil sie eine Weisung des damaligen Ersten Stellvertreters des Generalstaatsanwalts der DDR befolgt hatten, wonach eingehende Strafanzeigen wegen Wahlfälschung im Zusammenhang mit der Kommunalwahl am 7.5.1989 überhaupt nicht zu bearbeiten waren.[24]

Derzeit läuft vor dem LG Frankfurt/Oder unter großer Anteilnahme der Öffentlichkeit die Hauptverhandlung in einem Verfahren gegen sieben ehem. Richter und Staatsanwälte der DDR, die in den Jahren 1976/1977 und 1979 an Verurteilungen des Regimekritikers Prof. Dr. Robert Havemann beteiligt waren, wobei nach Anklageauffassung der gesamte Verfahrensablauf bis ins Detail vom MfS gesteuert war. Für die Schwerpunktabteilung meiner Behörde ist dies ein Pilotverfahren für die vom 5. Strafsenat des BGH in seiner Grundsatzentscheidung v. 13.12.1993 aufgezeigte Fallgruppe, daß die Strafverfolgung und die Bestrafung überhaupt nicht der Verwirklichung von Gerechtigkeit, sondern der Ausschaltung des politischen Gegners gedient hat.

In dem eigentlichen Pilotverfahren zur Rechtsbeugungsproblematik hat die Schwerpunktstaatsanwaltschaft in Brandenburg bereits im April 1993 gegen den früheren Leiter der politischen Abteilung des Bezirksstaatsanwalts in Potsdam, also einen sog. IA-Staatsanwalt, Anklage wegen Rechtsbeugung bzw. Anstiftung hierzu in 15 Fällen erhoben. Das LG Potsdam hat allerdings auch die Entwicklung der höchstrichterlichen Rechtsprechung abgewartet und erst im Oktober vorigen Jahres die Anklage zum Teil zugelassen. Nachdem das Brandenburgische OLG unsere im Interesse einer obergerichtlichen Klärung dagegen eingelegte sofortige Beschwerde erst Anfang September zurückgewiesen hat, wird 2 1/2 Jahre nach Anklageerhebung nun hoffentlich bald die Hauptverhandlung beginnen können.

Schließlich hat meine Schwerpunktabteilung im April dieses Jahres Anklage gegen einen früheren Oberrichter sowie einen früheren Staatsanwalt erhoben, die im Jahre 1953 u.a. an einem Todesurteil mitwirkten.

Nach der nun erfolgten höchstrichterlichen Klärung der bis dahin noch zweifelhaften Fragen im Bereich der Rechtsbeugungsproblematik sollen die noch laufenden

Rechtsbeugungsvorgänge zügig abgearbeitet werden. Dafür bestehen bei der brandenburgischen Schwerpunktabteilung gute Voraussetzungen, weil schon sehr früh damit begonnen worden ist, die Vielzahl der Rechtsbeugungsvorgänge übersichtlich zu ordnen. Zu diesem Zweck sind - von Sonderfällen abgesehen - sämtliche Vorgänge wegen Verdachts der Rechtsbeugung zu personenbezogenen Sammelverfahren unter jeweils einem Aktenzeichen zusammengefaßt worden, d.h. jeder Person ist in der Regel nur ein Aktenzeichen zugeordnet worden, unter dem alle Vorgänge, die diese Person wegen ihrer früheren Tätigkeit im Bereich der politischen Justiz betreffen, gesammelt werden. Diese Arbeitsweise ermöglicht einen vollständigen Überblick über die Anzahl der politischen Strafverfahren, an denen ein früherer Richter oder Staatsanwalt beteiligt war. Sehr deutlich wird dann auch der Unterschied zwischen den "normalen" Richtern und Staatsanwälten, die in der Regel an weniger als zehn Verfahren beteiligt waren, und den in den politischen Abteilungen oder Senaten tätig gewesenen sog. IA-Richtern und -Staatsanwälten der früheren DDR, bei denen wir Beschuldigte haben, die seinerzeit in über 200 politischen Verfahren tätig waren.

Derzeit sind in der Schwerpunktabteilung für SED-Unrecht in Neuruppin 460 personenbezogene Sammelverfahren gegen Richter und Staatsanwälte der früheren DDR mit ca. 4.000 Einzelvorgängen anhängig. Hinzukommen 18 Ermittlungsverfahren wegen der Verhängung von Todesurteilen und etwa 300 Ermittlungsverfahren gegen Schöffen.

2.2.3 Verfahren wegen Vorfällen in den Haftanstalten der DDR

Dieser Bereich hat in Brandenburg von Anfang an besondere Beachtung gefunden. War es schon schlimm genug, daß Menschen wegen eines Verhaltens, das heute als Ausübung verfassungsmäßiger Rechte angesehen wird, inhaftiert wurden, so wurde dies noch durch Vorfälle in den Strafvollzugseinrichtungen und Untersuchungshaftanstalten der DDR übertroffen. Auffällig ist die Zahl ungeklärter Todesfälle in den Anstalten, wovon allein im Bereich des heutigen Landes Brandenburg bisher 92 bekannt geworden sind, in die zur Zeit das Landeskriminalamt Licht zu bringen versucht. Erschwert wird dies dadurch, daß die Leichen fast ausnahmslos verbrannt wurden.

Erschreckend ist auch die Anzahl der Verfahren wegen Gefangenen-mißhandlungen. Wir haben deshalb einen guten Überblick, weil der vom Ministerium der Justiz in Potsdam mit der Überprüfung der in Brandenburg tätigen Vollzugsbediensteten betraute frühere Berliner Generalstaatsanwalt Treppe bereits 1991 nach Salzgitter gereist ist und sämtliche Vorgänge wegen Gefangenenmißhandlungen, die im Bereich des Landes Brandenburg begangen worden sind, aussortiert und der Schwerpunktabteilung nach Auswertung zur Verfügung gestellt hat. Auch in diesem Bereich haben wir personenbezogene Sammelverfahren angelegt, von denen derzeit 290 anhängig sind, die aus etwa 1.250 Einzelvorgängen bestehen. Gemeinsam mit den Kol-legen in Sachsen sind wir von Anfang an der Auffassung gewesen, daß der Verfolgung von Gefangenenmißhandlungen in der früheren DDR der mutmaßliche Wille der Staats- und Parteiführung entgegenstand, so daß in derartigen Fällen die Verjährung nach Art. 1 des VerjährungsG v. 26.3.1993 bis zum 2.10.1990 geruht hat. Nach unseren Erkenntnissen, die mit denen der Schwerpunktstaatsanwaltschaft in Dresden übereinstimmen, war die Mißhandlung von Gefangenen in den Haftanstalten der ehemaligen DDR verbreitet und die von Vollzugsbediensteten und ausgewählten Strafgefangenen vorgenommenen Züchtigungen Mittel zur Disziplinierung der Insassen. Diese Vorgehensweise war den Verantwortlichen in Staats- und Parteiführung schon aufgrund der zahlreichen informellen Mitarbeiter in den Haftanstalten bekannt und wurde zur Aufrechterhaltung des Systems geduldet. Es entsprach der Parteiideologie und dem Vollkommenheitsanspruch der SED, daß das Ansehen der "bewaffneten Organe", zu denen auch die Strafvollzugsbediensteten gehörten, in der Bevölkerung keinen Schaden nehmen durfte. Aufgrund ausgeklügelter Weisungs- und Meldestrukturen wurde sichergestellt, daß entsprechende Vorkommnisse anstaltsintern "bereinigt" wurden. Im Rahmen der vorherrschenden Machtstrukturen wurde die Erstattung von Strafanzeigen zudem von vorneherein unterdrückt. Selbst bei Bekanntwerden einer Züchtigung war mit an Sicherheit grenzender Wahrscheinlichkeit auszuschließen, daß gegen einen Vollzugsbediensteten oder einen Mitarbeiter des Ministeriums für Staatssicherheit eine Ahndung einer Straftat, die er in Ausübung seines Dienstes begangen hatte, nach den Strafgesetzen der DDR erfolgt wäre.

Zur gerichtlichen Klärung dieser Problematik ist im September 1993 in einem Pilotverfahren gegen einen früheren Bediensteten der Strafvollzugseinrichtung Brandenburg Anklage wegen Körperverletzung in 13 Fällen erhoben worden, die ohne Annahme eines Ruhens der Verjährung sämtlich bereits verjährt gewesen wären. Das LG Potsdam hat sich im vergangenen Jahr unserer Rechtsauffassung angeschlossen und den Angeklagten als ersten Vollzugsbediensteten der früheren DDR zu einer Freiheitsstrafe von zwei Jahren, deren Vollstreckung zur Bewährung ausgesetzt wurde, verurteilt. Da der Angeklagte seine zunächst eingelegte Revision zurückgenommen hat, ließ eine höchstrichterliche Klärung dieser Frage zunächst auf sich warten. Dies ist nunmehr jedoch in unserem Sinn durch den 3. Strafsenat des BGH in einer Entscheidung v. 26.4.1995[25] erfolgt, in der jedenfalls "nicht unerhebliche körperliche Mißhandlungen" von Gefangenen durch Angehörige des Strafvollzugs der DDR als "systemtragende" Rechtsbrüche bezeichnet werden, die grundsätzlich nach dem ausdrücklichen oder mutmaßlichen Willen der Staats- und Parteiführung nicht geahndet wurden.

Nach dieser Grundsatzentscheidung sind wir dabei, den Bereich der Gefangenenmißhandlungen systematisch aufzuarbeiten, wobei zunächst die Vollzugsbediensteten angeklagt werden sollen, auf die sich die meisten Einzelfälle beziehen. Derzeit ermitteln wir mit Hilfe des Brandenburgischen Landeskriminalamtes gegen zwei frühere Vollzugsbedienstete der DDR, denen über 250 bzw. über 90 Körperverletzungen zur Last gelegt werden.

2.2.4 Verfahren gegen MfS-Angehörige und Denunzianten

2.2.4.1 Verfahren wegen Post- und Fernmeldeüberwachung

In keinem Bereich des SED-Unrechts besteht ein derart ausgeprägtes öffentliches, und zwar "gesamtdeutsches", Strafverlangen wie bei den Verfahren gegen Angehörige des ehemaligen MfS. Daher verwundert es nicht, daß alle Schwerpunktabteilungen zu Beginn ihrer Arbeit die Ermittlungen vor allem auf die flächendeckende Überwachung des Post- und Fernmeldeverkehrs, die ein wesentliches Repressionsmittel des SED-Staates war, konzentriert haben. In Brandenburg haben wir allerdings alsbald die Ermittlungen wieder ruhen lassen, weil wir vergeblich nach einer Rechtsgrundlage für die Strafbarkeit des unbefugten Abhörens gesucht hatten. Nach unserem heute geltenden Recht würden derartige Maßnahmen den Tatbestand des 201 StGB (Verletzung der Vertraulichkeit des Wortes) erfüllen, aber zu DDR-Zeiten gab es bis zum 1.7.1990 - man könnte sagen aus guten Gründen - keine entsprechende Bestimmung. Gleichwohl hat dies nicht allgemein dazu geführt, diesen Vorwurf fallenzulassen, sondern man hat andernorts unter dem vorhandenen Erwartungsdruck der Öffentlichkeit, MfS-Angehörige für ihr zweifellos moralisch verwerfliches Tun strafrechtlich zur Verantwortung zu ziehen, nach einer geeigneten Vorschrift gesucht, um das angestrebte Ziel doch noch zu erreichen.

Der Schriftsteller und Kammergerichtsrat E.T.A. Hoffmann, Untersuchungsführer gegen den Turnvater Jahn, hat in seinem Märchen "Meister Floh" das Vorgehen der Strafverfolgungsbehörden zu Beginn des vorigen Jahrhunderts gegen Nationalisten, sog. Demagogen, die er als Künstler übrigens zutiefst verabscheute, mit beißender, die Zensur auf den Plan rufender Ironie dadurch charakterisiert, daß er einer Romanfigur, die deutliche Züge des damaligen Berliner Polizeipräsidenten trug, die Worte in den Mund gelegt hat, "Wenn man den Täter hat, wird sich die Tat schon finden lassen!".

Ein bißchen ist es mir doch schon so vorgekommen, daß man nach der vergeblichen Suche nach einer ausdrücklichen Strafvorschrift schließlich auf die Idee verfallen ist, das unbefugte Abhören unter dem Tatbestand "Anmaßung staatlicher Befugnisse", die das StGB der DDR kannte, und die auch unser StGB als "Amtsanmaßung" kennt, zu subsumieren, obwohl sich der Sachverhalt des heimlichen Abhörens durch MfS-Angehörige auf Befehl ihres Ministeriums von dem typischen Fall der Amtsanmaßung, wie er sich in der Geschichte des Hauptmanns von Köpenick exemplarisch darstellt, wohl wesentlich unterscheidet. Dem hat übrigens als erstes das AG Tiergarten Rechnung getragen, das am 25.5.1992 einen angeklagten Mitarbeiter des MfS von diesem Vorwurf freigesprochen hat. Auf die Sprungrevision der Staatsanwaltschaft hat das KG Berlin diese Entscheidung mit sophistischen Ausführungen über den Wortsinn des Begriffs "Amtsanmaßung" wieder aufgehoben.[26]

Ebenfalls auf diese Strafnorm ist das LG Magdeburg u.a. in einem Urt. v. 4.1.1993 ausgewichen, durch das frühere Offiziere des MfS der DDR wegen ihrer Beteiligung an Maßnahmen der Telefonüberwachung, aber auch der Entnahme von Geld aus Briefen des internationalen Postverkehrs verurteilt worden waren. Der 4. Strafsenat des BGH hat in einer viel beachteten Entscheidung v. 9.12.1993[27] dieses Urteil aufgehoben und die Angeklagten freigesprochen. Der Senat hat ausgeführt, daß die sich aus dem Fehlen einer dem Tatbestand des 201 StGB entsprechenden Bestimmung zur Tatzeit ergebende Strafbarkeitslücke auch nicht durch die Vorschrift der "Amtsanmaßung" geschlossen werden könne. Insofern hatte das LG gemeint, der Angeklagte habe sich durch die Telefonüberwachung das Amt des Staatsanwalts angemaßt, dem nach der Verfassungs- und Gesetzeslage der ehem. DDR die Anordnung einer Telefonüberwachung allein vorbehalten gewesen sei. Demgegenüber erklärte der BGH, daß die im Rahmen der allgemeinen "Spitzeltätigkeit" des MfS vorgenommenen Überwachungsmaßnahmen nicht den Anschein erweckt hätten, es handele sich um staatsanwaltliche Tätigkeiten im Rahmen eines Strafverfahrens. Das wäre aber Voraussetzung für die Annahme einer Amtsanmaßung.

Letztlich hat der BGH das erstinstanzliche Urteil zu Recht wegen eines Verstoßes gegen Art. 103 Abs. 2 GG aufgehoben, denn es kann wohl keinem Zweifel unterliegen, daß ein MfS-Angehöriger, der zu DDR-Zeiten das damalige StGB in die Hand nahm, auf die Idee gekommen wäre, sich mit dem staatlich angeordneten Abhören einer "Anmaßung staatlicher Befugnisse" schuldig zu machen. Das eigentlich Ärgerliche an diesem m.E. geradezu lehrbuchhaften Verstoß gegen das Analogieverbot ist allerdings, daß die Idee zur Zeit der Wende bei der Behörde des Generalstaatsanwalts der DDR geboren wurde. Die frisch gewendeten DDR-Staatsanwälte haben ja sogar auch erwogen, Erich Honecker wegen Hochverrats an der DDR anzuklagen, was ebenfalls ein schönes Beispiel für das Verhalten von Strafjuristen unter öffentlichem Erwartungsdruck ist.

Soweit der 4. Strafsenat in seiner Entscheidung v. 9.12.1993 die angeklagten MfS-Angehörigen allerdings auch vom Vorwurf der Beihilfe zur Unterschlagung freigesprochen hat, weil sie entsprechend den Befehlen ihres Ministeriums aus Postsendungen konspirativ Geld entnommen und sogleich dem Staatshaushalt der DDR zugeführt hatten, ist der 5. Strafsenat des BGH dieser Rechtsansicht nicht gefolgt, was zu einer Vorlage an den Großen Senat für Strafsachen mit Beschl. v. 7.3.1995[28] geführt hat.

Solange diese Rechtsfrage nicht entschieden ist, können auch drei in meiner Behörde laufende Sammelverfahren gegen jeweils eine Vielzahl von ehem. Angehörigen der Bezirksverwaltungen für Staatssicherheit in Potsdam, Cottbus und Frankfurt/Oder nicht abschließend bearbeitet werden. Aber auch wenn der Große Senat für Strafsachen zur Annahme einer Strafbarkeit käme, dürfte die Straferwartung für den auf Befehl unmittelbar handelnden MfS-Angehörigen gering sein. Andererseits wären angesichts der geänderten Rechtsprechung des BGH zum Institut des Fortsetzungszusammenhangs ungemein aufwendige Ermittlungen erforderlich.

2.2.4.2 Sonstige Verfahren

Was ist denn nun überhaupt strafbar, fragt man sich zu Recht. Wenn schon nicht das heimliche Abhören, dann doch wenigstens die Spitzeltätigkeit für das MfS, die Bundesinnenminister Kanther, wie er vor einiger Zeit erklärt hat, für besonders strafwürdig hält und die er keinesfalls amnestieren würde. Der Mann ist nicht gut informiert. Die Spitzeltätigkeit war nach DDR-Strafrecht nicht strafbar, das dürfte sich auch fast von selbst verstehen. Nun gibt es aber die Vorschrift der politischen Verdächtigung nach 241a StGB, die in der alten Bundesrepublik in den 50er Jahren geschaffen wurde und nach der sich auch ein DDR-Bürger strafbar gemacht hat, der einen anderen DDR-Bürger anschwärzte und so der politischen Verfolgung aussetzte. Da es sich hierbei aber um eine Vorschrift des geltenden Strafrechts handelt, spielt die Problematik des Ruhens der Verjährung keine Rolle, d.h. die Tat verjährt fünf Jahre nach ihrer Begehung, so daß eine Bestrafung nach dieser Vorschrift nunmehr grundsätzlich nicht mehr möglich ist. Das gleiche gilt für die nach zehn Jahren verjährende Straftat der Verschleppung (234 a StGB).

Nach einer Entscheidung des 3. Strafsenats des BGH v. 29.4.1994,[29] der sich der 5. Strafsenat des BGH in einer Entscheidung v. 8.2.1995[30] angeschlossen hat, liegt eine "politische Verdächtigung" iSd 241a StGB im übrigen nur vor, wenn gegenüber dem Angezeigten schwere und offensichtliche Menschenrechtsverletzungen begangen wurden und dies der Anzeigeerstatter billigend in Kauf genommen hatte. In diesem Fall ist dann allerdings auch eine - bisher nicht verjährte - Beteiligung an einer Freiheitsberaubung nach 131 StGB/DDR möglich. Mit dieser Rechtsprechung zieht der BGH die Konsequenz aus seinen Entscheidungen zur Rechtsbeugung, wonach ein Richter der früheren DDR, der eine Freiheitsstrafe wegen eines "politischen Straftatbestandes" verhängt hat, nur dann wegen Freiheitsberaubung an dem Verurteilten bestraft werden kann, wenn er durch sein Urteil zugleich eine Rechtsbeugung begangen hat, die wiederum eine schwere und offensichtliche Menschenrechtsverletzung voraussetzt. Danach machte sich ein früherer DDR-Bürger, mag sein Verhalten noch so moralisch verwerflich gewesen sein, grundsätzlich nicht wegen einer politischen Verdächtigung nach 241a StGB und einer Freiheitsberaubung nach 131 StGB/DDR strafbar, wenn er von einer sog. Republikflucht vor deren Beendigung glaubhaft Kenntnis erlangte und sich darauf beschränkte, dies bei einer Dienststelle der Sicherheitsorgane der DDR zur Anzeige zu bringen und in einem späteren DDR-Strafverfahren als Zeuge zu bekunden. Damit dürften insbesondere auch im Auftrag des MfS tätige inoffizielle Mitarbeiter, die vielfach Fluchtvorhaben verraten haben, strafrechtlich nicht zu belangen sein.

Was ist nun aber mit den heimlichen Hausdurchsuchungen durch das MfS? Darin kann zwar ein Hausfriedensbruch gesehen werden. Nach DDR-Recht war der einfache Hausfriedensbruch (134 Abs. 1 StGB/DDR) aber nicht mit Strafe, sondern mit Maßnahmen eines "gesellschaftlichen Organs der Rechtspflege" bedroht. Über die Regelung des Art. 315 Abs. 1 EGStGB idF des EinigungsV hat dies zur Folge, daß das Gericht zwar verurteilen kann, aber von Strafe zwingend absehen muß. Im übrigen tritt insoweit die Verjährung zum 31.12.1995 ein. Soweit es sich um einen qualifizierten Hausfriedensbruch handelte, etwa bei mehrfacher Begehung, war allerdings eine Freiheitsstrafe bis zu zwei Jahren angedroht.

Für die Straftaten der Verletzung des Briefgeheimnisses gem. 135 StGB/DDR und die Verletzung des Berufsgeheimnisses gem. 136 StGB/DDR war im Höchstfall Geldstrafe oder Verurteilung auf Bewährung angedroht. Beide Delikte setzten jedoch in der zuletzt gültigen Fassung zur Verfolgung einen Strafantrag voraus. Nach Art. 315 b Satz 3 EGStGB idF des EinigungsV kommt eine Strafverfolgung nach dem 3.10.1990 jedoch nicht mehr in Betracht, wenn das Recht der Antragstellung nach dem bisherigen Recht der DDR zu diesem Zeitpunkt bereits erloschen war. Erforderliche Strafanträge mußten nach 2 Abs. 2 StGB/DDR innerhalb einer Frist von drei Monaten nach Kenntnisnahme von der Straftat, spätestens jedoch innerhalb von sechs Monaten nach Begehung der Tat gestellt werden. War diese Frist bereits zum Zeitpunkt der Wiedervereinigung verstrichen, ist eine Strafverfolgung m.E. nicht mehr möglich.

Dem steht auch nicht entgegen, daß in 2 Abs. 1 StGB/DDR idF v. 14.12.1988 für alle Antragsdelikte vorgesehen war, daß ein fehlender Strafantrag durch die Bejahung des öffentlichen Interesses an der Strafverfolgung ersetzt werden konnte. Da nämlich Art. 315 b Satz 3 EGStGB von Straftaten spricht, zu deren Verfolgung ein Antrag "erforderlich" war und es reine Antragsdelikte wegen der Regelung des 2 Abs. 1 StGB/DDR im maßgeblichen DDR-Strafrecht überhaupt nicht gab, kann die Regelung des Art. 315 b Satz 3 EGStGB nur so verstanden werden, daß im Falle von Antragsdelikten allein darauf abzustellen ist, ob die Antragsfrist bereits am 3.10.1990 verstrichen war und ein fehlender Strafantrag durch Bejahung des öffentlichen Interesses nach dem 3.10.1990 nicht mehr ersetzt werden kann. Andernfalls wäre die Regelung des Satz 3 schlicht überflüssig. Diese Frage ist allerdings meines Wissens gerichtlich noch nicht entschieden. Selbst wenn man jedoch - abgesehen von der drohenden Verjährung - zu einer Verurteilung käme, wären die Strafen angesichts des zur Verfügung stehenden Strafrahmens verhältnismäßig gering.

Abgesehen von der Zeit des Stalinismus bis Mitte der 60er Jahre ist die Begehung besonders schwerwiegender Straftaten durch MfS-Angehörige in Brandenburg bisher nicht bekannt geworden, obwohl die Berichte mancher Bürgerrechtler über vermutliche Manipulationen an ihren Pkw die Begehung derartiger Straftaten nahelegen. Auch ist in nur verhältnismäßig wenigen Fällen der Vorwurf der Aussageerpressung erhoben worden, was aber damit zusammenhängen dürfte, daß die Stasi eine derartige Vorgehensweise wegen ihres flächendeckenden Spitzel- und Überwachungssystems überhaupt "nicht nötig" hatte.

Insgesamt hat sich also ausgerechnet gegen die "Krake Stasi" das strafrechtliche Schwert als besonders stumpf erwiesen. Dafür steht letztlich plakativ, daß Erich Mielke nicht wegen seiner Stasi-Tätigkeit, sondern wegen eines im Jahr 1931 begangenen Mordes verurteilt worden ist, wobei sich viele anfangs nicht des Eindrucks erwehren konnten, daß das Wagnis, einen über 60 Jahre zurückliegenden Mord überhaupt zur Anklage zu bringen, nur deshalb eingegangen worden ist, um jede Gelegenheit wahrzunehmen, die Galionsfigur des MfS einer Verurteilung folgenden millionenfachen Morde oft ungesühnt geblieben sind. Immerhin hat das LG Berlin der Besonderheit des Falles mit einem entsprechenden Strafmaß von sechs Jahren Rechnung getragen, was der 5. Strafsenat des BGH in einem weisen Urt. v. 10.3.1995[31] gehalten hat.

2.2.5 Verfahren gegen ehemalige Funktionäre der DDR und sonstige Fälle von "Bezirkskriminalität"

An erster Stelle sind in diesem Zusammenhang Verfahren wegen Wahlfälschungen zu nennen. Damit sind allerdings ausschließlich die Fälschungen anläßlich der Kommunalwahlen am 7. 5.1989 gemeint, an deren strafrechtlicher Aufarbeitung nach meinem Eindruck in der Bevölkerung der neuen Bundesländer großes Interesse bestand. Die Frage ihrer grundsätzlichen Strafbarkeit wurde durch das Urteil des 3. Strafsenats des BGH v. 26.11.1992[32] geklärt, durch die die Revision des früheren Oberbürgermeisters von Dresden, Berghofer, gegen die Verurteilung zu einer Freiheitsstrafe von einem Jahr unter Strafaussetzung zur Bewährung wegen Anstiftung zur Wahlfälschung durch das BG Dresden v. 7.2.1992 verworfen wurde. Die dagegen eingelegte Verfassungsbeschwerde wurde nicht zur Entscheidung angenommen, weil sie keine hinreichende Aussicht auf Erfolg versprach.[23]

Auch in Brandenburg hat man recht früh nach der Wende mit der strafrechtlichen Aufarbeitung in diesem Bereich begonnen. Bisher wurden in sieben Verfahren zwölf Beschuldigte rechtskräftig zu Freiheits- oder Geldstrafen verurteilt. Des weiteren ergingen gegen vier Beschuldigte Strafbefehle, von denen drei rechtskräftig sind. Die Verfahren gegen drei Angeklagte wurden gem. 153, 153 a StPO vom Gericht eingestellt, weil die Schuld nach dem Ergebnis der durchgeführten Hauptverhandlung gering war und das öffentliche Interesse an der Strafverfolgung der geständigen Angeklagten in einem Fall nicht bestand und in zwei Fällen durch die Zahlung einer Geldbuße beseitigt werden konnte.

Am höchsten bestraft wurden der ehem. Bürgermeister von Potsdam der durchgeführten Hauptverhandlung gering war und das öffentliche Interesse an der Strafverfolgung der geständigen Angeklagten in einem Fall nicht bestand und in zwei Fällen durch die Zahlung einer Geldbuße beseitigt werden konnte.

Am höchsten bestraft wurden der ehem. Bürgermeister von Potsdam mit einer Freiheitsstrafe von acht Monaten, der ehem. 1. Stellv. Vorsitzende des Rates des Bezirkes Potsdam mit einer Freiheitsstrafe von zehn Monaten und der ehem. 2. Sekretär der SED-Bezirksleitung in Potsdam mit einer Freiheitsstrafe von einem Jahr, wobei die Vollstreckung in allen Fällen zur Bewährung ausgesetzt wurde.

Derzeit laufen in meiner Schwerpunktabteilung noch 16 Ermittlungsverfahren wegen Wahlfälschungen im Zusammenhang mit der Kommunalwahl 1989, wovon sich zwei gegen bekannte Beschuldigte richten.

Es bedarf keiner näheren Ausführungen, um den Verdacht zu begründen, daß auch andere, vielleicht sogar alle Kommunal- und Volkskammerwahlen in der früheren DDR gefälscht worden sind. Bisher haben es die vorhandenen knappen Ressourcen jedoch nicht zugelassen, insoweit in konkrete Ermittlungen einzutreten, deren Aufwand erheblich wäre.

Von den Verfahren gegen Funktionäre der früheren DDR ist noch der Komplex der Erpressung von Ausreisewilligen zu Grundstücksverkäufen besonders hervorzuheben. Vielen Ausreisewilligen wurde von Funktionären wahrheitswidrig die Auskunft erteilt, daß sie die Ausreisegenehmigung nur erhalten könnten, wenn sie ihr Grundstück an bestimmte Personen, vornehmlich Ärzte, verkaufen würden, obwohl nach der zu dieser Zeit bestehenden Rechtslage ausreisewillige Bürger der DDR ihre Grundstücke auch an Verwandte verschenken oder verwalten lassen konnten. Die entscheidende Frage ist jedoch, wann das Maß der Einwirkung auf die Ausreisewilligen die Qualität einer strafrechtlich relevanten Nötigung bzw. Erpressung erlangte. Wir haben auch in diesem Bereich bereits im Oktober 1993 Anklage gegen vier ehem. Mitarbeiter des Rates eines Kreises erhoben, die das LG Potsdam zwar bereits zur Hauptverhandlung zugelassen hat, die jedoch wegen bestehender Arbeitsüberlastung des Gerichts erst Anfang des nächsten Jahres stattfinden soll.

In keinem sonstigen Bereich des SED-Unrechts wirken die

Anzeigeerstatter derartig massiv auf die Staatsanwaltschaft ein, die Verfahren voranzutreiben. Das dürfte damit zusammenhängen, daß der Nachweis eines erpreßten Grundstücksverkaufs Einfluß auf den geltend gemachten Restitutionsanspruch hat. Daher ist leider auch die Versuchung groß, die Umstände des Verkaufs eines Hauses, in den seinerzeit vielfach wegen der dann in Aussicht gestellten Ausreisegenehmigung ohne weiteres freudig eingewilligt wurde, heute anders darzustellen. Der Presseberichterstattung über

das zur Zeit in Berlin laufende Hauptverfahren gegen den Rechtsanwalt Dr. Wolfgang Vogel entnehme ich, daß sich dieser Eindruck bereits bei der Vernehmung von Zeugen ergeben hat.

Den sonstigen Verfahren gegen frühere Funktionäre liegen zumeist die Vorwürfe der Untreue, des Verwahrungsbruchs, des Diebstahls oder der Unterschlagung zugrunde. Die Bearbeitung dieser Ermittlungsverfahren muß derzeit zugunsten derjenigen zurückgestellt werden, die schwerwiegendere Tatvorwürfe zum Gegenstand haben. Man darf aber bereits fragen, ob sich die Justiz anstelle von Fällen wie dem, daß sich ein SED-Funktionär vor über 25 Jahren ein Ferienhaus durch Einflußnahme auf einen Finanzstadtrat mit Staatsmitteln restaurieren und modernisieren ließ,[34] nicht der im Grunde gleichgelagerten aktuellen Korruptionsproblematik zuwenden sollte.

3. Zusammenfassendes Ergebnis der bisherigen strafrechtlichen Aufarbeitung des SED-Unrechts und Folgerungen

Ich halte es inzwischen für eine Illusion, die man nur im Verfolgungswahn verkennen kann, daß sich der 40 Jahre andauernde SED-Unrechtsstaat zur vollständigen Zufriedenheit seiner Opfer strafrechtlich aufarbeiten läßt. Die bisher ergangenen Justizentscheidungen haben weder die Menschen, denen vielfältiges Unrecht angetan wurde, befriedigt, noch den Bürgern der neuen Länder, die Jahrzehnte in ihrer Freiheit eingeschränkt waren, das Gefühl vermittelt, daß die dafür Verantwortlichen ausreichend zur Rechenschaft gezogen werden. Der Professor für Rechtsgeschichte Uwe Wesel hat treffend resümiert:

"Die Justiz ist eben kein Instrument zur Aufarbeitung von Vergangenheit. Der Rechtsstaat ist ein sinnvolles Instrumentarium zur Lösung von Konflikten und von Unrecht, das innerhalb seines eigenen Systems begangen wird, aber er ist überfordert, wenn er sich mit Makro-Unrecht außerhalb seines eigenen Bereichs befassen soll".[35]

Bei mir hat sich diese Einsicht eingestellt, seitdem feststeht, daß ausgerechnet Angehörige des MfS weitgehend ungeschoren davonkommen werden. Fünf Jahre nach der deutschen Vereinigung ist aber auch das strafrechtlich überhaupt verfolgbare SED-Unrecht noch keineswegs aufgearbeitet, was bereits deshalb nicht möglich war, weil in den neuen Bundesländern eine rechtsstaatliche Justiz erst aufgebaut werden mußte.[36] Gleichwohl sind nach einer Erhebung vom Frühjahr diesen Jahres[37] von den in den neuen Bundesländern und Berlin seit dem 3.10.1990 insgesamt ca. 47.670 eingeleiteten Ermittlungsverfahren immerhin ca. 24.510 und damit etwa 50% abgeschlossen worden, wobei allerdings nur in ca. 1% bis 2% der Fälle von den Staatsanwaltschaften Anklage erhoben worden ist. Dadurch sind aber die Grenzen der Strafbarkeit des SED-Unrechts höchstrichterlich geklärt worden, womit die systematische strafrechtliche Aufarbeitung der noch zahlreichen Fälle von SED-Unrecht eröffnet worden ist.

Das Ergebnis der höchstrichterlichen Rechtsprechung ist zwar insbesondere für viele Opfer unbefriedigend, wird aber dem verfassungsrechtlichen Rückwirkungsverbot gerecht und ist damit ein Beweis der Rechtsstaatlichkeit der bundesdeutschen Justiz auch in einer schwierigen Situation. Im einzelnen ist danach die Verfolgung in einigen Bereichen, wie den Gewaltanwendungen an der innerdeutschen Grenze und der Anwendung des politischen Strafrechts der DDR, auf schwere Menschenrechtsverstöße beschränkt. Während hingegen die moralisch als besonders verwerflich anzusehenden Taten des früheren MfS vielfach strafrechtlich nicht verfolgt werden können, ist die

Selbstbereicherung von Staatsträgern, die eher zeitlos ist als typisch für den SED-Staat war, ebenso verfolgbar wie die vermutlich während der gesamten Existenz der DDR begangenen Wahlfälschungen. Dies bedeutet angesichts des noch vorhandenen Aktenberges, daß die strafrechtliche Aufarbeitung unterschiedlicher Erscheinungsformen des SED-Unrechts ohne Eingriff des Gesetzgebers bis über die Jahrtausendwende andauern würde. Das gilt auch bezüglich der nicht besonders schwerwiegenden Straftaten selbst dann, wenn der Gesetzgeber auf eine nochmalige Verlängerung der Verjährungsfristen verzichten sollte. Durch das Gesetz zur Verlängerung strafrechtlicher Verjährungsfristen (2. Verjährungsgesetz) v. 27.9.1993[38] wurde Art. 315a EGStGB erweitert und für die neuen Länder und den ehemaligen Ostteil von Berlin eine eigenständige Verjährungsregelung getroffen. Danach verjähren Taten, die vor dem 3.10.1990 begangen worden sind und im Höchstmaß mit Freiheitsstrafe bis zu einem Jahr oder mit Geldstrafe bedroht sind, frühestens mit Ablauf des 31.12.1995. Taten, die im Höchstmaß mit Freiheitsstrafe von mehr als einem Jahr bis zu fünf Jahren bedroht sind und die im genannten räumlichen Bereich vor Ablauf des 31.12.1992 begangen worden sind, verjähren frühestens mit Ablauf des 31.12.1997. Soweit danach eine Verjährung droht, ist diese nach 78c Abs. 1 StGB zu unterbrechen, wodurch die Verjährung gem. 78c Abs. 3 StGB von neuem zu laufen beginnt und erst nach Verstreichen der doppelten gesetzlichen Verjährungsfrist (78 StGB) endgültig eintritt. Damit kann theoretisch im Jahr 2000 ein 80jähriger ehem. Funktionär der früheren DDR auch noch wegen einer Wahlfälschung oder einer Untreue verurteilt werden, die er im Jahre 1950 als 30-jähriger begangen hat, während die von einem Altbundesbürger erst 1985 begangene Untreue spätestens 1995 verjährt wäre und sich ein früher bei der Telefonüberwachung tätig gewesener MfS-Angehöriger bereits seit 1994 um eine strafrechtliche Verfolgung nicht mehr zu sorgen braucht.

Die Hoffnung mancher Politiker, die die Grenzen der strafrechtlichen Aufarbeitung des SED-Unrechts durchaus erkannt haben, das Problem würde sich durch einen Verzicht auf eine nochmalige Verlängerung der Verjährungsfristen, für den selbst Steffen Heitmann eintritt,[39] durch Verjährung der leichten Fälle Ende 1995 und der mittelschweren Fälle Ende 1997 gleichsam von selbst erledigen, ist also nicht begründet. Es sei denn, sie erwarteten von den Strafverfolgungsbehörden, auf verjährungsunterbrechende Handlungen zu verzichten. Dies wäre allerdings nicht etwa ein eleganter Weg, sich um eine vielleicht nicht so leicht zu vermittelnde klare Entscheidung zu drücken. Das bewußte Verjährenlassen einer Straftat setzt einen Richter oder Staatsanwalt nämlich dem gewichtigen Vorwurf der Strafvereitelung im Amt aus, weil damit der Wille des Gesetzgebers zur Verfolgbarkeit der Straftat mißachtet wird. Daher wird ein pflichtbewußter Staatsanwalt oder Richter derartige unlautere Ansinnen zurückweisen und die drohende Verjährung von Straftaten unterbrechen, auch wenn er ihre Verfolgung für noch so unsinnig hielte. Die politisch Verantwortlichen müssen sich also klar entscheiden, in welchem Umfang und in welchem zeitlichen Rahmen sie die Verfolgung des nach der höchstrichterlichen Rechtsprechung überhaupt strafbaren Unrechts wollen. Dies setzt eine offene und sachliche öffentliche Diskussion voraus, bei der die von der höchstrichterlichen Rechtsprechung gezogenen Grenzen der Strafbarkeit des SED-Unrechts zugrunde zu legen sind und bei der man sich nicht durch diejenigen stören lassen sollte, die - völlig unrealistisch - auf einen einschneidenen Kurswechsel dieser sich gerade festigenden Rechtsprechung hoffen, was im übrigen ein völliges Chaos nach sich ziehen würde.

Dem Justizminister des Landes Brandenburg, Dr. Hans-Otto Bräutigam, ist zu danken, daß er diese unbedingt erforderliche Diskussion Ende vorigen Jahres erneut in Gang gesetzt hat, wobei ihn sicherlich auch meine Berichte über die Arbeit der Schwerpunktabteilung beeinflußt haben, über die ich nun auch Sie unterrichtet habe. Die Diskussion ist dann allerdings sehr schnell von den Medien auf die undifferenzierte und damit unbrauchbare Formel "Amnestie, ja oder nein!" gebracht worden, die sich in gewandelter Form auch in dem Thema unserer Tagung wiederfindet. Dies dürfte mit ein Grund dafür sein, daß die Gegenreaktion ungewöhnlich scharf ausgefallen ist. Der Generalstaatsanwalt der Staatsanwaltschaft II bei dem LG Berlin, Christoph Schaefgen, hat sich in einem "Spiegel"-Interview v. 26.12.1994[40] dazu verstiegen, Amnestie-Befürwortern regierungstaktische Motive zu unterstellen und sogar abzusprechen, daß es ihnen in erster Linie um den inneren Frieden in Deutschland gehe. Die Justizsenatorin von Berlin, Dr. Peschel-Gutzeit, hat von der "falschen Debatte zur falschen Zeit" und einer "populistischen Schlußstrich-Debatte, von interessierter Seite begonnen," gesprochen. [41]

Mit derartigen Äußerungen werden, nun wirklich populistisch, alle diejenigen, die sich im fünften Jahr der Deutschen Einigung angesichts der bisher erzielten Ergebnisse der strafrechtlichen Aufarbeitung fragen, ob die Strafverfolgung auch im Interesse des inneren Friedens in Deutschland begrenzt werden muß, in einen Topf mit den alten SED-Funktionären geworfen, die schon immer die Generalamnestie, den "großen Schlußstrich" zur Beendigung einer angeblichen "Siegerjustiz" gefordert haben. Persönlichkeiten wie Richard von Weizsäcker, Ernst Gottfried Mahrenholz, Wolfgang Schäuble, Richard Schröder, Horst Eylmann und Hans-Otto Bräutigam - um nur einige zu nennen [42] -, die alle öffentlich ihre Bedenken gegen eine unbegrenzte weitere Strafverfolgung geäußert haben, dürften aber doch wohl unverdächtig sein, die Interessen der alten SED-Herrschaftsclique zu verfolgen, und müssen sich auch nicht vorschreiben lassen, zu welchem Zeitpunkt sie sich zu welchen Themen zu äußern haben.

Ich denke, niemand, der sich ernsthaft mit der Aufarbeitung des SED-Unrechts beschäftigt hat, wird zu dem Ergebnis der Forderung einer Generalamnestie kommen können. Lore Maria Peschel-Gutzeit hat kürzlich in einem sehr bemerkenswerten Beitrag [43] völlig zu Recht von einer "gesellschaftlichen Verantwortung für die Aufklärung und Ahndung schwerer Menschenrechtsverletzungen" des SED-Regimes, nicht nur vor dem Hintergrund der nicht geglückten Aufarbeitung des NS-Unrechts, sondern auch der sich zur Zeit ereignenden Greuel in Bosnien-Herzegowina gesprochen. Schwere Menschenrechtsverletzungen dürfen also nicht amnestiert werden; die Anhänger des alten SED-Regimes sollten nicht darauf hoffen können, daß das schwere Systemunrecht von der Justiz nicht mehr beachtet wird und die Erinnerung in der ostdeutschen Bevölkerung daran so verblaßt, daß sie einer falschen DDR-Nostalgie nicht mehr entgegenzuwirken vermag. Das sind wir auch den mutigen DDR-Bürgerrechtlern schuldig.

Nicht amnestiert werden dürfen daher: sämtliche Tötungsdelikte, Gefangenenmißhandlungen, Rechtsbeugungen und Freiheitsberaubungen, wobei dies nicht als abschließender Katalog zu verstehen ist, sondern lediglich das m.E. auf jeden Fall erforderliche Verfolgungsminimum darstellt. Die Aufarbeitung derartiger schwerer Straftaten wird voraussichtlich noch bis in das nächste Jahrtausend reichen. Das kann und muß der Bevölkerung trotz eines bereits jetzt nachlassenden Interesses an der Ahndung des SED-Unrechts in Ost und West[44] vermittelt werden. Nicht mehr zu vermitteln ist m.E. aber bereits jetzt die Verfolgung von Vermögensdelikten und der vor 1989 begangenen Wahlfälschungen oder von Delikten, die wegen des geringen Strafrahmens in Anbetracht des Zeitablaufs höchstwahrscheinlich nur Geldstrafen nach sich ziehen werden. Die weitere Durchführung derartiger Verfahren hemmt wegen der begrenzten personellen und finanziellen Mittel nicht nur die zeitnahe Aufarbeitung der schwerwiegenden Menschenrechtsverletzungen, sondern sie wäre sogar geeignet, das SED-Unrecht im Bewußtsein der Bevölkerung zu verharmlosen, wobei ich den Eindruck habe, daß einige derzeit laufende Verfahren bereits diese kontraproduktive Wirkung entfalten.

Einer Begrenzung der Strafverfolgung dürften nicht einmal die Interessen der Opfer des SED-Regimes entgegenstehen. Zwar ist nach jüngsten Verlautbarungen der "Gauck-Behörde" das Interesse an Einsichtnahmen in die Stasi-Akten ungebrochen, aber nur sehr wenige Opfer erstatten Strafanzeige. So beruhen nur etwa 3-5% der laufenden Ermittlungsverfahren wegen SED-Unrechts auf Anzeigen von Privatpersonen.[45] Darunter befindet sich noch der große Teil derjenigen, die wegen Rechtsbeugung Strafanzeige erstattet haben, ein Tatbestand, der nach meinem Vorschlag von einer Begrenzung der Strafverfolgung ausgeschlossen bliebe. Einem weiteren nicht unerheblichen Teil der Anzeigeerstatter geht es in Wahrheit nicht um Strafverfolgung, sondern darum, die Ergebnisse des Ermittlungsverfahrens bei den Bemühungen um die Wiedererlangung des seinerzeit vor der Ausreise aus der DDR verkauften Grundstücks zu nutzen. Aus dem ohnehin kleinen Kreis der Anzeigeerstatter dürften damit nur die wenigen, denen es in erster Linie um Strafverfolgung geht und die auch eine tatsächlich strafbare, jedoch nicht besonders schwerwiegende Tat anzeigen, überhaupt von einem begrenzten Straffreiheitsgesetz betroffen werden.

Es mag verschiedene Gründe für dieses zurückhaltende Anzeigeverhalten geben. Ein Teil der Opfer des SED-Regimes hat sich sicherlich zwischenzeitlich damit abgefunden, daß der strafrechtlichen Verfolgung engere Grenzen als ursprünglich angenommen gesetzt sind. Viele derjenigen, die Einsicht in ihre Stasi-Akten genommen haben, scheinen weniger von der Tätigkeit des emotionslos arbeitenden offiziellen Stasi-Apparates betroffen zu sein als von der der Spitzel, die in ihrem persönlichen Umfeld angesiedelt waren. Die dadurch erlittenen Verletzungen können offenbar im Bewußtsein der Opfer nicht mit strafrechtlichen Mitteln geheilt werden, sondern nur durch den Dialog mit den Tätern, den die Opfer seit der Wende auffällig oft gesucht haben. Wenig überzeugend erscheint mir die vom Leiter der ZERV, Manfred Kittlaus, in Berlin angebotene Erklärung für das strikten Amnestiegegnern natürlich nicht ins Konzept passende restriktive Anzeigeverhalten, wonach vielen ehem. DDR-Bürgern unbekannt wäre, daß sie nicht zunächst auf eigene Kosten selbst ermitteln und die Beweise dann den Strafverfolgungsbehörden an die Hand geben müßten. Um dieser Fehlvorstellung entgegenzuwirken, müsse "gezielte" Öffentlichkeitsarbeit und Aufklärung betrieben werden.[46] Als Leiter einer Ost-Staatsanwaltschaft seit nunmehr fast zwei Jahren ist mir dieses Phänomen bisher noch nicht begegnet, vielmehr stelle ich nach fünf Jahren Einheit allgemein eine dem "Westniveau" fast schon angeglichene Anzeigenfreudigkeit fest. Im übrigen erhielt bis vor einiger Zeit jeder, der bei der sog. Gauck-Behörde Einblick in seine Stasi-Akten nahm, ein Informationsblatt, in dem er über die Möglichkeit einer Anzeigeerstattung unterrichtet wurde. Gegen den Erklärungsversuch von Herrn Kittlaus spricht weiter, daß das zurückhaltende Anzeigeverhalten auch bei seit längerer Zeit in den alten Bundesländern wohnhaften Betroffenen festzustellen ist. So gründen sich unsere Ermittlungen im Bereich der Gefangenenmißhandlungen fast ausschließlich auf frühere Aussagen der Opfer nach ihrer Übersiedlung in die alte Bundesrepublik, die in der übrigens seinerzeit auf einen Vorschlag von Willy Brandt eingerichteten "Zentralen Beweismittel" und Dokumentationsstelle der Landesjustizverwaltungen- in Salzgitter festgehalten wurden. Nur in ganz wenigen Fällen haben sich Opfer dieser schwerwiegenden Straftaten nach der Wende aus eigenem Antrieb an die Strafverfolgungsbehörden gewandt, was darauf zurückzuführen sein mag, daß die meisten sich an ihre schreckliche Haftzeit nicht mehr erinnern lassen möchten. Von daher können nicht einmal die Interessen der Opfer - entgegen den

Verlautbarungen mancher, die sich als ihre Sprecher berufen fühlen - gegen eine Begrenzung der weiteren Strafverfolgung auf die schwerwiegenden Delikte des SED-Unrechts ins Feld geführt werden.

Wir sollten uns also künftig auf die konzentrierte Verfolgung der schweren Menschenrechtsverletzungen des SED-Regimes beschränken. Nur so halten wir das SED-Unrecht im Bewußtsein der Bevölkerung wach und nur so wiederholen wir nicht die Versäumnisse bei der Verfolgung des NS-Unrechts, aber auch nur so schießen wir nicht über das Ziel hinaus und werden wieder einmal ein Opfer unserer deutschen Gründlichkeit.

Ich hoffe, daß der Vorsitzende des Rechtsausschusses des Deutschen Bundestages, der CDU-Abgeordnete Horst Eylmann, Recht behalten wird, der am 20.2.1995 in einem "Spiegel"-Interview[47] geäußert hat: "Ich bin sicher, daß eine (begrenzte - d. Verf.) Amnestie kommen wird. Ob noch in diesem Jahr oder erst im nächsten, vermag ich nicht zu sagen. Die Einsicht, daß wir ein Amnestiegesetz brauchen, wächst jedenfalls in allen Parteien". Dementsprechend hat der ASJ-Bundesvorstand nun für den vom 14. bis 17.11.1995 in Mannheim stattfindenden Bundesparteitag der SPD den Antrag eingebracht, die Strafverfolgung von DDR-Unrecht auch als Beitrag zum inneren Frieden zu begrenzen, um sicherzustellen, daß die weiter zu verfolgenden schwerwiegenden Menschenrechtsverletzungen schneller geahndet werden können. Auch ich plädiere nicht für den "großen Schlußstrich", nicht für eine Generalamnestie, sondern für ein begrenztes Straffreiheitsgesetz.

* **überarbeiteter Vortrag, den der Verfasser am 11.10.1995 auf der Tagung "Schlußstrich unter die SED-Verbrechen - Sicherung des Rechtsfriedens oder Konfliktverschärfung?" der Deutschen Richterakademie in Trier gehalten hat. Der Verfasser gibt in dem Beitrag seine persönliche Auffassung wieder.**

Der Verfasser Dr. Erardo Cristoforo Rautenberg ist seit dem 1. März 1996 der Generalstaatsanwalt des Landes Brandenburg

Fußnoten zum Ausatz von Dr. Rautenberg:

[1]   S. dazu A. Stauber, NJ 1995, 455 ff.; vgl. auch J.-G. Schätzler, Vierteljahresschrift für Sicherheit und Frieden 1993, 194 ff., NJ 1995, 57 ff.

[2]   Anhörung der SPD-Bundestagsfraktion zur justitiellen Aufarbeitung von DDR-Unrecht und zum Umgang mit den Stasi-Akten in Berlin am 2.3.1995, Dokumentation, S. 32.

[3]   BVerfG, NJ 1995, 363 = NStZ 1995, 383.

[4]   BGH, NStZ 1991, 429; BGH, NJ 1994, 82 = NStZ 1993, 587.

[5]   JMBl. Bbg. 1992, 81.

[6]   JMBl. Bbg. 1993, 195.

[7]   S. dazu M. Lemke, NJ 1995, 237 ff.

[8]   BGH, NJ 1993, 88 = NStZ 1993, 129.

[9]   BVerfG, NJ 1995, 528 = NStZ 1995, 490.

[10]   BGH, NStZ 1993, 488.

[11]   S. auch BGH, NJ 1995, 42 = NStZ 1994, 533; BGH, NJ 1995, 539 u. 542 = NStZ 1995, 401 u. 497.

[12]   BGH, NJ 1994, 229 = NStZ 1994, 125.

[13]   BGH, NJ 1994, 532 = NStZ 1994, 537.

[14]   G. Radbruch, SJZ 1946, 105.

[15]   Gemeinsam mit Burges in: DtZ 1993, 71 ff.

[16]   S. NJ 1994, 87 ff.

[17]   S. dazu BGH, NJ 1995, 653 (in diesem Heft).

[18]   S. dazu R. Faupel, Der Neuaufbau der Justiz in Brandenburg, Baden-Baden 1992, S. 21; H. Franzki, DRiZ 1992, 469 ff.

[19]   S. H. Franzki, ebenda, S. 471.

[20]   BGH, NJ 1994, 130 = NStZ 1994, 240; s. auch BGH, NJ 1994, 422 = NStZ 1994, 437.

[21]   BGH, NJ 1994, 583 = NStZ 1995, 31.

[22]   BGH, NJ 1995, 542 = NStZ 1995, 544.

[23]   BGH, NJ 1994, 419 = NStZ 1994, 426.

[24]   BbgOLG, NJ 1994, 376.

[25]   BGH, NJ 1995, 597 = NStZ 1995, 505.

[26] KG, NJ 1993, 470 = JR 1993, 388; s. auch OLG Dresden, DtZ 1993, 287.

[27] BGH, NJ 1994, 231 = NStZ 1994, 179.

[28] BGH, NJ 1995, 492 = NStZ 1995, 442; BGH, NStZ 1994, 542; s. dazu auch Renger/Volze, NJ 1995, 467 ff.

[29] BGH, NJ 1994, 419 = NStZ 1994, 426.

[30] BGH, NJ 1995, 435 = NStZ 1995, 288.

[31] BGH, NJ 1995, 494 = NStZ 1995, 394.

[32] BGH, NJ 1993, 185 = NStZ 1993, 231; s. auch BGH, NJ 1995, 96 = NStZ 1995, 126.

[33] BVerfG, NJ 1993, 315 = NJW 1993, 2524.

[34] BGH, NStZ 1994, 231 u. 546 (Anm. Baumann).

[35] S. Anhörung, aaO (Fn 2), S. 39.

[36] S. dazu allgemein R. Faupel, aaO (Fn 18).

[37] S. im einzelnen NJ 1995, 247.

[38] S. kritisch hierzu M. Lemke, NJ 1993, 529 ff.

[39] Anhörung, aaO (Fn 2).

[40] Der Spiegel, H. 52/1994, S. 30 ff.

[41] Anhörung, aaO (Fn 2), S. 17.

[42] S. etwa auch H. Sendler, NJ 1995, 225 f.; E. Bahr, NJ 1993, 537 ff.

[43] L. M. Peschel-Gutzeit, NJ 1995, 450 ff.

[44] Ebenda, S. 454.

[45] S. NJ 1995, 247; s. auch Anhörung, aaO (Fn 2), S. 11, 21, 26, 42.

[46] Anhörung, aaO (Fn 2), S. 42.

[47] Der Spiegel, H. 8/1995, S. 16

Wieso keine Politbüro-Anklage wegen Hochverrats?

Trotz lärmender Selbstgewißheit wenigstens interessante Fragen bei Podiumsdiskussion in Berlin

Von CLAUS DÜMDE

Sitzen Krenz und Genossen zu Recht auf der Anklagebank? hieß das Thema. "Drollige Frage", befand Mechthild Küpper von der "Wochenpost" zum Anfang und dekretierte "Natürlich!". So vergeigte die frühere "taz"-Journalistin, die eigentlich eine Podiumsdiskussion zwischen den Bundestagsabgeordneten Hilsberg (SPD) und Heuer (PDS) sowie den Anwälten Plöger (Nebenkläger-Vertreter aus Berlin-West) und Wissgott (Krenz-Verteidiger aus Niedersachsen) moderieren sollte, gleich zu Beginn gründlich mögliche Chancen nützlichen Streits.

SPD-MdB: Für Ossis ein Sonderstrafrecht

Wohl auch dadurch fühlten sich militante Antikommunisten im Saal ermutigt, im Stakkato "Hitler, Hitler" und ähnlich geistreiche Zwischenrufe, oft -brüller auszustoßen, als Heuer mit politischen und Wissgott mit juristischen Argumenten Frau Küpper widersprachen. Dabei wurde von niemandem im Podium geleugnet, daß sich die vorm Berliner Landgericht angeklagten sechs Mitglieder des SED-Politbüros nach dem allein maßgebenden DDR-Recht wegen des Grenzregimes nicht strafbar gemacht haben. Hilsberg forderte deshalb, zur Verurteilung "der Verbrechen des Unrechtsstaates DDR" das Rückwirkungsverbot des Grundgesetzes "auszusetzen". Gnädig fügte er hinzu, daß er ja gar nicht alle früheren SED-Mitglieder bestrafen wolle. Nicht nur die brachte Hilsberg noch mehr auf, als er Nazireich und DDR verglich, was viele - verständlicherweise - als Absicht einer Gleichsetzung empfanden. Demagogisch kritisierte der junge Nach-Wende-SPD-Politiker, daß in der BRD z. B. die Mörder von Bonhoeffer nicht verurteilt wurden, weil die Bundesregierung zur Menschenrechtskonvention den Vorbehalt gemacht hat, daß selbst bei unerträglichen Verstößen gegen Menschenrechte das Rückwirkungsverbot nicht aufgehoben werden darf. Hilsbergs Fazit: "Ein rechtspolitisches Defizit, das nicht nur die

Verfolgung der Nazi-Mörder, sondern auch des DDR-Unrechts schwerstens behindert." Die Reaktion des Publikums: frenetischer Jubel von "rechts"; Zurufe "Hat etwa die DDR sechs Millionen Juden ermordet?" und der Rat an Hilsberg, mal nach Auschwitz zu fahren, von "links".

Erneut Getöse, als Dietmar Jochum, Journalist und Autor des Paperbacks "Der Politbüro-Prozeß", der eigentlich seine Eindrücke im Gericht schildern sollte, was Frau Küpper "vergaß", doch zu Wort kam. Er erinnerte daran, daß die DDR weltweit anerkannt war und sich kein Staat je juristisch gegen ihr Grenzregime gewandt hat, auch die BRD nicht.

Hilsberg: "Ein gut Stück Rechtspolitik"

Gegengetöse, als Hilsberg zur in die Debatte eingebrachten Äußerung des letzten DDR-Ministerpräsidenten de MaiziŌre, er sehe die Prozesse gegen DDR-Grenzer mit Grausen, bemerkte, er habe dieses Interview mit großem Unbehagen gelesen. Denn diese Prozesse seien notwendig, Freisprüche skandalös. Zum Glück habe man 1990 die vom damaligen Innenminister Schäuble beförderte Amnestie-Debatte "erdrosselt". Und dann ein - vermutlich unfreiwilliges - Eingeständnis: "Mit diesen Prozessen betreiben wir ein gut Stück Rechtspolitik." - Wer glaubt da noch an unabhängige Richter?

Als dann endlich auch Zuhörer zu Wort kamen, fragte ein "bekennender DDR-Bürger": "Warum macht man denn den SED-Politbüro-Mitgliedern nicht den Prozeß wegen fortgesetzten Hoch- und Landesverrat?" Seine Antwort: Weil dann die BRD-Justiz die legitime Existenz der DDR anerkennen müßte.

Während Hilsberg der DDR jede Legitimutät absprach, wollte Nebenkläger-Vertreter Plöger ihr nicht mal das Recht bestreiten, die Mauer zu bauen. Doch seine Frage blieb unbeantwortet: War es nötig, Flüchtlinge als Verbrecher darzustellen und Grenzer tagtäglich zu vergattern, sie notfalls zu "vernichten"?

Heuer: DDR legitim, Grenzregime legitim

Einig wurde man sich, daß die DDR ohne Mauerbau 1961 am Ende gewesen wäre. Und Heuer warf deren Führung vor, daß sie danach keine Voraussetzungen geschaffen hat, daß die DDR als sozialistische Alternative auch ohne Mauer bestehen kann. Aber auf die Frage aus dem Publikum, ob man denn nicht Republikflucht auch hätte eindämmen können, ohne Menschen an der Grenze zu erschießen, sprach er akademisch über das Gewaltmonopol des Staates, auch in der BRD. "Wer den Sozialismus für legitim hielt, hielt auch den Mauerbau für legitim", sagte er. Und auf Nachfrage vor der Tür: Auch das Grenzregime und seine Opfer.

(Nachdruck mit freundlicher Genehmigung des NEUEN DEUTSCHLAND, Artiekl vom 08. 03.1996)

Auch das stand im NEUEN DEUTSCHLAND:

Kein "militärisches Sperrgebiet"?

Eine "Doppelstrategie" in ihrer DDR-Politik, insbesondere hinsichtlich des Grenzregimes, warf Egon Krenz gestern jeder Bundesregierung vor. Zu Recht. Doch auch die DDR-Führung sagte der Welt und ihren Bürgern nicht die volle Wahrheit, wie nachstehend faksimilierter Brief von Verteidigungsminister Keßler an Staats- und Parteichef Honecker zeigt, den der mit der Randnotiz "Einverstanden. EH" bestätigte. Zwar waren die DDR-Grenzen zum Westen de facto "militärisches Sperrgebiet", doch vor mit dem Betreten verbundenen Gefahren wurde nicht so eindeutig gewarnt wie heute in der BRD.

Berlin, den 07. 01. 1989

Tgb.-Nr.: A 11 /89

Generalsekretär des Zentralkomitees der
Sozialistischen Einheitspartei Deutschlands und
Vorsitzenden des Nationalen Verteidigungsrates
der Deutschen Demokratischen Republik

Genossen Erich   H o n e c k e r

Werter Genosse   H o n e c k e r !

Auf der Sitzung des Nationalen Verteidigungsrates der DDR am 25. 11. 1988 wurde
bei der Behandlung der Vorlage "Stand der Bereitschaft des Bezirkes MAGDEBURG
zur Überführung vom Frieden in den Verteidigungszustand" die Frage der
Deklarierung des Grenzgebietes zur BRD als "militärisches Sperrgebiet" aufgeworfen.

Im Ergebnis der Prüfung dieser Problematik gestatte ich mir, Dir folgendes zu
melden:

1. Die Frage einer möglichen Deklarierung des Grenzgebietes als "militärisches
   Sperrgebiet" wurde bereits auf der Sitzung des Nationalen Verteidigungsrates
   der DDR am 21. 11. 1980 bei der Behandlung der neuen Rechtsvorschriften
   über die Staatsgrenze (Grenzgesetz und Folgebestimmungen) erörtert.

   Dazu wurde entschieden, von einer Deklarierung des Grenzgebietes als
   "militärisches Sperrgebiet" abzusehen.

   Maßgebend für diese Entscheidung waren insbesondere folgende Gesichtspunkte:

   - Aufgrund der Erfahrungen der UdSSR und anderer sozialistischer Staaten
     wurde bereits mit der inzwischen außer Kraft gesetzten "Verordnung zum
     Schutz der Staatsgrenze der DDR" vom 16. 03. 1964 der Begriff
     "Sperrgebiet" durch den Begriff "Grenzgebiet" ersetzt.
     Damit erfolgte eine klare Unterscheidung zwischen "Grenzgebieten" und
     "militärischen Sperrgebieten", als Gebiete mit besonderer Ordnung nach
     dem Verteidigungsgesetz der DDR vom 13. 10. 1978.
     Der Begriff "Grenzgebiet" hat sich bei der Bevölkerung eingebürgert.
     Eine Umbenennung würde die Sicherheit und Ordnung an der Staatsgrenze
     nicht erhöhen.

449

- Da der Gegner besonders auf dem Madrider Treffen die Grenzsicherungsmaßnahmen der DDR als Mittel der Isolierung der DDR-Bürger diffamierte,
  könnte eine Umformulierung neue Vorwände für die Propaganda schaffen
  und bei der Bevölkerung des Grenzgebietes zu Unklarheiten und negativen
  Stimmungen führen (ca. 197.000 Bürger im Grenzgebiet an der Staatsgrenze zur BRD und zu BERLIN (WEST) wären "Bewohner in militärischen
  Sperrgebieten" geworden).

- Die Struktur des Grenzgebietes würde dem Charakter eines "militärischen
  Sperrgebietes" widersprechen.

2. An dieser Sachlage hat sich bis zum gegenwärtigen Zeitpunkt nichts
   geändert.
   Selbst wenn nur der Schutzstreifen (500-m-Streifen) zum "militärischen
   Sperrgebiet" erklärt würde, befänden sich in diesem Gebiet noch

   73 Ortschaften/Ortsteile mit

   24.223 Einwohnern und

   93 Betrieben.

   Die Umbenennung des Grenzgebietes in "militärisches Sperrgebiet" würde
   eine Reihe politischer, militärischer und rechtlicher Konsequenzen
   nach sich ziehen, insbesondere eine umfassende Änderung geltender
   Rechtsvorschriften.

3. Mit dem Erlaß des Grenzgesetzes vom 25. 03. 1982 erhielten die Grenztruppen im § 18 (2) die erforderlichen Befugnisse für ihre Handlungen
   in dem zur Sicherung der Staatsgrenze der DDR festgelegten Grenzgebiet
   übertragen.

   Eine Deklarierung des Grenzgebietes als "militärisches Sperrgebiet"
   könnte der Gegner im Zusammenhang mit den Wiener Verhandlungen nutzen,
   unter Bezugnahme auf das Grenzgesetz zu "beweisen", daß die Grenztruppen
   der DDR Bestandteil der NVA sind und als "Militär" im "militärischen
   Sperrgebiet" handeln.

Ausgehend von der gegenwärtigen politischen Situation und der Tatsache, daß sich

- das im Jahre 1982 erlassene Grenzgesetz und seine Folgebestimmungen sowie

- die Direktive des Zentralkomitees der SED zur Arbeit im Grenzgebiet an der Staatsgrenze zur BRD, zu BERLIN (WEST) und an der Küste der DDR vom 07. 04. 1982

bei der Gewährleistung einer hohen Sicherheit und Ordnung an der Staatsgrenze bewährt haben, gestatte ich mir vorzuschlagen, die gegenwärtigen Festlegungen beizubehalten und die Umbenennung des Grenzgebietes in "militärisches Sperrgebiet" nicht vorzunehmen.

Ich bitte um Kenntnisnahme, Bestätigung der unterbreiteten Vorschläge bzw. Deine Weisung.

Mit sozialistischem Gruß

H. Keßler
Armeegeneral

451

Manche Wege führen über Rom

Doch noch die Genehmigung zum Abdruck des Artikels aus der "Welt am Sonntag" vom 21. Januar 1996

Nachdem bei der "Welt am Sonntag" in Hamburg nicht zu erfahren war, wieso im Artikel vom 21. Januar 1996 eine von den Verteidigern im Politbüro-Prozeß Rupert Scholz zugeschriebene Erwartungshaltung der CDU/CSU behauptet worden war, wandte sich der Verfasser an das Konrad-Adenauer-Haus in Bonn. Dort sollte man es jedenfalls besser wissen, ob die CDU/CSU erwartet, daß der Prozeß gegen Egon Krenz u.a. mit einem rechtskräftigen Urteil abgeschlossen wird. Oder wenigstens dementieren, daß derartige Wünsche gehegt werden bzw. in irgendwelchen Nischen verbindlich formuliert worden sind. Nach in über 21 Telefonaten erlebtem Kompetenz- oder besser gesagt Inkompetenzgerangel der verschiedenen CDU-Gremien und deren Mitarbeiter untereinander, war der Verfasser so schlau wie vorher: "Das wissen wir nicht..., das kann nicht sein..., da müssen Sie dort anrufen..., der ist gerade in einer Sitzung... und ...da müssen Sie bei der WELT am SONNTAG anrufen". Wo? "Na ja, bei der WELT am SONNTAG".

Nachdem sich ein Herr Märzheuser von der Pressestelle der CDU/CSU-Fraktion im Bundestag dann auch noch bei dem Verfasser telefonisch gemeldet hatte, der offensichtlich gutmachen wollte, was seine Mitarbeiter verbrockt hatten, ließ sich der Verfasser letztlich davon überzeugen, daß bei der WELT am SONNTAG mehr über die Interna der CDU/CSU zu erfahren war, als bei den Adenauer- und Strauß-Enkeln selbst.

Schließlich war der "Übeltäter" gefunden: Heinz Vielain, Chef der politischen Redaktion der WELT am SONNTAG in Bonn. Nach einigem Nachdenken und Recherchieren in alten Zeitungsstapeln bestätigte er, den im Politbüro-Prozeß heiß diskutierten Artikel geschrieben zu haben.

Na, und hat die CDU/CSU jetzt eine Erwartungshaltung, daß der Prozeß gegen Egon Krenz u.a. mit einem rechtskräftigen Urteil abgeschlossen wird?

Sie hat. Herr Vielain begründete dann auch wieso: "Rupert Scholz (Vielain: 'Ich kenne ihn schon einige Jahre, der weiß doch, wer ich bin'.) habe ich in seiner Funktion als Rechtsexperte der Union angesprochen und nicht als Privatperson. Das weiß er auch." Was er dann formliert hatte, war nach Ansicht von Vielain auch eindeutig die Einschätzung der Union und nicht seine Privatmeinung. Die mag zwar mit der der Union deckungsgleich sein, doch die Frage, die sich -für die Verteidiger im Politbüro-Prozeß- stellt, geht dahin, inwiefern mit der geäußerten Meinung politischer Einfluß auf das Verfahren ausgeübt werden sollte.

Wenn Prof. Scholz in seiner Funktion als Rechtsexperte der Union angesprochen wird, was er nach Ansicht von Vielain wissen mußte, und dann eine nicht explizit geäußerte Privatmeinung wiedergibt, liegt der Verdacht mehr als nahe, daß er mit dieser nicht gekennzeichneten Privatmeinung offiziell (politischen) Einfluß ausüben will. Vielain ging daher auch davon aus, daß Scholz eine Unions-Meinung wiedergegeben hat und es entsprechend im besagtem Artikel vom 21. Januar 1996 formuliert bzw. aus den Worten Scholz' zwingend interpretiert.

Wenn Scholz nun an den Verfasser schreibt, er habe lediglich seine eigene Einschätzung zur Verfahrenssituation wiedergegeben, trifft das nach Ansicht von Vielain zwar auch zu, aber, so interpretiert der Verfasser zwingend Vielain, ist er doch nach der gar nicht gefragt worden.

Mögen nun andere entscheiden, ob Scholz politischen politischen Einfluß auf das Verfahren ausüben wollte oder nicht.

Nachstehend der Artikel von Heinz Vielain aus der WELT am SONNTAG vom 21. Januar 1996, der hier mit seiner Genehmigung abgedruckt wird:

Scholz: Mauerschüsse nach bundesdeutschem Recht strafbar

H. V.Bonn

Die CDU/CSU erwartet, daß der am Dienstag in Berlin vertagte Prozeß gegen den früheren DDR-Staatschef Egon Krenz wegen der Todesschüsse an der innerdeutschen Grenze nicht eingestellt, sondern mit einem rechtskräftigen Urteil abgeschlossen wird.

Die Verteidiger von Krenz und der mitangeklagten fünf SED-Politbüromitglieder hatten die Einstellung des Prozesses beantragt. Begründung: Eine Ahndung der Todesschüsse an Berliner Mauer und innerdeutscher Grenze sei nicht möglich, da diese zur Tatzeit nicht strafbar gewesen seien. Die bundesdeutsche Justiz habe zudem nicht das Recht, Führungsgremien eines anderen Staates vor Gericht zu stellen.

Rupert Scholz, Fraktions-Vize und Rechtsexperte der Union, betonte jedoch gegenüber der WELT am SONNTAG, die Anklage entspreche eindeutig der Rechtsprechung des Bundesgerichtshofs. Alle Einwände, daß die bundesdeutsche Justiz nicht gegen Krenz und andere früheren DDR-Führungskräfte vorgehen dürfe, seien rechtlich falsch: "Erstens auf der Grundlage des Einigungsvertrages und zweitens, weil das deutsche Reich auch bei der faktischen Teilung fortbestand." Demnach sei die Strafjustiz der Bundesrepublik immer verpflichtet gewesen, den Schutz des Strafrechts für jeden Deutschen auszuüben. Mauerschützen etwa seien deshalb schon während der Teilung Deutschlands verurteilt worden, wann immer sie in den Geltungsbereich der westdeutschen Justiz gelangten.

Zur Behauptung, Todesschüsse seien zur Tatzeit in der DDR nicht strafbar gewesen, sagte Scholz: "Die DDR kannte sogar noch die Todesstrafe bei Mord. Straftatbestand ist jetzt Anstiftung zur Tötung und Tötung in mittelbarer Täterschaft. Laut Einigungsvertrag ist es so, daß man das Strafmaß der früheren DDR heute nur anwendet, wenn es milder ist als in der Bundesrepublik. Das ist hier wohl nicht der Fall."